图书在版编目(CIP)数据

河南社科名家文库．孙先科卷／孙先科著．—郑州：河南人民出版社，2019．11
ISBN 978－7－215－12118－8

Ⅰ．①河…　Ⅱ．①孙…　Ⅲ．①社会科学－文集　Ⅳ．①C53

中国版本图书馆 CIP 数据核字(2019)第 273835 号

河南人民出版社出版发行
(地址:郑州市郑东新区祥盛街 27 号　邮政编码:450016　电话:65788053)
新华书店经销　　河南瑞之光印刷股份有限公司印刷
开本　710 毫米×1000 毫米　　1/16　　印张　26
字数　362 千字
2019 年 11 月第 1 版　　2019 年 11 月第 1 次印刷

定价：78.00 元

孙先科 1964年7月出生，河南省台前人。现当代文学专业博士，河南大学、河南师范大学现当代文学专业博士生导师、二级教授。曾任河南大学文学院院长、河南师范大学副校长，现任郑州师范学院院长，兼任中国现代文学研究会理事、中国文学理论学会理事、河南省批评家协会副主席。

学术成果　主要学术领域为中国当代文学思潮和当代小说研究。先后主持国家社科基金项目3项:"新时期小说思潮精神文化特征的批判研究"、"经典与经典的重述——'十七年'经典长篇小说的修改、续写、改编及其历史阐释"、"《人民日报》《文艺报》和《人民文学》的文学'转载'研究(1949—1966)"。出版论著《颂祷与自诉——新时期小说的叙事特征及其文化意识》《叙述的意味》《说话人及其话语》3部,在《文学评论》《中国现代文学研究丛刊》等权威学术期刊发表论文共60余万字,其中CSSCI收录31篇,多篇被《新华文摘》和中国人民大学复印报刊资料全文转载或摘编。

获奖情况　1999年获"河南省学术和技术带头人"荣誉称号;2006年入选享受国务院政府特殊津贴专家、获"河南省优秀青年社科专家"荣誉称号;2011年获"河南省优秀专家"荣誉称号;2013年获"河南省高等学校哲学社会科学优秀学者"荣誉称号;2018年获"河南省社科名家"称号。

《颂祷与自诉——新时期小说的叙事特征及其文化意识》获1996—1997年度河南省社会科学优秀成果奖一等奖;《说话人及其话语》获2009年度河南省社会科学优秀成果奖一等奖;《从"玻璃瓶"到"野葫芦"——宗璞的第一篇小说及其爱情言说的诗学特征》获2012年度河南省社会科学优秀成果奖二等奖。

耕耘理论沃土 绽放出彩华章

习近平总书记在哲学社会科学工作座谈会上的讲话中指出，一个没有发达的自然科学的国家不可能走在世界前列，一个没有繁荣的哲学社会科学的国家也不可能走在世界前列。坚持和发展中国特色社会主义，哲学社会科学具有不可替代的重要地位，哲学社会科学工作者具有不可替代的重要作用。为深入贯彻落实习近平总书记在哲学社会科学工作座谈会上的重要讲话精神，大力实施以育人育才为中心的哲学社会科学整体发展战略，更加有效地发挥社科理论研究服务全省大局的重要作用，中共河南省委宣传部、省社科联组织了"河南社科名家"评选和"河南社科名家文库"（以下简称"文库"）的编纂工作。

"文库"收录了韩国河、余丽、张先飞、刘志伟、陈忠海、孙先科、李恒、李伟昉等八位首批"河南社科名家"的代表性理论研究成果，内容涵盖考古、古代文学、现当代文学、比较文学、国际政治、档案管理、区域经济等多个领域，集中展示了首批"河南社科名家"漫漫科研路上的不断求索和丰硕成果，从整体上看，"文库"主要体现了以下几个鲜明特点。

一是聚焦学术前沿问题。理论思维的起点决定着理论创新的结果。"文库"坚持马克思主义指导地位、坚持以人民为中心的研究导向，立足于我们所经历的伟大时代变革，以强烈的使命担当，敏锐的学术自觉，感知、关切、探究、解答各自学术研究领域的核心性、关键性、前沿性问题。有从理念、方法到技巧方面对考古学的学科建设探索，有对现代中国关于人的形而上思考、"人间"本位的解析，有从中华文化观念发生视角对中华文化思想起源发展的探究，有对中西方文学比较研究、比较文学实证方法与审美批评之间的辩证关系研究等。这些都充分体现了"文库"作者用思想观照时代、观照现实的探索精神，为河南社科理论界专家学者严谨治学、开拓创新的品格作出了生动注解。

二是聚焦重大现实问题。问题是创新的起点、理论的生长点。马克思曾深刻指出："主要的困难不是答案，而是问题。"与时代同步伐，与人民共命运，关注和回答时代和实践提出的重大课题，是马克思主义永葆生机活力的奥妙所在。"文库"收录的研究成果充分利用河南文化优势、区位优势，对源远流长、博大精深的中原优秀传统文化进行了追本溯源和创新创造。同时，扎根于中原更加出彩的伟大实践，坚持问题导向，解决实际问题。或以经济发展与转型为主题，从区域、产业和农村三大领域探究我国经济发展和转型的过程、性质、结构和绩效；或深挖中原文化潜力，以传承创新华夏历史文明和建设全国重要文化高地为己任，推进中原优秀传统文化创造性转化创新性发展。这些研究最大限度地遵循规律、探究缘由、寻找对策、服务现实，以河南社科理论界专家学者的实干担当，为中原出彩贡献了自己的力量。

三是聚焦思想舆论问题。当前，世界正处于百年未有之大变局，中国与世界的关系正在发生历史性变化。身处大变局中，我们既有木秀于林的骄傲，也有风必摧之的风险；既有乘风破浪的自信，也有积羽沉舟的忧患。"文库"收录的成果以学术的方式，参与到当代中国思想文化领域重要问题的讨论中：通过剖析20世纪中国人与全人类不断觉醒、共同进步的心灵探寻历程，以及中国人对"人学"新观念的话语建构与实践创造，不断塑造着热切追求进步与崛起的百年中国人的精神世界与生活方式；通过分析阐释互联网与国际政治的内在逻辑，对互联网在国际政治中的作用与应对策略、网络空间国家大数据主权安全保障和治理机制进行了探索性和前瞻性研究，提出了全球网络空间"观念治理"的中国方案等。这些研究聚焦思想文化领域重要问题开展深入思考，对一些错误思潮进行了批驳，为社会注入了更多的正能量，巩固壮大了主流思想舆论。

习近平总书记强调："这是一个需要理论而且一定能够产生理论的时代，这是一个需要思想而且一定能够产生思想的时代。""文库"的出版，对于进一步激发河南社科理论界专家学者干事创业热情，推出更多名家大家、精品力作，在围绕中心、服务大局中出新出彩，很有价值、很有意义。

一是有助于加快构建中国特色哲学社会科学。新时代哲学社会科学发展的重要使命是加快构建中国特色哲学社会科学，其重中之重是加快构建中国特色哲学社会科学学科体系、学术体系、话语体系。在一定意义上讲，“文库”的出版，是河南省加快构建中国特色哲学社会科学的积极探索。从学科体系上看，体现了深耕厚植中原历史文化这一传统优势学科与积极探究区域经济、国际关系等新兴学科的有机结合；从学术体系上看，反映了从古今中外丰富的学术思想中汲取营养、推陈出新与从改革开放的实践中挖掘新材料、发现新问题、提出新观点、构建新理论的辩证统一；从话语体系上看，是立足当代中国社会变革伟大实践的理论探索，在一定程度上为解读中国实践、构建中国理论贡献了新概念、新范畴、新表述。

二是有助于发挥“河南社科名家”的引领示范作用。构建中国特色哲学社会科学是一个系统工程，需要统筹各方面力量协同推进，更需要加强顶层设计，发挥高端人才的引领示范作用。“文库”的出版，既是对“河南社科名家”的重要宣传推介，也是对河南哲学社会科学事业不断发展和壮大的阶段性成就展示。实践没有止境，理论创新也没有止境。实现“两个一百年”奋斗目标、实现中华民族伟大复兴的中国梦需要中原更加出彩，需要“河南社科名家”再接再厉，主动担当、积极作为，提高为党和人民述学立论、建言献策的责任感、使命感和理论自觉，在为国为民、立德立言中成就自我、实现价值。

三是有助于激励社科工作者投身中原更加出彩的伟大实践。党的十八大以来，习近平总书记三次亲临河南视察指导工作，并参加全国人代会河南代表团审议，充分体现了对中原人民的关怀厚爱、对河南工作的肯定支持。实现总书记对中原更加出彩的殷殷嘱托，为理论创造、学术繁荣提供了强大动力和广阔空间，也为河南哲学社会科学工作者聚焦重大理论和现实问题指明了方向。“文库”的出版，将进一步增强河南社科界的政治责任感和时代使命感，激发更多的专家学者在把握时代脉动、面向实践需求、解决实际问题的具体实践中，不断去深思、去体悟、去实践，为河南经济社会发展提供更多既有理论高度又有实践深度的研究成果。

神州大地风雷激荡，中原出彩潮水澎湃。站在新时代的起点，广大哲学社会科学工作者要高举习近平新时代中国特色社会主义思想伟大旗帜，树牢“四个意识”、坚定“四个自信”、做到“两个维护”，以“为天地立心，为生民立命，为往圣继绝学，为万世开太平”的社会责任感，把实现中华民族伟大复兴中国梦与中原更加出彩紧密联系起来，勇于立时代之潮头、通古今之变化、发思想之先声，努力成为先进思想的倡导者、学术研究的开拓者、社会风尚的引领者、党执政的坚定支持者，共同推动哲学社会科学建功新时代、展现新作为、书写新篇章。

刘伟

2019 年 10 月

目录 CONTENTS

学术小传

一 …… 3
二 …… 6
三 …… 9
四 …… 12

代表性学术成果

第一编　经典作家研究 …… 19
一个历史“跨界者”的形象“代言”
——王蒙“自传性小说”中的自传形象与“代际”书写 …… 19
父子之情与国家公义
——王蒙小说中“大义灭亲”的故事原型及其意义阐释 …… 35
复调性主题与对话性文体
——王蒙小说创作从《青春万岁》到“季节系列”的一条主脉 …… 47
王蒙《组织部来了个年轻人》的精神现象学阐释 …… 60

从“玻璃瓶”到“野葫芦”
——宗璞的第一篇小说和她爱情书写的诗学特征 ········ 72
美学的分身术与隐蔽的身份对位
——宗璞小说《弦上的梦》再解读 ································ 87
话语“夹缝”中造就的叙事
——论宗璞“十七年”的小说创作 ································ 94
没有彼岸的“真正的生活” ······································ 108
计文君论 ·· 135
第二编 经典作品细读 ·· 150
《青春之歌》的版本、续集与江华形象的再评价 ·········· 150
爱情·道德·政治
——对“百花”文学中爱情婚姻题材小说“深度模式”
的话语分析 ·· 165
《三家巷》:一个复杂的话语场 ································ 183
作家的“主体间性”与小说创作中的“间性形象”
——以赵树理、孙犁的小说创作为例 ························ 195
惠英“病态人格”论
——论储福金的小说《生命圆舞曲》 ························ 208
《白鹿原》与《创业史》的“互文”关系及其意义阐释 ·········· 216
《秦腔》:在乡土叙事范式之外 ································ 230
知识分子的“围城”与“花园”
——评静心的长篇小说《迷旎花园》 ························ 238
“鸡毛与蚂蚁”的隐喻:个人的磨损与丧失
——对《一地鸡毛》中“鸡毛与蚂蚁”意象的精神分析
与文化释义 ·· 243
第三编 小说思潮研究 ·· 249
当代文学历史话语的意识形态特征 ·························· 249
话语转换与话语渗透 ·· 262

作者的在场与退场

——新时期小说非全知叙事思潮的文化背景及其意识形态 …………………………………………………… 274

象征化与符指化:拓宽典型化叙事规范 …………………… 291

象征中的秩序:知识分子形象及其"成长"

——对"十七年""革命历史题材小说"的再解读 ……… 304

"新历史小说"的叙事特征及其意识倾向 ………………… 316

英雄主义主题与"新写实小说" ………………………… 331

理性精神与"乡村情感" …………………………………… 342

第四编　批评范式研究 ………………………………………… 353

巴赫金的"语言形象"概念与小说阐释的新范式 ……………… 353

经典的"重述"

——一种文本现象和进入"十七年"文学的研究思路 … 366

如何深化"十七年"的小说研究 ………………………… 374

考量"民间" ……………………………………………… 381

文学不足虑 ……………………………………………… 386

历史研究、文本细读、理论品格

——评"明伦学术书系" ………………………………… 389

学术年谱

一、批评时期 ……………………………………………… 403

二、历史化转向 ……………………………………………… 405

三、贯通"内部研究"与"外部研究"的新尝试 ……………… 407

◆学术小传

一

我之所以选择文学可能不是没有缘由的。

我出生在黄河岸边一个叫孙楼的小村子，因为朝西5里远地方还有一个同名的村庄且住户更多，我们的村子被呼为“小孙楼”。顾名思义，小孙楼以孙姓居多，杂入者也多为亲戚且人丁不旺，老辈人讲，往上查上十辈孙楼就是一家人。

我出生时的1964年，同为一家人的孙姓人家已经分化出3个大的家族，不仅在自然的居住格局上分为东、西、南三足鼎立的局面（几户王姓、杨姓居北），在行政格局上也自成一体地分为3个生产队。我爷爷生5子1女，孙子辈也人丁兴旺，算是一个大家族。我的家族居村东，是第一生产队的骨干力量。

可我的小家是个例外。打记事起，我家春种秋收、瓜菜分成等集体活动都是在村西的第三生产队，而年节往还、邻里交好、童年伙伴的游戏等交往活动又都是在村东的家族内部完成的。我很小就体会到一种奇怪的二元生活的不适，生产劳动与日常生活被分割了。我问母亲为啥“叔叔大爷（伯父）都在一队就我们在三队”？母亲说：“你爹好逞能，人家看他能干叫他去三队当队长。”今天看来，我父亲算是个异地交换任职的干部，我也就不出村子就体验到了空间上的迁徙感，虽不能和上山下乡对知青的影响相比，可始终伴随自己的临时感、外来感、插入感，有另一种属己的生活在远处、在未来等着自己的漂泊意识，或许和这种初始的经验不无关系、和后来的文学选择不无关系。

黄河像条巨龙，蜿蜒曲折，奔流入海。在下游，它甚至变成了脱缰的野马，在千里沃野上左冲右突。黄河无数次改道、黄河泛滥成灾、为治理黄河规划运筹都成为历史中的常识，也是黄河沿岸人民抹不去的记忆。但对于童年、少年时的我，黄河是一个时远时近、河滩此时在村头彼时又在黄河对岸的存在。黄河的难以驯顺、神龙见首不见尾的特性在我的记忆中留下了多副面孔、多种色彩。

黄河有时是宁静平和的，宽阔的河面上樯帆林立，百舸争流，鸥鸟在樯帆间上下翻飞。这种美丽的景象是伴随童年慢慢消失的。先是鼓荡着白帆的木船慢慢消失,代之以小火轮,后来轮船的体积越来越大,船只却越来越少,直到不知哪一年,黄河的航运完全终止(至少在我们这段黄河),樯帆林立的景象变成了在梦中才能复现的幻影。

黄河有时又是粗鲁暴躁的。往往是夏秋之交的时候,随着北方雨季的到来,黄河的汛期也如约而至。“黄河之水天上来,奔流到海不复回”,李白的诗句或许描述的正是此时的黄河。我们的小村处于黄河拐弯处,是在一个大“L”形的拐点上。为了迎接汹涌而至的天上来水,在村子前边修筑了数座大坝。滔滔黄河水撞击在大坝上,坝前堆叠起麦秸垛一样的巨浪,坝后则是一个个深不可测的巨大漩涡,震耳欲聋的涛声伴着巨浪滔天的景象常常使站在大坝上的人心惊胆战。有一年的夏天,我亲眼看见一艘载满西瓜的木船被巨浪裹挟着撞击在大坝上,木船瞬间倾覆,西瓜飘满了坝湾。黄河凶暴的形象同样镂刻在我的记忆里,是我对自然产生畏惧情感的主要资源之一。

黄河在充分治理之前忽东忽西,不停地摆动,在它暂时离开的地方就留下了大片的黄河滩。因为它的暂时性,黄河滩地无法耕种,便任由万物自由生长。春天来临,红花绿柳遍地簇生;到了秋天,则是蜿蜒起伏的白色沙丘和波浪般起伏的金色茅草,各种叫不上名字的鸟筑巢繁衍。黄河时而宁静时而狂暴的性格让我欢喜让我忧,但作为它的伴生物,黄河滩却一如既往地让我激动兴奋。在红花绿草间追逐嬉戏、躺在被阳光晒得温热的沙堆上目送白云苍狗的景象让我永远无法忘怀。长大后,在城市里游走越久,黄河滩的景象越是历历在目,它成了我故乡的代名词。

作家池莉曾说,她出生的年代对她有意义,而故乡对她没意义。我对她的这一说法深表怀疑。当我有能力思考“我是谁”这一命题时,我回忆的思路无一例外地回到了故乡,黄河滩就是我“诗意栖居”的地方,是我的梦与远方。

在乡土生活中,我父亲算是传统意义上的能人。农事稼穑得心应手外,他还是建筑能手,本村几乎所有的房子都是他领头盖起来的,他粗通木工活儿,在村子的油坊里操劳过;他还是全村负责“执礼”的人,婚丧嫁娶一应和“礼”沾边的事务,都由他牵头操办。可我父亲不识字,用母亲的话说,就是“连自己的名字都不认识”。母亲对父亲的定义是“天生的农民”。证据有二:一是喜欢干农活儿,干啥会啥;二是喜吃农家饭,尤其喜欢南瓜和地瓜。父亲性格外向,喜欢交往,我多次见过他在乡村集市上与其他人撮合木材和牲口生意、与外乡人招呼和拉家常的情景。

母亲看不起父亲的不识字是有缘由的,因为她自己识字,还识不少字。我小学五年级时还达不到她的识字水平,读书遇到生字还要向她请教。母亲没有上过学,识字能力完全是小时候在她父母身边耳濡目染习得而来。

外祖父出身于乡村富裕之家,接受私塾教育,能写漂亮的汉字,会吟诗,记得小时候被他摇头晃脑念念有词的吟诵声吓哭过。外祖母出身于耕读传家的大家族,是个奇女子,赶上好时代应该大有作为。她年轻时应该是大美人,我有记忆时的她已过盛年,仍然风姿绰约。奇的是她同样没接受过私塾和学校教育,但文化程度应该在外祖父之上。记得我参加过高考后住在她的家里,与她和外祖父说起《红楼梦》,她不仅对人物、细节如数家珍,说起对《红楼梦》的见解来让当时的高中毕业生佩服得五体投地。外祖母文化水平高于外祖父其实是母亲的观点。我问起原因,母亲说,外祖母在家里从小被娇宠,出嫁前就跟着父亲读书,啥活儿不让干。说起自己的母亲,我母亲是一脸的羡慕、嫉妒和崇拜。

外祖父性格有些迂腐,生活能力差;外祖母性格娴静,秀外慧中。母亲以为我遗传了她家族的基因,“你脾气不像你爹家里的人”是母亲常说的话。

我的脾气也是母亲养成的。母亲生了 3 个孩子,我是老小,前面有两个姐姐,大姐大我 9 岁,二姐大我 7 岁。在当时的农村,一家三个孩子是少数,一个男孩的更少。像我这样的孩子很容易受娇宠。在形式上我也曾经被娇宠:脑袋后边的一撮头发留到 8 岁才被剪掉;取个女孩的小名排在两个姐姐后面被呼来唤去,结婚后回老家,村西头的婶子大娘见面还问“三妮带着媳妇回来了”? 5 岁上小学课间回家吃妈妈(老家把吃母乳叫吃妈妈),回来接着上课;上初中才和父母分床睡。但实际上母亲对我的管教极严,不允许任何的骄纵。记忆中,从小没有挨过父亲的打,吵一次还要给几毛钱作为补偿。但挨母亲的打不止一次两次。挨打的原因记不清了,但挨打的事实显然抑制了我可能嚣张的脾气个性,让我成为一个内向的、喜欢独处的、内心的自言自语多于表达、思考大于行动的人,这样的人不从事文学还能干点啥呢。

二

我是多大开始识字,啥时候开始读书(不是上学),最初的文学启蒙如何开启,都已经无法回忆起来。能记起的上学前对我影响很大的一本书是已经不知名字的画册。

外祖母家里有长辈去世,母亲带我去奔丧,在外祖母的家里第一次见到了被称为书柜的东西,见到了摆满了半个山墙的书。大人随手拿给我的一本花花绿绿的书把我迷住了。画册的名字已经忘记,内容也没有统一的主题,是由许多不同题材、不同主题的作品组成的一个合集,能清晰记住的是两幅图画。

一幅画的名字叫《打球去》,画面的近景是一个下班后在宿舍换衣服的青年工人,一身运动装,一只脚踩在凳子上穿球鞋、系鞋带。跟着青年工人的眼睛看到的远景是一群人在操场上打篮球。这样的画面在今天看来稀松平常,它甚至都唤不起画家的关注热情,但在20世纪的50年代、60年代,画面描绘的是一种崭新的生活,更何况对一个方圆没有走出过5公里远的农家孩子,这种新生活情景不啻醍醐灌顶。原来在自己熟悉的生活之外还有一种完全不同的生活,而这种生活又是如此的文明、高雅。我想说,这是我人生遭遇的一个“初始情景”、一个“外部的世界”的“原型”,后来自己不停地读书、考学,硕士、博士读下来,国内国外持续的游走,不能不说与这个最初的“外部的世界”相遇有关。

第二幅画的名字叫《贵妃醉酒》,整幅画面就是一个戏装人物杨贵妃。今天想来,画面中的形象或许就是梅兰芳先生所扮演的京剧《贵妃醉酒》的杨贵妃。画册中的大部分内容都已忘记,为什么这幅画仍然记忆清晰、经久不衰?是美?一个乳臭未干的毛孩子懂什么美不美。我猜测,是陌生、是神秘、是经过"扮演"之后所遮遮掩掩的东西吸引住了我,是对色彩绚丽、造型繁复的服饰下面那个仪态万千的人物的好奇震撼了我。如果说《打球去》为我开启了瞭望现实的外部世界的大门,《贵妃醉酒》则点拨了我对神秘人生、深邃精神世界的窥视热情;前者的导向是向外的、空间性的,后者的导向是向内的、心灵性的,尤其是后者,无限地拉近了我与文学的距离。

我的文学阅读是从连环画开始的,具体读了哪些内容大部分已经回忆不起来,只记得上学的余暇时间在村子里搜寻画册的热情,读完一本再找一本,在小朋友之间相互借阅,甚至是有价交换。画册主要是绘图本,后来增加了根据电影改编的画册,画面不再是线条勾勒出来,而是剪辑下来的电影画面,对人、对物的呈现更真实、更有立体感,对这类电影剪辑的画册的热情一度十分高涨。

我的对门邻居是一个国家干部,是村子里辈分最长的人,我和他的孙子(是我的爷爷辈)整天玩在一起。在他家里看到了两本特别的画册,一本叫《鸳鸯抗婚》,另一本叫《金钏投井》。感觉"特别"一是因为读不懂,半文半白的文字超出了自己的阅读能力,另外,大观园里的生活和故事是完全陌生的。是那位被称作老爷爷的邻居讲解两本画册知道了一本叫《红楼梦》的书。尽管痴迷地反复阅读《红楼梦》是到了考入大学以后的事了,但最初的"红学"启蒙来自当时的连环画无疑。《红楼梦》中那么多重要人物、精彩的故事不选而是选择了鸳鸯抗婚和金钏投井单独改编,不难看出阶级论影响的影子,对《红楼梦》的阐释是偏于简单的,距离这部巨著的要义和精髓还十分遥远,但《红楼梦》的魅力在于,哪怕一次无意的触碰都让你爱不释手。我尽管后来没有从事古典文学研究,更没有专事"红学",但对《红楼梦》的热情一直不曾稍减,我以为,对它的痴情应该是牵引我走向文学之路的一条隐蔽线索。

对我有启蒙意义的还有年龄稍大以后读到的两本长篇小说。一是《青春之歌》。能读到它,得益于一个高年级同学的推荐。他告诉我

《青春之歌》是他看过的写得最好的小说,但写了些什么内容他又讳莫如深,鼓励我自己阅读。但当他把封皮已经脱落的《青春之歌》借给我时,给我的阅读期限只有一个下午。《青春之歌》没有读完就被“限期”要走了。像热恋三天被强行拆散的情侣一样,《青春之歌》在相当长一段时间成了我心心念念的对象。后来《青春之歌》成了我的研究对象,知识分子题材小说成为我学术研究的焦点之一,和过去的这次邂逅和短暂的初恋不无关系。

另一部小说是张扬的《第二次握手》。目前的文学史很少提到张扬的名字,也少有研究文章提及《第二次握手》,但我相信,这部小说不仅对我自己具有文学启蒙价值,对我的同龄人和稍大的人群一定也具有某种发生学的意义,或者因此爱上文学,或者因此爱上爱情。《第二次握手》一经面世,万人争读,一时洛阳纸贵。看到过一个材料说,《第二次握手》在一年内的发行量超过了《红岩》近20年的发行量,一跃成为长篇小说的发行量之最。

我买到、读到《第二次握手》应当是初中的最后一年,读它的情景还历历在目:村头的黄河岸边有第三生产队的一个煤场,煤场边上搭有一个窝棚,供晚上照看煤场的人过夜居住,窝棚里有一盏马灯。周末买了《第二次握手》回来,主动向父亲申请去看煤场(父亲是第三生产队队长)。我是下午住进窝棚,晚上一个通宵就着小马灯微弱的灯光,一口气把《第二次握手》读完的。小说写了一对年轻的男女苏冠兰和丁洁琼一次偶遇而相亲相爱,但由于苏冠兰父亲的暗中干预而误会分别,蒙在鼓里的丁洁琼远去美国多年仍然痴痴等待着苏冠兰。20世纪70年代中美建交,满怀希望赶回中国的丁洁琼看到的是苏冠兰温馨的家庭情景。在经历了“下半身写作”洗礼的今天的读者看来,这样的故事可能激不起半点情感的涟漪,可对于处于爱情是禁区、多少年只有八个样板戏可看的读者来说,这样一个令人扼腕的爱情悲剧所产生的情感震撼是可想而知的。

我不知道和《第二次握手》曾经“握手”的同龄人是否还记得这部小说,但对我而言的确是一次终生难忘的“情感教育”(后来读到福楼拜的《情感教育》,也写一个情感悲剧,受到了另一次震撼,一直念念不忘)。我后来的阅读偏好知识分子题材和“雅化”的风格、留下深刻印象的是悲剧、倾向直指人心的作品、研究路径上喜爱“精神分析学”,等等,细抉起来和《第二次握手》《红楼梦》等的一系列“情感教育”是无法分开的。

若要追索走向文学之路的前因,还要提到一位老师的提携和影响。这位老师叫孙文轼,是我在公社高中一年级时的语文老师。孙老师是江苏沛县人,作为知青来到我们县,其间因发表过小说被选拔出来做了中学语文教师。孙老师在语文课之外会将自己认为好的作品拿到班上来读,我接触最早的“伤痕小说”的代表作品如陈国凯的《我应该怎么办》、孔捷生的《在小河那边》就是由孙老师带到班上读给我们的。不知在孙老师眼里觉得我格外成熟还是“孺子可教”,在班上读小说的任务他有时会交给我来完成。但每次交代任务时,他很仔细认真地告诉我小说中的哪些部分是需要“省略”不读的,而“省略”的部分大都和爱情描写相关。显然,老师想让学生们接触文学,但并不希望过早地接触爱情。有了这种经历后才知道,他读给我们的不少小说是经过他“删改”过的洁本。尽管如此,对“伤痕文学”的发生现场的共时性“接触”是我后来选择当代文学批评的一个重要缘由和契机,孙老师是引导我走向文学批评之路的引导者。

孙老师在选择离开我们公社高中回到老家江苏沛县之前,鼓励我重新参加高中考试,换个好一些的学校。我听从了老师的建议,第二年考取台前县一中,离开了公社高中。孙老师不久就回到了沛县,自此没有再见过他。我的文学之路,甚至人生之路受惠于孙老师的帮助和指点,我没有忘也不会忘。

三

我进入河南大学中文系(当时还是河南师范大学)读书是“被选择”的,因为在自己所报的所有志愿里没有这个选项。为了接触“外面的世界”、实现远走高飞的梦想,高考志愿大都选了省外高校的非师范类专业。现在,我一点都不抱怨那双“看不见的手”帮我选择了师范类的中文专业，甚至要感激它这次对我个人命运的强行介入，我走入河南大学中文系可谓适得其所。

刚入校门进行入学教育时，图书馆的领导告诉我们这些新生，河南大学图书馆藏书超过300万册，是中南地区最大的高校图书馆之一，我们听后都兴奋异常。此后不久，参加班级的义务劳动，走进了古色古香的七号楼，看到了图书馆一眼望不到头的一排排图书，感觉自己就像一头误闯丰茂绿草地的饥饿的小牛，兴奋之情难以言表，当即在心里许下三个诺言：大学四年好好读书、毕业前不谈恋爱、毕业时考研究生。诺言被严格遵守，四年大学生活波澜不惊，一种半清教的学院生活自此拉开了序幕。

大学四年接受的文学教育应该说是系统的，高中时被称为“语文”的课程到了大学被分成了几十门课程来讲授，文学理论、文学史、作品选讲等分门别类的知识陆续进入视野，但最后选择现代文学学科，尤其是把当代小说作为自己的研究对象我以为是一个扬长避短、遵从内心的必然选择，当然，一些好老师的适时的出现起到了关键作用。

在课堂上最早与我们见面的课程是《中国古代文学史》，担任此门课程的王珏老师教风极其严谨，讲授《诗经》无一句费词，板书更是讲究。在黑板的左侧书写讲课的提纲，大小标题排列工整；黑板的右侧书写作品名字、年代、国别等关键词，同样的工整有序。加上一丝不苟、堪称书法的楷书，一堂课下来满满一黑板就是一篇漂亮的文章。王老师给我们上课时风华正茂，可大约10年后，王老师英年早逝。命运弄人，徒唤奈何！

现在名满天下的王立群老师当时给八一级讲授古代文学的先秦部分，尤其是他讲的《史记》让师兄师姐们称颂不已，让我们对王老师的课充满期待。可按照当时中文系的排课制度，老师们大都是隔年级上课，于是八二级便与王立群老师的课擦肩而过。王老师因“百家讲坛”而蜚声海内，河南大学文学院也因此而扬名立万，可我们因不得王老师亲授而深感失落，出门在外与王老师师生相称都颇觉底气不足。

教授“汉魏六朝文学”的张家顺老师满足了我们对名师的渴望。张老师毕业于北京师范大学，学养深厚。古典诗歌是很多人都喜欢的,大学生对古典诗歌的学习热情也最高,但古典诗歌不好讲,普通老师往往是在字词释义的基础上大谈所谓的意境美,形成千篇一律的套路。张老师有深厚的文字学、音韵学的基础,谈诗歌能深入肌理;同时还能结合社会环境、文化背景挖掘诗歌的深层意义。张老师说标准的普通话,讲课有极好的节奏感。丰赡的诗歌内容配上张老师雅致的讲解风格,他的课给了我们很高级的文学享受。

我后来仍然没有选择古典文学作为自己的研究方向。原因之一是自己的"背功"太差。古典文学的课程,老师们大都要求学生背诵一定数量的篇目,尤其是讲到诗、词、歌、赋等体裁,甚至会让学生在课堂上背诵。我的记忆能力很差,背诵一些短小的诗、词尚可应付,一旦遇到稍长的篇目就无力应对。记得老师讲到屈原时,曾下定决心一定要将《离骚》全文背诵下来,可费了九牛二虎之力,仍是徒劳。后来想想,记忆能力差是"背功"不好的一个原因,文字基础不好,对古典文学的理解能力差,才是"背功"差的主要原因。知道了自己的先天不足,对古典文学的热情慢慢淡了下来。

更重要的一个原因是正在身边发生的如火如荼的文学现场深深吸引了我。"伤痕文学"之后,"反思文学""改革文学""先锋文学""寻根文学"等一波一波的文学浪潮次第涌来,文学成为全社会关注的焦点和热点。我的学习除随着课堂要求而"跟着读"的书之外,几乎所有的时间都用来追踪当时的文学创作。我成了学校图书馆现刊阅览室的常客,每晚都消磨到闭馆时方才离开。除了时间保证,再就是感情的投入。记得阅读谌容的《人到中年》时为中年女大夫陆文婷美丽的精神世界而感动,读李存葆的《高山下的花环》为英雄母亲梁大娘潸然泪下,读阿成的《棋王》为它耳目一新的讲述方式而讶异。而读到《你别无选择》《无主题变奏》《西海的无帆船》《十八岁出门远行》等后来被命名为"先锋小说"的作品时,则产生了巨大的困惑,这些与过去的阅读经验完全不搭调的作品究竟如何判断与评价竟成了无解的心结。跟着文学哭哭笑笑成了大学四年生活的常态。

恰在此时,遇到了后来成为导师的刘思谦老师,她所讲授的当代小说选修课,她的文学研究、她作为著名批评家的巨大声望强有力地将我关注文学的目光固定到当代小说领域。刘老师上课激情与学理并重,分析作品细腻生动同时又深刻独到。她对高晓声"陈奂生上城"系列和蒋子龙"开拓者家族"系列小说的精彩解读成为当时许多同学谈论的热点,也是很长时间里留在同学们记忆中的美好念想。

刘老师对小说的精到分析让我对文学的亲近超出了单纯的喜欢与不喜欢,而且开始模仿她的思路与方法追问"为什么"。开始尝试着使用文学的理论概念(性格、典型是使用频率最高的词,是开始文学研究的入口)分析一些单篇作品,记得《天云山传奇》《犯人李铜钟的故事》都是当时练笔时的批评对象。这段练笔的最主要成果就是本科毕业论文——正标题已经忘记,副标题也是这篇论文的入题角度:论王安忆新作《小鲍庄》的艺术创新。具体谈了哪些创新也不能一一列举,有把握的是,这篇论文认识到了《小鲍庄》在人物形象的创造上突破了"典型论",在结构上突破了"情节结构模式"。很显然,这个成果是在刘思谦老师课程基础上自己练笔的结果,同时又敏锐地感觉到新的小说范式的出现及时捕捉到了它。自己的这点"慧心"很得刘思谦老师和当代文学教研室其他几位老师的赏识,在优秀毕业论文的评选中,这篇论文获得了中文系八六届本科毕业论文的特等奖。获奖这件事给了我不少的自信,让我意识到从事文学研究是可行的,而且,它也直接决定了我选择当代文学作为自己研究生考试的专业方向。

四

1986 年 9 月,我如愿以偿地考取了河南大学现当代文学专业的硕士研究生,成为刘思谦老师第一届 7 个硕士生当中的一个。刘老师最初训练我们的方式是文本细读,让我们每人选择三五篇作品自命题目、自选角度进行分析,写成五六千字的论文。刘老师还告诉我们一个好消息,说已经与河南大学出版社的编辑约好,等我们全部完成这些作品分析,将结集出版,这极大地激发了我们的积极性。尽管后来结集出版的愿望没有实现,但这种训练方式为我们打下了作品分析的基本功,为我们后来的发展铺垫了一定的根基。对我来说,一个更实惠的成果就是其中一篇研究江苏作家储福金中篇小说《生命圆舞曲》的论文经过修改后刊发在《当代作家评论》1988 年的第 4 期上。这是我正式发表的第一篇学术性的文字，对我来说有着特殊意义。像一只母鸡产下第一只带血丝的鸡蛋意味着对母鸡母亲身份的钦定一样，第一篇见诸学术杂志的论文赋予了我一个合法的身份：文学研究者。我也成了一个可以产下文学金蛋的学术母鸡！

1989 年夏天，在一种动荡的心情中完成硕士研究生阶段的学业，留校任教。其后职业性地完成几篇学术论文外，搜索这几年的记忆，竟然乏善可陈。倒是发生在 1992 年的一段与文学离心离德的故事可以记录在这里，算是枯燥的学术人生中的一个花絮吧。

1992 年在全国范围内兴起经商的热潮，这股热潮来势之猛，可以用“全国之大安放不下一张安静的书桌了”来形容。在大学校园这样的象牙之塔，人人蠢蠢欲动，考虑着何时“下海”、如何“下海”的事情。我作为一个俗人，也难躲潮流的裹挟，郑重其事地考虑着去商海里“中流击水、浪遏飞舟”了。偶然一次机会在报纸上看到海南凤凰机场招聘人员的广告，几经思索，便破釜沉舟，发出了求职信。记得在求职意向栏里填上：文秘；在业余爱好栏里填上：足球。哈哈，谢天谢地，我的这些才能没入招聘者的青眼，从大学出走的愿望悄无声息地被掐灭了。在这里记录这段“出轨”的经历，既是要记录一段历史、为自己的心路历程留下一抹印记，也想说出一个道理：对文学保持始终如一的忠诚并非易事，能做到不离不弃差不多就是一个文学圣徒。

1993 年 9 月，我考取华东师范大学的博士研究生，师从著名文艺理论家张德林先生。张老师自谦是一个没有自己理论体系的理论家，但他是国内最早使用叙事学、符号学等西方理论方法进行批评实践的理论家，而且成果丰硕。他的《现代小说的多元建构》一书在国内影响巨大，我自己从这本著作中受益深远。师从张老师的 3 年是平心静气读书的 3 年，除一如既往地追踪当代小说创作之外，较多地涉猎了文艺学方面的理论著作，后来自己的批评实践中使用较多的精神分析学、小说修辞学、现象学等理论大都得益于这几年的阅读，我尽可能地利用时间补上理论不足的短板。读理论和跟踪小说创作的经历直接导致了我的博士论文选题:使用叙事学理论对 20 世纪 80 年代后期至 90 年代中期的几个主要小说思潮如寻根小说、先锋小说、新写实小说和新历史小说的研究。当时论文使用的题目是《经验 · 叙述 · 意识形态——新时期小说思潮研究》,一年后经过增补以《颂祷与自诉——新时期小说的叙述特征及其文化意味》由上海文艺出版社出版,很幸运的,这本书获得了"1996—1997 年度河南省社会科学优秀成果奖"一等奖。

读博 3 年的其他成果还包括先后发表在《文学评论》《文艺理论研究》《文艺争鸣》等重要学术期刊上的十几篇论文,尤其是针对"新写实小说"和"新历史小说"的几篇论文在学界产生了一些影响,转载和被引述次数较多。

我把我发表第一篇论文到 2000 年左右的研究称作"批评时期"。主要标志是博士论文和 1997 年获得立项的国家社科基金项目:"对新时期小说思潮精神文化特征的批判研究"。这一时期的研究对象主要是对当下小说现场发生的小说思潮,在研究理路上则是通过理论化实现批评的深度与学术性。

2000 年教授评审通过,2001 年被遴选为河南大学现当代文学专业的博士生导师,2002 年上岗河南大学特聘教授岗位,经济压力和事业上的压力在减小,于是出国深造、"外面的世界很精彩,我要去看看"的念头再次复燃。经过英语资格考试、出国前的培训、申请出国目的地等一系列的环节,2002 年 10 月份终于获得了到荷兰莱顿大学汉学院访学的机会。清华大学的王宁教授在写给莱顿大学的推荐信中特别强调"在从事中国当代文学研究的学者中很少有获得国家留学基金资助"这样的意思。靠王宁教授的美言,或许还有教授的身份,在莱顿大学汉学院获得了一间独立的办公室,从而有了一段独立的时间和独立的空间潜心地学习和研究。

在莱顿大学访学期间还发生过一件趣事。访学时间过半,汉学院安排了一次我的讲座。讲座当天来了不少人,不大的教室坐得满满当当,其中还有一个长得细高的白发老者。讲课过程中,我提到研究中国文学的外国学者中有一位成就很高,就是荷兰籍的佛克玛先生,并推荐了他研究中国“十七年文学”与苏联文学关系的一本著作。说到这里,听众席上扬起了笑声。我莫名其妙。讲座结束以后,一位在场的中国籍学者将白发长者介绍给我,说“这位就是佛克玛”,我当场大惊,也理解了笑声的根源。

佛克玛先生是世界上著名的文化学者,在比较文学、后现代理论的研究方面建树颇丰,多年担任国际比较文学学会的主席一职。更重要的是,他有在中国从事文化工作的经历,以中国当代文学的研究获得博士学位,还是一位中国文学专家。于是在莱顿见面后便与佛克玛先生约了一次访问。

大约两周后,我去位于荷兰中部的乌特勒支大学访问了佛克玛教授。行前,我做了一些准备,先是阅读了他的两篇中篇小说,然后大致浏览了他的学术著作,尤其是他关于中国文学研究的成果。见面后,我从他的小说创作问起,他有点吃惊,大概没想到我会阅读他的小说,毕竟学术研究才是他的主业。但从小说开始的话题使访谈变得轻松愉快。佛克玛先生热爱中国文化,认识一些汉字,但不能讲中文,而我的英语水平只是勉强能够交流,但这丝毫没有影响我们交谈的热情。交谈进行了整整一个上午,话题涉及他的小说创作、他对中国当代文学和中国文化的看法,尤其是针对当时的伊拉克战争,他从文化多元性的角度谈了自己的观点,对当时的美国政府颇多不满、不屑,显示出一个正直学者的可贵姿态。他中午在教工餐厅请吃饭并在饭后带我参观了市中心的大教堂。记得他指着大教堂前的一条小街告诉我说,那是西罗马帝国当时统治的最北边界,不知道我的理解是否正确。与一个国际性大学者的短暂交往给我留下了如沐春风的感觉,是我在荷兰访学的一个意外收获。

在荷兰莱顿大学汉学院将近一年的访学对我的文学研究影响是巨大的。首先,原来的小说追踪批评因为阅读的中断难以为继了。其次,作为一个替代方案,我的阅读不得不往前延伸,“十七年文学”成为我阅读和研究的重点。这次转向带来的成果包括对“十七年文学”经典作品进行“重读”的一组论文,如对《青春之歌》《组织部来了个年轻人》《三家巷》《创业史》和“百花文学”等结合“版本修改”“互文”关系等现象，将耳熟能详的经典作品再度问题化并作了新的阐释，包括专著《说话人及其话语》，也包括我主持完成的第二个国家社科基金项目："经典的重述"——对"十七年"经典长篇小说的修改、续写、改编的历史研究。我把出国访学到 2008 年左右的这一时期的研究称作"历史化"的阶段，一方面是研究对象往前延伸，是对象的历史化，更重要的指研究思路和研究方法的历史化，诸如版本、续写、改编等问题涉及大量的文献整理、比对的实证方法问题，是历史化更突出的表现。

2008 年年底，我由河南大学调入河南师范大学，2017 年年初又由河南师范大学调入郑州师范学院，行政管理的身份压倒了学术身份，能够投入学术研究的时间和精力越来越少，在两种身份之间转圜的难度越来越大，有时会陷入在两难中挣扎的困境。这一时期，成果渐渐稀少，主要围绕王蒙和宗璞这两位我钟爱的当代作家写了几篇文章。2017 年申报了一个国家社科基金获批。项目以"转载"这一文学"再生产"的特殊形式为研究对象，将当代文学生产的多个主体：主管文艺的领导者、杂志编辑、作家和读者，以及文艺报刊这一文学生产的阵地纳入"文学生产"的阐释框架解释当代文学的发生机制。思考、申报这个基金是有点野心的，是有意识地调整自己的研究思路，即从文学创作的阐释转向文学生产的阐释（文学创作的研究往往只注重作家主体），使自己的研究在原来历史化的前提下更加的"语境化"，获得更深刻的历史感。如果能够如愿以偿，这将是我文学研究的第三阶段。

我走到文学研究的这条路上来，是选择，也是宿命。天分所限，尽管孜孜矻矻，所做所成仍然绵薄。所幸的是，我做了自己愿意和能够做的事，而且至今还乐此不疲。

◆代表性学术成果

第一编
经典作家研究

一个历史“跨界者”的形象“代言”
——王蒙“自传性小说”中的自传形象与“代际”书写

一

阅读王蒙的一部分小说,如《青春万岁》《组织部来了个年轻人》《布礼》《活动变人形》等,常常会产生一种自传性联想。“四季”系列长篇小说的发表,钱文的人生路径与王蒙的“故国八千里,风云三十年”高度吻合则更加强化了这种“自传性”的认知导向。将王蒙的生活世界和他的文学想象世界作为“互文”看待,从“传记”或“自传”角度阅读、阐释他的文学创作是否可能? 有何价值?

《王蒙自传》三部曲(《半生多事》《大块文章》《九命七羊》)分别于2006年、2007年和2008年出版。在“自传三部曲”中,作者立体、全方位地描绘出自己丰富多彩的一生,尤其是《半生多事》对自己家族史的追述,对童年、少年时期的阅读、观影、听闻及梦想的描摹,对初恋和婚姻的闪烁其词又真挚多情的回忆,对如何迈入革命门槛、与其他革命者结成的友谊、革命成功后的欢欣鼓舞的深情再现,对初入文坛的紧张、兴奋、尴尬的呈现与自我辨析等,让我们为他的小说创作找到了一个发生学的渊源和基础，为林震、赵慧文、郑波、倪藻、倪萍、钟亦诚、周克、翁式含、钱文等诸多人物找到了阐释学上的依据，为从文史互证角度展开的“传记式”批评找到了实证性的根据。

但王蒙明确表示：“我的作品除写新疆的《在伊犁》外，从来没有什么原型，却有生活中某个人物某个事件的启发。写出来以后，人物都是王蒙的创造与想象，他或她已经与启发了王蒙的那个人脱离了关系。脱离了关系却又引起了回想。”①王蒙对他的小说人物与作者或生活原型“若即若离”关系的描述，似乎与鲁迅先生对文学人物创造时“嘴在浙江，脸在北京，衣服在山西”②的说法有着类似的美学旨趣，因此，将他的小说或部分小说命名为确切意义上的“自传体小说”或“自叙传小说”无疑存在着理论上与实际上的困难，尽管我们在他的小说中经常地、确切无疑地能够指认出某些人物形象与生活原型的密切关联（如倪吾诚与作者父亲的关系、钱文与作者本人的关系等）。

尽管如此，我仍然尝试将王蒙的一部分作品称之为“自传性小说”，从作者与他小说世界相关联的角度来考量、阐释他的文学创作。王蒙特识独见的思想方法中有至关重要的一条：任何事物都要承认有“中间地带”③，泾渭分明、非黑即白的思维与判断是有害的。“自传性小说”这种策略性的命名可以实现对某种“中间地带”的描摹与探视。具体而言，这一命名的内涵与理据可概括为：第一，王蒙巨量的小说创作中有一个以作者的经验为基础，主人公的思想、性格与作者有着高度相似性与一致性，在作者不同阶段的创作中反复书写的小说系列，如20世纪50年代的《青春万岁》与《组织部来了个年轻人》，80年代的《布礼》《如歌的行板》《杂色》《相见时难》和《活动变人形》，90年代的“季节系列”与《青狐》等。虽然确切的“自传”指称有些勉强，但是，从整体上来看，这一系列小说塑造出一个相互关联的、自洽的人物形象系列。就其主体性而言，作者本人与这一人物系列有高度的自指性

---

① 王蒙：《王蒙自传·大块文章》，花城出版社2007年版，第83页。

② 鲁迅：《我怎样做起小说来》，《鲁迅全集》第4卷，人民文学出版社2005年版，第527页。

③ 王蒙：《王蒙自传·大块文章》，花城出版社2007年版，第138页。

和认同性。第二,王蒙反复表示要为一去不返的时代留影,为时代、为一代人树碑立传的写作意识强化了这一系列作品的传记性。第三,王蒙本人的经历极其复杂,介入时代与社会极深,他本人就是勃兰兑斯所说的"杰出而富有代表性的人"①,从"自传性"视角切入的研究无疑会强化他的小说世界与现实世界的"互文"关系,更强烈、更深入地揭示出他小说创作的思想史内涵。第四,从文体学的角度来说,他的这一系列小说,尤其是在"季节系列"中,作者有意使用"我—你"这一称述结构,形成第一人称叙述者向在场的受述人讲说故事的叙述模式,而且作者以"老王"的身份在文本中现身说法,形成了一种类似《史记》的"史传体"体例,为"传记式"阅读提供了内部的文体学支撑。

当然,采用"自传性小说"这一命名方式也是为了与"自传体小说"这一严格的称谓进行区分。区分的依据除传记形象与传主经验的相似度以及"作者—叙述人—人物的三位一体"这一自传契约外②,我更看重的是王蒙这一书写方式在根本"气质"上与"自传体小说"的不同:一是传主的复数化,"我们"是主语,"代"的意识、对话的意识大于个人意识。二是"我们"的成长指向思想的"成长"——成长这一美学概念甚至都不能完全描述"我们"的状态与变化轨迹,因为"我们"不仅表现为线性的、逻辑化的性格梯次发展,而且表现为"群""代"之间的对话、争吵和"自反式"的质疑、探询,表现为人物心态和思想空间的无限扩展。如果说用"成长"或"成长小说"的模式阐释"自传体小说"经常是有效的话,用"自传性小说"和相应的范畴应对的不仅是王蒙对人物性格的塑造,而且是一种弥散式的心灵空间的营造与"思想史"的书写。

---

① [丹麦]勃兰兑斯著,张道真等译:《十九世纪文学主流引言》,人民文学出版社 1997 年版,第 2 页。

② [法]菲力普·勒热讷将自传的核心定义为"强调他的个人生活,尤其是他的个性的历史",参见《自传契约》,杨国政译,生活·读书·新知三联书店 2001 年版,第 3 页。

二

王蒙出身于北平一个知识分子家庭，父亲曾留学德国，受到过西方文明皮毛式的熏染，不谙世事、懒理世俗功业的性格特点既导致事业的失败，也导致家庭的贫困和家庭关系的失和。王蒙后天一再宣称的"平民"出身应该来自一种切肤的感受。平民出身和每况愈下的生活处境，加上天生的敏感、早慧，使王蒙自然地、"唯物主义地"走上了革命道路。

王蒙是一个革命者、一个早熟的进步青年，但革命时期的王蒙是革命的外围成员①，北平的和平解放使他成为不战而胜的胜利者，这使他与真正的革命者之间隔着一层似有若无的屏障。也就是说，作为一个政治和历史主体，王蒙是一个共产党员和革命者，但与那些真正参与新民主主义革命的革命者相比，王蒙的革命者身份显然缺少了一些枪林弹雨和出生入死的革命背景，在伦理关系和形象的想象序列中退居到次一级的位置上。王蒙和他称之为"我们"的那一代人的革命身份用"青年近卫军"②或许能得到更准确的描述。

从另一方面来说，王蒙的"平民"出身又是可疑的、不切实际的。童年时期，在父亲的影响下，王蒙就有了丰富的看戏、观影、读书、赏乐的经历。这种并不"平民化"的精神培植和养育过程，显然既给了他最初的艺术养分和审美训练，也为他后天成为一名好学深思、爱追问、爱分析的作家铺就了土壤。王德威将"抒情"这一传统上的表达手法和文类概念上升为"一组政教论述，知识方法，感官符号、生存情景的编

---

① 王蒙表示在1948年地下党给他定位的是"进步关系"，不是党员，也不是党的外围成员，当时尚没有全国性的青年组织，但相对于已经入党并亲历如火如荼的革命活动的人而言，他又的确是一个"外围"成员，参见《王蒙自传·半生多事》第60—61页的叙述。

② "少共"（"少年布尔什维克"）的提法广为人知，但"少共"指出的主要是其政治身份及其精神特质，而"青年近卫军"则重点指示他作为一个历史主体的"代际"性质，这其中当然有"少"即年轻的意思，但更多强调的是"近"，或者说是"距离"，是他作为"次生代"与中国新民主主义革命的历史主体之间的跟随、观望、对话关系。

码方式”[①],王蒙就是带有这种“抒情”特征的天生的诗人。也就是说,就其作为一个主体的结构性特征而言,王蒙具有一种典型的“中间人”特性,不是“两间余一卒,荷戟独彷徨”的“零余者”,而是一个“多出一厘米”的“跨界者”[②]。

从历史性的维度而言,王蒙和他称之为“我们”的一代人是新民主主义革命的后来者、晚生的“青年近卫军”;从结构性的维度而言,王蒙又具有革命者/诗人、中坚意识/边缘感的跨主体的双重特性。这种历史性因素和结构性因素的独特结合构成了王蒙作为一个历史主体的特殊性与复杂性,这也决定了王蒙的“自传性形象”成为独特的“这一个”:以历史主体自命但又徘徊犹疑;神圣的担当意识、主人公感和自审、批判意识相纠缠;上下求索、左顾右盼既是他的思想方式,也塑就了他的命运轨迹。与“革命历史小说”所塑造的那些革命者与先行者如江华、卢嘉川、江姐、许云峰等相比,他们既没有先辈们的光辉历史,也缺乏先辈们坚定不移的思想和钢铁般的意志。同时,也不同于林道静这样的小资产阶级知识分子,宿命般地成为一个在改造中学习、在学习中改造的“追随者”。“青年近卫军”作为特殊历史主体的独特性就体现在他的“跨代”和“跨主体”的中间性特征。

《青春万岁》和《组织部来了个年轻人》是王蒙在20世纪50年代的两部代表作,是他“自传性小说”的最早作品。细读可以知道,两部小说的主人公郑波和林震正是对社会和历史高度敏感但似乎又处于某种边缘状态的“动态”人物,两人的名字“波”与“震”提示的也正是这种“动”的特质。在思想和行为上的“左顾右盼”“上下求索”构成了他们的基本存在状态。

郑波是一个年轻的“老革命”,在一群活泼可爱的女孩子中有着早熟的经历,在一派天真烂漫的女生中显出独特的忧郁性格。她的忧郁来自她的敏感,来自她对人生和爱情选择的左右支绌,归根结底来自于她身份的“中间人”特征,即“跨代”和“跨主体”带来的人生选择上

① 王德威:《抒情传统与中国现代性:在北大的八堂课》,生活·读书·新知三联书店2010年版,第5页。

② 王蒙:《王蒙自传·大块文章》,花城出版社2007年版,第175页。

的波动状态。她是中学生中少有的党员，革命经历人人羡慕，但她却为自己的学习成绩不好而苦恼，因为她敏感地意识到在一个大建设的年代只红不专是不合格的接班人，在袁新枝、李春等更年轻学习成绩更好的同学面前，她常常感到自卑。田林的爱慕与追求让她体验到了爱情的甜蜜，但她又时时感到恐慌，她躲避田林的追求并最终拒绝了他。她拒绝田林的求爱看似奇怪，实则有更内在的精神逻辑在支撑。一方面，在她的内心深处男女之爱是一种成年经验，与她的学生身份不相称，面对更年轻的一代时，这种经验让她觉得羞耻。另一方面，她窥视、猜度着革命引路人黄丽程的成人世界，黄丽程婚后没有血色的脸、烫过的卷发等暗示了婚姻生活的世俗性，这种世俗的成人气息让她望而却步。在一部以塑造群像为宗旨的小说里，郑波的经历和内心世界还仅仅是被掀开了一角，我们已不难发现这是一个典型的"夹在当间儿"的、在两代和两个历史主体之间观望徘徊、寻求归属的人物①，与作者有强烈的相似性，是作者自我指涉性很强的角色。

《组织部来了个年轻人》在很长时间里被作为一部"反官僚主义"的作品来阅读和阐释。依据这一定位和已经习以为常的阐释逻辑，林震被视作与刘世吾和韩常新相对立的"反官僚主义"者、一个抗争的英雄人物就是必然的了。正是从这一阐释思路出发，很多人认为林震是一个塑造不成功的形象②。王蒙自己说"我并没有试图把林震当英雄典范来写"③。在我看来，林震和郑波一样是一个处于观望和思想波动状态的年轻人，作者构思的核心是将他作为一个"准主体""亚主体"写他面对社会和历史的中心（组织部是社会运转的核心机制的隐喻）、那些处于社会机制中心的过来人、先于自己进入成年世界的志同道合者时，内心产生的变化与震荡。因此，林震不是一个二元对立模式中的一极，刘世吾不是他的敌人（同时还是他的"兄长"），赵慧文也不完全是他的同道（赵慧文荒芜的屋内陈设和她不如意的婚姻引起他

① 王蒙：《王蒙自传·大块文章》，花城出版社2007年版，第134页。
② 王蒙：《王蒙自传·大块文章》，花城出版社2007年版，第151页。
③ 王蒙：《王蒙自传·大块文章》，花城出版社2007年版，第151页。

对成年世界的警惕,这时赵慧文是他审视的客体),他是混沌的生活状态中的行路人,他摸索着、试探着、思考着、成长着。

这或许就是王蒙的与众不同和出类拔萃,在一个英雄和他们的敌人构成的简单明了的文学世界里,王蒙写出了在混沌的生活面前试图睁开眼睛,试探着、思考着找寻生活意义的年轻人。年轻人的突出特色不是表现在他的通体透明似的崇高,而是表现在他们思考生活的严肃、认真,表现在他们作为一个特殊的历史主体在新生活面前的惶惑与思考,表现在和大多数“新人”的单质性与理念化不同,一开始就体现出在代际之间、不同历史主体之间对话、质疑的思想者气质。这是王蒙的文学起点,某种意义上也是年轻的王蒙自己思考和寻找生活意义的起点。王蒙和他笔下人物在思想历程上的同步性是他小说“自传性”的基础和特色。

三

正是由于“跨代”,尤其是由于在结构上“跨界”的主体性身份——具体而言,作为诗人的“抒情”特征、好思考、好分析、好质疑的异见性眼光与声音让王蒙在20世纪50年代后期开始的运动中被抛出了政治生活的核心地带,游走于社会生活的边际角落。“故国八千里,风云三十年”是他这段生活的真实写照。但从政治中心的游离,使王蒙有机会深入到更广阔、更粗粝、更本真的生活中去,在深刻认识人民大众的同时,对自我也有了更深入的反思与认知。《布礼》《如歌的行板》《相见时难》《蝴蝶》《杂色》《春之声》《夜的眼》《活动变人形》等作品正是这段生活和思想轨迹的真实记录,钟亦成、周克、翁式含、倪藻等人物形象则是他进行历史反思的具象化载体。

王蒙自称是“夹在当间儿的”,自称“我早早地‘首先’入了党,后来才尝试创作。我无法淡化掉我的社会政治身份和社会政治义务”①。那么,“‘首先’入了党”的王蒙和他的自传性主人公在回归的

① 王蒙:《王蒙自传·大块文章》,花城出版社2007年版,第79页。

过程中“首先”面临的主体性问题是：我是谁？我曾经是一名神圣的共产党员，但又被以党的名义宣布为党的敌人。一个特殊的时代结束了，我究竟何以自处？那个“无法淡化掉的社会政治身份和社会政治义务”仍然是有效的吗？或者说，什么才是我在新时期的“社会政治身份”和“社会政治义务”？

首先，“党的儿子”的身份确认与主体性的重新建构。《布礼》是王蒙复出后的第一部中篇小说，主人公钟亦成是一个早熟的革命者，年纪轻轻即走上党的核心部门的领导岗位。1957年，他因一首小诗而被上纲上线地批判，他委屈、不解：“你怎么不问问我是什么人呢？怎么不了解了解我的政治历史和现实表现，就把我说成这个样子呢？”钟亦成抗议的潜台词是：我是党的人，怎能将一个历史和现实都忠诚的党员说成对党和党的事业心怀仇恨呢！1957年，钟亦成正式被宣布为党的敌人，这种政治上的否定带给钟亦成的精神震撼类似于一场外科手术：“钟亦成和党，本来是血管连着血管、神经连着神经、骨连着骨、肉连着肉的……钟亦成本来就是党身上的一块肉。”宣布他为党的敌人等于将他从党的肌体上割除、抛掉。“对于钟亦成本人，这则是一次胸外科手术，因为党、革命、共产主义，这便是他鲜红的心。现在，人们正在用党的名义来剜掉他的这颗心。”或者说，这是一个比死刑判决还要残酷的宣判。

于是，钟亦成开始了他的双重“流浪”：工作生活上的放逐以及精神上的左冲右突和上下求索。他一会儿是意气风发的年轻革命者，一会儿是十恶不赦的反党反社会主义分子，一会儿是新社会的光荣建设者，一会儿又变成了被强制改造的坏分子。时空交错、人与非人、自我与他者变成了钟亦成存在的现象学事实，年轻的革命者这一历史主体零散化为非人非鬼、亦人亦鬼的边际性、碎片化的人。经历了对自己红色根性的反顾与确认，经历了对自己单纯、幼稚、过分浪漫和耽于想象的反思，经历了对幽暗人性的洞察，经历了在劳动中与人民的接触，那个被肢解和零散化的钟亦成才终于宣布了自己重新归来。这时归来的钟亦成已经不是过去的那个钟亦成，而是一个经过了否定之否定之后的“新人”，一个新的历史主体：“当我们再次理直气壮地向党的战士致以布尔什维克的战斗的敬礼的时候,我们已经不是孩子了,我们已经深沉得多、老练得多了,我们懂得了忧患和艰难,我们更懂得了战胜这种忧患和艰难的喜悦和价值。”

《布礼》被有些人认为是王蒙向党表达的政治忠心。这没有什么错。就像钟亦成因诗获罪,被怀疑对党不忠时的反应“你怎么不问问我是什么人呢?怎么不了解了解我的政治历史和现实表现,就把我说成这个样子呢”一样,王蒙首先是一名党员,党的忠诚的儿子这一身份是他的“前世”,也是他的“今生”。当经历了严酷的放逐之后,重获这一身份就是他宣布回归的重要标志。

其次,对“抒情”诗人身份的自反式的审视与剖析。所谓“抒情”特质,落实在20世纪50年代的王蒙身上,就是在一个要求步调一致、思想统一、集体伦理统摄一切的政治与文化语境中如何表达个人独特的感受、思考和意愿。像钟亦成用诗歌表达自己的困惑和感受,像周克对《如歌的行板》的痴迷与钟爱等,这些“抒情”的独特气质和身份显然与党员身份和思想高度的一体化是异质的、甚至是背离的。对这种诗人与生俱来的“抒情”特质的反思构成了王蒙20世纪80年代初期自传性形象塑造的一大特色。就是说,王蒙在新时期的回归和他创造的“回归者”一方面以“党的儿子”自认,另一方面对自己的“抒情”气质和诗人身份进行自剖和反省。如在《如歌的行板》中,周克等人对柴可夫斯基这首名曲的旋律是如此痴迷,对这曲子所内含的温柔、美好的情愫神魂颠倒。他们因偷偷地欣赏此曲而罹难、而被放逐。经历了磨难后回归的、成熟的周克“超越”了、否定了以前的自己:面对真正的、艰难的、波澜壮阔的生活,《如歌的行板》的温柔、缠绵、美好就显得过分柔细过分脆弱了。

再次,经历了多次运动的大浪淘沙,被王蒙称为“我们”的一代人作为一个统一的历史主体出现了离散的踪迹,这一共同体中既有像王蒙这样重拾信仰、重建主体性的“党的儿子”,也不可避免地出现了主动或被动“出局”的人,这些“局外人”在此时的小说中以“他者”的存在方式构成了对王蒙“自传形象”的反观和补充。一是颓废的、看破红尘的混世者,如《布礼》中的“黑影子”。二是背弃了祖国与信仰的畸零者,如《如歌的行板》的金克和《相见时难》中的蓝如玉。在塑造这类形象时,王蒙使用了一种共同的修辞,即一种美学的分身术,如《布礼》中的"黑影子"实际上是钟亦成一体两面的对话者;《如歌的行板》中的小克、大克、老克实际上就是一个"克",即"布尔什维克",三人的不同人生道路,代表了王蒙对"代"的思考、对"我们"作为共同体的思考出现了"分化"的苗头,三个"克"指称的是"我们"中不同成员在时代的大浪淘沙中的不同人生选择。

不论是"黑影子"还是混世者、畸零者,他们都是作为王蒙自传形象的"他者"而存在的,他们的在场反证了"党的儿子"重拾信仰的艰难与可贵。这种一身几个影子的修辞策略也说明,在王蒙的认知视野中,"我们"的确是作为一个共同体存在的,但这一共同体开始出现了裂解的征兆,预示着在将来的创作中,"我们"只是一个"想象的共同体",随着每个个体被赋予主体性,"我们"将成为真正复数化的主体群像。

四

20 世纪 90 年代,王蒙开始"季节系列"的写作。这部气势非凡的"长河小说"与王蒙此前的小说存在明显的"互文"关系,是在他的"自传性小说"中占有特殊地位的作品。所谓"互文性"主要表现在:一是以自传形象为中心的人物关系结构和放逐—考验—回归的人生模式依然是"四季"话语体系的骨架;二是就小说讲述的经验性质与经验类型而言,"四季"与此前的自传系列有高度的同质同构的性质。"四季"可以被视作对此前自传书写的一次大规模、深层次的"重写",是王蒙在新的历史语境中对自己人生经验的一次总结。

"四季"写作的世纪之交,是一个思想解放的时代,王蒙"想要说出真相"和要为一代人树碑立传的愿望不仅有了可能实现的机缘,而且由于政治、文化语境的深刻变革,使王蒙对自己和他同代人的思考获得了巨大的自由空间。因此,"四季"的"重写"不是重复,而是一次新的跨越。突出表现为两点:一是钱文作为一个与作者对位的自传性形象,比以往的任何一个自传性形象都得到了加强;二是其他人物也获得了充分的主体地位,形成了"一世—三代—众生(甚至包括了猫和鸡)"的形象系列,复数"我们"而不是单数"我"的传记化才真正实现了作者为"一代人"树碑立传的愿望。

在所有自传性形象中,钱文是与作者对位性最明显、传记性最强、思想含量最丰富的一个。首先是传记经验的完整性。郑波、林震、钟亦成作为自传性形象,只涉及作者人生传记经验的局部,截取的是作者传记经验的片段与截面,是作者人生镜像的某一点或者某一个侧面,其中家族与童年经验的缺席使这些自传性形象与作者丰富完整的人生经历相比具有结构性的缺陷,其审美和历史认知的深度与强度被严重局限。钱文的出现,家族和童年经验、新疆经验的出场才使王蒙的自传性形象真正完整、丰满起来。惟其如此,王蒙试图通过自传性书写来达成对"一代人"进行真实记录和描绘的意图和目标才找到了美学的支撑和坚实的形象基础。

钱文不仅在生命的长度和经验的宽度上超越了他的"前任",更重要的是钱文在艰难跨越了"故国八千里,风云三十年"的沧桑岁月,经历了从恋爱、失态、踌躇和狂欢的"四季"的淬炼之后从性格与思想层面上完成了自己的成熟化与成年化。20 世纪 50 年代"恋爱的季节"时的钱文是一个将现实/理想、自我/集体、阶级/人性对立起来,性格明亮但认知简单的年轻人。在经历了"失态的季节""踌躇的季节"和"狂欢的季节"之后,钱文成熟了:他认清了更多的现实但仍不失热情与理想,"青年近卫军"的血液仍在血管里奔突;他懂得了个人和人性的重要性,但仍以自己是一名共产党员而自豪;看到了历史的扭曲甚至倒退,但仍对国家民族的未来充满信心。小说尽管没有给出钱文一个终极的、定于一尊的性格和思想终点——他的性格与思想仍然是敞开的,但无论是对个人、对社会、对历史、对现实、对领袖、对凡人、对国家、对民族的认知无疑具有了具体而充盈的内容,与 20 世纪 50 年代的钱文相比,中老年的钱文显然变得更宽容、更驳杂、更睿智。从年轻时的简单明亮到中老年的宽容、驳杂、睿智,这就是钱文的人生,这也是王蒙完整的人生镜像。钱文形象的成功塑造使王蒙笔下的自传性形象系列有了一个收束，有了一次总结，王蒙念兹在兹为一代人树碑立传的愿望有了一个一以贯之的纲领。

还不止如此。“四季”巨大的思想含量与美学价值还表现在钱文作为一个历史洞察者在建构自己作为一个历史主体的过程中，在一个“想象的共同体”中识别出自己，也识别出“他者”。这一洞察与识别过程提供的是钱文/王蒙真正的精神自传、心灵自传，是精神分析学层面上的成长与成熟，与社会历史层面上的成长与成熟互为表里。有两个层次。第一，是通过对“我们”、对“青年近卫军”作为统一的历史主体的消解和否决完成的。在泥沙俱下的历史潮流中钱文逐渐发现，在他称为“我们”、连上厕所也要共同行动的革命者集体并不是铁板一块，并不具有永远的统一意志、统一的道德属性，一句话，“我们”无法作为一个单数的历史主体面对历史洪流的肆意冲刷。赵林是“青年近卫军”团队中的领袖之一，对上级精神笃信不二，总是高调地、激昂慷慨地教导同伴，但在经历了命运的一波三折之后变成了一个意志消沉、看破红尘的市侩。李意作为一个民族资本家的儿子千方百计地改造自己争取“不掉队”，争取和大家一个样，但终究还是和大家不一样，不得不做一个“逍遥派”。祝正洪出生在城市贫民家庭，看起来诚实、憨厚、朴讷，但他是以守为攻、以退为进。他是天生的藏锋守拙、韬光养晦的大师。得益于此，他几乎是“青年近卫军”中唯一一个在事业上一帆风顺、官运亨通的人。这个看似厚道的人为保全自己不惜伪造事实，向自己的恩人发起致命一击，显示出他阴狠毒辣的一面。祝正洪身上显示出中国文化性格的诸多隐性密码，是单纯明亮的现代革命文化不可能孕育产生的，在王蒙以前塑造过的“青年近卫军”这一形象阵营中从未出现过如此复杂的形象。

“季节系列”和《青春万岁》相似，是结构宏大的群像小说，“一代人”的群体形象是作者书写的重心。但通过比较会发现，《青春万岁》中的中学生群体存在不同性格，但并不存在不同的“语言形象”和“语言主体”①,而“季节系列”中的几个主要形象突破的不仅是性格,如李意和祝正洪,而是突入了另外一种语言体系,是说出了另外一种语言的“语言主体”和文化主体。“季节系列”不仅是规制宏大的“长河小说”,而且是真正意义上的“复调小说”,它告知我们在被认为有着共同政治和道德属性的“一代人”中其实存在着不同的政治与道德分野,在历史洪流的冲刷之下,一个铁板一块的共同体是不存在的。一个“想象的共同体”的消失,意识到“一代人”实际上是由各种各样的历史个体共同组成的标志着钱文真正的成熟,标志着他作为一个历史主体的自觉。

第二,是在不同的代际之间发现了“我”和“我们”的特异性,在与“介体”与“助体”的对比中发现了“代”与“代”、“性别”与“性别”之间的差异性,发现了他们各自作为历史主体的主体性。在王蒙“季节系列”以前的“自传性小说”中,存在着一个以自传性形象为中心、为主体,以一个先行者、引领者和大哥身份出现的革命者为“介体”,以一个异性同行者为“助体”的想象性“三角关系”模式②。典型的如《青春万岁》中以郑波为中心,以黄丽程为“介体”、田林为“助体”的“三角关系”;《组织部来了个年轻人》中以林震为主体,以刘世吾为“介体”、赵慧文为“助体”的“三角关系”;在《布礼》中以钟亦成为主体,以老魏为“介体”、田雪为“助体”的“三角关系”;等等。这一“三角关系”的典型特征是,自传性形象的主体性成长仰赖于对“助体”和“介体”的观察、审视、猜测、想象,在与二者潜在的精神和心灵的“对话”关系中确定自己的历史地位和精神走向。这一“三角关系”最大的美学和思想史价值在于让我们真正从心灵史的角度、从精神分析学的层面上看到了像王蒙这样的“青年近卫军”身份的历史“亚主体”的精神成长过程,在

---

① 巴赫金把现代小说在本质上看作是“杂语”的处所,是不同的“语言”之间的“对话”。因此,在他看来小说的根本任务是塑造“语言形象”而不是“人自身的形象”。或者说,小说塑造的没有表达特殊语言意识的人物形象是没有多少价值的。可参见孙先科:《巴赫金的“语言形象”概念与小说阐释的新范式》,《文艺理论研究》2005 年第 4 期。

② [法]勒内·基拉尔著,罗梵译:《浪漫的谎言与小说的真实》中第一章和第二章的相关论述,生活·读书·新知三联书店 1998 年版。

主体化过程中复杂而又鲜活的心灵状态。

但是,这一"三角关系"在美学和思想史上的缺陷也是显而易见的,即"介体"和"助体"某种程度上的符号化、隐喻化从而遮蔽、隐匿了他们作为真实的历史主体的历史行迹和丰富复杂的心灵世界。刘世吾、黄丽程和老魏,田林、赵慧文和田雪均因为在文本中被作为主体(叙事的内视角)的透视和猜度对象,他们的生活世界和心灵世界变得神秘而陌生。很大程度上他们是作为媒介和助手来促成、助推主人公在心灵上的成长和主体化的过程,而他们本身并未被充分主体化。从这种意义上来说,郑波、林震和钟亦成因为刘世吾和赵慧文等并未充分的写实化、客观化、历史化、主体化,自己某些程度上成为"想象的主体"而不是"间性主体"。主体的"间性化"一定程度上是在"季节系列"中完成的。突出地表现为"介体"和"助体"由神秘化、象征化、符号化到写实化,经历了历史的"祛魅"、还原,直至成为一个真实的历史主体。

"介体":犁原和张银波是文艺界举足轻重呼风唤雨的两个人物,他们在钱文进入文坛和成长过程中起到了重要作用。非常类似于老魏与钟亦成、黄丽程与郑波的关系,钱文对他们也有种亦父亦兄的道德亲切感以及在精神上追逐和模仿他们的迹象。但重大的不同是,通过将他们充分地还原到生活情境中、完全地历史化,他们作为偶像的历史地位一点点地崩塌了。他们在政治上表现出的软弱和骑墙行为消解了他们作为一个政治主体的神圣光环,他们在政治态度上的噤若寒蝉、唯唯诺诺在钱文眼里毋宁说是"猥琐"的,与钟亦成眼中老魏作为引领者的高大神圣形成强烈反差。张银波在女儿身陷绝境时表现出的冷酷绝情,在小老弟钱文登门看望时表现出的冷漠和拒人千里之外的态度,以及犁原在与廖琼琼的爱情关系上的变节与出卖行为几乎可称为不仁不义。侠肝义胆、情同手足的伦理关系丧失了,引领者作为道德模本的偶像地位不复存在。钱文对犁原和张银波的历史化的叙述完成的是对一个历史主体的政治和道德"祛魅"。当然,这一"祛魅"的历史过程在精神分析学和美学上的意义是双重的:作为新民主主义革命引领者的神圣化和偶像地位被打破,一个更有政治和道德具体性（高尚与卑下、坚定与软弱等品性纷然杂陈）、更复杂多样、更具立体感的历史主体被重新建构起来；而作为追随者和模仿者的“青年近卫军”也逐渐摆脱了作为历史“亚主体”“次主体”的精神焦虑，结束了一直处于“波”与“震”中的心理状态，从而获得了作为一个独立的历史主体的意识自觉和历史自信。

“助体”：在“季节系列”以前的自传性小说中，“助体”角色如田林、赵慧文、田雪在文本中的位置经常是处于被主人公观察、透视、揣测的客体地位，没有被作者的叙述触觉直接触摸，与主人公的真实关系基本处在一种想象性的道义支持者的地位，作为性别和历史主体存在着不少盲区。在“季节系列”中，主人公钱文的“助体”是由吕琳琳和他的妻子叶东菊一同承担的，吕琳琳还保留了此前“助体”角色的被动、客体化、神秘化的特点，而叶东菊则高度地写实化了。就像她的名字“东菊”（采菊东篱下，悠然见南山）所隐喻的，叶东菊是作为人性（女性）最质朴自然的一种生命样态来呈现的。尽管名字是隐喻性的，但对叶东菊生活的呈现却是写实的，因此，叶东菊比田林、赵惠文、田雪等任何一个助体形象都更有真切感和立体感。正是在与自然、真切的叶冬菊的对视和交往中，钱文认识到了自己爱激动、爱分析、爱上纲上线、虚妄和不笃定的一面，钱文作为一个历史主体的主体化过程是与叶东菊代表的自然质朴的女性主体对话和相互询唤的结果。

在“季节系列”中，王蒙还塑造了洪无穷和陆月兰等“下一代”的形象，“他们”同样与钱文的主体性成长构成了不可分割的“间性”关系。这样，王蒙要为“一代人”树碑立传的心愿实际上是通过“三代人”的询唤与对话完成的。“一世三代”的精神对话结构显然将“一代人”的传记形象立体化、心灵化了，所谓王蒙自传形象的“杰出而富有代表性”正是体现在“代际”之间的对话，通过不同主体之间的对话而勾勒出了当代中国“人们内心里的真实状况”①，从而使他的“自传性小说”具有了当代心灵史和思想史的价值和意义。

---

① ［丹麦］勃兰兑斯著，张道真等译：《十九世纪文学主流引言》，人民文学出版社 1997 年版，第 2 页。

本文的写作立足于这样一个前提,即将王蒙“自传性小说”中的自传性形象视作与作家王蒙对位的一个历史主体,从文史互证的角度揭示这一历史主体的历史行状和心灵史脉络。从一般文艺学的角度来说,这样的立论和论证逻辑未必十分严谨。好在王蒙并非一个“一般”作家,他丰富而独特的个人经历、他强烈的政治意识和主体意识、他从自我剖析入手进入历史的诗学方式,的确构筑了一个丰满的历史、现实和文学想象难分难解的“互文”世界,从文史互证角度开展的阐释又是合理的、有效的。上文的分析至少让我们看到了王蒙创作别人无法替代而批评又鲜有论及的两个方面:第一,作为新民主主义革命的“亚主体”,“青年近卫军”在当代历史中的历史际遇与心灵史。这是“革命历史小说”和“新历史小说”都少有触及的历史与思想史的领域。第二,作为一个中共党员和抒情诗人的双重身份、总是比别人“多出一厘米”的“跨界”视野,通过将自己代入历史,通过“代际”和不同主体之间对话化,提供了进入历史、思考历史的新模板:传记与精神分析学相互渗透的诗学方式,提供了不失宏大和正史意味又具有心灵和思想史深度的小说新美学。

父子之情与国家公义

——王蒙小说中"大义灭亲"的故事原型及其意义阐释

王蒙小说创作时间长,作品数量巨大,思想内涵丰富,加上他在文体和艺术手法上的创新,批评界对他创作的关注热情始终不减。据统计,自20世纪70年代末到目前为止,发表研究王蒙小说的论文和著作有700余篇(部),范围几乎覆盖了他所有的作品。从研究类型上来说,涉及主题研究、小说类型研究、"意识流"与小说文体研究、幽默与反讽等风格研究以及一些小说的个案分析与文本细读。尽管有些研究初步涉及文化学视角,如对长篇小说《活动变人形》的分析涉及"民族文化心理"等命题,但真正从人类学和"原型"角度展开的研究还没有见到,这正是本文选题的主要动机与思路。①

一

在王蒙的小说创作中,一些特殊的经验、生活场景、人物关系模式、故事类型以及主题意象等被一再地重复,尤其是在20世纪90年代的"季节系列"中,一些重要的生活场景、人物关系、故事类型明显地脱胎于20世纪50年代和七八十年代之交的一系列中短篇小说,但在

---

① 关于研究现状,参见梁秀花:《新时期王蒙小说研究综述》,《山东教育学院学报》2002年第3期。

某些部位和细节上又有不同程度的改动和偏离。在这些小说中,重复不再是一个无关宏旨、可有可无、应该视而不见的小技巧,而是一个“有意味的形式”,一个颇值得阐释的文本现象。

“重复”是“原型”的典型特征。荣格说:“原始意象或原型是一种形象(无论这形象是魔鬼,是一个人还是一个过程),它在历史进程中不断发生并呈现于创造性幻想得到自由表现的任何地方。因此,它本质上是一种神话形象。当我们进一步考察这些意象时,我们发现,它们为我们祖先的无数类型的经验提供形式。可以这样说,它们是同一类型的无数经验的心理残迹。”①在荣格的这段不长的论述中,它似乎将原型过分地神秘化了,而且在逻辑上是倒因为果的。如果避开文字表面的缠绕和逻辑上的混乱,这段话说出了原型这一概念在人类学层面上至关重要的内涵。首先,原型是“同一类型的无数经验的心理残迹”,即是说,原型是相同类型的经验不断重复的结果,它虽然是以形象的方式,而不是以概念的方式存在,但它不是先验的,也不神秘。其次,“它在历史进程中不断发生并呈现于创造性幻想得到自由表现的任何地方”,就是说,原型是一种重要的规约性的思维力量,在想象性、幻想性领域中,它会重复出现,体现出某一文化的连续性和这一文化特质的内在的一致性。总之,经验的“重复”是构成原型的基础,而且它的重要特征和发挥作用的形式与途径仍然是“重复”。

弗莱把“原型”这一人类学概念赋予新的解释后纳入文学批评领域。他把“原型”说成是“一种典型的或重复出现的意象”,“原型指一种象征,它把一首诗和别的诗联系起来从而有助于统一和整合我们的文学经验”②。在另外的著述中,他又说:“关于文学,我首先注意的东西之一是其结构单位的稳定性。比如说在喜剧中,某些主题、情境和人物类型从阿里斯托芬时代直到我们今天都几乎没有多大变化地保持下来。我曾用原型这个术语来表述这些结构单位……”③在这里,

---

① [瑞士]荣格著,冯川、苏克译:《心理学与文学》,生活·读书·新知三联书店 1987 年版,第 120 页。

② [加拿大]弗莱著,陈慧等译:《批评的剖析》,百花文艺出版社 1998 年版,第 99 页。

③ 叶舒宪:《探索非理性的世界》,四川人民出版社 1998 年版,第 101 页。

弗莱将“原型”的范围扩大，具体到了主题、情境和人物类型等“结构单位”，同时强调它在文学历史中的重复性和延续性。

“原型”一词的字面含义和它得以讨论、证实的具体例证似乎都将它引向遥远的过去，引向人类最原始的经验状态。比如在文学批评中，批评家更习惯于用“神话原型”“民间原型”等概念建立“原型批评”的批评话语，似乎不与“神话”“民间”等表示遥远的时间或空间的（初始与自发状态的）人类经验关联起来，就无法相信它的合法性与有效性。事实上，“原型”具有历史性与相对性。历史性是指，“原型”能够与不同历史时期的具体环境和具体的事物相结合形成种种不同的表现形态，即它的置换变体；相对性是指，不同的文化实体、不同的人类经验形态也会形成不同的“原型”。如果不承认这种历史性和相对性，那么，有关“原型”的理论就相当尴尬，即让人相信人类文化中只有一种“原型”。初始与自发状态的人类经验是形成“原型”的基础，但必须承认初始的、自发的人类经验并不是只有一种，只在人类的始祖那里发生，后天发生的一些全新的人类经验同样具有初始性、自发性，它也会拥有自己的“原型”。比如，哥白尼的太阳中心说改变了基督教世界以上帝为中心的生存方式，以人为中心的世俗经验成为基督徒必须适应的一种全新的经验，相应地，文艺复兴以后的文学艺术中不断出现冒险与开拓的主题“原型”与鲁宾孙式的人物“原型”。

同样，20 世纪发生在中国大地上的无产阶级革命（政治革命、文化革命）也是一种“史无前例”的人类经验，它有自己的逻辑和历史，有自己的文化和图腾，同样有属于自己的“原型”。王蒙笔下的“年轻人”是 20 世纪无产阶级革命中的一个独特的历史群体，也是带有鲜明特色的历史主体，他们的经验是鲜活的、独一无二的，用王蒙自己的话说：“我的处女作是长篇小说《青春万岁》，我熟悉那些和我一样的经历了新旧两个社会的少年——青年人。革命的风暴，黑暗到光明的巨变，使他们早熟了而且充满了革命的理想。在 1953 年，我已经感到这一代青年人是难以重复地再现了的，我要表现他们，描写他们。”①王

① 王蒙：《倾听着生活的声音》，载《王蒙选集》（1），百花文艺出版社 1984 年版，第 2 页。

蒙对这一代人、这一历史主体的深情回忆,对他们复杂经历与精神成长经验的纪录与反思具有重要的历史价值和精神史、思想史的意义,笔者将以这一历史主体为叙写对象的作品称为“年轻人”传记系列。王蒙在“年轻人”传记系列中对一些典型情景、主题、人物关系、故事类型的重复叙述,已经使它们具有了“原型”的意味和价值。

二

王蒙的小说处女作是长篇小说《青春万岁》(写作时间最早,在报纸上连载),但他完整地发表的第一篇小说是短篇小说《小豆儿》。这篇小说以20世纪50年代初的“肃反”运动为背景,描述一个叫小豆儿的共青团员在家庭内部的“革命”,她大义灭亲,亲自告发父亲(不法商人)与叔叔(暗藏的反革命分子)的阴谋活动。《小豆儿》这篇小说的主题及感情倾向流露出与20世纪50年代语境明显的关联:鲜明的政治主题(甚至是配合政策的“政策主题”)以及强烈、粗放、简单的感情色彩。尽管如此,这篇小说的主题、结构、叙述及修辞方式已经显露出王蒙以后小说创作的诸多特征。尤其突出的是,这篇小说的基本故事结构及意义的生成方式——一个资产阶级家庭内部的腐朽的生活方式与不法行为与外部的轰轰烈烈、光明灿烂的(以诗歌来隐喻)社会生活形成强烈的对比,新生活的主人(女儿或儿子)大义灭亲,举起背叛的大旗,揭发父亲的阴谋,推翻父亲作为“家长”的权威,旧的家庭被荡涤——成为王蒙小说创作中一个重要的结构性因素和意味深长的意义编码,并在以后的创作中一再重复,使之成为一个意涵丰富的故事原型。

在长篇小说《青春万岁》中,女中学生苏宁是性格与心理发展痕迹最清晰、最剧烈、最有深度的形象之一,她的成功很大程度上归因于她所出身的阶级在新社会所面临的猛烈冲击与动荡,她不可避免地在新、旧两种社会体制的转变过程中经受思想、性格、心理的痛苦而艰难地蜕变,她的新生比之于郑波和杨蔷云等家庭、社会背景相对单纯的人物来说,显然经历了一个更复杂、更艰难也更深刻的“成长”过程。

在苏宁的性格发展和精神成长过程中，她告发父亲不法行为的“大义灭亲”事件，是一个关键性的步骤，或者说，这是一个标志性的事件，标志着她走出腐朽的资产阶级之家，勇敢地跨到了集体与社会之家，走出了狭小的、令人憋气的个人天地，融入了广阔的、光明的未来事业，是她性格初步成熟的一个标志性仪式。从精神分析学的角度来说，她的告发行为是一次激烈的“弑父”，标志着她在精神上与父亲的彻底决裂，自己作为一个主体成长起来。

不敢肯定在王蒙的生活中，或者在他所熟知的亲友的生活中的确在“三反”“五反”等历史过程中发生了“大义灭亲”的事件，因为文学叙事中的故事与生活中的事件是不能画等号的。但是，可以肯定的是类似的生活经验给王蒙留下了深刻的印象，甚至可以说是给他心理上造成了严重的刺激，只有如此，才能解释类似事件作为一种不可磨灭的深刻经验反复出现在他的记忆中的理由。在时隔 30 多年后的 20 世纪 90 年代，在更大规模地展开对“年轻人”的成长经验进行讲述的“季节系列”中，“大义灭亲”的故事又一次出现，这就是发生在李意身上的事。在“三反”“五反”运动中，作为资本家的儿子，李意被要求揭发他父亲的“五毒”行为。李意经过痛苦的思想斗争，然后开了三个夜车写揭发他老父亲的材料。为了表示“大义灭亲”的完全彻底，在妈妈中风住院时也拒绝回家看望。

“大义灭亲”是一个古老的、在文艺创作中反复重复着的故事原型。之所以如此，很大程度上是因为这一原型故事中所内含的强大的感情冲击力、复杂的道德内涵以及在审美心理上所激发的特殊感受。“大义”（公义）与“亲情”被放置在尖锐对立的场景中，非此即彼，或公或私，取舍系于千钧，这种选择的分量使主人公和读者均经历着感情的难以承受之重，“大义”虽神圣崇高，但养育之恩重于山、血缘之情浓于水，取“大义”灭“亲情”在道德承受力和心理接受力上无疑是一次严峻的挑战。“大义灭亲”故事因其对人类最复杂情感的拷问和道德水平的严峻考验而具有了巨大的震撼力和长久的生命力。

王蒙的“大义灭亲”故事既有传统同类故事的感情与道德内核，又有和特殊语境相关的具体语义。“三反”“五反”是发生在新中国成立初期的特殊事件，资产阶级在被社会主义改造之后仍不甘心于自己的失败，以囤积居奇、贩假售假等不法行为扰乱、破坏社会生活。来自资产阶级家庭内部的反叛者发动家庭革命，大义灭亲，举报告发自己的资本家父亲。这里的“大义”具有一种历史的具体性，即对社会主义制度的维护、对新生的现代国家的神圣感与自豪感、对与此相背离的行为与思想的仇恨，即一种有着鲜明时代特色的对国家公义的维护、对藏污纳垢的资产者家庭的否弃，成为王蒙小说借助“大义灭亲”这一古老故事原型而表达的具有鲜明时代色彩的政治意识。

三

使笔者对王蒙“大义灭亲”故事最感兴趣并决意作为一个问题提出的主要动力，并不是对每一个具体的“大义灭亲”故事进行单独的解读，而是将先后出现的“大义灭亲”故事在时间的链条上进行对比后发现，由于写作语境的不同（文体可能也是一个影响因素，但不是主要因素），王蒙对“大义灭亲”故事的叙述发生了一些有意味的偏差，做了一些有意识的修改。对故事进行重复叙述，在重复中作“差异”性修改，是叙述诗学中一个有意味的编码策略。王蒙对“大义灭亲”的故事所作的重复、修改、补充、删削就颇具意味，从中可以解读出一些在单一文本中无法发现的特殊蕴涵。

短篇小说《小豆儿》写于1954年，和《青春万岁》的创作几乎同时。相同的语境，使作家在处理“大义灭亲”的题材与故事原型时，对这一原型中叙事元素的使用及意义的开发取了大致相同的路子。比如在环境的设置上，两者都把资产阶级之“家”——破败、腐朽、藏污纳垢，与光明、热烈的集体生活进行对比，构成公共生活与私人生活领域是两重天地的比照格局。在人物形象的设计上，父亲形象简洁明了，从外形到行为都是一个过时的、政治上反动的资产阶级形象，在新的社会中干着与新形势格格不入的不法勾当。母亲形象则相对暧昧，在政治上并不是父亲不法行为的合作者，但作为家庭日常生活的维护者，不想让家庭崩溃，因此对子女的“弑父”行为充满恐惧和疑虑。而作为“大义灭亲”故事的核心因素，子女对父亲不法行为的告发，较少或者根本没有这一故事原型所固有的道德忧虑和感情困惑，爱国、爱社会主义的政治情感具有压倒一切的力量，主人公在行为和心理上几乎没有任何犹豫、自责、愧疚等人之常情的表现。

作为长篇小说中的一部分，苏宁与其家庭的决裂比起小豆儿告发父亲以及面对母亲“你爸爸要出了事，咱们一家全完了”的警告时的干脆利落和义无反顾，要艰难、复杂一些，但在是否要告发父亲的问题上，她也是毫不犹豫的。那么，作者如何面对“大义灭亲”后主人公所面临的“家”的倾覆这一严重局面呢？或者说，什么样的价值伦理可以填补父亲被弑以后留下的价值真空呢？进而言之，对自己从小生长的家庭、养育成长的父母真的能够弃之如敝屣而没有任何留恋吗？一个多么强大的力量才能弥合“弑父”和“失乐园”（家）后留下的精神创伤呢？尽管王蒙在文本中也留下某些可“重写”、可“细读”的“缝隙”，如小豆儿在告发父亲以后，站在朗诵的舞台上突然沉默，甚至逃走。苏宁面对母亲对家庭解体后可怕后果的预告，也不可能完全无动于衷（“听说要卖房子，苏宁动了一动……”）等，但是，在视人性论为洪水猛兽的语境中，作者不可能为家庭伦理、为人性留下多大的空间。在失去了家的护持与父母的恩宠以后，王蒙让他的主人公从政党、从集体那里获得了鼓励和温暖：

> 不知什么时候进来的团总支书记走到我身边，她激动地握着我的手，说：“小豆儿，我全知道了，你父亲和你叔叔已经被公安局抓去了，你做得好……”
>
> 我的心一下子轻松了。我虽然没有朗诵出一句诗来，心里却比朗诵了一首最好的诗还要愉快……

苏宁告发父亲，被父亲打伤住院，杨蔷云等同学到医院去看她，作者写道：

> 苏宁眼中含着感动的泪花，像瞧见了最关心她的亲人一样。

她精神很好，说：“我的伤不重，一两天就可以出院。”她告诉蔷云：“我们这个病房好极了，有一半病人是共产党员，大家互相安慰，互相鼓励，还互相批评——一个人对护士态度不好，大家就批评她。不但如此，她们介绍说，每星期六晚上这儿还举行联欢会呢。”

真是奇怪的事，能够在一切环境里摄取消沉和忧郁的苏宁，却在病房里感到了生活的温暖。

王蒙自己在几十年后谈到《小豆儿》的时候说：“我自以为小说的重点不在检举坏人，而在于突出新中国的青少年，面临着怎样的光明与黑暗的对比与急剧转变。”这种“急剧转变”对于小豆儿和苏宁等这些出生在资产阶级家庭的青少年来说，就是要进行家庭革命——革资产阶级父母的命，逃出已经腐朽的资产阶级家庭，走向学校、医院等代表了“集体”的生活中来，走向政党所代表的政治集团中来。王蒙以自己的亲身经历体验了覆灭之前的国民党统治下的政治腐败、经济凋敝、社会混乱；认识到了父亲虽然离开了封建地主之家，但他的小资产阶级的狂热和不切实际终将一事无成；承受了些许来自家庭成员的温暖，但更多地承受了家庭的“污泥浊水”，因此对家庭充满了绝望；他最初的革命经历让他领会了“当你只是一个人的时候，你只有十二三岁，一米六多一点高，体重不足百斤，对于旧社会完全绝望，你什么事业不可能做成。当你与一个伟大组织有联系的时候，你知道自己的力量巨大无比，正在艰难取胜”。[①] 因此，在他的小说创作中，王蒙顺理成章、水到渠成地对“大义灭亲”的故事原型，作出了政治式的阐释，以集体、社会、政党为核心的社会主义的政治伦理取代了以孝悌为核心的封建家庭伦理与以个人为核心的资产阶级的伦理准则。集体、社会、政党真的能够担当得起“弑父”“毁家”带来的精神创伤吗？“家”是真的能做到弃之如敝屣吗？至少在当时的语境中，王蒙自信是真理在握的。

在20世纪的90年代，距离王蒙写作《青春万岁》和《小豆儿》已经

① 王蒙：《王蒙自传·半生多事》，花城出版社2006年版，第61页。

有了40年的时间之后，王蒙开始了他的“季节系列”的写作。其中，李意是一个出生在资产阶级家庭中的“年轻人”，他的出身、经历、心态与小豆儿、苏宁非常相似，“大义灭亲”的故事也同样发生在他身上。但是，对比以后可以发现，作者对李意“大义灭亲”故事的描写有意地进行了偏离和改写，这种偏离与改写形成的“互文”关系颇为意味深长。

在《青春万岁》中，作者通过一种意象化的修辞手段——破败、萧条的庭院，散发着腐旧气息的老妈子，颓废病态的资产阶级少爷，丑陋阴郁的资产阶级家长，强烈地暗示了资产阶级家庭的不合时宜和落后于历史潮流的腐朽性。小说对资本家——苏宁父亲的描写同样具有一种美学上的简明性——不仅政治上反动(与社会主义的政策对抗)而且在道德上虚伪、凶残(痛打苏宁以至使她住院)，因此，苏宁由黑暗到光明的转变——“大义灭亲”是这一人生选择的一个仪式，没有犹豫，没有挣扎与反复，没有心灵的煎熬，没有陷入政治与道德两难境地时的痛彻心扉的撕扯与摇摆。这种叙事的简洁明了、修辞上的意象鲜明表明了叙事人在历史认知与历史判断上的信心与果决，以及对社会主义及其道德体系必将战胜资产阶级及其生活方式的乐观主义情绪。

在“季节系列”中，对资产阶级出身的李意的描写(李意主要出现在《恋爱的季节》与《失态的季节》中，随着作者叙述的笔触转向乡村，生活在北京的李意就基本消失了)，有了很大的改变。以意象化的手段将资产阶级家庭描写为一个腐朽的物象的修辞不见了，相反，对李意资产阶级家庭的交代被有意识地涂抹上了“红色”——李意的父亲很早就和共产党有联系，并秘密地帮助过地下共产党。尽管如此，李意还是因为他的出身，而受到了不公正的对待:他由于“与资产阶级家庭划不清界限”，在候补期满后，他的正式的共产党员身份没有获得通过。正像在《青春万岁》中将苏宁的家庭意象化为一个腐朽的物象一样，将李意的家庭背景改写为红色也是一个着意为之的修辞手段。但是，这两种修辞达成的修辞效果是不同的，甚至是相反的。意象化的叙事是靠物象来传达其“意”的，排除了叙述人干预的痕迹，因此，苏宁家人和庭院等肖像与物象呈现出的破败迹象，“无言的”述说着这个资产阶级家庭“流水落花春去也”的、不可挽回的、毁灭的悲剧，意象化背后隐含的是一个掌握了历史发展规律的、对历史充满自信的叙述人。但在“季节系列”中,叙述人对李意家庭历史的改写,其修辞效果却接近于反讽:一个有过“红色”历史的资本家仍然是资本家,你的子女仍然无法逃脱被歧视、被改造的历史命运。叙述人议论道:“他忘记了,说下大天来,他们家毕竟是资产阶级,而共产党是无产阶级的,无产阶级是资产阶级的掘墓人,马克思早就说过的。”这样的反讽效果使叙述人的价值判断变得暧昧和游移——他的同情似乎在受到了伤害的李意一边,阶级论的铁面无私显得冷酷、不近情理。

在“大义灭亲”这一核心情节中,作者对构成这一情节的某些叙事因素作了改写,使这一故事原型的结构和语义都发生了变化。首先,“三反”“五反”这一环境因素被定性为具有过激倾向的政治运动,李意的父亲被定为有“五毒”嫌疑的“老虎”是一场误会,是一个错误。这一改写是致命的,李意“大义灭亲”的正义性、正当性、革命性因为这一前提的被推翻而丧失,“大义灭亲”故事的悲壮意味被消解,变成一场有喜剧色彩的闹剧。其次,当事者在“弑父”过程中的心理状态被清晰地呈现出来。李意本无意,甚至担心自己没有胆量揭发自己的父亲,但他所耳闻目睹的政治运动的残酷性,尤其是对自己会不会被开除出党的担心与恐惧,让他违心地、无中生有地为父亲罗织罪名,告发父亲的所谓“五毒”行为;当被告知自己的母亲中风住院的时候,他也冷起心肠,拒绝回家,以表明与资产阶级家庭决裂的勇气与决心。直至自己得病住院,与家庭决裂的李意却受到家庭的关照,李意再次与家庭和解——他顶着被指责与资产阶级划不清界限的罪名,坚持在家里办了结婚宴席——但面对指责,李意用父亲的特殊身份、以某位共产党的高级领导人的在场为自己辩解、开脱。经过了一系列具有闹剧色彩的与家庭的分分合合、忽好忽恼的过程以后,“人们感到,李意已经不是从前的李意了”——他变成了一个油滑的、会见风使舵的投机者。与小豆儿、苏宁在“大义灭亲”事件中被忽略整个心理过程,“大义灭亲”的故事被单纯地突出了国家正义相比,“季节系列”对李意心态和人格变化的改写与增补,很大程度上颠覆了“大义灭亲”在政治上的正义性,它的闹剧色彩表明“大义灭亲”没有实现对一个资产阶级后代政治纯洁性的改造与拯救，相反却让他彻底丧失了对政治的信仰。作者对“大义灭亲”故事的重写暴露了将集体与个人、社会生活与家庭、政治与伦理亲情极端对立起来，将人性视为洪水猛兽、将阶级性视为人的唯一属性会带来多么可怕的后果。

不是神话书写的时代，而是书写神话的时代。书写的时代环境，很大程度上决定了神话（文本）的意义。很显然，《青春万岁》是一种当下性的写作，作者与书写的对象和书写的时代还没有拉开距离，作者获得的历史唯物主义观念让他相信，资产阶级必然灭亡，像苏宁这样的资产阶级后代只有、只要融入集体、投入共产党的怀抱才有、就有美好的未来。“季节系列”的写作已变成了一种回忆，作者经历了历史的林林总总，在阶级论之外获得补充性的认知视角，所以，李意这一形象就完全逸出了苏宁所框定的命运轨迹。无产阶级思想对他的改造可以让他脱离资产阶级家庭，甚至让他哑口无言，用吹口哨代替说话，但最终也不能完全无产阶级化，他还坚守着自己的生活方式。小说的叙述者也在革命之外承认还有另外一种人生：

> 大家也原谅了他……一则是他失了恋，二则是他的生活方式毕竟也是一种生活方式，也有它的道理，它的好处，他的这种话题毕竟也是一种话题，也有它的趣味，它的亲切。接受了神圣的庄严的超人的——如斯大林所说的特殊材料造成的——信条的他们，偶尔俯视一下芸芸众生的生存状态，倒也无伤大雅。

苏宁让我们相信，只要个人融入集体，投入到革命阵营中，就会有美好的人生，但是李意这个一度被集体和共产党拒绝、排斥、疏离的资产阶级后代，后来选择了自觉游离集体的逍遥的人生方式，这使他恰恰躲过了最多的社会与人生灾难。同样的“大义灭亲”故事，在王蒙笔下被以不同的方式讲述，产生了不同的意义。我们将两类不同的“大义灭亲”故事联系起来作个对比，发现同一个作家在不同时代讲述了关于人的两套话语：一个是关于阶级性的。彼时的王蒙相信，家是可以被毁灭的，亲情亦可以弃之不顾，因为毁掉一个家，打破的是一个牢笼,举报了自己的父亲,推倒了压在头顶的一块磐石,一个新生的自我会在集体和阶级阵营中找到温暖的归宿。另一个是关于人性的。此时的王蒙却让我们相信,李意的“大义灭亲”只是一厢情愿、自作多情。革了家庭的命,自以为身份清白了,但别人仍然视他为另类;举报父亲,拒绝看望生病住院的母亲,表现得恩断情绝、六亲不认,但父母还是把他看作自己的孩子,家庭最终包容了他。大义灭亲的人显得无情无义,而被“灭”的对象却显得情意深厚。“大义灭亲”的故事在“季节系列”中被反转为“不孝不义”的故事。从表现小豆儿和苏宁“灭亲”的大义凛然,到表现李意“灭亲”的不孝不义,“大义灭亲”故事的语义内核发生了重大的变迁。这一故事原型语义变迁的历史描述的实际上是当代生活的历史,是用人性反思泛阶级论的思想脉络,是中国当代政治文化衍生与变迁的一条精神线索。

复调性主题与对话性文体

——王蒙小说创作从《青春万岁》到“季节系列”的一条主脉

一

精神分析学认为，人在童年时期所遭遇的“初始情境”会对他后天的心理成长造成至关重要的影响，甚至会决定一个人的成长模式和人格类型。对于弗洛伊德来说，这种“初始情境”就是儿童所偶然目睹的父母的床第经验①。这一惊世骇俗的论点体现了典型的弗洛伊德式的话语特色，即它的泛性论内涵。但弗洛伊德的精神分析学话语是可以在隐喻的意义上来阅读的。著名学者肖斯克说：弗洛伊德“通过把他自己从事政治的过去和现在转化到一个偶合现象上，弑父取代政治，把它与父子的冲突联系到一起”②，可以说，以性作动力，以父子冲突为典型的结构模式是弗洛伊德进行政治和社会文化批判的一种叙述方式。因此，抛弃它的泛性论外壳，“初始情境”所表达的内涵具有很大的合理性。作些微的翻译和修正，可以表述为：人生起步时所逢遇的一种典型的生活情景对人的成长是至关重要的，它不仅作为一种生活经验被深刻地记取，而且会作为一种结构性的经验范型、规约，指导

① ［奥地利］弗洛伊德：《摘自一例幼儿精神病史》，载刘皓明编：《狼人病史：楼上楼下屋里屋外》，生活·读书·新知三联书店 2000 年版，第 59 页。

② 转引自方成：《精神分析与后现代批评话语》，中国社会科学出版社 2001 年版，第 29 页。

后天的心理定向、思维特征与行为模式等。

王蒙作为一个“少共”，一个亲历旧社会土崩瓦解、新社会冉冉降临的“年轻人”，一个将自己定位于“既是生活的实行者、当事者，又是生活的欣赏者、观察者”的作家①，不仅躬逢改朝换代、翻天覆地的社会巨变，而且还是这一“盛况”的创造者和当事者。兴奋、喜悦和狂欢之情就是王蒙这一代“年轻人”所遭遇的“初始情境”。这一“初始情境”所具有的特殊的时间机制、公共性的空间场景、万众狂欢式的热烈气氛凝缩为一种典型的、特殊的现代性经验类型：新（社会）/旧（社会）对比产生的时间往前发展、时代在进步的社会历史观念，广场（公共场景）/家（私密性的场景）之间的对比带来的国家、集体意识和民族自豪感，集体狂欢式的热烈气氛，感伤、抒情、自我体验式的生活方式之间的对比促成、强化一种乐观的、单纯的、理想主义的情绪特征。对这种特殊的现代经验的书写，形成了王蒙小说创作的一些基本主题，或者说是主题的结构范式。青春的朝气和新生的喜悦/内心的感伤与惶惑感，革命的激情/日常生活的合理性，集体的事业/个人存在的正当性等二元结构的主题对话成为王蒙小说创作的基本的主题范式，在王蒙带有自传性质的、以“年轻人”这一特殊精神主体为主人公的一类作品中，这一主题范式尤其典型。

在这一主题的结构范式中，两个相反相成的主题相互对立、相互质疑、相互辩难，同时又相互生发、相互依存、相互应答；质而言之，它甚至不是两个主题，而是一个宏大主题的两个层面、两个向度。我把这样两个主题相反相成的存在方式与运作方式称作“复调性主题”。而“复调性主题”运作和实现的过程，是王蒙调动所有的语言因素进行对话的过程，因此，“对话化”则是王蒙这类小说在主体上的典型特征。研究发现，这一主题和文体特征并不仅仅以20世纪50年代的小说创作为限，从《青春万岁》到“季节系列”这一总体特征是一以贯之的，是王蒙小说创作的一条主脉。但是，由于写作语境的变化，在每一个不同的阶段，“复调性主题”和“对话性文体”又表现为具体而微的差别。

---

① 王蒙：《倾听着生活的声息》，载《王蒙选集》(1)，百花文艺出版社1984年版，第2页。

本文将王蒙到目前为止的小说创作分为三个阶段,以他的带有传记性质的一类小说为主要评述对象,为王蒙小说的变化和内在的关联描述一条主脉,这一努力一方面会让我们发现王蒙的小说创作是独一无二的,另一方面也是我们窥知王蒙小说在当代文学史上结构性的位置。

二

《青春万岁》和《组织部来了个年轻人》是王蒙20世纪50年代最有代表性的作品,有评论家用“青春体小说”来概括它们,指出它们的审美焦点是“强调青春的力量和新生的喜悦”①。毫无疑问,青春、集体、革命是王蒙20世纪50年代小说主题和精神上的主调,但是如果单方面强调这一激昂向上的主调,无视或忽略这些小说中与主调对话的“副调”,即对生活的日常性、人生当中的世俗责任的担当及家庭、个人在社会中的正当性的肯定,就是对这批小说的一个误读,无法为王蒙小说思想的发展找到可解释的发生学的渊源。

《青春万岁》像它的篇名所指示的一样,是一首青春的抒情诗,欢乐、激昂是它的主调,也正是在这种意义上,同代人和后代的读者将它看作20世纪50年代时代气氛的一个象征。对《青春万岁》“主调”的不无偏颇的阐释与解读,遮蔽了这部小说另一个结构性的主题,或者说主题当中一个结构性的组成部分,即当下、世俗和日常性的生活是否有价值,青春、集体和革命的事业是否与之相矛盾。这一“副调”与“主调”的对话是始终存在的,它表现为这样几个主题因子之间的问难与对话。

一是青春与革命的激情(政治热情)与现实环境、年轻人的知识及实际能力之间的对话(对比)。在文本中是以代际之间的“对话”展开的,更准确地说,班主任袁老师这一形象代表了“现实”这一对话者的身份,他对杨蔷云等表现出的政治热情是有戒心的,他以他自己的亲身经历察知这些年轻学生的政治热情是有些空洞的,因此,他虽然不

① 董之林:《论青春体小说——50年代小说艺术类型之一》,《文学评论》1998年第2期。

很自信,仍不时地将自己的观点表达出来,小说借助郑波这一叙述和评价视点,肯定了袁老师和他的价值观,肯定了他作为对话者的身份。

二是集体生活与“家”这一私密性的伦理场景之间的对话。毫无疑义,《青春万岁》肯定了集体生活的政治与伦理价值,但是对“家”的叙事态度却是矛盾的、犹疑不定的,换句话说,对“家”的伦理价值,《青春万岁》并未一概采取“现代性”叙事中的否定性视角,而是有所甄别,有所扬弃的。小说对三个家庭有较细致、清晰的叙述。一是苏宁的家,一是郑波的家,另一个是袁新枝的家。对苏宁的家的叙述视角主要是杨蔷云,它的性情的明朗与热烈,和苏宁之家的沉闷、晦暗、破败、腐朽、压抑形成强烈的对比。杨蔷云帮助苏宁重新布置房间的场景可以看作一个隐喻,即对一个腐朽的贵族之家的痛快淋漓的荡涤,小说对这个“家”的否定姿态是显而易见的。郑波在小说中是一个视点人物,她对自己的家的态度是矛盾的,表现为强烈的离心和向心的双重倾向。一方面是对家,尤其是对母亲的含辛茹苦充满同情,另一方面对没有爱情的父母关系,对没有温暖和理解的亲子关系,对父母的狭隘、自私、目光短浅又充满怨尤之情,有一种要离弃它的强烈愿望。作为对上述两种家庭的“对话”因素,袁新枝的家则是一个和谐的、温情的理想之家。对这个家庭的充满感情和认同的描写,可以体察到作者对“家”这一日常性的场景的深情怀想。

三是青春的朝气、单纯与欢乐的气氛、集体的无差别感和主人公内在的忧郁与惶惑感的对话。野营、篝火晚会、五一、七一、十一等国家节日的大游行等集体性的场景构成了《青春万岁》的大部分叙述内容,集体活动所特有的热烈气氛也构成了这部小说的基本格调,但是,主人公郑波的内心语言,这种语言所特有的忧郁情调和个性化色彩与那种单纯、欢乐的气氛产生了龃龉,正是有了这种带忧郁情调的“沉思”,这部小说才具有了几分凝重和深刻。

《组织部来了个年轻人》在主题上是《青春万岁》的继续和深化,理想与现实,青春期的光明、热烈与成年世界的世故、冷漠构成强烈的对比,两个世界、两种主题的对话以前所未有的方式和强烈程度得以展开①。

但是必须指出，王蒙在20世纪50年代的创作中，现实性主题、世俗生活的合理性主题是以隐蔽的方式存在的。表现为：

一是成人化的世界、世俗性的生活还没有落实为写实性的经验形态，写意化、象征化、片段化的形态特征说明现实性的世界仍处在一种遮蔽、半遮蔽的状态，一种被抑制和压抑的状态，作为对话的一方仍处于朦胧与晦暗的初始阶段。如《青春万岁》中对家庭生活的叙述是片段的、写意性的，家庭内部关系的复杂状况很少被触及。

二是世俗性的生活是经过"年轻人"的眼睛过滤的，它总呈现为年轻人心里猜度的、想象的对象与结果，带有强烈的主观性、意向性的特征，有时表现为主人公意识（或潜意识）的波流。如《青春万岁》中，黄丽程的婚姻生活没有被直接触及，而是被郑波的意识所呈现，黄丽程的卷发、没有血色的脸、在商店里购买暖水瓶等一系列和俗常的婚姻经验相关联的生命和生活意象，都在郑波的心灵世界中引起震荡，外在的生活经验的冲突、理想主义和现实主义主题的冲突内化为、压抑成一种意向性经验，一种在个体心灵内部展开的"潜对话"。

三是"对话"呈现为未完结的完结性。巴赫金认为，"复调小说"的重要特征之一表现为主题的开放性和未完结性。我之所以认为现实性主题在王蒙20世纪50年代小说创作中是以隐蔽的方式存在的，还因为，它与革命与理想主义的主题"对话"经常被强行终止，一种人为接续的"光明的尾巴"使"对话"中的现实性主题戛然而止，两个主题的"对话"呈现为未完结的完结性。《青春万岁》以年轻的中学生在天安门广场的"巡礼"作为他们毕业的一种仪式，在这一仪式中让毛主席出场（他在天安门城楼上的画像以及把一辆银灰色的小汽车说成是毛主席乘坐的），从而使这一仪式神圣化。这一神圣化仪式所召唤、允诺的光明前景将困惑着郑波的所有现实性的矛盾与难题都给压抑了。《组织部来了个年轻人》的结尾出现的"区委书记的高大侧影"暗示了

---

① 孙先科：《〈组织部来了个年轻人〉的精神现象学阐释》，《中国现代文学研究丛刊》2004年第3期。

理想化的结局，让林震困惑不已的矛盾命题（理想化的生活与现实中的不理想）不了了之。

三

吊诡的是，在文学中被强行压抑、强制、强迫遗忘的现实性主题在现实生活中得到了淋漓尽致的表演，1957 年的“反右”、1958 年的“大跃进”、1959 年的“反右倾”、20 世纪 60 年代初的大饥荒、持续 10 年的“文革”，这些发生在新中国的政治、经济、文化生活中的大悲剧是对 20 世纪 50 年代“文学中的光明梦”的无情的嘲弄与反讽。也正是从这种意义上，王蒙 50 年代小说创作中与理想主义主题对话的那个“副调”——日常生活的合理性的主题是多么的难能可贵。

作为“57 族”的一个成员、作为经历了与文学中的“光明梦”完全不同的现实中的“创伤”的一个作家，王蒙在 20 世纪 70 年代后期“复出”以后，小说创作的语境与 50 年代已经完全不同了，奠定了他 50 年代小说理想主义主题、光明、热烈基调的那一现代性经验已经不复存在了，相反，那批 50 年代的“年轻人”却在历次的政治运动中走入“炼狱”，经历一场又一场黑色的风暴，目睹着人性中丑陋的一面，那么，以这种“创伤”经验为基础，王蒙这一时期的小说创作会有何种变化呢？他的小说主题与对这种主题的阐释方式是否有一种美学上的变化。

王蒙在 20 世纪 70 年代、80 年代的创作有两组作品特别引人注目。一组作品是从《最宝贵的》《悠悠寸草心》到 20 世纪 80 年代以“意识流”形式出现的短篇小说，如《风筝飘带》《春之声》《海的梦》《夜的眼》等。另一组是以《布礼》《蝴蝶》《如歌的行板》《杂色》《相见时难》为代表的中篇小说。这两组作品均是以粉碎“四人帮”后的“当下”时间作为叙事的逻辑起点，现实问题——被破坏了的诚实的品性，干群关系，对党、国家、民族、生活和美好事物的坚执的信念如何得以恢复，或者说“如何面对未来”的问题是这组作品的关键所在。就是说，深刻的问题性成为这一时期王蒙小说创作的主要特征之一。某种程度上，这两组小说从宏观上可以概括为一个“长句子”：国家遭受了磨难,党的路线出现了错误,社会生活、社会风气受到破坏,家庭和个人生活里有诸多不如意,但是我们能由此而怀疑党的伟大、国家的神圣和民族的希望吗?我们能由此而丧失信心、理想和对未来的期待吗?这是一个问题句,是一个巨大的设问。

对这一问题的回答方式是通过对主人公的心理考验完成的。这两组作品几乎都是以某种有价值的东西的"失落",以主人公心理的不满、欠缺和目的不甚明确的"寻找",总之,是以"问题性"作为叙事动机的。其后经历某种特殊的考验,主人公获得某些启悟,心境渐趋平静。对主人公这一心灵历程的描绘,正是"那种有价值的东西"被玷污、其对立面兴风作浪,而后二者交锋、对话的过程。就是说,一个积极的、肯定的命题与它的反命题的较量与对话,总之,复调性主题之间紧张的论辩性是这两组文本的结构性特征,而通过将这种复调性主题的论辩、对话内化为对主人公的心灵考验则是它们的形态特征。深刻的问题性、论辩色彩、心理化特征几乎就是巴赫金命名"考验小说"的全部理论性基础:"考验思想所具有的布局力量,有助于深刻而有效地以主人公为中心组织起各种不同的素材,把紧张的惊险性与深刻的问题性以及复杂的心理感受结合在一起。"①

以《春之声》为代表的那组短篇小说发表之初,批评界有不少命名,"情绪小说""心理小说""情境小说"等不一而足,但从整体特征而言,"考验小说"的命名显然更贴切。岳之峰、缪可言在各自的"旅程"中(不论是在火车上、还是在海边)经历着"文革"后百废待兴的事实,心情陷入迷惘、失落之中,此时,"回忆"显示了它的原始性的拯救力量,过往的青春经验,尤其是"年轻人"所经历的那一"初始情境"——旧世界土崩瓦解、新社会冉冉降临——所特有的光明、理想、热烈的气息以强大的冲击力唤醒了他们沉睡的激情,使他们在荒芜和废墟中看到希望与理想之光,心境由此变得释然。在《夜的眼》《深的湖》中,双重主题对话——务实甚至是"庸俗"的日常生活与光明、理想的对话(烤羊腿和民主,湖的清澈、美丽和厨房里的油烟汽)是以空间(偏远

① [俄]巴赫金:《巴赫金全集》第三卷,河北教育出版社 1998 年版,第 223 页。

的小镇和大城市)和代际之间(父与子)的对比完成的。以问题性开始,以对话、论辩为过程,以心理、思想的顿悟、释然、豁然开朗结束,这组短篇小说体现出“考验小说”的典型特征。

同时,出现在这些小说中的诗意的象征意象也带有双重主题并置、对话的显著特色:每一个象征体均是两项对立又相辅相成的意象因素的组合与统一。闷罐子火车——破败、拥挤、缓慢,但它毕竟在前进。大海——时而凶险、时而温柔,它见证着历史的沧桑,同时也翻滚着爱情、清纯、自由的波涛。城市夜晚的灯光——既照亮了城市的生机与活力,同时它又像一只魔鬼的眼睛注视着城市中的肮脏与丑陋。猫头鹰的眼睛——既像清澈明亮的湖水,又装进去了“一代人的悲哀和快乐,渺小与崇高,经验和智慧,光荣与耻辱”。

由于中篇小说这一文体提供了更广阔的经验空间,因此在《布礼》《蝴蝶》《如歌的行板》《杂色》《相见时难》等文本中,考验的思想——主人公(共产党员和知识分子的双重身份,张思远略微例外,但他思考的问题及思考方式与钟亦诚等人并无大的差异)对共产党、对国家、对人民、对理想和信念的忠诚与执著——是以圣徒受难的方式展开的。巴赫金认为,以苦难或诱惑考验圣徒的思想构成了“考验小说”的基础之一①。王蒙小说的主人公不是基督教意义上的圣徒,但钟亦诚、张思远、周克等人却是另一种意义上的圣徒——对共产党、对国家、民族、革命信念矢志不移的信徒,而苦难和诱惑恰恰构成了他这组小说复调主题中一个强劲的旋律,或者说,受难与信仰是这组小说两个结构性的主题,二者的辩难与对话是它们呈现主题的根本方式。《布礼》是对共产党员忠诚信念的考验。这一考验主题是在两组相反相成的经验和主题的交战中完成的。1949 年,钟亦诚唱着“路是我们开,树是我们栽”的歌曲,“心里充满着只有亲手去推动看得见、摸得着的历史车轮的人才体会得到的那种自豪感”开始了自己的人生旅程,但是到了 1957 年、1966 年他却变成了背叛了共产党的叛徒和敌人;20 世纪 50 年代初抱着神圣的信念忘我地工作、改造自己心灵深处的个人主义,

---

① [俄]巴赫金:《巴赫金全集》第三卷,河北教育出版社 1998 年版,第 223 页。

但到了1979年,一个"灰影子"以露骨的自私和庸俗嘲弄他的信仰。正是这种精神上苦难的主题考验着钟亦诚的"忠"亦"诚"。《蝴蝶》是对一个人,一个身为革命者的人如何保持本色、不被异化的考验,这一主题是通过党/知识分子、官/民、父/子、家庭/工作等系列对立的主题范畴的质询与应答来完成的。确切地说,王蒙引述"庄周化蝶"的寓言是在反用它的寓意:人在经历苦难的考验时,不可能如此轻飘飘地时而庄周,时而又变成蝴蝶;苦难应该是信仰的试金石。

这里也许有必要论及这组"考验小说"的结尾方式,因为它体现的是这些小说,甚至是王蒙本人的思想方式与思想成果。"青春体小说"的结尾以神圣形象的现身强行压抑了现实性主题的进一步展开,勉强保持了意识形态的完满。20世纪70年代、80年代的小说中,现实性命题是以苦难的面貌出现的,意识形态的完满性恰恰是被质疑和考验的对象,它的自足性被打破。对意识形态主题的考验过程完整地体现为黑格尔式的正命题/反命题/合命题的"三段论"模式,一种螺旋式上升的思想模式。小说的结尾——考验的结果和思想的结论是"合命题":20世纪50年代的理想、信念纯洁、美好但是过分的单纯而透明,政治上的激进与极左造成了苦难与悲剧但那是暂时的、是可以克服的,因此悲观、牢骚于事无补,我们需要的是从单纯透明变得丰富、深沉,由牢骚满腹化为行动。因此在我看来,出现在他这一组作品中的最为重要的一个隐喻是"桥"而不是轻飘飘的"蝴蝶"。有关"桥"的思想——联系的思想、通达的思想、行动的思想是王蒙这一时期最重要的思想方法与思想成果。

王蒙"意识流小说"的文体实验是"考验小说"在美学上的伴生物。考验的思想是一种将斗争、矛盾、决战问题化、内在化的一种思想,而"意识流"正是表现这一思想最恰切的形式。王蒙此时的小说文体试验,体现的正是一种思想的对话与交锋,不是两种思想、两个阵营的交锋,而是自己与自己的交锋,是"信"还是"不信"之间的对垒,是自我对另一个自我的考验、说服。"意识流"是将"对话"内在化了的一种文体,它使钟亦诚和"灰影子"、张副部长与张老头的"对话"成为现实。

“意识流”文体与手法的实践还可以从文艺社会学的角度得到解释：“文革”后我们所面临的诸多问题——人心不古、价值失范是“反右”“文革”等历史性的灾难带来的，诅咒和牢骚于事无补，人们需要重拾信心和理想，而信心和理想的资源来自于20世纪50年代的青春经验，对这种青春经验的还原与复活就成为与“创伤”相对抗的精神资源，是在叙事中必须完成的一项工作，而短篇、中篇小说的体制是无法充分、大面积地容纳生活经验的，而碎片化的经验形态、打破了时空限制的结构形态为青春经验的复活提供了机遇，“意识流”小说可谓是应运而生。王蒙自己所说的“复杂化了的生活必须用复杂化了的手段来表现”也不能作为一个抽象的有关内容形式关系的文艺学命题来理解，它是有具体的针对性的文艺社会学命题：社会动荡扰乱了世道人心，精神的复杂性表现为经验的纷然杂陈和语言的众声喧哗，“意识流”这一文学叙事的文体形态是复杂的世道人心、复杂化的精神世界这一社会形态的一个镜像。

四

20世纪的90年代，王蒙相继推出了《恋爱的季节》(1991年)、《失态的季节》(1994年)、《踌躇的季节》(1997年)、《狂欢的季节》(2000年)等四部连续性的长篇小说，它们被合称为“季节系列”。像有的评论家所言，“季节系列”中“处处存有王蒙个人经历的烙印”，而主人公也是我们所熟悉的，钱文身上留有郑波、林震、钟亦诚、周克等人物形象的影子，知识分子与革命仍然是这一“系列”的核心主题。因此我们有充分的理由将“季节系列”看作“年轻人”传记系列的有机组成部分，是20世纪50年代“青春体小说”和80年代“考验小说”之后的有效接续。就小说的规模、主人公经历(经验)的复杂、完整而言，“季节系列”可以看作“年轻人”传记系列的一个集大成。

不仅由于篇幅的巨大，使其主人公以纪年的方式经历着历史(当代史)的考验，而且由于20世纪90年代写作语境的变化，王蒙对历史的思考获得了新的思想契机，“季节系列”比此前的“青春体小说”和

“考验小说”无论是在主题形态上还是在文体形态上都要复杂得多。别林斯基说过:“长篇和中篇小说是最广泛的、包罗万象的一类诗(文学)”,“在这里,虚构与现实、艺术构思与单纯但须真实的自然摹写,可以更好地、更贴切地融会在一起”,“长篇和中篇小说给作家的才能、性格、趣味、倾向等主导性能以充分发挥的余地。”①毫无疑问,“季节系列”正是这样一类“包罗万象的诗”:现实与虚构、艺术想象与对自然的摹写,不仅如此,有时有滔滔如江水下泄般的议论,有时也有精致的、蕴涵丰富的故事、寓言、象征。几乎一切手段,叙事、抒情、议论都得到运用;众多的微型文体,抒情诗(古典诗词、现代诗、中外歌曲)、日记、故事、寓言、语录、格言、警句等都杂糅其间,“季节系列”成为名副其实的“杂文体”,它几乎涵盖了王蒙艺术创作的所有形式,的确“给作家的才能、性格、趣味、倾向等主导型能以充分发挥的余地”。谈及“季节系列”,王蒙说:“它是我的怀念,它是我的辩护,它是我的豪情,它是我的反思乃至忏悔。它是我的眼泪,它是我的调笑,它是我的游戏也是我心头流淌的血。它更是我和我们的经验。”②他的这种感慨也证明,“季节系列”倾注了王蒙的全部感情,同时它又是王蒙所有才能淋漓尽致的发挥。但是,“杂文体”并不是杂乱无章的文体。有评论者用“说话的精神”概括“季节系列”的整体特征,那末,“说话”则是它的文体特色③。这是一个出色的概括,但是需要细化地分析才能见出它的特色。我仍然用“对话”来强调这种“说话”的基本特征。当然,“季节系列”中的“对话”不再是个人心灵内部的对话,不是自我与另一个自我的对话,因此,“季节系列”不是“意识流小说”;它是不同的语言主体、不同的语言意识之间的对话,“季节系列”是真正的杂语的处所——不同的语言主体相互对话的处所。

从宏观上来说,“季节系列”是由隐含作者“我”体现的作者话语和钱文体现的人物话语(或称故事话语)构成的“对话”。南帆先生将

① [俄]别林斯基:《一九四七年俄国文学一瞥》,载《别林斯基论文学》,新文艺出版社1958年版,第200页。

② 王蒙:《长图裁制血抽丝》,《文艺新观察》2001年第1期。

③ 郜元宝:《“说话的精神”及其他》,《当代作家评论》2003年第5期。

“季节系列”所体现出的王蒙的思想说成是“个人体验与历史判断的共同产物”①，我以为，“个人体验”是以钱文这一人物形象及其“成长”的方式完成的，钱文的故事在“季节系列”中构成了一部相对独立、完整的“成长小说”；而“历史判断”则是由作者话语完成的。

从微观上来说，作者话语和人物话语又分别由一系列的“对话”组成。不少批评者都意识到，“季节系列”由隐含作者的全知叙事开始，越到后来越收缩为钱文的叙事视角，就是说钱文的故事越来越具有独立的意味。在钱文的故事中，钱文是作为一个“不理解的”（幼稚型）的人物而参与到他所不熟悉的生活中的②，它是在与曲凤鸣的政治分析语言、杜冲的污秽的身体语言、妻子叶东菊的纯洁的人性语言以及无数下层劳动者的日常生活话语（王蒙所说的“饿出来的问题”），还有陆月兰的虚妄的革命冲动（“撑出来的问题”③）等不同语言意识的“对话”中而逐渐成熟、成长起来的。钱文的成长具有十足的“个人体验”的性质。但作者话语始终没有被汰离出文本，它同样是在自我的丰富过程中保持着与钱文故事的若即若离关系的。作为“历史判断”的依据，作者话语吸纳了足够的“历史”因素——编年史的讲述线索、历史事件的再现、作者个人传记的蛛丝马迹，以及“非历史”的因素——钱文视野之外的人物、故事、逸闻趣事等等，这同样是充满了对话空间的话语场，综合、涵纳了不同的语言意识。

但必须指出，作者话语与钱文的故事话语之间有缝隙、有差异、有对话，但并不表现为对立，而是你中有我、我中有你的关系。一个有力、也非常有趣的证据是，在“季节系列”最后一部《狂欢的季节》中，钱文“成长”的完成阶段，也是作者话语和钱文故事合二为一的时刻：钱文关于“革命”和日常生活关系的思想不再是钱文个人的，也是隐含作者的，因为作者的叙事话语不再将钱文称为“钱文”，也不称为第三

① 南帆：《革命、浪漫与凡俗》，《文学评论》2002 年第 2 期。

② 参见巴赫金对“骗子”及“呆傻”形象的论述，《巴赫金全集》第三卷，河北教育出版社 1998 年版，第 191—195 页。

③ “撑出来的问题”“饿出来的问题”是王蒙自己的说法，见他与郜元宝的对话：《谈谈我们时代的文学》，《当代作家评论》2003 年第 5 期。

人称的“他”,而是转变为第二人称的“你”,这种称述关系的变化表明的就是语言意识的合二为一。

“季节系列”在文体形态上“杂语”的对话性质体现的正是主题形态上的“众声喧哗”:个人/集体、食色/理想、入世/逍遥、爱情的神圣/婚姻的凡俗、青春的激情/中老年的暮气、革命的诱惑/平凡日子的珍贵等不一而足。但是,透过所有这些“众声喧哗”的主题,我们能够感受和发现那个既矛盾、对立,又相反相成的复调主题:即崇尚青春、理想、激情,又对日常世界中的矛盾、凡庸保持着清醒的认知,甚至是认同。南帆先生将这种复调主题称为“王蒙的两方面不无矛盾的观念”①。上文已经表明,这种“矛盾的观念”“复调性主题”在一开始的“青春体小说”中就存在,但在“季节系列”中,两大主题的结构关系出现了有趣的倒置:现实性命题、日常生活合理性的命题上升为“主调”,而青春、理想、革命的命题则变成了“副调”。王蒙小说创作主题结构的这种变化包含着怎样的历史与文化的沧桑?这一现象是文化的幸事还是不幸?最终的答案是很难做出的,就像在“季节系列”中两个矛盾性的命题的对话仍在进行,结论和答案是敞开的——“季节系列”最后说:“钱文身上的火种远远没有熄灭。”

① 南帆:《革命、浪漫与凡俗》,《文学评论》2002 年第 2 期。

王蒙《组织部来了个年轻人》的精神现象学阐释

一

王蒙的小说《组织部来了个年轻人》发表于1956年9月号的《人民文学》上。[①] 发表以后，读者与批评界的反应非常热烈。[②] 尽管存在着肯定的与批评的两种评价倾向，但基本都是从"干预生活"、揭露生活中的矛盾的角度进行立论的；作品被关注的焦点是刘世吾、韩常新等"官僚主义者"，林震在作品中的地位、意义及这一形象的特质未得到充分的重视。[③] 粉碎"四人帮"后，作为高等院校文科教科书的"中国当代文学史"也特别强调这篇作品产生的时间机制及与当时语境的关系，即1956年"双百"方针的提出以及当时出现的"写真实""干预生活"文学思潮，充分肯定它在揭示人民内部矛盾方面的深刻性及在塑造刘世吾这一典型形象方面的成就，林震形象仍未被充分展开讨

---

① 发表时题为《组织部新来的青年人》，收入1956年《短篇小说选》时恢复原稿名称。可参考王蒙《〈组织部来了个年轻人〉琐谈》，《读书》1979年1月号。

② 可参考《新华半月刊》记者所写《关于小说〈组织部新来的青年人〉的讨论》，《新华半月刊》1957年第4期。

③ 可参考《新华半月刊》记者所写《关于小说〈组织部新来的青年人〉的讨论》，《新华半月刊》1957年第4期。

论。[1]

批评家李子云曾用“少年布尔什维克精神”概括王蒙小说创作所表现出来的特殊精神气质。[2] 这显然有助于将对《组织部来了个年轻人》的理解的重心转移到林震、赵慧文等“年轻人”身上。曾镇南曾敏锐地抓住王蒙20世纪50年代小说中郑波、林震等青年革命者在时代面前产生的惶惑感,但具体到《组织部来了个年轻人》,仍单方面肯定林震的理想精神与青春热情,因此将小说结尾时林震敲响组织部长的门的声音看作是一种“毅然从惶惑中走出”的信号,表达的是“向生活冲击的勇气”。[3] 20世纪90年代后期,董之林以“青春体小说”立论,注意到了青年形象与父辈之间的“代际对比”,但她只强调二者之间的“对比”与“冲突”,认为“传统中和之美不是作品的追求;而通过冲突强调差异,在冲突中强调青春的力量和新生的喜悦,才是创作的审美焦点”。[4]

就笔者的目力所及,上文粗略地叙述了《组织部来了个年轻人》到目前为止的主要批评观点。若对其进行归纳与概括,明显地可分为两个阶段。一、在作品发表后的50年代,因受到当时特殊的阅读及阐释角度的限制,这部作品主要被读成了一部“问题小说”,“官僚主义者”刘世吾、韩常新是其关注的核心。二、新时期以来,由于王蒙本人对“反官僚主义”论的拒斥,阐释方向开始侧重于林震、赵慧文等“年轻人”形象,在一些敏感的批评家那里,“年轻人”的精神现象已被触及,但对这一精神现象的复杂性、特殊性及其意义仍鲜有论列,倒是王蒙在回应李子云“少共精神”的评论时触及“成长”这一精神现象的某些症结。他说,每个有出息的人都不能停留于永远年轻的“少共”阶段。每个人都在发展,都要逐步成熟起来。“幼稚和天真在超过幼稚和天真的年龄的时候就不再是美德”,“甚至会成为罪过”,“成熟往往和复

---

① 可参见张钟、洪子诚等著《当代中国文学概观》,北京大学出版社1986年版,第343页,及汪名凡主编的《中国当代小说史》,广西人民出版社1991年版,第73—75页。

② 李子云、王蒙:《关于创作的通信》,《读书》1982年第12期。

③ 曾镇南:《王蒙论》,中国社会科学出版社1987年版,第49页。

④ 董之林:《论青春体小说——50年代小说艺术类型之一》,《文学评论》1998年第2期。

杂联系在一起”,“回忆儿时也许是非常优美和撩人心绪的,但是面对现实的时候我们看到的却是一个大大复杂化了而且日益复杂化的世界”。①

笔者的问题正是在此基础上提出来的。笔者认为,王蒙的《组织部来了个年轻人》真正的价值与意义在于它提出了一个特殊的主体——被青春激情与革命精神激励着的“年轻人”,在经历新/旧社会体制重大转型的过程中,其精神如何“成长”的现象学问题。这一问题的特殊性与复杂性在于:革命年代培养、积淀的神圣激情与机械化、形式化的生活发生碰撞;浪漫的青春幻想与世俗的日常生活抵触摩擦,而所谓“成长”,却不能不是某种程度的“反成长”“反神圣”与“反纯粹”——向生活的世俗化、机械化的低头与退让,“成长”因此变得沉重而艰难。从想象与心理意象的层面上来说,成长主体游走于“童年世界”与“成人世界”之间,与“父”“兄”、与“子之子”的互审与对话,加重了主体的心理焦虑,“成长”因此而经历着类似哈姆莱特般的延宕与徘徊。对这一复杂性的揭示构成了本篇的主要内容。

二

《组织部来了个年轻人》究竟是一部什么性质的小说?“问题小说”还是“成长小说”?“反官僚主义”之说为什么如此之盛?王蒙本人为什么在1957年说写作的目的是“揭露消极现象”“提出问题”,②而在粉碎“四人帮”后又尽力拒斥这一说法呢?因此,对这部小说性质的基本定位是必要的。

让我们来看这篇小说的叙述设计与故事的基本结构。

从叙述策略上讲,小说采用的是第三人称的全知叙事,即有一个外部的叙述人叙述林震来到组织部发生的故事。但是,作品又大量使用了“内聚焦”,以林震作为视点人物,写他眼中的人——刘世吾、韩常

① 李子云、王蒙:《关于创作的通信》,《读书》1982年第12期。

② 王蒙:《关于“组织部新来的青年人”》,《人民日报》1957年5月8日。

新、赵慧文等,他经历的事,以及这些人与事在他内心所引起的心理反应。这一设计,主观化、心理化、内倾化的特征非常明显,是一种个人精神传记的常规策略。

作为一篇短篇小说,《组织部来了个年轻人》截取的是主人公林震人生的一个横断面,设定的故事的起因是林震因工作出色,由小学教师的岗位被调到组织部工作,小说叙述时间的逻辑起点是林震到组织部报到。故事展开的主要动机是一个心理事件:对生活现状的不满,渴望建功立业。“现在二十二岁,他的生命史上好像还是白纸,没有功勋,没有创造,没有冒险,也没有爱情——连给某个姑娘写一封信的事都没有做过。”因此,他将工作的调动想象为“也许真正的生活在这里开始了”?

故事的主体部分是林震在组织部——所谓“真正的生活”中所经受的考验,具象化的事件是因为通华麻袋厂厂长王清泉的官僚主义事件所引发的组织部内部的分歧与矛盾。但小说叙述的重点在林震置身其中的态度与心理反应(这一部分粗略归纳,后文详细讨论)。

故事的结尾,即事件矛盾的解决非常重要,但经常被评论者忽略或误解——它不是“问题小说”的解决模式——以矛盾的一方的胜利、另一方的失败化解矛盾,而是一个真正的“成长小说”的解决模式——主人公林震通过自省自审而成熟。

小说的结尾部分首先是一个有关季节轮换的隐喻——春天,象征着青春、朝气、活力,但也象征着未成熟与未收获;随后是自审、自省与自责;再后,“他懂了”,“他渐渐明白”:“单凭个人的勇气是做不成任何事情的。”林震在理智与思想上所做的这一有关个人与社会(单位、组织部)关系的思考与结论,不正是林震在心理与人格上成长与成熟的标志吗?那么,“坚决地、迫不及待地”的敲门声究竟何谓呢?当然包含有林震“向生活冲击的勇气”,但仅仅如此吗?或者说,他不是已经冲击过了吗?这次又有什么不同呢?我想,从隐喻的层面上,完全可以将敲门声理解为林震“真正的”进入组织部,步入“真正的生活”的开始。

如果上述对故事事态的理解与描述符合文本实际的话,我们就不难发现《组织部来了个年轻人》遵循的是这样一条“内在性”的叙述线索与叙述逻辑：不满意现在的生活（生存）状态而出走/在“真正的生活”里接受锻炼（考验）/变得成熟（成长）。这一叙述逻辑所宗所本的是人的“成长”逻辑，是由青春走向成年的人本逻辑。结合上文所述小说在叙述视角选择上“内倾、主观、心理化”这一重要策略，《组织部来了个年轻人》在主型上应该被理解为一部“成长小说”。①

三

那么，将这篇小说理解为“反官僚主义”以及仅将代际关系理解为冲突关系的文本依据何在呢？换个角度说，我不同意上述说法的文本依据何在呢？除了上文在主型上将这篇小说归纳为“成长小说”的依据之外，有无更充分的依据展开讨论呢？因此，有必要回到理解文本的一个关键性因素中来，那就是林震与刘世吾的真正关系到底是什么。

表面上看，小说似乎是围绕一个二元对立的冲突结构，即两组人物及其相关意象展开的：林震、赵惠文、娜斯嘉、《意大利随想曲》为一方，代表着青春、热情、理想与继续革命，容不下任何缺点与错误；以刘世吾、韩常新为另一方，代表了权威、体制、一种“成年人的世界”——精神分析学意义上的“父之法”，冷静、世故、麻木是其精神状态，维护现状则是他们基本的处世准则。这种矛盾冲突一度正面交锋，其情势甚至显得剑拔弩张。我想，对小说的核心结构作这种二元对立式的理解，是将这篇作品的主题阐释为“反官僚主义”和在心理及文化意义上将代际关系仅仅理解为冲突关系的主要原因。

但仔细地阅读与审慎地辨识后会发现，用这种“二元对立”式的矛盾冲突模式阐释这篇作品太过简单化、太明了、太泾渭分明，而事实要比这复杂得多。

---

① “成长小说”强调个人与其环境的冲突，强调随着年龄的增长，主人公的人格随之成长，心理“张力”得到疏解，或至少应对生活有所发现。

首先,小说没有设置(可能作者也无意要提供)一个双方正面冲突的外部的统摄性的故事结构,作品所显示的冲突的紧张气氛,更多的是林震的情绪反应与心理感受,而无论是刘世吾还是韩常新谁都没将他作为真正的"对手"。所以,"冲突"过后,"刘世吾与韩常新找他一起散步,就像根本没理会他对他们的不满意,这使林震意识到自己和他们力量的悬殊"。事实上,作者的叙述重心不在冲突,冲突只是一个契机,是叙事上的一个动机,而真正的重心在林震经历冲突之后的心理与人格的成长,即进一步的理解、认识,"悟"到了生活与人生的实际面目。

另外,林震与刘世吾及韩常新的关系是复杂微妙的,尤其是和刘世吾的关系,很难用简单的二元对立的冲突格局来一言以蔽之。在最初接触刘世吾时,林震针对刘世吾在工作中表现出的冷漠、推诿是反感甚至是敌视的,所以尽管紧张,他敢于给他提意见,与他当面冲突;但随着认识的加深,刘世吾性格与思想的复杂性带给林震的更多的是困惑与疑问。林震说:"他绝不像韩常新那样浅薄,但是他的那些独到的见解,精辟的分析,好像包含着一种可怕的冷漠,看到他容忍王清泉这样的厂长,我无法理解,而当我向他表示意见的时候,他的议论却使人越绕越糊涂,除了跟着他走,似乎没有别的路……"

但是,林震由感情上的困惑与疑问,经过穷根究底的追问——审视对方,分析、讨论(与赵惠文)对方,也自审、自剖("难道我真的错了?真的是莽撞和幼稚,再加几分年轻人的廉价的勇气?")企图达成对生活、对人生的理性的判断与认知恰恰构成了林震与刘世吾关系的真相,也是《组织部来了个年轻人》这部小说在叙事上的最主要动机。评论家黄子平说:"王蒙笔下的组织部长刘世吾,是最早洞察并适应当代中国的社会生活的机械化、公式化特征的,相形之下,新来的颇具'文学气质'的青年人林震(喜欢看苏联小说和听柴可夫斯基的《意大利随想曲》),就显得'太不成熟了'。"[①]可以推测,王蒙决不会塑造一

① 黄子平:《病的隐喻与文学生产——丁玲的〈在医院中〉及其他》,唐小兵编:《再解读——大众文艺与意识形态》,(中国香港)牛津大学出版社 1993 年版,第 66 页。

个像刘世吾一样"成熟"的林震,但是不可否认,林震正是通过审视、推究刘世吾的特殊复杂性及其成因,而提升了自己对生活的认知,他对"一个缺点,仿佛粘在从上到下的一系列的缘故上"的推论,正是林震在组织部——所谓"真正的生活"中达到的理性认知,是他成熟、成长的重要标志。

由此可以说,刘世吾不是韩常新那样的一个简单的负数,而是一个变数——他在外部空间与林震的矛盾、龃龉、冲突频繁而深刻地激发林震的感情动荡与震颤,进而引发他对人生、社会的思考与认知,从而在林震的主体性空间中促成其心理与人格的成长与成熟。基于此,刘世吾之于林震来说是一个矛盾体:既是冲突者,是斗争的客体,是被超越的"父之法",又是一个潜在的对话者,是主体"内在性"成长的助力,一个积极的、主动性的因子(这种积极意义不是辩证法层面上的"矛盾的对立与转化","坏事可以变好事",下文的进一步分析可以证实)。

四

在精神分析学中,"父"是一个特别重要的意象,因为他所代表的行为及其准则,即"父之法"是"自我"成长过程中必须面对的强大的存在。弗洛伊德的"俄狄浦斯情结",即"弑父情结"则特别突出了"父"作为一种压抑性、禁忌性力量的在场性质,个人的成长必将面对"弑父"的紧张状态。在中国文化中,"父"与"子"的冲突同样存在(文学文本中的例证,如贾政与贾宝玉的父子关系,觉民、觉慧与高老太爷及高克定、高克安的关系),但由于中国文化绝对的伦理取向,强调子对父的"从""肖"与"孝",父子冲突被弱化了,或者说,子的弑父冲动被压抑弱化了。作为这种特殊父子关系的一种文化表达,"兄"这一文化意象在中国文化(文学)的象征系统中有着特殊的意义。"兄"的形象与身份往往兼有"父"与"子"的一部分特征,它的功能也主要是在父与子之间形成一个缓冲区,使父子矛盾、父子冲突能达成一种相对不那么激烈、血腥的解决。中国古典的历史演义与侠义小说中,结拜兄弟“兄”，往往就具有这种“中间角色”的功能，如《三国演义》中的刘备之于张飞，《水浒传》中的宋江之于李逵，共同战斗、共同造反时，他们是“兄弟”，但当要彻底“革命”，根本颠覆现有体制，使朝代改名换姓时，“兄”就转身变为“父”，成为一种体制性的力量，一种保护体制的“法”。在《红楼梦》中，贾政之所以如此严厉地惩戒贾宝玉，恐怕就与贾宝玉之兄过早“缺席”不无关系。在巴金的“激流三部曲”中，高觉慧父亲的早逝像贾宝玉之兄的早亡一样有趣，因为它使高觉新这个“兄”同时执行着“父”的伦理与文化任务。

在王蒙的《组织部来了个年轻人》中，刘世吾与林震的“对话”关系还表现在主体想象上的“兄弟”关系。在林震的想象视野中，在对“自我”的未来期许与朦胧的设计中，刘世吾既是一个被否定、被克服、被超越的对象，是一个“异己”的客体，一种“父之法”；同时，很大程度上，他又是林震的那个先期到达的“自我”，一个想象中的“兄长”；林震对刘世吾的热切关注、审视与焦虑，某种程度上是对“自我”的关切、审视与焦虑；对刘世吾精神“病态”的恐惧，是自我恐惧的外射与外化形式（“我会成为另一个刘世吾吗？”的想象性设问）。这种兄弟般“拟同体”的想象关系在文本内部已有初步的表现：一、在叙事态度与评价分寸上，刘世吾与韩常新被严格分开；刘世吾即使“批评”林震、与林震有所冲突时，也首先肯定林震的正面与积极的价值；刘世吾对韩常新的尖刻嘲讽，表达的也是林震的心声，被林震引为同调；从刘世吾对林震的评价“你这个干部好，比韩常新强”，可以看出刘世吾与林震“知己”的一面。二、在“酒馆夜话”中，刘世吾自曝“革命者”的身份，使林震“第一次以深深的尊敬和爱戴的眼光看着他”。小说对刘世吾作为“革命者”的历史身份的确认，恐怕其目的在于凸现刘世吾当时当下的精神病态的非个人品质的性质：一个“革命者”的精神病态一方面加深、加剧林震对这种“病因”的探究与思考；另一方面，同样以“革命者”自居的林震，也不能不从刘世吾身上想象未来的自我。刘世吾构成了林震精神想象上“自我”的一个“镜像”。

对这一问题的更深入的讨论，可以放到更大的语境中来进行。

王蒙作为一个在新民主主义革命后期参加到革命行列中来的年

轻革命者,实际经历了中国社会向社会主义的重要历史转型。这种历史进程的遽然转折,必然给历史的主体,尤其是像王蒙这样的处于“成长”之中的“年轻人”提出一个相当严峻的问题,即在和平时期如何继续革命的问题,具体说就是如何在世俗性的、琐碎的日常事务中保持革命激情的问题。这既是一个社会与历史问题,又是王蒙与林震那一代人的主体性焦虑。但是,让没有多少实际革命经验的“年轻人”单独回答这一问题是显得有些单薄的,因此与跨越两个历史阶段的另一历史主体——有实际革命经验的“成年人”的协作与对话成为“年轻人”自我成长的一种有效途径。刘世吾与林震的兄/弟组合意象实际上是两个历史主体之间对话关系的象征性、隐喻性的表达。

将《组织部来了个年轻人》放到“上下文”关系中来看,刘世吾与林震在主体想象中的兄/弟关系,在《青春万岁》与《恋爱的季节》中有着一前一后的类似的呼应。郑波与黄丽程的关系,钱文与那些年长的同事们,尤其是与那个将他领入革命的门槛,后来在他的生活里与想象中时隐时现的沈大哥的关系,在“结构”上与林震和刘世吾的关系十分相似。毋宁说,一组在心理和文化隐喻意义上可称之为兄/弟关系的人物关系结构的设置,是王蒙20世纪50年代文学创作中的一个典型(或称原型)意象。

若对这一兄/弟组合意象作出分析与归纳,其内涵包括了以下几个方面:一、兄与弟有着类似的“革命者”身份,“兄”在时间维度上先行一步,以先行者或领路人的身份先期经历了“弟”也要在后天或即将经历的生活考验。二、“兄”已经完成了他的成人仪式——已婚或已经在生活中驾轻就熟、如鱼得水,前者如黄丽程,后者如刘世吾,“弟”以焦虑疑惑的心情窥视、猜度“兄”的成人世界,徘徊、延宕于成人仪式的临界状态。三、“兄”的成人世界流露出来的世俗气息,使“弟”的成人化进程暂时受挫,“兄”与“弟”的“对话”进入紧张的胶着状态。黄丽程婚后的“鬈发”“脸上的皱纹”“没有血色的脸”给郑波留下了深刻不安的心理暗示,即婚姻——一种俗常的成人经验对个体生命的销蚀,她因此而拒绝了田林的爱情。刘世吾的“条件成熟论”“成绩基本论”等似是而非的“成熟”的观点也加重着林震对所谓“真正的生活”的质疑;赵慧文婚姻生活的不如意也引起他对爱情及婚姻的警惕。四、“弟”在某种程度上的成熟(向世俗的部分认同与妥协),但对理想与生活神圣性的坚持,使他们从根本上向世俗认同与妥协是不可能的,因此,最终的“成长”被延搁;而作为一种权宜性的替代,一个高大、神圣的精神偶像现身出场(《组织部来了个年轻人》中是有着“高大侧影”的区委书记周润祥,《青春万岁》更具浪漫激情,干脆就是毛泽东主席在天安门广场现身)暗示、允诺一个无法具体落实无法实际兑现的浪漫但虚妄的解决方式。

作为对上述兄/弟意象组合关系的支持,我们进一步发现,在《组织部来了个年轻人》中,乃至王蒙在20世纪50年代的主要作品中,“成长”主题赖以展开的心灵对话关系(结构)不是二元的青春世界/成人世界,而是三元的崭新组合,即童年世界/青春世界/成人世界三元结构组合意象。就是说,围绕着主体性的成长这一核心话题,“年轻人”不仅张望、探寻、审视“成人世界”(父兄的世界),而且不停地反顾、回忆作为历史的那个“童年世界”(“子之子”的世界),从而使“成长”成为一个完整的、有机的人生镜像。

在《组织部来了个年轻人》中有这样一组对比鲜明的画面:“星期六晚上,韩常新举行婚礼。林震走进礼堂,他不喜欢那弥漫的呛人的烟气,还有地上杂乱的糖果皮与空中杂乱的哄笑。”没等婚礼开始他就退了出来,回到办公室阅读孩子们(他过去的学生)的天真、稚气的来信:“他仿佛看见了系蝴蝶结的李琳琳,爱画水彩画的刘小毛和常把铅笔头含在嘴里的孟飞……他猛把头从信纸上抬起来,所看见的却是电话、吸墨纸和玻璃板。”这种“杂乱”的“成人世界”与天真稚气的儿童情态的对比有时会经常地以更细微的方式出现在作品中。如赵惠文的孩子“睡在浅蓝色的小床里,幸福地含着指头”与她的荒疏的室内陈设的对比;又如林震与刘世吾酒馆夜话的沉重气氛中,突然出现“一个被雨淋透的小孩子跑进来避雨,小孩的头发往下滴水”;再如,在《青春万岁》中,郑波与杨蔷云到班主任袁老师家里拜年,首先与袁老师的天真未凿的小女儿在门口有一场“对话”。由于这些细小的客观性情景均呈现于人物的主观性的视野中,形成一种观看/被看的关系。按照拉康的观点“在镜像领域中，观看是外部性的，我看，同时意味着，我是一幅画面”，这些画面揭示的正是审视者的内心视景，“观看”他人的童年世界，是自我反思的一种形式。

应该承认，虽然王蒙用异常明亮的色彩描摹童年世界，但对于这一世界的必然丧失并未流露出过多的感伤，至少在《组织部来了个年轻人》与《青春万岁》等作品中，他是以理性的、现实主义的态度来看待“逝者如斯”这一时间与人生命题的。另外，由于王蒙在处理童年/青年/成年这一人生意象时所使用的特殊策略——不是个人传记式的以同一个主人公的不同人生阶段构成一幅完整的人生镜像，如歌德对弗士德，罗曼·罗兰对约翰·克利斯朵夫的处理，而偏好用不同的人物组合人生结构，将时间与人生命题用空间对话的方式处理，因此而导致人们在阅读阐释他们时忽略他们“一体化”或“拟同体”的关系，而过多强调他们之间的矛盾与冲突，使文本的意义空间部分地被遮蔽。

《组织部来了个年轻人》发表到现在已近半个世纪了，有关它的批评一直没有间断。但是，夏志清所说的那个“感时忧国的精神”①作为一种“集体无意识”不仅主导着“新文学”创作，似乎也制约着新中国成立以后的文学批评：对现实的热切关注而轻忽了文学作品表现出的隐蔽的心灵意义。因此，新的阐释空间还是存在的。而本文所谓的“精神现象学”的解读，就是试图接近这种“心灵”意义的一种尝试。

尝试的收获有下列几点：一、林震的“精神成长”既有当时当下的意义——年轻人以积极热烈的姿态反抗着成人化的麻木与世俗，但当发现这种“成人病”不是个人现象，而具有更复杂的体制性的“病因”时，既未颓废消沉，又未表现出过分激烈的“弑父”倾向，而是采取了审人与自审、斗争与对话的“交流”方式，与几十年后那群疯疯癫癫的艺术院校的大学生（刘索拉的《你别无选择》）表现出的颓废的轻狂相比，表现出更郑重也更具有建设性的文化心态；又具有普遍的人生内涵——如何处理神圣化的理想与机械化、形式化的生活（信仰与知

① 夏志清：《中国现代小说史》，台北传记出版社 1979 年版，第 501 页。

识),青春的浪漫幻想与婚姻家庭的日常性与世俗性(诗性生存与日常生存)的关系。尽管作品不可能给出具体的答案,但它采取的人生展开方式——代际之间的心灵对话与自我精神空间的“上下”求索却非常具有人生意味与文学意味。二、周润祥这一“高大的”精神之父(一个真正的“父亲”形象,刘世吾作为“兄”的形象也被反衬出来了)的在场,给林震的“成长”设定了一个顶点;“弑父”的绝对禁忌,给年轻人的“自我”成长空间划定了阈限。三、“成长”与“对话”这一现象学的批评视角对于观察王蒙的整个小说创作,乃至中国当代小说创作都具有相当的有效性。

从“玻璃瓶”到“野葫芦”

——宗璞的第一篇小说和她爱情书写的诗学特征

一

宗璞的第一篇小说是什么？发表于何时何处？小说叙述了一个怎样的故事？对于一位还健在的当代作家来说，这样最基本的史料学问题应该是极容易回答的。但事实上，答案并不确切，甚至有些混乱。作者本人能够肯定地说出第一篇小说的名字，但对于出处和小说内容却记忆、表述有误，导致以讹传讹者颇多。在接受女作家施叔青访谈时，宗璞说：“上大学时在天津《大公报》发表了第一篇小说，笔名绿繁。那时我在学法文，小说名字叫《A. K. C》，法文‘打碎’的意思。故事是一个小女孩把信装在瓶里要男孩打碎，男孩不懂，错过了，后来他一直在遗憾中度日。”①

在《说虚构》一文中，宗璞又说：“一九四八年，我写第一篇小说，刊登在天津《大公报》上。内容是编造的爱情故事。现在这篇小说找不到了，它的价值不大，并不让人太遗憾。有趣的是这篇小说的题目，可以提一提。这题目用的是法文，《A. K. C.》。当时我正在上大学，法文是我的第二外语。”还说：“‘A. K. C.’是à casser的谐音，意思是打碎它。小说中男主角送给女主角一件瓷器，上面刻着‘A. K. C.’，但是女

① 施叔青：《又古典又现代——与大陆女作家宗璞对话》，《人民文学》1988年第10期。

主角舍不得打碎它,就没有得到藏在其中吐露真情的信。两人错过了,成为终身之恨。”①

很显然,这里对故事内容的复述发生了颠倒:写信留下谜语的变成了男主角,但没有“打碎”瓶子而错失机会的变成了女主角。这段文字中提供了另一个重要信息,即小说发表的时间:1948 年。但很遗憾,这是一个错误的时间信息,这是导致“小说找不到了”,导致《宗璞文集》对此事的记录只能将错就错,致使其他研究者以讹传讹,致使作者对故事的复述前后不一的根本原因。

准确的信息是:《A. K. C》分(上)(下)两部分分别发表于天津《大公报》1947 年 8 月 13 日和 20 日,署名绿繁。故事发生在法国巴黎。女主角波娃莉小姐是一个美丽、天真、无忧无虑的少女,父母挚爱,朋友众多,在一个温暖和谐的环境中长大。有一天,她在一个宴会上认识了一位态度谦恭、行为方正的年轻人,两人互生好感,渐生情愫。但是,两人都沉默着,不首先表达爱情。直到有一天,两人相约游湖,少年交给波娃莉小姐一个精致的玻璃瓶后,远离家乡,从此音讯杳无。波娃莉小姐在等待和怀念中渐渐枯萎、老去,拒绝了其他人的求婚,父母也先后去世了。她把小玻璃瓶像圣物一样放到一个丝绒袋子里供奉起来,寄托着自己的爱意与思念。一天,邻居家的小男孩不小心打破了小玻璃瓶,在玻璃的碎片中,波娃莉小姐发现了一张纸条,正面写着:“你愿意交给我你的手和心吗?”反面是:“希望你能在一星期内告诉我‘可以’,过了七天,就表示我将有不幸的一生,也不必再用你的笔迹,来催促我走向灭亡了。”在玻璃瓶底上还有三个字母:AKC。波娃莉小姐反复念叨着 AKC,她突然领悟,AKC 即是法文 a’casser 的缩写,意思是“打碎它”。明白了事情真相的波娃莉小姐晕了过去。

宗璞自己说,这是一个“编造的爱情故事”,“它的价值不大”,找不到它,“并不让人太遗憾”。从小说的内容来看,故事的成立主要立足于一个悬念、巧合与误会,即少年将求爱的信息放到了玻璃瓶中,而

---

① 宗璞:《宗璞文集》第四卷,第 299 页。原载《读书》1994 年第 10 期,编者改题为《虚构,实在很难》。

波娃莉小姐恰好错过了阅读它的时机,因而造成一对有情人不能成眷属的爱情悲剧。这样的故事套路是中外古今感伤爱情故事司空见惯的,作者说是"编造的","价值不大",是有道理的。但是,完全抹杀这篇小说的价值是错误的。甚至可以说,这篇小说的价值不可低估,尤其是将它放到宗璞爱情小说创作的整个序列和谱系中,从发生学的意义上去看它,它的价值更是非同小可,宗璞此后的爱情小说创作在很多方面受到这篇小说的影响。或者换句话说,这篇小说中的诸多元素,如故事、主题、叙述方式、情调与美感形态等在她以后的小说中反复呈现。本文通过解读宗璞的第一篇小说及其和以后作品的关联,一是疏通宗璞小说创作的脉络,更完整、更清晰地呈现宗璞小说创作的内在联系和整体风貌。二是从这篇小说开始,宗璞在人生和爱情认知方面就体现出的神秘感与悲剧姿态一以贯之地运行于她以后的小说创作,由此形成了她在爱情书写上的独特气质与特殊内涵,在整个当代文坛都独树一帜,因此,将包括第一篇小说在内的她的爱情小说创作作为一个自洽的整体,挖掘、阐释宗璞爱情小说的特殊气质与内涵从某种意义上既能见出她所有小说创作的某些端倪,甚至还能切换到更宽阔的文学史领域和美学领域,牵引出更具学术意义的命题。

二

《A·K·C》的故事背景在法国首都巴黎,主人公是两位法国青年男女。但是"异域"色彩更像一副面纱,用以制造神秘的氛围或者用来遮挡故事与作者之间的联想关系。面纱下面的故事却是人类性的,在各个民族、各种文化和文学中都司空见惯:情窦初开的少男少女因为羞涩或某种禁忌不敢公开向对方表达爱情,延宕造成误会或者某种外力的介入导致相爱的双方劳燕分飞,爱情成为一种永远的痛。"两人错过了,成为终身之恨",作者自己脱口而出的这句话,既是对这篇小说言简意赅的总结,事实上也成为她此后爱情小说甚至是所有涉及爱情经验的一个常规模式,"两个人错过了,成为终身之恨",换成一个更通俗、简约的说法——"有情人难成眷属"成为宗璞爱情话语在故事层面上最显著的“症候”。

《红豆》是宗璞在新中国成立后创作的第一篇有重大影响的小说，也是继《A・K・C》之后又一篇涉及爱情描写的作品。尽管如作者所说：“我写的其实是为了革命而舍弃爱情，通过女主人公江玫的经历，表现了一个小资产阶级知识分子怎样在革命中成长。”表达的是“爱情诚可贵，甘为革命抛”①的宏大主题，但不可否认的是，江玫与齐虹之间“有情人难成眷属”的爱情故事及其悲剧结局成为这篇小说让人唏嘘不已、难以忘怀的重要原因之一。洪子诚先生说，《红豆》发表后，他们一帮同学曾到颐和园玉带桥“考察”江玫和齐虹定情的地点，②足见这篇小说的爱情故事在同代人心中引起的震撼。

《三生石》发表于1979年，是宗璞劫后余生的一部重要作品。小说开宗明义地写道：“小说只不过是小说。”这种对常识郑重其事的宣言恰恰透露出某些“超常识”的隐秘，即这部小说实际上具有相当程度的传记性。或许正是基于自己的婚姻经验，《三生石》出现了宗璞小说中极少见的“大团圆”结局，即以梅菩提和方知这两个苦命人相濡以沫式的婚姻为故事画上了一个暂时的句号。正如鲁迅在《阿Q正传》中以“大团圆”式的喜剧来传达悲剧内涵相似，《三生石》中梅菩提与方知相濡以沫的爱情和危如累卵的婚姻，述说的同样是社会与人生的悲情。虽以“有情人终成眷属”终了故事，但“有情人难成眷属”之“难”仍是这部小说的主调。

《心祭》从大结构上看就是一个“未亡人”对爱情往事的追怀与悲悼，挽歌的调子构成了这篇小说的主旋律。“此情可待成追忆？只是当时已惘然”，李商隐的这两句名诗既铺排出小说的结构，也点化出它的悲剧意蕴。“此时之情”与“当时之事”构成小说的“复调”，追忆之苦涩和怀念之惘然则共同构成了这篇小说忧郁感伤、优雅迷离的氛围与气息。而这种“复调”得以展开的故事内核仍然是“有情人难成眷属”——主人公程抗与黎倩兮之间真挚相爱却又无法走到一起，终至

① 施叔青：《又古典又现代——与大陆女作家宗璞对话》，《人民文学》1988年第10期。

② 洪子诚：《问题与方法》，生活・读书・新知三联书店2002年版，第17页。

天海永隔的悲剧。

1993年前后，宗璞先后写作、发表了三篇爱情小说：《朱颜长好》《勿念我》和《长相思》。这三篇作品分别原发于美国的《世界日报》、台湾的《联合报》和香港的《大公报》，预设的读者主要是生活于大陆以外的华人群体。《朱颜长好》的篇末附有作者的一个说明："1990年春拾旧意构思，断续至1993年2月22日成之。"由上述信息可以推知，这三篇小说有一个特殊的"生产场域"：(1)小说写作是由沉潜于作者心中的某些意绪触发引起的；(2)小说使用了中国古典诗词的意境与意象；(3)预设读者主要是对古典文学传统有较深濡染的海外华人知识分子。这一特殊的"生产场域"很大程度上决定了这一组小说在基本面相上和《红豆》《三生石》等写实性与历史感较强的作品不同，而是与《A·K·C》《心祭》等有更多的同气相求，写心境、写意绪的成分占据了主要的地位，对爱情、婚姻有更专注、更纯粹的思索与追问。

三篇小说均虚化、弱化对故事发生历史情景的描述，而通过写爱情和婚姻的极端状态增强故事的强度与张力，从而强化小说思索与追问的气质。《朱颜长好》是"钗黛合一"故事的变体，是女性版的"宝、钗、黛"爱情故事的翻演。林慧亚和珉、琦是三个青梅竹马好朋友，慧亚嫁给了稳重、谨慎的珉，但内心更钟情敏捷、浪漫的琦。慧亚在一场事故中失去了珉和他们的双胞胎儿子，30年后在美国与琦再次相遇。琦已经垂垂老矣，依靠轮椅生活。但他仍怀念着慧亚，坚持要把30年前准备好的房子送给慧亚，但慧亚的耳边却响起安葬于白桦林中的珉的呼唤，不知所之的慧亚和最初陷在两难选择中一样，再次陷入茫然与惆怅。这篇小说在构思上使用了美学的分身术，珉和琦代表了理想的男性品质的互补的两面，或者说是女性欲望借助男性形象投射出的两种向度，就像"钗黛合一"完整地投射出男性对女性的双重想象与双重欲望一样。贾宝玉的"钗黛合一"理想是一场悲剧，林慧亚（同学称她林妹妹）同时拥有两块宝玉的愿望也只能是镜花水月。《勿念我》反写"勿忘我"的浪漫爱情故事，叙述一位丈夫在妻子去世后发现妻子另有所爱。小说从受蒙蔽的丈夫的视角展开叙述，使故事失去了"勿忘我”模式固有的浪漫与温情（从妻子的角度就是一个“勿忘我”的故事），而使故事具有了强烈的道德挑战性和残酷的力度。考虑到作者为人物命名时一贯的用心良苦，她把男主人公命名为“戈欣”是别有深意的。或者说，对主人公的命名方式，就是作者赋予这个“勿念我”故事的深层意义。她要写的是婚姻中夫妻“隔心”（“戈欣”与“隔心”谐音）这一事实，是同床异梦的同义语。《长相思》的篇名唤起读者的古典情思，但在我看来，它的故事本身与这一命名多少是有些反讽的。小说写了一个现代社会中的痴情女，一个“寒窑苦等”的故事。小说的反讽一方面表现在主人公秦八姐的行为与现代社会的格格不入，另一方面也表现在秦八姐痴等一生的男主人公不仅已婚，而且还是一个驼背的、被社会和生活磨去棱角的老人。

“野葫芦引”是宗璞近年创作的一部史诗性的作品，最大限度地征用了作者的人生经验。尽管“野葫芦引”到目前只完成了前“三记”（《南渡记》《东藏记》《西征记》），故事还不完整，但从已经呈现出来的内容看，所写的所有爱情关系均是悲剧性的或将是悲剧性的。嵋与无因的关系是波娃莉小姐爱情故事以及玫与齐虹爱情故事的翻版，是典型的“两人错过了，成为终生之恨”的故事演绎。嵋是一个性情古怪的痴情女，她的故事是典型的“所爱非人”的悲剧。卫葑与凌雪妍的关系是宗璞以前小说中不曾出现过的，是最新鲜、最具原创性的。她们的爱情童话一般的美丽，但凌雪妍意外的失足落水，使美丽的爱情童话演变为一出凄美的爱情绝唱。小说围绕卫葑又安排了玹子与何曼两个女性，预示了卫葑将会在爱情的撕扯中左支右绌。无论具体的结局是什么，从作者为卫葑所定位的“爱他所不信的，信他所不爱的”矛盾性格和相互冲突的信仰来推测，围绕卫葑的爱情故事几乎肯定是悲剧性的。

通常意义上来说，爱情小说可以从经验类型和情节布局上区分为两类。一类是写爱情发生的，往往遵从主人公相识、相知、相爱的逻辑线索发展，定情或结婚是其结局。另一类是写爱情变故的，往往是以婚姻为起点，写各种因素引发的主人公之间的爱情矛盾与纠葛，经过自助或他助的过程以后，爱情得以新生（破镜重圆或者缔造新的爱情关系）。宗璞的爱情话语涉及这两类小说。在前者来说，“有情人难成眷属”是其基本故事模式。在后者，宗璞的小说很少蹈入常规模式，她笔下的婚姻经常表现为“先天性”的缺陷：美好的婚姻关系总是表现为暂时性、表面性；而残缺、不完满、欺骗性则是她书写婚姻的基本特征。总之，悲剧性是宗璞把握和书写爱情的基本姿态。为什么呢？宗璞的夫婿蔡忠德说过宗璞的小说都有类似的主题，“那就是人总要追求理想，却难免有种种缺陷，‘人生不如意事常八九’”①。蔡忠德这里所说的“主题”，转换成对作者的评价也是恰当的，即认为“人生不如意事常八九”的残缺意识，认为人生不可能圆满的缺陷感，决定了作者在进行爱情叙事时悲剧性的审美姿态。

三

从创作心理学的角度来说，作家的认知角度与认知方式决定他的审美把握方式与审美姿态。那么，是什么决定了他的认知方式与认知角度？笼统地回答是：经验。具体到是哪种或哪些经验起到了决定性的作用，每个作家都因为其独特的生存境遇而各是其是。按此逻辑，宗璞爱情话语悲剧性的审美姿态、有缺憾感的认知态度背后显然有一种“创伤性经验”作为支撑。这一推论方式将此文的写作置于困境：必须以实证的方式证明作者有过此种“创伤性经验”，而事实上是，对于在为人和为文方面高度严谨的宗璞来说，这种爱情的“创伤性经验”根本是无法落实的。但是，宗璞爱情言说中一个十分突出的文本现象、一个修辞学层面的典型症候又使我们展开深度阐释成为可能。我们注意到，宗璞的爱情言说中频繁地出现一个身份、经历、感情态度、精神品格高度同一，作为叙述人或内聚焦的焦点人物而出现的女性主人公，如《A·K·C》中的波娃莉小姐、《红豆》中的玫、《三生石》中的梅菩提、《心祭》中的黎倩兮、《朱颜长好》中的林惠亚、“野葫芦引”中的

① 蔡忠德：《我和宗璞》，载《宗璞文学创作评论集》，人民文学出版社 2003 年版，第 396 页。

嵋等。这一系列形象共同构成了宗璞爱情话语中的一个女性爱情主体。无疑的是,这一女性主体包含了作者的某些传记经验;但更加无疑的是,她不完全是作者的爱情传记,作为一个形象主体,她比作者的传记经验更丰富、更鲜活。这一系列中的每一个形象未必都能完整地体现出女性主体的成长历程、性格特征、精神意向,但作为一个集合、一个系统、一个有机的整体,这一女性爱情主体又确定无疑地能够完整呈现作者赋予这一女性主体的既完整又丰满的精神脉象。她不是作者,但代表了作者。因此,通过勾勒这一女性爱情主体的传记形象、成长经历与精神特征,不仅可以大致了解作者悲剧性审美的心理学渊源,而且通过了解这一女性主体性格的独特性与精神的丰富性,对宗璞爱情言说中思想的深邃与细密的文化气息有更深的介入和理解。

宗璞笔下的女性爱情主体出生于父慈子孝的"书香之家","谈笑皆鸿儒,往来无白丁"。"书香之家"这一家族形态有别于中国现当代文学中两种成熟的家族类型。一种是启蒙叙事视野中的封建家族,如巴金"激流三部曲"的高家、路翎《财主和他底儿女们》中的蒋家。另一种是革命视野中的剥削者与反动派家族,如《红旗谱》中的冯兰池家族、《风云初记》中的田耀祖家族等。"书香之家"是中国现代转型过程中出现的典型的知识分子家庭,它的家长是像鲁迅、胡适、冯友兰等一样的中西文化皆通的硕儒,因此有着良好的家教:就人格教育而言,传统儒家的"修齐治平""仁义礼信"与西方现代的人本主义互为表里;就文学艺术教育而言,中国传统经典中的诗书画与西方的文学、音乐、美术相互为用,培养和造就了宗璞笔下女性爱情主体的一种既古典又现代的特殊"闺秀"气质。

但在主体成长最重要的人生阶段,即在童年期和青春期遭受了来自内外两面的"创伤"。来自外面的创伤我称之为"国殇"。日本人入侵造成的家国离乱使女性主体亲历了颠沛流离之苦与丧权辱国之痛,由此对家、对亲情、友情、爱情有着一种格外的珍视和高度的敏感。来自内面的创伤我称之为"情殇"。这一女性爱情主体在青春期与一个出色的少年之间产生朦胧的爱情,但"闺秀"的克制、羞怯、内敛让她无法首先表达爱情,后因少年的意外出走这种爱情被戛然中断,在她的心中留下了永远的阴影与伤痛。在《A·K·C》中，波娃莉小姐“错过了，留下永远的痛”，并且感慨“人是太复杂了，复杂到连自己也莫名其妙”，“世界上谁又真正了解谁呢？好懦弱的人类啊！”可见这种伤痛之深。在“野葫芦引”中，嵋与无因的爱情也因为无因的出国深造而无疾而终，给嵋造成深层的伤痛。“国殇”与“情殇”这种共同的创伤性经验与特有的“闺秀”气质，造成了这一女性爱情主体在认知世界和把握世界时的缺憾感与悲剧意识。

另外，一种更加特殊的“创伤性经验”被指出来可能具有更大的美学意义。我这里指的是一种文化阅读经验，一种被文学艺术中的感伤传统所内化的想象性经验。李商隐、晏几道、李清照等都在中国文学史中留下了许多优美的爱情篇章，其中最为后人所称道的正是那些充满感伤意绪的篇什，这些篇什经常出现在宗璞的小说中，构成小说中很重要的组成部分。“红豆生南国，春来发几枝？愿君多采撷，此物最相思”（王维）；“此情可待成追忆？只是当时已惘然”（李商隐）；“把镜不知人易老。欲占朱颜长好”（晏几道）。正是这些篇什中的意象、情绪、意境等成为宗璞爱情小说直接或间接的触发因素，也是这一爱情主体感知、体验、传达爱情的主体情志。很难说是因为个人的爱情创伤使这一女性主体的接收视野更容易地选择了文学中的感伤传统，还是因为这种阅读经验塑造了她的爱情态度与心性而导致了爱情挫折。孰因孰果或许并不重要，重要的是，文学史中的感伤因子与气息作为一种次生经验进入了对这一女性主体性的塑造，构成了她成长过程中一个重要的结构性因素。

“书香之家”培养的特殊“闺秀”气质与后天成长过程中所遭遇的“创伤性经验”相结合，塑造出这一女性主体特有的性格特征与精神气质。《三生石》中慧韵评价梅菩提的话“你是有洁癖的”（在《东藏记》中这句话也被用来评价嵋）可用来概括这种精神特质，精神洁癖可以说就是宗璞笔下女性爱情主体的精神共相。

精神洁癖主要表现在两个方面。第一，女性爱情主体在爱情生活中重精神、重文化、轻物质，把男性爱情主体在精神上的呼应看得至高无上。由于女性爱情主体的“闺秀”身份和良好的文化教养，对男性爱情主体的要求与期待就非常高，可谓条件苛刻。一是要有共赏“高山流水”的雅趣与能力，即借助于艺术语言能达到心有灵犀一点通；二是容不得对方身上的半点俗气，市侩与政治投机者被极度鄙视和轻蔑。《红豆》中的江玫与齐虹是有隔阂的，江玫在政治上成长脚步越大，她与齐虹之间的距离越远。但是，江玫之所以能够与齐虹相爱并且在政治鸿沟越来越深时还对他恋恋不舍，是因为齐虹弹得一手好钢琴，贝多芬与肖邦让两个人在精神的另一层面上息息相通。《三生石》中梅菩提对爱情有着近乎圣洁、完美的理解，容不得任何俗气与杂念。她的初恋就与艺术相关：“菩提的梦网最初罩落在一个邻居的亲戚身上。那是回到北平后的事了。那年轻人已入研究院。暇时便拉提琴，修长的身影投在窗帘上，琴声悠扬地萦回飘荡，使得菩提的心在琴声里缓缓溶化。”后来，大学里的同事韩仪（可能谐音寒意）喜欢菩提，但知道菩提患病后，就礼貌地写信表示退却。菩提把韩仪的信扔进垃圾盆，说：“这信便是烧成了灰，也要弄脏我的文稿。”精神洁癖不言自明。

第二，精神洁癖的另一面则表现为主人公的孤傲、自守，尤其是面对俗世、乱世、小人、逆境时表现出的铮铮傲骨与刚强淡定。这种特征不仅表现在女性爱情主体的爱情生活中，而且表现在她立身处世、待人接物的方方面面，毋宁说，超凡脱俗的孤傲之气构成了宗璞笔下女性主体性最显著的特征，也是理解宗璞小说精神品相的最有力的见证。宗璞笔下的女性主体似乎综合着两种表面上悖论的特质：柔弱、温良恭俭让与刚强、傲气凛然。前者作为一种外在的身体和性别肖像糅合着中国传统闺秀的贤淑和现代知识女性的气定神闲，后者作为一种内在的精神品质是中国传统仕人的耿介之气与现代知识分子自主精神的结晶品。刚柔相济的两种品质造就了宗璞笔下女性主体卓尔不群的独特气质。

作为对这一女性主体精神洁癖和性格中孤傲之气诗意化地书写，有两组意象非常有意味。一组是以花和石（玉）为主体的自然意象。宗璞是中国当代作家中最善于写花、草、树、石的人之一，她的散文和小说中大量涉及自然界的各种物象。其中有些物象已经超出了一般自然物象的界限，被作者赋予了某些人格化的文化内涵，具有了隐喻和象征的功能,可以看出中国传统诗学中的“香草美人”隐喻体系的隐在的流脉。在我看来,梅花、石(玉)、雪是宗璞创作中最重要的三个意象。先看一段写梅的文字:

> 山茶花过后,腊梅开花了,花是淡淡的黄,似有些透明,真像是蜡制品。满园幽香,沁人心脾。这正是孟灵己——嵋所向往的腊梅林,在她的想象中,蜡梅花下,有爹爹拿着一本书,坐在那里。

在“野葫芦引”系列中,嵋是和作者对位关系最密切的一个人物,她的所思所想,某种程度上就是作者感情和意志的对象化。嵋对腊梅和爹爹关系的想象让我们想到柳宗元的《江雪》:“千山鸟飞绝,万径人踪灭。孤舟蓑笠翁,独钓寒江雪。”蜡梅下执书独坐的情景与“寒江独钓”有着异曲同工的隐喻和文化意味。宗璞也善写石(玉),不仅有《燕园石寻》这样专门写石的散文,有《三生石》以石隐喻坚贞不屈爱情的小说,而且在她诸多小说人物的命名系统和意象系统中,以石(玉)喻人的修辞方式是一种常见的诗学表达方式。如在她的“野葫芦引”中对孟樾子女一代是以玉(石)系列进行命名的,玉的不同品相与品质隐喻着不同人物的性格与命运。雪是宗璞小说中使用最频繁的意象之一,尤其是书写爱情的篇章中,雪花经常扮演重要角色。有时,它仅起到烘托气氛、暗示人物心理等作用;有时则上升为一个高度凝练、意涵丰富的象征。比如“野葫芦引”中的凌雪妍这个人物就是以雪的冰清玉洁来隐喻的,因此有大量的雪的意象伴随着对她的描写。梅花、雪、玉代表纯洁、高雅、不染世尘,蕴含着不媚、不阿、傲骨铮铮的精神气象,这正是宗璞笔下爱情主体的精神品性,某种程度上也是作者的精神品性。有批评家用“兰气息,玉精神”来概括宗璞小说的精神气息和美学品格①。在我看来,兰的幽静、幽僻似乎很难吻合宗璞与女性爱情主体身上的侠义耿介,倒是梅在苦寒中的怒放更能吻合宗璞小

① 李子云:《净化人的心灵——读〈宗璞小说散文选〉》,《读书》1982 年第 1 期。

说所体现出的孤傲与刚烈之气①。

另一组则是以庐、园、瓿为喻体的意象系统。宗璞长期生活在北京大学的燕南园,在她的散文中大量涉及燕园的人事风物,从某种意义上来说,燕园和三松堂既是知识分子生活和工作的地理上的空间所在,又是涵养知识分子清气与浩气的精神之域。这样一种来自经验的空间诗学的启发与教化,显然在她的小说叙事中被提升为有意识和有意味的诗学修辞。如《红豆》中的"绝域",《三生石》中的匙园、勺园,"野葫芦引"中的方壶、圆甑等实际或想象中的居所,既是主人公安放身体之所,更是他们保持思想独立、抚慰心灵的精神空间。汉学家高友工曾论证中国文人往往通过创造"抒情情景"来寄托自己的精神向往②。宗璞笔下的庐、园等意象正是知识分子涵养清气、固守节操的象征。

梅、玉、庐、园等意象,是中国古典诗学中重要的修辞符码,包含充盈的文化意味。宗璞在她的小说创作中对这些符码的成功使用,即使她的小说在文体和审美特征上具有了古典气息,也使她的小说在精神气象上濡染上浓重的古典文化的色彩。

四

施叔青在采访宗璞时使用了"又古典又现代"来评价宗璞的文学创作③。就瞬间和直观的感受而言,这是一个切中肯綮的评价。但细读深思之后不禁要问:何以古典?哪里现代?施叔青指出的古典性主

---

① 梅花对宗璞来说意味深长。她笔下三个最主要的女性人物形象玫(《红豆》)、梅菩提(《三生石》)和嵋("野葫芦引")的姓或名均音 Mei,这可能不全是偶然。宗璞对梅花的偏爱或许与家族文化有关。她父亲的姑姑是位女诗人,写有《梅花窗诗稿》。她的父亲冯友兰针对家族连续出现四代女作家曾赋诗云:"吾家代代生才女,又出梅花四世新。"以梅花指代包括宗璞和她姑母冯沅君在内的四代女性。甚至冯友兰先生的名字"友兰"或许与陆游的《梅花》诗有关:"家是江南友是兰,水边月底怯新寒。画图省识惊春早,玉笛孤吹怨夜残。冷冷合教亲处著,清癯难遣俗人看。相逢剩作樽前恨,索笑情怀老渐阑。"这里以兰为友的便是梅。

② 高友工:《中国叙事传统中的抒情境界——〈红楼梦〉与〈儒林外史〉读法》,见浦安迪《中国叙事学》,北京大学出版社 1996 年版,第 200—219 页。

③ 施叔青:《又古典又现代——与大陆女作家宗璞对话》,《人民文学》1988 年第 10 期。

要有两点:一是道德上的中和节制,二是师法古典的诗词传统。而谈到现代品质时则主要指向了宗璞在20世纪80年代的几篇小说所使用的现代(派)手法。这种有时古典、有时现代,内容古典、形式现代的评价当然也指出了宗璞小说创作的一部分事实,但与“又古典又现代”的评价让人眼前一亮的启迪性以及阅读爱情言说(事实上宗璞小说的古典性主要体现在她的爱情言说当中)时的真切感受并不十分吻合,指出的实事似乎远远少于这一命名应该和实际包含的内容。

上文已经指出,宗璞的爱情书写部分源自她的阅读经验,一种习得的、想象性的文化经验,其主体部分正是中国古典诗词曲赋中书写爱情的篇章。这不可避免地让她的爱情书写打上古典的印记。这种古典性既表现在“发乎情,止乎礼”“乐而不淫,哀而不伤”等道德与情感的理则方面,也表现在情/理、家/国、己/人等二元对位原则和古典意象的使用。但是,如果在宗璞的小说中仅看到这些古典性或者孤立地看待这些古典性,那将是一个不小的误读。事实上是,宗璞一方面遵循着“发乎情,止乎礼”的情感与道德原则,表现出理性主义的人性观和道德的中和与节制。另一方面她对人作为情感主体的神秘性、复杂性,对爱情作为人类最重要的情感体验、精神活动的幽秘、微妙之处给予充分关注和着力描绘。宗璞并不是一个古典的唯理主义者,更不是一个道德至上论者,而是一个略带感伤的爱情神秘主义者和对各种理念包围、捆束之下爱情作为现代生存困境有着清醒认知的悲观主义者。古典的外衣包裹着隐秘的激情,骨子里的优雅、节制掩藏着心灵深处的孟浪,徘徊、延宕于古典与现代、理智与情感之间,游走、挣扎于海水与火焰的漩涡既是宗璞笔下女性爱情主体的情感与思想状态,也是宗璞爱情言说的情感与审美状态。

具体到宗璞小说的意象表达系统,也可以看到古典与现代的纠结与相互为用。与梅、玉、庐等典型的中国古典意象不同,在宗璞的爱情言说中还有一组更具现代品质的修辞意象。或者说,“玻璃瓶”(《A・K・C》)、水晶球(《朱颜长好》)、勿念我(不同于勿忘我的一种花《勿念我》)、“野葫芦”(“野葫芦引”系列)刚好构成了与那组古典意象相反的、相对释的意象系统。如果说前者隐喻着知识分子传统文化人格的温润、清洁、刚正不阿与静心超脱的话，那么，从“玻璃瓶”到“野葫芦”的一组意象则隐喻着现代人的离散、异化、隔膜以及在爱情选择中难以自主的尴尬与悖论。

在她的小说处女作中，男主人公将向波娃利小姐表露爱情心声的小纸条置于一个玻璃瓶中，并标以A·K·C，暗示波娃利小姐将它打碎。波娃利小姐忽略了这一暗示，因此而造成无可挽回的爱情悲剧。玻璃瓶被男主人公用作互通款曲的信物，女主人公将此奉为圣物加以保管、封存，而实际上正是玻璃瓶造成了二者的误解与隔阂，它像一堵透明的墙将相爱的人彼此隔离，它是一种障碍，象征着某种使人不能坦诚相见的中间物、某种异化人类情感的多余物、闭锁心灵的小型牢狱。因此，A·K·C（打碎它）在故事层面上是男主人公对女主人公的期待或指令，而在叙事和意义生产的层面上来说，则是作者对打破爱情心理障碍、敞开心灵、赤诚相见的真诚吁请。如果说这种阐释符合文本实际的话，我们看到，玻璃瓶实际上和卡夫卡的城堡、钱钟书的围城有着类似的意蕴，它隐喻着人与人之间的隔膜状态，隐喻着爱情关系中半透明的、朦胧的、难以渗透的尴尬处境。

小说《心祭》的立意取自李商隐的《锦瑟》，“锦瑟无端五十弦，一弦一柱思华年”“此情可待成追忆，只是当时已惘然”。这首名诗被千古传颂，但它的著名，它的被称颂很大程度上源于它的无解，源于它对复杂莫名的情绪的朦胧的传达。《心祭》表达的同样是一种“无端”的惘然。《朱颜长好》中的水晶球既是推动故事和结构故事的有用的道具，同时也是一个隐喻。水晶球中变换着映现出的人物影像与被切割和穿插的爱情经验片段交织成主人公林慧亚的人生与爱情图景，而水晶球作为一个曲折的、拼贴的、隐晦的镜像本身又何尝不是林慧亚曲折人生和她暧昧的情感经验的象征呢？“勿忘我”经常被作为忠贞不渝爱情的象征广泛应用于爱情言说当中，而宗璞却从它的反向立意，以“勿念我”暗喻了婚姻中男女双方的隔膜与绝情，透露出一股悲凉的现代意味。

在“野葫芦引”系列中，“野葫芦”是一个统摄性的象征意象。在被问及为什么用“野葫芦引”作为这个系列的总标题时，宗璞说和她对历史和人生的理解有关。她说:“我写的这些东西是有‘史’的性质,但里面还是有很多错综复杂的我不知道的东西,那就真是‘葫芦里不知卖的什么药’了。”还说:“还是把人生看作一个‘野葫芦’好,太清楚是不行,也做不到。”①其实,宗璞的这种历史观和人生观很自然地延及她的爱情观与美学观。在宗璞的小说创作中,古典与现代不可分,你中有我,我中有你。古典与现代的纠缠、撕扯并由此形成的张力状态正是宗璞小说的独特形态与独特魅力所在。朦胧、模糊、混沌、神秘、待解而未解的状态可能最接近宗璞对爱情的理解,最接近她对爱情的把握,也最接近她爱情言说的审美与诗学特征。

① 贺桂梅:《历史沧桑和作家本色》,载《宗璞文学创作评论集》,人民文学出版社 2003 年版,第 369 页。

美学的分身术与隐蔽的身份对位

——宗璞小说《弦上的梦》再解读

一

《弦上的梦》发表于1978年12月的《人民文学》，是宗璞在粉碎“四人帮”之后创作的第一篇小说。据编辑涂光群说，这篇小说送到编辑部时，“天安门事件”还没有平反，因此小说的内容是“犯忌”的，它的刊出还经历了一点波折。① 戴锦华说《弦上的梦》“与宗福先的《于无声处》、苏叔阳的《丹心谱》一起，因正面写‘四五’运动而加入了伤痕文学的热浪，且成了其间干预并介入现实的力作”。② 显然，宗璞的《弦上的梦》像她在20世纪50年代初写作《诉》一样，是一次身份的亮相，表明“她对此间主流话语构造的果敢而有力地加入”。③《弦上的梦》作为“伤痕文学”的主流身份当然是不容置疑的，作者本人也有意突出梁遐作为一个时代的“伤痕儿”的身份，从而强化《弦上的梦》作为“伤痕文学”一员的合法性（在接受施叔青采访时宗璞说梁遐有一

---

① 涂光群：《宗璞写〈弦上的梦〉》，载《五十年文坛亲历记》，辽宁教育出版社2005年版，第252页。

② 戴锦华：《宗璞：历劫者的本色与柔情》，载《宗璞文学创作评论集》，人民文学出版社2003年版，第301页。

③ 戴锦华：《宗璞：历劫者的本色与柔情》，载《宗璞文学创作评论集》，人民文学出版社2003年版，第301页。

个生活原型)。[1] 但是,在我看来,这篇小说不仅可以限定在"伤痕文学"这一主流话语构造中作横向阐释,而且还应该放在宗璞创作的纵向脉络中来解读,这样做或许可以获得更丰富的收获。

宗璞曾说过,他们这一代人的人生道路上,不断地出现十字路口,因此面临着一次一次的抉择。[2]《红豆》写的是一种抉择——知识分子选择了革命、选择了祖国的自我庆幸和神圣感。《弦上的梦》写的是另一种抉择——在"四人帮"兴风作浪的时代逆流中是苟活与自保,还是挺身而出,舍生取义,宁为玉碎、不为瓦全。在《红豆》中江玫是自己与自己的另一个自我作战,在《弦上的梦》中则是乐珺的谨小慎微与梁遐的勇敢抗争作战,或者换句话说,《弦上的梦》写的还是作者面对抉择时内心中两个自我的冲突与对话,只不过作者使用了美学上的分身术——用两个人物分别指代心灵中相互冲突、相互搏斗的两种力量,乐珺和梁遐根本上就是一个人物,是同一个人物原型性格的两个不同侧面。因此,在乐珺的梦里,两个人就合而为一:

> 这天夜里,乐珺作了一个梦。她梦见一次音乐会,她自己在演奏,大提琴发出辉煌胜利的乐声,听众中有一双黑沉沉的眼睛,随着她的琴声流动。这是阿遐!
>
> 忽然,那在台上拉琴的不是她,而是梁遐。梁遐用熟练的手法拉出了激昂的直向人的灵魂扑来的调子。

批评家贺桂梅读出了这种"分身术",她在采访宗璞时,直率地问道:"在阅读您七十年代至八十年代与'文革'记忆有关的作品时,我注意到您的作品中似乎一直存在两种类型的知识分子形象。一种是用自己的头颅去换取'人'的尊严的勇士,一种是虽清醒但却有着犹豫、矛盾或怯懦的普通人。这两类知识分子似乎暗含了一种分裂的人格,一边意识到需要做一个勇士,同时写到自己理解但做不了这样的

① 施叔青:《又古典又现代》,载《宗璞文学创作评论集》,人民文学出版社 2003 年版,第 342 页。

② 宗璞:《〈红豆〉忆谈》,载《风庐缀墨》,上海远东出版社 1998 年版,第 76 页。

勇士的矛盾。是不是可以说，这也在一定程度上暗示了您在浩劫中的某种矛盾和焦虑？”①在著者看来，梁遐和乐珺正是贺桂梅所说的两类知识分子的人格代表，也是作者在两种人格选择中矛盾和焦虑心境的外化。

二

从叙事话语的连续性角度来看，乐珺这一形象是作者20世纪60年代小说中经常出现的第一人称叙述人“我”的延续，也是在新的写作环境、新的文本结构中的继续与发展，是作者自我形象的外化，她既是一个旁观者又是一个叙事的视点。在被叙的历史情境中，乐珺又是一个亲历者，是作品的主人公之一，她虽然清醒，但却谨小慎微，显然代表着知识分子“分裂的人格”当中另一个“自我”，即“虽清醒但却有着犹豫、矛盾或怯懦的普通人”。

梁遐虽然就其在文本中的具体身份只是一个孩子，是一个在“文革”创伤中成长的少年和青年，但这一形象的想象性身份却是成年化的知识分子，或者说是知识分子人格中反叛的和英雄主义的那一部分。梁遐在10岁的时候，目睹了自己的父亲梁锋被批斗、挨打的情景，她大声地呼喊：“爸爸！我的爸爸！”她以10岁的年纪，卷入了“文化大革命”。

梁遐当时是小学四年级学生，因为和父母划不清界限，在学校也屡遭批斗。她在批斗梁锋时大叫爸爸以后，梁锋单位的高音喇叭在很长一段时间里每批“大特务梁锋”时，必提到“狗崽子梁遐”。

就事理逻辑而言，一个10岁的孩子被作为一个政治批判对象和父亲“捆绑”在一起，是相当令人怀疑的，它的真实性应该说有相当多的纰漏。但在想象的与美学的逻辑上来说，又是合理的，甚至是创造

---

① 贺桂梅对宗璞的访谈：《历史沧桑与作家本色》，载于 http://www.alleyeshot.com/中的《两性视野》栏目，收录《宗璞文学创作评论集》时有删节，人民文学出版社2003年版，第363—370页。

性的——梁遐这一形象是“伤痕儿”与成年化的、反抗的知识分子的结合体。或者说，从外在形态上来说，她是一个在“文革”中成长的儿童、少年和青年，她的遭遇和经历具有典型的“伤痕青年”的经验特征，而她的心态与性格也部分地具有“伤痕儿”的特点，比如她偶尔流露出的玩世不恭。但她性格的早熟（10岁时独立生活并承担起给父亲送饭的职责）、她在政治上的卓越识见（对江青的谴责）、她过早地卷入“文革”的政治斗争（和父亲一起受批判），就不是“典型的”青少年的经历与心态，而是具有了成年人的经验与性格特质。对她的“成年化”的处理显然寄托着作者的某些想象与意志。准确地说，她就是作者塑造的“用自己的头颅去换取‘人’的尊严的勇士”，代表了作者在矛盾心态中追求正义而又勇于反抗的人格化的自我。这样看来，梁遐就不仅是一个“伤痕青年”的形象，她还是一个作者人格化的自我，代表着在“文革”中被迫出场的成年知识分子内心中反抗的声音。

三

在《弦上的梦》中，“爸爸”的出现、他在文本中的结构性位置以及相关的思想领域的拓展，也表明这篇小说不仅是对主流叙事的加入，它有自己独特的问题意识，是宗璞小说自成体系的思想的一部分。在作品中，“爸爸”的形象并未正面出场，但是，“爸爸”以及他所代表的价值理念——正直的知识分子热爱祖国，同情、支持进步事业，但都受到当权者的迫害而冤枉致死——却是小说人物关系和主题深化的关键符码。梁遐是伴随“爸爸”梁锋的被揪斗而出场的，她的心灵创伤主要是由“爸爸”的被害致死造成的，因此，她对“四人帮”的仇恨，她反抗的动机，不仅有“国仇”，而且有“家恨”。在这一文本，“爸爸”是一个缺席的在场者，对“爸爸”的祭奠、对“爸爸”历史地位的正名，是这部小说重要的叙述动机之一。

小说结尾出现的大段议论性的文字也颇能说明问题：

琴声回荡冲出了剧场，响彻了天空。那是激昂的、雄壮的、胜利的音乐！这音乐是每个人用自己的心弦拉出来的，是人民用自己的心弦拉出来的！“爸爸！我的爸爸！”梁遐忽然叫了出来。她那清脆的声音混入辉煌的音乐声中，飘向了云端。原来在高高的人民英雄纪念碑上，出现了梁锋和许许多多名字，一时间光华万丈，与日月争辉。这些名字有的熟悉，有的陌生，还有很多没有写在上面。他们都是极为平凡的人，而他们又都是无比伟大的英雄。他们在我们亲爱的社会主义祖国前进的曲折道路上奉献了自己。虽然牺牲的方式很不相同，但他们都有权力活在亿万人民的心上，从而永垂不朽！

这段文字所描绘的情景出现在乐珺的梦境中，而和“纪念碑”有关的议论性文字完全像是来自于一个外在的叙述人。这样的“议论”，从叙事学的角度来说，的确相当生硬，不少国外的读者难以接受是容易理解的。[①] 但是，这种勉强的甚至是冒着风险的“议论”恰恰说明，在作者眼里，这些内容是多么重要，多么难以释怀，多么不吐不快。这些议论包含的历史内容与委婉的心曲就不是梁遐这一个“伤痕青年”能够承载的，它甚至也超出了“伤痕小说”“感伤的、愤怒的、意识形态化的”[②]情绪与主题特征，而是转向了对知识分子道德品性与历史地位的思考，是要在人民英雄纪念碑上镌刻上知识分子的名字。或者更进一步说，梁遐对爸爸的呼唤和吁请将那些“极为平凡的人”刻上人民英雄纪念碑，带有更个人化的起因和动机，那就是作家对自己爸爸——哲学家冯友兰历史地位的思考。

宗璞曾经说：“三十多年来，从我的青年时代起，耳闻目睹，全是对父亲的批判。父亲自己，无日不在检讨。家庭对于我，像是一座大山压在头顶，怎么也逃不掉的。”[③]但在宗璞的心目中，父亲的历史地位

---

① 贺桂梅对宗璞的访谈：《历史沧桑与作家本色》，载于 http://www.alleyeshot.com/中的《两性视野》栏目，收录《宗璞文学创作评论集》时有删节，人民文学出版社 2003 年版，第 363—370 页。

② 黄子平：《汪曾祺的意义》，《北京文学》1989 年 1 期。

③ 宗璞：《九十华诞会》，载《宗璞自述》，大象出版社 2005 年版，第 22 页。

和历史功绩是不能抹杀的，因此，在冯友兰先生九十华诞的庆祝会上，当北大校长张龙翔不仅肯定了冯友兰的哲学贡献，而且充分肯定了他的爱国思想以及在新中国成立前夕担任清华大学校务会议代理主席，带领师生护校，在新中国成立后将清华大学完整地交到人民手中的历史功绩时，宗璞不只感到“如释重负”，而是“有些诧异，有些感动”。[①]《弦上的梦》借助“爸爸”梁锋对知识分子历史地位的思辨和议论，使人可以明显感到作家自己和父亲的经历在起作用。

指出这一点，并不会降低《弦上的梦》的历史意义，因为历史从来就是具体的，而文学借助于对个人性的历史经验的叙述可以达到普遍性的效果。事实上，宗璞决不是一个以宣泄一己的悲欢为目的的充满自恋的个人主义作家，她通过对父亲和自己经历的回顾与反思，达到了一种历史性的认知。在另一篇怀念父亲的文章中，她通过对父亲经历和人格的回忆，获得了这样的历史意识：“我想历史会对每一个人做出公允的、不带任何偏见的评价。历史不会忘记有些微贡献的每一个人，而评价每一个人时也不要忘记历史。”[②]这里，个人的恩怨已经完全化解，获得的是特有的旷达、通脱的历史感。基于此，指出宗璞创作的自传性，指出她文学经验的个人性质具有重要的美学意义和历史文化价值。首先，宗璞和她的父亲冯友兰作为20世纪两代知识分子的代表，他们的经历、他们心态和精神的变化与发展过程具有特殊的典型性，以自我为范本，然后通达对历史的认知、对知识分子心态和精神史的考察，这是一条便捷的、收效显著的美学道路。其二，宗璞特殊的知识分子身份，使她在认知历史、社会、个人之间的关系以及传达这些经验时有着独一无二的角度与方法，她的结论不同于主流范式的思考，因此具有重要的历史文化价值。

① 宗璞：《九十华诞会》，载《宗璞自述》，大象出版社2005年版，第22页。
② 宗璞：《九十华诞会》，载《宗璞自述》，大象出版社2005年版，第27页。

四

如果将《弦上的梦》放置到宗璞小说的整体链环中来看，无论其精神特征还是其美学和文体特征，都具有过渡性的意味。作为“文革”后的第一篇小说，它对“文革”经验的叙述是间接的、侧面性的，一方面具有“伤痕小说”对“文革”进行批判与反思的主题，另一方面还具有对父辈知识分子历史地位正名的潜在意蕴，而后者显然是作者20世纪五六十年代小说中一个重要主题的延续；在叙述方式的设计上也显示出脱胎于《红豆》《不沉的湖》和《知音》的痕迹，如乐珺虽然以第三人称的身份出场，但她相对于核心人物梁遐而言又是一个旁观者和审视者，承担着类似于《不沉的湖》和《知音》中第一人称叙述人“我”的叙述、组织和评价功能（结尾处大段的议论就来自乐珺的梦），宗璞小说的这一叙事结构所反映出来的基本就是作者自我与时代思潮的微妙关系：作为知识分子置身于波诡云谲的时代大潮中，难辞被改造的命运，但是父亲冯友兰的高大身影遮挡了宗璞出场的时机，暂时让她免受正面的、激烈的冲击。因此，她能够以一个游离者、旁观者的身份审视、分析知识分子的地位与命运问题。这种与知识分子尤其与自我身份特别吻合的“不即不离”的特殊文本特质，显示出作者在生活中的特殊位置和她认知生活时的特殊视角。

标志着作者以“历劫者”而不是“旁观者”真正出场的是中篇小说《三生石》，它是宗璞将自己的经验与知识分子命运作对位思考并且在叙述方式上不作任何“伪装”的真正起点，《弦上的梦》是宗璞小说创作的一个中转站，是她创作过程中的一个过渡作品。

话语“夹缝”中造就的叙事

——论宗璞“十七年”的小说创作

在当代诸多小说家中,宗璞小说创作的数量是偏少的,只有25篇左右的短篇、两部中篇和两部长篇小说。但是,宗璞可能是中国当代文学史无法忽略的一个名字。她的重要性在于:一、作为一个有深厚家学渊源的知识分子在当代的政治生活中经历了剧烈的精神动荡和深刻的灵魂触动,她的带有传记色彩的小说创作提供了知识分子在当代的灵魂发展史。二、她所受到的深刻传统文化的濡染使她在文化人格、认知方式、知识背景等方面有别于其他作家,她对社会、历史、文化、知识分子的地位及当代命运等问题有独一无二的认识和表现。三、从叙事话语的层面上来讲,无论就语言、文体、意象系统等,宗璞小说都体现出传统的文人话语、当代的意识形态话语、现代人文话语等不同话语系统的并置、对话和相互掣肘的复杂格局,因此她的小说文本是一个包含了丰富的政治文化信息的语料库。相对于宗璞小说创作的重要性和独特性而言,文学史对她的记述和文学研究对她的关注程度就显得极不相称。比如,对她在“十七年”的小说创作,文学史和文学研究基本上只提及她的《红豆》,而对其他作品则取忽略的态度。这样做造成的结果是根本无法整体上理解宗璞小说创作的前因后果、来龙去脉和内在的精神联系,无法理解她这一时期小说创作的独特性与重要性。本文将宗璞“十七年”的小说创作看作知识分子的人文话语与当代意识形态话语交流、对话的话语场,看作一个精英知识分子与她所处时代进行精神对话的一份想象性的心灵档案，借助于对这批小说文本的细读和话语分析，一方面能够看到一个有着独特个人文化色彩的知识分子在特殊年代经历灵魂改造的精神私史；另一方面，它也让我们看到社会主义的文化价值观念以何种方式进入个人的“语言”和灵魂的层面，以完成对知识分子的“铸心”工程。①

一

宗璞已知的最早的小说是以法语命名的短篇，名字叫《A·K·C》，意思是“打碎它”，小说讲述“男主角送给女主角一件瓷器，上面刻着‘A·K·C’（打碎它），但是女主角舍不得打碎它，就没有得到藏在其中吐露真情的信，两人错过了，成为终身之恨”②，或许是因为时间久远，加上未获得原文，宗璞在接受施叔青的访问时，对这个故事作了不同的陈述，送出瓷器的变成了女主角。作者还说“这是一个瞎编的故事，没有什么时代意义”③，据作者自己说，这篇小说写于1948年，这是一个如火如荼的年代，是年轻人面临着人生抉择的重要的人生关口，也正是江玫在爱情与爱国之间作出选择的艰难时刻（《红豆》），因此作者说它“没有什么时代意义”或许是有道理的。但是，“两人错过了，成为终身之恨”的故事却一再地出现在宗璞以后的小说里面，这个故事成为她一系列作品赖以表达“人生不如意事常八九”这一人生主题的基本故事原型④，也是李子云所说宗璞的小说“常常流露了那么一种感情上有所欠缺的怅惘”的故事基础。就此而言，“这个瞎编的故事”或许并不是没有意义。

《诉》是宗璞在新中国成立后公开发表的第一篇小说，它让一个女

---

① “铸心”的说法请参考贺桂梅对宗璞的访谈《历史沧桑和作家本色》，载《宗璞文学创作评论集》，人民文学出版社2003年版，第363—370页。

② 宗璞：《说虚构》，载《风庐缀墨》，上海远东出版社1998年版，第124页。

③ 施叔青：《又古典又现代》，载《宗璞文学创作评论集》，人民文学出版社2003年版，第343页。

④ 蔡仲德：《我和宗璞》，载《宗璞文学创作评论集》，人民文学出版社2003年版，第396页。

工以第一人称自述的方式,控诉旧社会,欢呼党给她带来的新生活。这篇小说算不上一篇丰满、成熟的作品,在当时也没有引起多少反响。但是,对于宗璞来说,它更应该被看作是一个仪式,一个申请加入到主流言说行列中来的一个加盟仪式。工人主人公,新旧社会的对比,个人从苦海中获救的故事,共产党作为拯救力量的出场等,这些小说元素及其组合方式正是主流文学话语所要召唤出场的内容。尽管这篇小说有生活的基础,作者也认为写了自己的真实感受,[①]但它显然并不让作者感到满意,除《宗璞小说散文选》之外,她的各种选本均不将它列入就是一个证明。显然,适应一个越来越狭窄的公式化的模式,可能比"瞎编故事"还要困难,因为它既不符合作者的心意,无法唤起作者创作的冲动、满足作者审美想象,而且又有诸如此类的外在的限制与制约。因此,宗璞在这篇小说之后的一段时间里放弃了小说的写作。在此,我们已经看到两种力量、两种话语方式对宗璞的争夺。在20世纪50年代的语境中,她尝试加入主流叙事的范式中来,用她所不熟练的语言生硬地书写她也并不十分了解、熟悉的"工农兵";但是,她的经历、她的家教、她所受的教育,总之,她的主体情致让她不能完全服膺于这一主流叙述模式。而她所愿、所能的又处在一个日益不合法的地位上,她处在矛盾与夹缝当中,处在暂时的失语状态。

1956年,"双百"方针的提出,在中国营造了一个短暂的政治和文化气氛相对宽松、自由的环境,某些政治禁忌和文学教条在一定程度上有了"解冻"的迹象。《红豆》正是在这一背景下出现的。它以1948年新中国成立前夕北平动荡的社会环境和国共两党日益尖锐的矛盾与冲突为背景,描写大学生江玫在爱情和祖国之间的徘徊与痛苦的抉择。作者在《〈红豆〉忆谈》这篇文章中,回忆了自己这一代人所经历的坎坷曲折的人生道路,走过的一个又一个的"十字路口",以及伴随而来的一次又一次的痛苦的抉择,并且说:"《红豆》写的也是一次十字路口的搏斗","《红豆》还想写人的性格上的冲突。这种冲突不是

① 施叔青:《又古典又现代》,载《宗璞文学创作评论集》,人民文学出版社2003年版,第343页。

环境使然,而是基于人的内心世界……人的精神世界是极复杂的,如何揭示它,并使它影响人的灵魂,使之趋向更善、更美的境界,这真是艰巨的课题”。[①] 可以看出,人文话语在新中国成立后一直处于被抑制的状态,“双百”方针所营造的“宽松”气氛使它有了再次“复活”的条件。

《红豆》与《A·K·C》的“瞎编故事”和《诉》对“他者”的讲述都有所不同,既具有十足的郑重感(符合主流政治话语的基本规范),又与作者的经历、思想感情具有不言自明的切近感(又为个人话语找到了突破口)。有批评者甚至说,“江玫是一个典型的宗璞式的女主人公”[②]。由于书写历史时的这种鲜明的个人意识,以及美学路线上的个性化色彩,《红豆》从主题到对人物精神世界的揭示都具有了当时小说少有的深刻性与复杂性。这种深刻与复杂一时间让阅读者激动不已[③],但在简明的政治标准作为阅读和评价作品的唯一标尺的时候,小说思想与精神的深刻性与复杂性带来的只能是粗暴而简单的政治裁决。小说在发表后不久,就受到歪曲的批评,并在“反右”斗争中被冠以“毒草”的帽子打入另册。不少人,包括宗璞自己更愿意将《红豆》作为她的小说创作的真正开始是有道理的。理由和依据在于,一方面,它是一部书写小资产阶级知识分子在共产党的引导与感召下走向革命道路的革命文本,江玫对政治道路的选择符合主流意识形态对小资产阶级的阶级属性的分析与定位,因此这一文本是在《诉》之后进入当代书写体制的又一次尝试。另一方面,这部小说中主人公江玫的知识分子身份,她在爱情与爱国和走向革命道路之间的艰难选择,作者在讲述方式上所采取的心理主义的路线,都使它打上知识分子审美趣味的鲜明印记。《红豆》是两种话语结合的产物,它在主导形态上所遵循的是知识分子/党的引导(群众中锻炼)/走向革命这一主流政治模式,但在具体的话语编织过程中,显然又留出了相当宽裕的知识分子的话语空间,在不少环节上可以看到知识分子的人文话语对主流政治

---

① 宗璞:《〈红豆〉忆谈》,载《风庐缀墨》,上海远东出版社1998年版,第76页。

② 李又宁:《从宗璞看中国年轻的女作家》,载《宗璞文学创作评论集》,人民文学出版社2003年版,第28页。

③ 洪子诚先生在他的《问题与方法》中曾谈到《红豆》发表后在他的同学中产生的影响。

模式的渗透，甚至是修改。如果和类似题材、相近主题的经典文本《青春之歌》相比，《红豆》带有更强烈的在主流模式之外拓取空间的个人性质。一是爱情虽然被作为与革命相矛盾的因素置于一个二项对立的文本结构中（个人/大众的基本结构），并且以革命战胜爱情作为解决这一矛盾的结果，即让爱情（个人）服膺于革命（大众），但《红豆》之中的爱情显然具有强烈的个人感性的品质，比《青春之歌》中的爱情更复杂、更写实，要摆脱它也更艰难，更有心理上的震撼力和悲剧意味。或许正是这个原因，让某些人得出了"革命迫害了爱情"的结论，并以此作为否定《红豆》的理由。二是江玫走向革命的过程有一条清晰的、写实的、符合人物身份与性格的发展理路。虽然作品也写到了革命理论对江玫的启发，但江玫走向革命的主要原因不是对革命理念的接受，而是来自自己对身边现实的观察、感受，她走向革命具有更强的自主性。小说中被突出的两种情节因素对于理解同类文本和宗璞的小说创作的独特性尤其重要。首先，"家"这一伦理元素是江玫走向革命的关键原因和重要的中介。和《青春之歌》完全把"家"作为负面的价值元素理解不同，《红豆》充分肯定"家"的社会意义、伦理价值，江玫正是因为父亲不明不白的死去（后来母亲告诉她父亲被国民党暗杀的真相）、母亲生活的朝不保夕，进而由"小家"看到了社会（"大家"）的不公与腐败，才走向革命道路的。其次，和江华作为林道静精神上的父亲、革命引路人被象征化、神话化不同，《红豆》中的萧素既被写成一个政治思想上先进的共产党员形象，引导、影响了江玫的革命选择，同时她又被突出与江玫的亲情与伦理关系。江玫把她看作比自己成熟的"姐姐"，在生活中和感情上可以依靠的亲人，萧素的被捕，促使江玫加入到革命的洪流中去。萧素在江玫母亲生病时准备输血给她，在知道血型不同时偷偷地卖血，并将卖血的钱资助江玫母亲治病，这一共产党员形象在道义上对江玫的感召超过了她对江玫在政治上的引导作用。

在《红豆》中，我们看到了宗璞书写革命话语的一种独特的思想和独特的话语路线，即政治革命与伦理的失序有关，"四人帮"反革命集团的失败是由于它丧失了立足的道德伦理基础，而革命者的正义性也正在于道德的正义性，而正义与否的重要标准是社会的基本细胞——家庭，以及生活在普通家庭中的千千万万的普通人的日常生活、稳固的伦理关系是得到了保障还是被破坏。她的革命话语背后隐含着一条“得道多助，失道寡助”的意义逻辑，而“道”的标准则是自然与人伦的和谐。不难看出，宗璞的小说创作一方面在题材、主题等方面（“写什么”）努力地融入当代文学的主流规范，但在具体的演绎和阐释过程中（“如何写”），又对主流叙事规范有所偏离，在诸如人物形象的设计（萧素这一形象在突出她的政治身份之外，她的自然性别、伦理身份使她有别于江华、贾湘农等共产党员形象），人物的性格发展与心理成长的内在逻辑等方面还是营造出独标一格的话语空间，充溢其中的是作者对政治革命的一种文化式、道德式的理解（伦理本位而不是政治本位），从而使她的小说创作保持了文化人的边缘趣味与独特的个人气息，没有被完全纳入当代文学“一体化”的表述模式。

二

“双百”方针所营造的自由空间是有限度的，在时间上也极为短暂。“反右”斗争开始以后不久，《红豆》就受到批判，并被冠以“毒草”的帽子打入另册。宗璞本人虽未被打成“右派”，但多次进行自我检讨，努力改造头脑中的“小资产阶级王国”。1959 年，被下放到桑干河边的小村温泉屯劳动锻炼，在劳动实践中改造世界观。和大多数的中国知识分子一样，宗璞在相当长的时间里或被迫、或自愿地进行着从肉体到灵魂的脱胎换骨。宗璞后来形象地将对知识分子的改造称之为“铸心”。那么，“铸心”的结果如何？处于“铸心”过程中的知识分子又是一种什么样的精神状态？宗璞有两类文本记录了知识分子在改造过程中的复杂心态：诚心实意地改造世界观，向盘踞在头脑中的小资产阶级王国开火，努力靠近、认同劳动人民和无产阶级的价值观；但是，深入骨髓的知识分子气质以及认知世界的方式仍然顽强地存在并发挥作用。因此，一个矛盾的、分裂的、左支右绌、无所适从的知识分子的人格形象是宗璞所描摹的自我形象，也是她在 20 世纪 60 年代的几部小说中留下的典型的知识分子形象。

宗璞回忆,在河北下放归来后,她试图写一点文字。当时写了一篇名为《第七瓶开水》的短文,“原稿的第一句话是‘天下的母亲都是慈爱的’,写下来一看,不对,这不是人性论的说法吗!赶快删去。那时处在一个随时随地要进行思想改造的地位,而且认为这是自己的责任,自己随时把头上的紧箍再按按紧,这样也就把想说的话按了回去”①。这段话所描绘的是一个不能已于言,又不能自由言说,处于两种话语的撕扯当中、被迫失语的作家的自我形象。在后来接受采访时,宗璞也不止一次说过拥护知识分子与工农兵结合、向工农兵学习的号召,因为这样扩大了眼界,更了解知识分子,因为有了比较;但是,她怀疑对知识分子的改造是否必要,是否可能。② 这里,宗璞强调了不同的社会语言之间对话的必要性,但对知识分子作为一个语言主体、社会主体能否被同化、被取缔表达了自己的疑虑和担心。无独有偶,如何坚持知识分子的主体性,在强大的政治语言的征用、征服面前,知识分子是否应该、能够拥有自己的主体性,是宗璞这一时期一组虚构性文本的核心主题和基本结构。

《桃源女儿嫁窝谷》写于 1960 年,是宗璞下放锻炼后收获的具体成果。这是一篇农村题材的短篇小说,有不少文学元素可以看到“山药蛋”派影响的痕迹,如对再嫁的地主寡妇脸上涂脂抹粉的描写,可以看到赵树理在《小二黑结婚》中对三仙姑的描写的影子,农村先进青年的出场方式、性格特征等则与马烽的《结婚现场会》等小说有着师承上的关联。或许由于这种学习、模拟的痕迹太重,而在题材上又完全不是自己所熟悉的知识分子生活,宗璞认为它“没有什么代表性,不过是一个过程而已”③。如果我们透过题材、人物的外在身份这些表面的因素,进入这篇小说的“文心”中去,就会发现它还是流露出知识分子

---

① 宗璞:《下放追记》,载《风庐缀墨》,上海远东出版社 1998 年版,第 69 页。

② 在接受施叔青和贺桂梅的访谈时,宗璞均谈到所谓“改造资产阶级思想王国”从根本上实现是不可能的。两文均见《宗璞文学创作评论集》,人民文学出版社 2003 年版。

③ 施叔青:《又古典又现代》,载《宗璞文学创作评论集》,人民文学出版社 2003 年版,第 343 页。

叙述人在心态上的蛛丝马迹。

这篇小说可以看作是一个复合型的文本,一种是赵树理的“问题小说”式的文本类型,如诸多人物的出场,带喜剧色彩的人物关系,“大团圆”式的矛盾解决方式等;另一种则是宗璞式的“心理小说”模式,这就是上文所说的“文心”,是发生在主人公老四爷内心里的一场冲突,是他内心根深蒂固的婚姻伦理观念如何在公社化这一大背景下得以消除的心理与思想命题。老四爷在公社化的问题上是积极主动的,他对穷山村窝谷的无私帮助体现了他思想上的先进性。但是在他的内心里有一个秘密,观念的深处有一个解不开的结,就是他的宝贝女儿要嫁到穷山村来,他无法想通,因为乡风民俗的道德观不认同这种婚嫁模式,事实上也只有像地主的寡妇才由富裕的桃源再嫁到贫穷的窝谷。就是说,在婚姻道德观念上,老四爷又表现出梁三老汉(《创业史》)和亭面糊(《山乡巨变》)等小私有者的保守性与落后性。在公共政治生活中“从善如流”,而在个人的、私密的、道德观念和精神层面上却表现出某些固守和改变的艰难。这种公/私,国家、集体/家庭、个人,政治理念/道德观念之间的冲突、对话,并以前者战胜后者作为结局的人物心理模式与文本的结构模式,是这篇小说的突出特色,从某种意义上,这也是宗璞20世纪60年代小说的共同特征,是一个典型的宗璞式的话语模式。如果对这一话语模式作结构主义式的概括,它的典型句式是:一个行动者(主语)遭遇一个困境(公与私,国家、集体与个人之间的价值冲突,表现为行动者的心理矛盾),经过自助或他助的努力,行动者走出困境(谓语)。由于谓语是一个相对固定的模式,主语(行动者)的身份实际上是可以相互置换的;而且,由于这是一个典型的描写性的句式(谓语成分以描写心理和精神状态为主而不是以行动为主),它的主语(行动者)更应该被指认为以思想和心理对话见长的知识分子。具体地说,宗璞以农民、少年儿童、女大学生等变幻不定的身份为主角展开的精神对话,实际上可以读成知识分子精神矛盾、思想挣扎的置换变体。

从这一角度来读解《两场“大战”》和《后门》,就会得出一些和已有的批评观点不同的结论。《两场“大战”》叙述发生在一群小学生之间的一场战争游戏,结果是在战斗中"摧毁了敌人的堡垒"——单位准备盖房用的砖垛,打碎了几块砖,路过这里的洪老师要求有人承认"破坏国家财产"的错误,由此,在领导了这场战争的小棣的心里发生了另一场"战争"——承认还是不承认之间的心理冲突与战斗。结果是在姐姐小梅的启发帮助下,小棣战胜了自己的面子观念,承认了错误。有研究者把这篇小说读成一则寓言,并发现了其中的"微言大义",认为"两场'大战'似乎有现实所指。第一场'大战'让人联想起'大跃进'那冲锋陷阵的生产'战斗'及其领袖。这场'大战'对'国家的财产'造成了'损坏',是以洪老师为象征的知识分子目睹的事实。'怎样拉得下脸来承认'错误又是领袖人物的典型表现,但当'红领巾'敢于带头承认错误之后,大伙儿(人民)是会齐心协力把'碉堡'(国家)'修复'(调整)过来的"①。尽管现代的阐释学理论将文本看作是"敞开的",是"可写的",批评者有权利根据自己理解进行阅读和阐释,但将《两场"大战"》解释成毛泽东发动了"大跃进",并在是否承认错误问题上而进行心理战斗,是过分的牵强附会了。一是因为这样的解释过分生硬,文本提供的基本框架与细节很难作这样的联想和"升华";另外,以宗璞的为人和为文的风格,即使对"大跃进"有所认识,也不可能把"大跃进"的错误直接和领袖人物联系起来。把洪老师解释成目睹了"大跃进"的破坏性,并站出来让领袖人物承认错误的知识分子的代言人也有些言过其实。

如果坚持把《两场"大战"》读成一篇"有隐喻性的寓言小说"的话,我倒觉得,它的隐喻性在于:借助于孩子的游戏,写出了成年人的隐蔽的、矛盾的心理,即如何在公共场合、公众性的活动当中,将非常个人性的"错误"公开承认的问题;借助于小棣这一人物复杂的心理活动,小说在拷问个人灵魂深处的"私"与"小"。如果允许进一步阐释的话(也许是"过度阐释"),像鲁迅先生在一个人力车夫面前感觉惭愧,坚持挖出知识分子灵魂中的"小"来一样,宗璞的《两场"大战"》或许可以读成一篇关于知识分子改造必要性的寓言。将一个小孩子打

① 陈顺馨:《夹缝中的生存》,山东教育出版社 2002 年版,第 297 页。

碎几块砖这样的“小事”,放到灵魂的天平上来考量,并充分地写出这种心灵作战的艰苦性(洪老师的坚持,小梅的启发、诱导),这种“小题大做”,是在借人言己、托物言志,是一种典型的知识分子的话语方式。小棣勇于战胜自我、在“面子”问题上的认真态度以及叙述人在讲述这件小事上的庄重姿态(作者使用了“大战”这样的政治修辞,如果说第一场“大战”还是对孩子的游戏的一种比喻性的说法,注重的还只是二者表面性相似的话,而对于发生在小棣心里的第二场“大战”的叙述,显然就具有了十足的思想的深刻性与严肃性,几乎是哈姆雷特面对生存难题时的庄严与崇高)。显然将小说的“寓意”引向了成人的、知识分子式的心灵事件,即自我灵魂的改造问题,具体一点来说,就是如何正视灵魂深处的“小资产阶级王国”的问题。作者描写小棣在与“自我”作战时的犹豫、延宕,或许寄托着作者对于知识分子改造必要性、严酷性的自我设问与应答,是发生在内心里的两个自我之间的一场“论战”。

对《后门》这篇小说的阐释存在着类似的问题,包括作者在内的发言者都将这篇小说的主要内容说成是反映了社会上出现的“走后门”的不正之风,有的批评者用它是“最早的”触及这一敏感主题的小说来强调它的首创之功。[①] 不可否认《后门》包含有这样的内容,但若仅仅止于这种认识,不说是误读,也至少可以说遮蔽了这篇小说至为重要的内容和主题。仅仅反映一个社会问题而不诉诸灵魂和心理问题,可能从来都不是宗璞小说的行文风格。《后门》的“文心”仍然是一个灵魂问题,即围绕一个 18 岁的高中毕业生林回翠走什么样的人生道路而展开的思想矛盾与对话,对话的焦点仍然是公/私、群/己的关系问题,归根结底还是对资产阶级思想的追根刨底的拷问,“后门”是对不健康的资产阶级剥削思想、自私自利的个人主义思想与道路的隐喻。

《桃源女儿嫁窝谷》《两场“大战”》和《后门》等宗璞 20 世纪 60 年代创作的几篇表面看来和知识分子关系最为疏远的作品,同样带有知识分子自我指涉的痕迹,对“他者”的言说,并不能完全掩盖书写自己心志的思想踪迹。托物言志,借事比兴,言在此而意在彼,这是宗璞小

① 陈顺馨:《夹缝中的生存》,山东教育出版社 2002 年版,第 297 页。

说创作在20世纪50年代、60年代这一特殊语境所形成的相应的修辞策略，这与她作为一个学者型的作家对中国文人小说传统的接受并不相悖。

三

《不沉的湖》和《知音》分别是宗璞1962年和1963年的作品。这两篇小说又回到了宗璞所熟悉的知识分子题材。《不沉的湖》讲述一个舞蹈家在自己的事业如日中天的时候突然腿部受伤，不得不放弃心爱的舞蹈事业。她为此陷入了深深的心灵痛苦和绝望。共产党员老徐也曾在舞蹈事业中失去过一条腿，他用自己的经历现身说法。

> 老徐又站起来，在屋里来回慢慢走着，他仿佛知道我在想什么，接着说："我从不爱说这事，其实也有许多人晓得，腿虽然断了，我走得可更快了。我明白了，要国家，要民族，以至于要艺术，要性命，都得从最根本的干起。我们必须化在革命里头，才能有所作为。就好像溶在大海里的盐一样，因为融在大海里，才获得不朽的生命。舞蹈演员的艺术青春本来是短促的，这青春，要靠大家来保持，发展。"
>
> 他转过身去，看了看那一品红，自言自语道："多么红呵，简直像从根子里红出来的。"
>
> 停了半晌，才看着我说："迷上自己的事业是极应该的，我们许多人还嫌迷得不够！可是最先该迷上自己的革命事业。这个入了迷，什么都能拿得起放得下，在生活里永远也不会——下——沉。"他仿佛在寻找恰当的字眼，又还想说些什么，我没有容他讲下去，不知从哪里来的一股力量，使我猛然扑向前去，抱住了他的木腿，大声说："老徐！给我分配工作。"

对于此篇小说，这是至关重要的一段话。一是它是主人公思想、性格变化的转折点，是故事的高潮所在；二是小说的主题也在这里得到体现,即"迷上自己的事业是极应该的",可"最先该迷上的是自己的革命事业"。

对于宗璞的整个小说创作来说,这段话也是非常重要的,也有两个原因。一、新的人物形象和人物关系类型开始出现,标志着宗璞小说创作对主流模式的接受与认同。在《红豆》中,共产党员萧素与小资产阶级知识分子江玫的关系一方面体现为政治上的引导关系,另一方面则是情同手足的姐妹情谊,突出的是伦理层面上的平等关系。在《不沉的湖》中,共产党员老徐的形象以及他与舞蹈家苏倩的关系发生了一些质的变化。小说借助苏倩的视角这样描写老徐的形象:"平常他那炯炯有神的眼神仿佛是一道光圈,把整个人照耀得活泼生彩,谁也不去注意他的相貌。""他那一双炯炯有神的坦率的眼睛,总像蕴蓄着无穷无尽的力量。小说里是这么写的,不是吗,满姐?可这是真的呢。跟着他,你会觉得,腿断了,有什么关系,有他呢。即或是头断了,又有什么关系,有他呢。"这里的老徐不再像一个平常人,而更像一个高大的、笼罩在光圈之中的神;而苏倩和他的关系,也更像一个信徒对宗教领袖的狂热、痴迷的追随。"看看我!"停了一会儿,他忽然说。我便看着他。这里的语式、语气及其所暗示的关系是不是更像《圣经》中基督向信徒宣谕诏令时的情景。《不沉的湖》中所描摹的共产党员和知识分子之间的关系和《青春之歌》一样进入了一种神话式的想象性情景。二、在上述一段引文中,尽管从叙述的表面的逻辑层次上没有将"自己的艺术事业"与"自己的革命事业"对立起来,但从文本的整体逻辑来看,显然是想告诉读者,"革命事业"比"自己的艺术事业"更重要,苏倩因为自己不能继续舞蹈事业而灰心是不对的,老徐的出场,他的经历及其对苏倩的教育就是要说明,苏倩把自己的艺术事业看得过于重要是一种小资产阶级的个人主义思想作祟。就是说,小说的思想逻辑、思想前提还是将二者对立起来了。一个人为什么不能在个人事业上成功,又融入革命事业呢?具体说,苏倩即使完全融入革命事业,她也有理由为自己的艺术事业的中途夭折而痛苦,老徐的说教显然是无的放矢。

这种思想逻辑上的差错与裂缝说明,叙述人似乎在人为地制造矛盾、制造冲突、制造一个阐释结构。还有一个例子也相当有意味。当叙述者借苏倩之口一方面把老徐描绘成一个神,同时又说,“小说里是这么写的”,无意中暴露了将老徐神化的一种文本来源,形成了对老徐神性的拆解。还有老徐对一品红的感叹“多么红呵,简直像从根子里红出来的”也是意味深长的。我以为,构成这部小说的文本因素之间没有形成一个互相支持、互相生发的结构整体,一个自洽的意义生产链条;某些文本元素相互矛盾、相互攻讦,从而留下不少裂缝和漏洞。为什么是这个样子?除叙述者驾驭新的编码程序时的生疏、不自如的原因之外(比起《红豆》的以知识分子的人文话语为主,以政治话语辅之的状况,这部小说显示出对政治话语倾尽全力的模拟),这恰恰是叙述者当时复杂心态的流露:时代要求每个人要像盐溶入大海一样,融入群众中去,融入革命事业中去,那么,何为知识分子?何为知识分子的主体性?除向工农兵学习、向共产党靠拢,在思想深处检讨、批判“小资产阶级的思想王国”以外,已经没有任何知识分子的思想空间,那么,唯一可以表明知识分子身份的也许就是他的职业,他的知识和特殊技能。对于一个舞蹈家来说,腿部受伤,永远告别舞台,是否意味着自己唯一的身份特征也要被取消?舞蹈家苏倩的痛苦与挣扎,是否就是叙述人在知识分子的身份感丧失殆尽时心理痛苦与挣扎的外化,或者说是这种心理状态的寓言表达?那么,老徐以政治权威的身份,用“宏大叙述”的逻辑(用盐与大海隐喻个人与国家和革命事业之间的关系就是这一“宏大叙事”的基本修辞)对苏倩的说服,是不是更像叙述人用宏大理论对自我的说服?文本当中的逻辑矛盾、缝隙恰恰说明,这种说服既是自觉自愿的,又是勉为其难的;对这种宏大理论的接受既是心悦诚服的,但某些难以驯服的知识分子的边缘意识还会不自觉地有所流露。

《知音》写于1963年,是共产党着手调整知识分子政策之后。这篇小说暗用了“高山流水”的古代传说,把知识分子与党的工作者的关系比喻为“知音”(虽然小说中提到的音乐家的名字是格里格,“知音”的命名能够让人联想起“高山流水”这一古典佳话),不仅如此,这篇小说还设想出知识分子、政治工作者及其相互关系的理想状态,即知识分子政治化、政治工作者知识化，二者取长补短，互相帮助、共同进步。这一主题显然是将《不沉的湖》中欲言又止、闪烁其词、欲说还休、欲休还说的知识分子的身份及主体定位清晰化、明朗化，而且也是浪漫化、理想化了。这一主题也让我们回忆起萧也牧在《我们夫妇之间》中所试图表达的“工农与知识分子相结合，互相取长补短”的良好愿望与想象及其所受到的批判，在佩服宗璞在知识分子问题上思考得执著的同时，也不得不感喟知识分子的命运多舛与世事的沧桑。

四

在当代的主流文学话语中，知识分子很大程度上是作为工农兵确定其历史主体地位的“他者”被有效地编织进“宏大叙事”的话语系统之中。在这一话语系统中，知识分子在革命中的历史地位，他与共产党及其与大众的关系都被作出了符合主流意识形态的想象与阐释。宗璞在20世纪50年代、60年代的文学创作不可能不受到“宏大叙事”的影响，但是正像一位海外研究者所说的：“宗璞对于她的每个主人公的个人生活命运的关心远过于她对围绕并支配他们生活的政治与历史事件的关心。从个别的命运引申开去而做出一般的结论，此非宗璞所好，她宁可让读者自作结论。”①这一评价未必完全确当，但它指出了一个事实，就是宗璞在“十七年”的小说创作由于对“个人生活命运的关心”（实际上是以宗璞自己的生活经验为基础）而与主流的政治话语形成既合作又龃龉的关系。个人话语在宗璞的小说创作中始终是存在的，它与主流政治话语的既对话又矛盾、龃龉的关系留下的是一个十分有意味的思想史的“踪迹”。宗璞这一个案表明，“一体化”只能用来描述“十七年”文学变化的大致走向，而“一体化”背后还是包含着相当丰富的、个人性的话语因素；因此，这也提醒我们，在方法论上重视对“十七年”文学进行具体、细致的个案研究是十分重要的。

---

① 李又宁：《从宗璞看中国年轻的女作家》，载《宗璞文学创作评论集》，人民文学出版社2003年版，第28页。

没有彼岸的“真正的生活”

一

池莉这个名字是伴随着《烦恼人生》《不谈爱情》《太阳出世》《冷也好热也好活着就好》在20世纪80年代后期的出现才被熟知和广泛接受的,而事实上在此之前池莉已经有过为数经年的创作甘苦。是这组作品非同寻常的意识倾向、文化意味及审美特征将池莉从她自己的创作历史和新时期小说创作的大背景中凸显出来,受到了大家特别的注视。盛名之下的池莉没让喜爱她的人失望,在20世纪90年代,池莉的小说创作在数量和影响力上都是惊人的。《你是一条河》《青奴》《你以为你是谁》《绿水长流》《闻鸡起舞》《来来往往》《小姐你早》等作品给20世纪90年代相对沉寂的文坛带来一波又一波的冲击。尤其是在20世纪末的晚近几年,《不谈爱情》《来来往往》相继被改编成电视连续剧,借助于这种现代传媒,池莉的影响被带入千家万户。池莉的小说进入了畅销与流行的行列,成为继王朔小说之后又一个具有市场号召力的新品牌。

池莉小说在20世纪末的广泛流行当然不是一个纯商业性事件,甚至不仅是一个文学事件,而是一个意味深长的文化现象。对《烦恼人生》这部具有重要标志性意义的作品,蔡翔明确地指出它“预示着一种文化倾向”,“意味着知识分子开始不再沉湎于对这个世界的沉思冥想,亦不再对遥遥的彼岸充满一种神圣的渴望,而是直面人生的烦恼,开始倾听来自'民间'的声音,把现实与理想推向一个尖锐对立的人文环境,同时无情地拆除着所有附加于现实生活的精神性的'装饰',诗性消解了,浪漫主义销声匿迹,有的只是普通人的人生困境,而且尽可能地复制出普通人的日常生存状态"。这里指称的一个明显事实是,池莉小说所创造的这幅世俗主义图景及审美规范与20世纪中国文学的现代性主流叙事传统:以民主、科学的现代理性精神为底蕴,预设一个不确定但可望到达的未来与彼岸作为目标,以国民性批判与个性、阶级性启蒙为基本内容,以建构人的主体性为其精神内涵(个性主义、爱国主义、英雄主义、理想主义在不同的阶段成为其主旋律),在个性与阶级性、现实感与历史感交叉的基点上建立起的典型化叙事规范,构成了强烈的反差。就其实质而言,二者之间存在着明显而尖锐的文化精神的差异与价值观念上的歧见甚至是对立。蔡翔所言称的这种"文化倾向"实际上可求证于池莉到目前为止的绝大部分创作,甚至也包括了她晚近几年的小说创作——《来来往往》《小姐你早》等作品,在故事形态上的传奇性并未改变她的创作在精神上的现世性、世俗性及文化的守成倾向,甚至相反,故事的传奇性恰恰强化一种"人生天定""徒劳往返"的悲观与宿命倾向。

另外,将池莉的小说创作视作一个文化现象,还因为这是一个只有通过复合的文化语境才能解释的复杂现象。池莉小说的这种现世性与世俗性的意识形态性质虽然有其现实性与可解释性,如社会生活由以强势的政治意识形态为中心向以生产和消费为主的世俗化的转轨,带动了文化由神圣化向世俗化的转变:"文革"文学将理想性与现实性、精神生存与物质生存及朴素的生活愿望推向一个尖锐对立的文化语境,而且以后者被抑制和匿名化将启蒙主义的现代性逼入一个恶性膨胀的反现代性的死角,因此需要某种程度的"矫枉"。但是,生活的现世性世俗化未必意味着精神和文化上的世俗主义与现世主义,未必意味着在现世性/彼岸性、世俗性/理想性这种二元对立的思维与价值框架中否定后者;对文学的"矫枉"也未必"过正"。意识形态具有可解释性,又具有解释性,甚至是最终的解释性。就是说,池莉小说反复申说的现世性、世俗性的意识形态主题本身就受制于一个更大的、先在的、被预设的意识形态情景，它能够解释池莉小说的文化选择以及文学选择。

二

虽然一开始就将池莉的小说创作定位在“文化的”层面上，但对这种文化意蕴的揭示却可以从“个人的”、精神现象学的角度导入。这里并不想全面而系统地描绘池莉的人格形象，简要地但尽可能实事求是地勾勒出她的心理及文化肖像才是目的。精神分析学在涉足个人的心理成长时，几乎是无一例外地重视童年经验。我们也不例外。池莉不是一个外向的喜欢喋喋不休地展示自己的人，她甚至“害怕”把自己呈示给别人，在虚构性写作中，她宁肯将个人性、私密化的人生经验转换成“他人”和公众经验；在纪实类的写作中，也很少涉及隐秘的心理经验，这在同代的女性作家中是相当少见的。尽管如此，在《写作的意义》《怎么爱你也不够——献给我的女儿》及《池莉文集》的几篇“后记”中还是透露出一些重要的信息。池莉说“我出生于1957年，这个时间是有意义的，但出生地点对我没有意义。有一种感觉始终潜伏在我的心里，那就是：我是一个没有家乡的人。……有很长一段我的记忆中没有父母亲。我觉得我生活在异乡”。确切地说，池莉是“一个在机关宿舍出生的孩子”，“没有祖荫，没有根基，跟随着父母调到这里工作调到那里工作”，“有的只是一种天生的革命小主人的自豪感”。池莉将自己这样一个没有家乡、没有根基，跟着革命家庭、充满自豪地流浪的孩子称作是“前所未有的崭新的孩子”。从纯粹的个人意义上来说，这种“新孩子”的性格中充满了内在矛盾与对立色彩：一方面是来自革命家庭的自豪感，加上“外公家的生活使我对银餐具象牙筷子女人首饰和老虎皮毯子有了经历，我更加自命不凡”。另一方面，没有根基、失去护恃的心理恐惧及家长对这种“新孩子”未来设计的无可参照和随之陷入的迷茫加重了对孩子的盲目的管束，使“我成了一个生命力较弱的胆怯的孩子”。“新孩子”性格内在的矛盾对立导致了与“他者”的对峙：“我就这样又空虚又胆怯，又自豪又傲慢，长久地坐在我外婆家的门廊下，与一群生机勃勃的心怀不满的孩子们对峙着。”对池莉来说，内在性格的“对立”以及与“他者”的“对峙”是一个至关重要的特征，不仅是理解池莉性格的入口，而且是解读池莉小说及其文化特性的两个关键词。①

池莉这种“新孩子”性格的内在对立及与“他者”对峙的特性显然还可以寻找历史的和文化的解释，就是说，“对立”与“对峙”不仅是个人意义上的性格特征，而且还是由特殊的历史与时代因素造成的一种文化个性和叙事个性。池莉曾经有过一段非常重要的自述，对于理解“对立”与“对峙”由一种个性心理向一种文化个性与叙述个性的内在转换非常重要。

> 我是我，这我知道。我不是我，这我也知道。一个我出生在五十年代末期，跟随父母居住在单位宿舍，胸前挂着一把房门钥匙，一日三餐吃食堂，上课注意听讲，考试成绩优异，保持衣衫整洁，不说脏话粗话，待人彬彬有礼，举止温文尔雅，听毛主席的话，跟共产党走，我是革命的一块砖，哪里需要哪里搬。另一个我不断穿行在种种情况里：大饥荒，四清运动，文革运动，知青运动，等等。在一个早晨，我幼小的妹妹饿死在幼小的我的身边。在许多个黄昏，爹从码头边的酒馆里带回我醉醺醺的外公，他是旧的社会遗留给新的社会的最后的武侠。在某一天，我的父母被文化革命了，学校停课了，我住到了别处。我走路极不规矩，狂奔乱跑，经常摔跤。我躲在阁楼彻夜读小说，绝不按时睡觉。我偷摘市委机关的葡萄和公园的花朵。我撒谎和写诗。我生病和躲开他人。我隐秘地游走在江汉平原的深处，经常遭遇灵仙，通过她们与鬼神交往。②

① 池莉：《写作的童义》，载《池莉文集》(4)，江苏文艺出版社1995版，第239页。
② 池莉：《我——代后记》，载《池莉文集》(5)，江苏文艺出版社1995版，第362页。

在这里,"一个我"与"另一个我"仍然呈现为尖锐对立与对峙的状态:一个是"听毛主席话,跟共产党走"的循规蹈矩的"好孩子";另一个是被时代的狂乱、饥饿与家族的苦难吓坏了,睁着惊恐、疑虑的"黑色的眼睛"正酝酿着"告诉你吧,我不相信"的伤痕者与叛逆者。只是,这个"好孩子"与"叛逆者"的对立已经不能仅仅被读成是一个"又空虚又胆怯,又自豪又傲慢",长久坐在外婆家的门廊下,"与一群生机勃勃的心怀不满的孩子们"的对峙了,它被赋予了充盈的时代的与文化的内涵。事实上,除了"饿死的小妹"与"醉醺醺的外公"还多少具有一些经验的个人性与私密性之外,无论是"革命的一块砖",还是大饥荒、"四清"运动、"文革"运动、知青运动,等等,这些经验具有一种显而易见的公众性。这种公众性的经验——意识形态宣传的神圣化、革命化、理想化、浪漫化与现实经验的荒诞性、灾难性、黑暗性构成的强烈的反差与尖锐的对立不仅使"对立"与"对峙"成为一种个人品质,而且强化、泛化为一种公众性的文化性格与精神特征,一种指导性的意识形态。

至此,我们已经接近于得出某种结论,或者说,对于池莉小说的文化选择与审美选择已接近达到一种合理的解释:"新孩子"晦暗而荒芜的童年经验,不幸之至——它不仅是个人的灾难,而且是民族与时代的不幸——时代与个人的叠合使这种晦暗而荒芜的经验更具鲜活感、感受性,而且上升为一种文化感受与价值意识。随之,意识形态宣传中那种被神圣化、革命化、理想化、浪漫化了的人、事物、思想与价值观都变成了欺骗不实之词,价值理想轰然崩塌了,"新孩子"经历了一次真正的精神上的"失乐园"。在一个没有信仰、理想、未来与终极的荒原上,人的现世性与世俗性——婚丧嫁娶、生老病死、上班下班、油盐酱醋、吃喝拉撒便被凸现出来了。这正是解释池莉小说现世主义与世俗主义特征的那个"预结构"和先在的经验事实。

更为重要的也许是:"新孩子"们所经历的这种神圣但虚假的宣传与现实经验的晦暗性、压迫性、打击性之间强烈的反差与对立,"培养"了他们在思维机制、理解、认知世界的方式、审美把握方式上的一种有意识的悖谬,作为一种"矫枉"而走向一种新的偏至。

首先,是对生活的认知发生了偏至。

“生活”一词在池莉的文学词典里是一个哲学概念,这样说池莉本人肯定难以接受,因为她最引为自豪的是她的作品的“形而下”,而不是“形而上”,哲学趣味恰恰被她看作是中国作家无视民间疾苦的一种故意的矫情。但是当她反复地陈述“这生活不是文学名著中的那生活”,“我们不屑我们身边无所不在的生活,我们挺胸腆肚绷着脸做出我们只关注人类大问题的深刻状”,“难道除了生活,除了切切实实每个中国人都能感受到的生活之外,还另有土壤”的时候,实际上她已经进入了哲学的思维与表达状态,哲学思维与表达并不一定都“挺胸腆肚绷着脸”。①

池莉认为存在着一种自在的“生活”状态,而她的作品叙述的正是这种“生活”,人们经常使用“还原”这一概念也是基于此种考虑。事实上这是一种误解或者说是一种自以为是、一厢情愿。世界并不存在一种完全自在自为的生活,因为任何一种进入认知系统的生活对象都被主体化了,进入主体视域的任何东西均不可能是纯客观的,而文学叙事更是一种人所共知的叙述行为,一种文化编织行为,一种符号化的编码。问题的关键恐怕不在于池莉叙述的才是真正的“生活”,而文学名著就没有生活,关键在于或者池莉的不同只在于她使用了她“新孩子”的“崭新眼睛”,叙述了一种她认为的“新生活”。而我恰恰认为这种“新眼睛”带有“新孩子”的一种认知方式上的偏执,这种“新生活”也是一种偏执的认知结果。池莉不仅将文学名著的叙述传统看作是与一种“新生活”相悖离的干扰,而且将自己 1987 年《烦恼人生》以前的创作看作是一种不堪回首的失败,“我最初的小说据说写得清新美好……这些作品无疑使用的是旧有的内核”,“我绞尽脑汁用‘三突出’的创作手法寻找高大的英雄,美好的情操,浩荡的正气”,并且不止一次为自己以前的“幼稚”感到脸红。② 基于此,她将《烦恼人生》的写作视作是“撕裂自己的第一个作品”,是一次意义非同寻常的觉悟。不

① 池莉:《写作的意义》,载《池莉文集》(4),江苏文艺出版社 1995 版,第 240—243 页。
② 池莉:《写作的意义》,载《池莉文集》(4),江苏文艺出版社 1995 版,第 239 页。

可否认，旧的文学模式，尤其像“三突出”这种极左思想的文学产物拔高、美化、虚饰使文学走向了一种极端，在生存的艰难面前闭上了眼睛。但是直面普通人的生存艰难并不意味着生活里只有艰难，否定虚饰并不意味着不去表现“高大的英雄，美好的情操，浩荡的正气”，将人生的烦恼意象化为生活的唯一真相，甚至将其本体化，将其指认为这就是“生活”本身，这无疑走向了另一个极端，是一种新的偏至。

还有一个例子特别有力地说明池莉对生活认知的偏至。在《怎么爱你也不够——献给我的女儿》中，她这样描摹她见到大海时的感受与理性认知：“这不就是海吗？我不就住在大海边吗？海在诗人们的笔下被描绘得无比浪漫和美好，现在我经过与渔民的接触，才明白渔民的感觉：海是船的沙漠，是渔民的田野，是一片不能饮用的大水。我赞同渔民朴素的说法，我有点受了诗人欺骗的感觉。我越发发现自己酷爱真实。”[①]这段文字包含的思想上的偏执是显而易见的。渔民对大海的感觉肯定是对的，但是这不等于说诗人因与渔民的感觉不同就肯定是错的，因为他把大海“描绘得无比浪漫与美好”就是“欺骗”。大海与“生活”一样也是敞开的，是有多种可能性的，非此即彼的思维方式是一种典型的偏执，池莉所“酷爱”的“真实”也只是一种真实，只不过她偏执地认为灰色的、沉重的、艰难的、压抑性、世俗性的生活就是“真实”，而对生活中亮丽的、诗性的、浪漫的、崇高的一面进行了有意无意地回避、拒斥和藏匿而已。

其次，是美学把握方式上的偏执。

当池莉自信以“新孩子”的“崭新眼睛”观察，把握到一种“新生活”时，她意识到传统的美学及文学观念与她的格格不入，因此将之称为“中国文人的模式”，将中外文学中已经理论化的叙述规范斥之为“匠气”，认为“世界文学艺术的潮流已经是深入浅出。我们在这里搞的是浅入深出”。[②] 这种指责和理论表述的意气用事和偏颇是再明显

① 池莉：《怎么爱你也不够——献给我的女儿》，载《池莉文集》(4)，江苏文艺出版社1995版，第304页。

② 池莉：《写作的意义》，载《池莉文集》(4)，江苏文艺出版社1995版，第243页。

不过的,这些可以姑且不论,因为问题的关键不是文学传统有无模式与“匠气”——这是不言而喻的,没有模式就无所谓传统,模式一旦形成就会带来“匠气”——也不是池莉的小说有无模式,而是她使用的文学模式是什么,或者说,她在叙事观念及叙事模式上究竟有多少创新,这种创新的价值究竟表现在哪里。

池莉小说创作有一个良好的起点和触发点,即源自日常生活的切身感受。如果把池莉的小说与她的散文随笔作为互文进行参读,能够发现她小说中的很多故事、情节、生活细节、人物的思想、意绪等直接来自于她日常生活中的观察与体验。这种既带有毛茸茸的质感,又具有十足个人感受性的生活经验是池莉小说叙事的优势所在,是取信于读者,也使池莉本人感到自负的理由。正是从这种感受性经验出发,池莉通过自己特有的故事模式来回答“生活”“理想”“爱情”“婚姻”“知识分子”“是什么”或“是怎么样的”这样一些意识形态命题。由感性经验出发经由一定的美学中介(即审美化过程)达成对生活与世界的理性认知是文学叙事一般与共同的特质,文学传统与文学潮流的不同主要就表现在美学中介的差异。现代性文学叙事的最主要规范有两种,一种是将个人生活社会化、历史化,美学上即性格化与典型化;另一种则是将个人有限的经验抽象化、哲理化,美学上的原则即象征化。池莉在表达对中国文学的“僵化”“教条”的不满时这样说:“我们的作家立马就可以运用翻译式的语言,电视机里头的生活感觉,再混合个把我国‘五四’时期的‘莎菲女士’的自我情结,制作出一系列的作品。或者,我们的作家启用半个多世纪之前的中国语言,掺杂老庄老道佛学禅宗的玄妙机智,也可以比较容易地制作出一系列的作品。”①池莉所指责的这两种“制作”方式恰恰是现代性文学叙事的两种基本规范,即典型化与象征化。那么,在池莉拒斥了典型化与象征化叙事这两种基本审美规范以后,她所赖以达成理性认知的美学中介又是什么呢?一是对比,不同文化类型、不同性格命运、不同人生经验之间通过对比区别优劣、高下,选择取舍。如《不谈爱情》《两个人》

① 池莉:《写作的意义》,载《池莉文集》(4),江苏文艺出版社1995版,第241页。

《致无尽岁月》等。二是举证归纳，即通过多个同类型的经验的相加，得出某种结论，如通过印家厚一天遇到的诸多烦恼，来证明“人生烦恼”(《烦恼人生》)，通过枚举不同的爱情事例以证明爱情的不存在(《绿水长流》)等。三是个人经验的平面化与公众化。池莉近年的小说创作如《闻鸡起舞》《来来往往》《小姐你早》等试图表达个人在变动不居的时代思潮裹挟下的心灵躁动与命运变迁，但由于她自觉地甚至是本能地拒绝对个人进行心灵叩问和历史化的表述，只能使她的小说在公众经验的平面上演示一个个由“闻鸡起舞”、经“来来往往”的折腾与颠簸再回到生活原点的封闭与轮回的宿命故事。

不难看出，池莉小说在审美化的过程中选择了一些较简单与通俗的修辞方式。对比、举证归纳等修辞方式及封闭与轮回的民间情节圈套或许正是池莉所说的“深入浅出”，或许也正是这个原因，池莉小说越来越明显地呈现出通俗小说的特征。但是我觉得必须指出的是，如果说典型化与象征化是一种“模式”，需要反抗的话，池莉的“反抗”也只是走到一种更加简单、通俗的修辞道路上来了。对比、举证归纳、轮回故事等甚至是更简单更古老的“模式”，在由感性经验达成理性认知的过程中，这种简单而古老的“模式”作为审美过程与修辞中介比典型化与象征化留有更多的裂缝、漏洞与陷阱，得出的生活结论可能更武断、偏激，甚至是粗暴。

三

池莉一方面自信地要写一种“真正的生活”，另一方面又承认自己是“用汉字在稿纸上重建仿真的想象空间”。[①] 前者表达的是一种信念，后者表达的才是一种事实，而且还必须承认“仿真”也只是一种修辞性的表达，含有很多愿望的成分。即是说，文学的想象空间其本质与价值均在于“仿”，至于是“真”与否，则是文学之外的命题。池莉之所以孜孜以求其“真”或“仿真”，真正的意图或客观效果只能是强调

---

① 池莉:《写作的意义》，载《池莉文集》(4)，江苏文艺出版社1995版，第244页。

与他人的“不同”,突出自己的文学想象空间的独异性。但事实上,池莉从自己独特的立场出发,通过选择/遗漏、组/拆、强化/弱化等叙述编码机制,将多元、多极甚至是复杂的人生经验与生存风景进行了新的化约,将物质性、现世性、公众性与当下性等世俗性经验择取出来,经过对比、举证归纳及循环轮回的情节模式等意识形态化的编码,创造了自己所谓的“仿真空间”,并由此演绎出一整套现世性与世俗性的结论。但是,这样一个经验与精神的空间与其说是“仿真”的,毋宁说是“倾斜的、失重的、偏执的”,甚至可以说,池莉的这一所谓的“仿真空间”在形态上恰恰表现为平面性而非空间性,其意识形态与价值倾向具有一种封闭、偏执、武断的特征。下文通过对池莉小说经验语码的择取、语码的编织、语码的释读等所谓“仿真空间”建构的全过程的实证分析与解读,通过将她的经典文本放置到一个大的文化语境中,呈现她的“仿真空间”的虚构性、脆弱性与局限性。

(一)“人生三部曲”:成人的受洗式

“受洗”,准确地说是“洗礼”,是一个标准的宗教概念与宗教仪式,即以肉体接受水的盥洗象征在精神上向神的皈依。这一仪式源远流长的历史背景,能指——肉体、水与所指——精神上启示、升华之间的亲密的、一体的、明晰而颇具美感的关联方式,使它逐渐超越纯宗教范畴而成为一种普泛的文化隐喻。即使在当代中国的文化语境中,“洗澡”一词的隐喻性质也越来越广泛地被接受与认同。洗澡这一纯粹身体性的行为过程越来越多地被用来指称人在精神上的受考验、受煎熬、受磨炼以及随后所发生的艰难的蜕变。一般人看来,池莉的小说创作与宗教无关,至少与传统的宗教无关,甚至心灵、精神这些范畴本身对池莉似乎就是奢侈的,但是,这只是表面上如此而已。事实上,池莉的小说有其精神的一贯性和独特性,甚至是尖锐性。只不过这种独特性与尖锐性被掩盖在她的貌似客观、中立、公众化的叙事形态与精神上的“民间化”包装之中。如果我们将池莉 20 世纪 80 年代后期的几部重要作品(《烦恼人生》《不谈爱情》《太阳出世》,人称“人生三部曲”或“烦恼三部曲”)联系起来阅读,在不同的经验形态下面能够发现一个具有丰富内涵的故事原型:人的成年化,或者说是成人的受洗仪式。但有意味的是,池莉笔下的受洗仪式在语义上是对传统受洗仪式的反其道而用之的尝试。

故事一

产业工人印家厚被包围在各种各样的“烦恼”之中:住房拥挤,交通拥挤,奖金分配不公,经济上捉襟见肘,人事关系复杂;“烦恼”引发了他的焦虑与不满:对妻子的不满,对守门老头的不满,对幼儿园女教师的不满,对单位领导的不满;在经历了一番心猿意马(女徒弟雅莉的挚爱,幼儿园女教师引发的对初恋情人的怀念,同学江南下的来信诱发了对知青生活的回忆)之后,印家厚重又回到现实中来,生活中的烦恼依旧,但印家厚却成功地隐忍、化解了这些烦恼,他显而易见地成熟了:“少年的梦总是具有浓厚的理想色彩,一进入成年便无形中被瓦解了……他只是十分明智地知道自己是个普通的男人,靠劳动拿工资而生活,哪有工夫想入非非呢?”

故事二

知识分子家庭出身的知识分子庄建非在爱情上初出茅庐就遇到了中年女人梅莹,他发疯似的爱上了她,但梅莹拒绝了他,并告诉他“你总有一天会懂的,孩子”。庄建非从梅莹那里懂得了男女之间没有爱情,只有性。出于性的目的,他娶了市民家庭出身的姑娘吉玲,但吉玲显然不会满足于做一个性对象,她是一个人,是一个家庭成员,是一个社会与文化成员,庄建非无视她的这些存在只能将自己置于一种尴尬的境地:身体与精神的双重煎熬与饥饿,出国的受阻,等等。是梅莹给了他第二次“启蒙”:男女之间不仅仅是性的联系,丈夫和妻子都还有大量的其他义务,“梅莹和他握了握手,给了他一个理解的微笑。在这短暂的对视里,他们一同迈过了暗礁险滩。庄建非已经长大成人了”。

故事三

赵胜天与李小兰结婚的当天就与别人大打出手,这成了他们婚姻的纪念,也是作者的文化暗示:进入婚姻的门槛未必意味着真正的成年。真正的成年是在孩子——“小太阳”的孕育、生产与哺育过程中才完成的。这个过程伴随着“千辛万苦”,贫困、劳累、肮脏、委屈,最重要的也许是，你必须放弃你作为一个单身汉的一切积习，而习惯、胜任一个家庭角色——父亲或母亲。因此，池莉在告诉我们赵胜天报考了成人大学的同时，又说“他是从家庭大学丈夫父亲专业毕业的男人”。

以上三个故事虽然表层的经验内容并不相同，但内在的故事结构却是近似的，即男人由不成熟到成熟的过程，由角色的个人认同到社会认同的过程。这是一个关于个人如何成长的故事，是一个个人如何走向成年的受洗仪式，它遵从的基本情感逻辑与生活逻辑是：真正的生活是一张网，一点都不浪漫——将生活浪漫化恰恰是未成年的标志；它的基本特征是“烦”——不是存在主义者意义上的“烦”或“恶心”，不是本体论意义上的存在状态，而主要是指向客体的，即生活或“日子”的一种状态，或者说就是对“网”的一种具象化和具体化；生活于其中的个人必须接受生活的教育、“洗澡”，你必须忍受各种烦恼，必须放弃你作为“单身汉”（个人的同义语）的各种棱角，去适应他人，顺从社会与常规，只有这样，你才能被他人、家庭、社会所接受，你才能真正融入你的社会角色，你才在真正意义上成年。

“人生三部曲”（《烦恼人生》《不谈爱情》《太阳出世》）——也许称为“成人三部曲”更为恰当，其独特性是显而易见的。其一，池莉对人生“烦恼”的叙述与渲染：经济上的贫困、住房的拥挤、交通的不便、抚养孩子的艰难等具有一种十足的“形而下”的性质——日常性、实在性与公众性，使她的文学想象空间似乎具有了一种“仿真”的气质与效果，既非神圣亦非空灵，恰恰是烟火气成为这一“仿真空间”的新标示，民间关怀与平民意识成了由此而派生的一个必然结论，读者为此而倍感亲切，池莉为此而自豪。其二，池莉笔下的“成人仪式”：通过忍受、顺从和调适来向世俗性的现实认同和达成和解的叙事与人生模式，与涓生、子君、觉慧、周炳、林道静等通过抗争、打破来改造现实与人生的现代性叙事模式，呈现出一种尖锐的矛盾、抵牾，甚至是对抗。相对于后者，池莉笔下的“成人仪式”具有明显的逆向与悖论的性质，所谓“受洗”便不是向某种神圣性的精神的皈依，而是向着实在的物质性与世俗性的现实的认同、屈服、媾和，甚至是投降。

池莉小说的故事模式及其所携带的反神圣反崇高的世俗性意识

形态可否表达为一种真理状态,或者像她说的表现了“真正的生活”,这是值得推敲,值得怀疑的。从思辨的层面上来说,无论是生活还是人,都不是单一的存在,它们不是呈现为“极”性,而是呈现为“场”性,生活有“烦”的一面,但也有诗性的另一方面,有必然性,亦有或然性,人既有当下性、实在性、世俗性的一面,又有心灵性、神圣性、超越性的另一面;而文学作为一种精神创造与精神产品,当然不能无视生活的世俗艰难与沉重,但若以此作为放弃神圣与崇高的理由,就走向一种新的倾斜与偏至。即使主要是表现负面的世俗生活,仍然有一个如何表现的主体性问题和为什么表现的价值论问题。著名诗人和诗论家郑敏在评述新时期诗歌创作中的“时兴写客观,于是叙事之风大盛”的现象时说:“诚然叙事和日常生活在六七十年代美国诗中也很普通,其特点是从写平淡无奇的日常生活中透出诗人对历史、人生、文化、时代的强烈感受,使读者在不经心的阅读中猛然意识到平庸的外表后的一种强烈的情感波动或犀利的批判,因而在一惊中得到认识的提高与审美的飞跃。”郑敏虽然在这里具体谈论的是诗歌,但是,我以为她涉及了一个对其他文学样式同样适用的“诗学”问题:“平淡无奇的日常生活中”应“透出诗人对历史、人生、文化、时代的强烈感受”,“平庸的外表后”应蕴蓄着“强烈的情感波动或犀利的批判”。而池莉小说或者说“新写实小说”在传达日常生活的平庸、平淡无奇时表现出很强的叙事能力,但最缺乏的则是“强烈的情感波动或犀利的批判”。批判精神的缺失和没有给出生活的巨大可能性与人的巨大可能性是池莉 20 世纪 80 年代后期作品在精神上的一个明显的特征与缺憾。

从文本建构的层面上来说,池莉所谓的“真正的生活”的基础是脆弱的。换句话说,池莉小说的意识形态显然是经验符码的择取与编织的结果,是池莉有意无意“倾斜”的产物。以《烦恼人生》为例可以很好地说明问题。在《烦恼人生》的叙事框架中蕴含着两组不同性质的经验语码。一组是物质的、当下的世俗性生活经验,如孩子掉床、上厕所、吃饭、挤车、上班迟到、奖金分配、托儿所的经历、被工会抓差、下班回家听到住房拆迁等。另一组则是心理的、精神的、记忆中的诗意化与浪漫化的人生经验,提及的主要经验事件是初恋与下乡生活。前一组经验被贯穿在主人公印家厚一天的行动线上，这是一条外在的明显的，在数量、体积、密度上都大大被强化的叙事线索，这一线索的叙述意识显然在突出生活的琐碎与“烦恼”。后一组经验则是隐伏于行动线上的印家厚的心理活动，是印家厚对琐碎、“烦恼”的日常生活所做的精神反应，以回忆的形式表现出来。这两组经验隐含着这部作品的弹性空间，富含着巨大的精神张力，即“一个在‘广阔天地’里”“大有作为”（青春、理想、爱情）的“知青”在世俗的城市生活中所经历的精神考验。类似经验框架的代表作品在《烦恼人生》之前有孔捷生的《南方的岸》、梁晓声的《雪城》，之后则有杨争光的《越活越明白》（《收获》1999 年第 3 期、4 期）。但池莉的叙事意识与重心显然另有侧重，因此她将这两组经验语码进行了新的取舍、拆组：当下的、能够突出“烦恼”性质的城市经验被择取出来，而历史的、诗性的青春经验被缩减，甚至是藏匿起来，然后运用最简单的语法规则——加减法——将当下的世俗经验相加，减去历史的诗性的青春经验，将加减的结果组合到印家厚一天的生活流水账中。于是我们看到的就是一个城市“工人”（当下身份，历史性的知青身份被割断）被接二连三的目不暇接的生活烦恼所击打、困扰。或许池莉非常谙熟“量变到质变”的辩证法：一个人如果一天中遇到的全部是烦恼，那么生活、人生还不是烦恼的吗？因此，在目睹了印家厚一天中接踵而至的生活烦恼之后，接受如下的生活判断几乎就是“顺理成章”的：“少年的梦总是具有浓厚的理想色彩，一进入成年便无形中被瓦解了……他只是十分明智地知道自己是个普通的男人，靠劳动拿工资而生活，哪有工夫想入非非呢？”

从另外一个角度——人物关系设置的角度来说，同样可以说，小说的主题是作者愿意看到并通过相应的编码程序操纵、实现的一个结果。小说中有一个被提及又被迅速抛弃的人物：印家厚的女徒弟雅莉。雅莉是一个比印家厚年轻得多而且未婚的姑娘，她爱着自己的师傅。但印家厚不敢接受甚至不给雅莉表达爱情的机会。因此，雅莉这一人物角色一出场也就消失了，她是一个被作者随意处置而没有获得自己主体地位的人物。但是，这一人物简单的亮相给我们提示了这样一种可能：雅莉可以成为一个有自己主体意识的角色并参与到故事中来,成为故事意义场域中的一个结构性的符码。就是说,这篇小说本来有一个"三角关系结构",即一个男人与妻子和情人的三角关系结构,但作者有意或者无意地将"第三者"角色给搁置起来,让她退出了人物的关系纠葛,也退出了意义的建构。假如雅莉这一人物被展开,故事的人物关系就会相应地复杂化,小说表现的经验领域就会被扩展,如情感欲望与道德、理性之间的冲突就会自然而然地进入文本的意义空间,小说就不会是目前这种直线的、平面的故事结构,人物的心灵空间也不会是如此平稳、宁静、冲淡、平和(印家厚的由"烦"到"忍"再到"和"的心灵过程波澜不惊地发生,平心静气地结束,结结实实的生活被设想为一场梦),或许小说的主题就不会是一种如此简洁明了的判断:烦恼人生。

或许我们没有理由要求池莉一定要像梁晓声写《雪城》和杨争光写《越活越明白》那样在历史经验/当下经验、理想/世俗的结构框架中,在人格的成长与变异中,揭示与把握生活(这正是池莉所指责的"模式"与"匠气"),但是池莉也必须明智地知道,她对生活所作的判断建立在自己对生活认知的基础上,建立在对人生经验的取舍,以及对这些经验符码进行编织、编撰的文本构建的基础上,是对生活的一种叙述,是一种虚构、虚拟的文化操作行为,无法自名这就是"真正的生活"。

(二)"不屈不挠的活"

20世纪90年代初期的几年,池莉的小说创作基本中断。这段日子,池莉真正地体验着做母亲与做妻子的角色。她的"小太阳"的出世使她体验到了做母亲的欣悦,但随之而来的"烦恼"(调房子、雇保姆等)使她对生活的艰难、困扰、粗糙有了更感性、更深刻的认知。池莉外表柔静,内心却是强悍的,在与"烦恼"的抗争中,她担当了妻子与丈夫的双重角色。换句话说,家庭作为一个社会细胞,夫妻共同承担着保护孩子,使家庭免遭伤害的责任,尤其在中国当下物质相对贫困而物质的分配存在差距的复杂背景下,男人作为"丈夫"的社会行为能力的大小就是一个至关重要的因素。在池莉的家庭关系中,丈夫作为社会行为主要承担者在事实上的缺席,使池莉既要在家庭里细心呵护孩子,又要替代丈夫的社会角色奔波"在路上"和她所难以胜任的关系网中。池莉实际上是既自豪又不满,还委屈地肩负着沉重的甚至是超负荷的生活担子艰难前行的。这一真切的生存背景对池莉拿起笔来重新写作时产生了直接的、重要的影响:除延续并加强着对生活艰难性的叙述与渲染以外,20 世纪 90 年代中前期的创作中发展出几种对池莉、对新时期小说来说都是相当引人注目的新思想与新命题。一、对"不屈不挠的活"的精神的称许,对活命能力,尤其是对行为能力的肯定与对道德主义的否定。二、由对行为能力的肯定,进而对知识分子的温情主义,所谓的教养进行反思和质疑,呈现出对力的崇拜与反智倾向。三、女性作为主动性与主导性的家庭角色担当家庭及社会义务,在这种角色的易位过程中,女性获得自雄的意识,对男性世界,尤其是知识男性表达了一种明显的挑剔、失望与委婉的不敬。

"我以为我的作品是在写当代的一种不屈不挠的活。"①池莉如是说。我以为《你是一条河》中的女主人公辣辣正是对"不屈不挠的活"的生动阐释。尽管在印家厚、庄建非、赵胜天、李小兰的"成人"过程中池莉肯定了坚执与忍耐的重要,但在辣辣的"不屈不挠的活"的语义蕴含中,除却坚执与忍耐之外,拓展出一种新的意识空间:活命哲学与对道德主义的否定。1961 年沔水镇大饥荒,辣辣为了孩子的存活以肉体与粮店职工老李做了交易,8 岁的女儿冬儿窥破了这种交易,告诉母亲"我们不要臭米"!辣辣嫌恶并痛打了早熟的冬儿,她想的是:"一个寡妇人家喂饱七张小嘴容易吗?送上门的六十斤雪花花大米能不要吗?"对比"饿死事小,失节事大"这一封建主义的道德训诫,辣辣的行为与意识体现出鲜明的反道德主义的民间化倾向。

辣辣的这一形象的民间性质不仅表现在对主流意识中的道德主义的反叛,而且体现在对知识分子意识形态:温情主义、浪漫主义、爱情至上主义的讽喻与否定。在《你是一条河》中,王贤良是个出色的创造,不是指他性格描写在美学上的臻于完善,而是指他复杂的文化意涵。在具体身份上他虽仅仅是一个小学教师,却将五四启蒙知识分

① 池莉:《我坦率说》,载《池莉文集》(4),江苏文艺出版社 1995 年版,第 224 页。

子、封建时代愚弱的“书生”、“文革”时狂热的红卫兵、讲求独善兼济的士大夫等中国不同历史时期的知识分子及其文化内涵集于一身，是一个具有驳杂文化色彩的知识分子形象。通过将这一形象放置于辣辣的生存空间与“不屈不挠的活”的民间意识空间形成的尖锐反差与鲜明对比，知识分子精致的文化人格逐渐显示出它的不合时宜与负面性质：温情主义几近无能与无用，浪漫主义则容易泛滥为一种道德乌托邦，在行为上则是要么忽左——极端的政治狂热，要么忽右——受打击后的脆弱、颓废无为与出世倾向。

王贤良是个爱情至上主义者，用诗向辣辣委婉地表达自己的爱慕。由于时间（大饥荒时期，身体的饥饿是这一时期的主要特征）与对象的错位，使王贤良的求爱变成了对自己的尖锐讽刺。正像辣辣说的：“贤良啊，对一个快生孩子的女人写诗什么的呀，不滑稽么?”辣辣要的既不是诗，甚至不是爱情，她要的是一个有用的男人，因此她可以轻易地向老李和老朱头献身，因为他们能给她带来她所需要的粮食与金钱，而决不会答应小叔子王贤良的求婚，“王贤良也许不是粗人，可挑担水都喘大气，上屋顶拾个漏瓦都不会，哪是个男人，要他做什么”！正是这个滑稽的求爱者，“百无一用”的书生，在“文革”到来时变成了一个狂热的造反派，在一次武斗事件中被打断左腿后，又追求起“养猫喂狗，填词赋诗”的陶渊明式的世外桃源般的生活。王贤良这个有着驳杂文化色彩的人物形象显然是作者对20世纪几代知识分子鳞爪式记忆与印象的产物，而不是对知识分子作为一个阶级或阶层进行历史地知性地把握的结果，因此，他在美学上并不成功，有一种明显的拼凑的痕迹，但通过这一形象意欲传达出的文化意识却是鲜明而强烈的，即：知识分子的温情、雅致、浪漫在实际的艰难的生存中是脆弱的、无用的，无能、不合时宜是温情与浪漫的实际语义；而知识分子的浪漫又极容易演化为一种道德乌托邦并付诸实践，使之变成一场乱哄哄的广场式狂欢，而狂欢的结果是既害人（平民、民间的遭受伤害）又害己（或颓废或陶渊明式的静心）。

或许正是来自一种切身的在生存的困境中挣扎的体验，池莉感受到实际的生存能力——不再是印家厚式的“忍”，而是辣辣式的行动能力在维护个人尤其是家庭的生存中是多么的重要。这种感受使她在这一时期的创作中强化了对“无实际之用”的知识阶层(劳心者)的批判意识和对“劳力者”的尊敬与崇尚。《一去永不回》可能比其他任何一部作品都更多地注入了池莉的个人经验,而且也没有哪部作品像它一样表达出如此明确地对知识阶层自命的教养、优雅与高贵的反思与批判及对“劳力者”生存能力与生活方式的认同感。这个以一个青春期叛逆少女的人格成长为主线的小说,设计了一个尖锐对立的文化语境:一方是自命高雅但虚伪懦弱的知识分子家庭,温良恭谦让是他们的基本家教,他们固守这种教养,为此自豪,把工人想象、设定为“粗鲁的”,是诗礼传家的知识分子无论如何也不能从事的职业;另一方则是李志祥所代表的产业工人,他们“绿林好汉似的豪爽粗犷,不拘小节”,“样样事情都会干”。后者对前者敬而远之,前者则把后者视为“小流氓”。而温泉恰恰背叛了让她的父母如此自豪的书香门第,而主动选择了让她“感到自由自在的”产业工人的世界,她为了实现与李志祥结婚的目的,甚至是不择手段的。在《一去永不回》构建的经验空间中,知识分子的世界与产业工人的民间世界在意识形态上的矛盾是如此尖锐,而温泉在价值认同上的取舍向背又表现出如此强烈的贬抑知识分子而崇尚民间的倾向,让我们朦胧地感觉到与一种一度流行的意识形态——“高贵者最愚蠢,卑贱者最聪明”有着某种同气相求的精神联系。池莉似乎对生存能力的崇拜走向了反道德主义与反智主义的立场,虽然这种反道德主义反智倾向还很难在世界观这一宏观的立场上来定位,但通过她的人物和故事,又的确能感到这种情绪与倾向性。

以上叙及池莉在20世纪90年代初小说创作命题的新的转向及萌发出的新的思想生长点,即对民间社会那种“不屈不挠”的生存态度与生存能力的叙述以及由此延伸到在这种“不屈不挠”的民间视野中来对知识群体的文化性格进行反思、审视与批判。我以为,无论就叙事角度还是意识空间而言,民间性的拓展都是一个积极的文化倾向。但是“民间”是个复杂的文化空间,它既包含着民主性的精华,同时又是“藏污纳垢”[1]的，对民间意识简单的、不加辨识的认同是不适当的。就池莉20世纪90年代初期创作表现出的民间性文化倾向就存在着可质疑的偏颇。

首先，“不屈不挠的活”否弃主流意识形态的道德主义，肯定生存、“活”的优先性，但这同时就意味着另外一种危险，即是否为了“活”这样一个目的，就可以不顾道德规范，任何手段都可以无所不用其极，“不屈不挠”除了“顽强”的语义之外，可否包容甚至纵容不正当的行为，把“不屈不挠”变成“无所不为”甚至是“胆大妄为”，即是说，对道德主义的否定极有可能变成非道德化的生存主义。池莉这一时期创作由于对“不屈不挠”的生存能力，尤其是对实际行为能力的过分推崇，而对行为的“正当性”缺乏应有的追问与正视，而流露出非道德化的生存主义倾向。如辣辣用身体与老李、老朱头的交换，对儿子社员偷窃行为的暧昧态度；温泉为达到与李志祥结婚的目的使用的极端手段等事件的正当性、道德性均被轻描淡写，似乎为了生存的目的（这种生存似乎也并不具有道义上的优先性，辣辣仅仅是为了活着，而温泉的目的则是自私的——为了显示自己的独立生存），行为本身的善恶就是一个可以不予置评的问题。

这种对生存的道德价值的忽略，极有可能将生存目的化，走入为活着而活着的活命主义。这里必须提到池莉的《两个人》。我猜测这篇短篇小说是池莉在最为疲累的精神状态下写作完成的——池莉的写作是以自己介入生活的直接经验为基础的，她的作品在情绪及精神状态上极易受到她写作时精神状态的影响，因为通过它的故事，你似乎在重温民间最不健康的虚无、迷信的命运说教，诸如：好死不如赖活着；人强强不过天，心强强不过命；懒人懒福；福兮祸所伏、祸兮福所倚等。而且这种福祸天定、活着即福的宿命主义观念建立在一个漏洞百出的文本基础上。作品将两个人——赵森林与钱和平（前者精明能干、城府颇深，后者老实木讷、懒惰愚蠢）40年的人生经验放到纵向的时间坐标中去加以表现，两者的人生道路时而并行不悖，时而交叉互

① 陈思和：《民间的浮沉》，《上海文学》1994年第1期。

动，在诸多的误会、巧合、天意等神秘因素的作用下，走向一个宿命的终点：聪明反被聪明误，误了卿卿性命，而木讷愚钝者因祸得福时来运转。试想40年的人生经验被放置到两个并行、比照的结构框架中，这几乎就是《战争与和平》中安德烈与彼埃尔和《安娜·卡列尼娜》中渥伦斯基与列文故事结构的翻版。托尔斯泰的浩浩长卷为人物的命运结局提供了扎实可信的时代背景与性格发展的内在逻辑，而池莉在一个短篇小说有限的篇幅中却只能在一个个时间点上告诉读者一个又一个结果（几乎一切过程均被省略了），而人物自身的性格逻辑与主体性完全没有得到尊重。

池莉此一时期的创作在精神上向民间的认同似乎进入了一个盲目的、良莠不分的误区，这也表现在她对知识分子的非历史主义的评价。虽然在20世纪80年代后期的创作中，如《不谈爱情》，知识分子作为一种文化身份已经进入池莉的审美视野，但作为一种有意识地、自觉地对知识分子的审视与反思集中在这一时期，而且这种反思有一个显著的特点，即以民间性的观点，以生存能力的大小为价值标准进行逆向的（批判性）的思考。而池莉所设定的生存能力主要有两种：一种是李志祥式的拿得起放得下的体力劳动者，他们的特点是“什么都能做”；另一种是老李或老朱头式的握有某一种生活必需品的权力占有者。这两种人依恃各自的“力”——能力（体能与技能）或权力成为任何一个时代的“适者”，而相比之下，知识分子既无权力，又手无缚鸡之力，手不能拿肩不能挑，要注定成为某一时代尴尬可笑的“不适者”——王贤良温情浪漫，但既无权力又无能力，不仅被时代淘汰，连自己的嫂子辣辣也把他视为“银样镴枪头”的另类；温功达夫妇（《一去永不回》）无权、无势、无能，不得不用提前退休的方法解决女儿的就业问题，但却病态的自尊、虚荣、做作，把当工人从事体力劳动视为“火坑”。

池莉笔下的部分知识分子形象显然与现代知识分子存在着一种历史的错位——她仍在下意识地复写着类似孔乙己式的知识分子形象。作为封建制度下的旧知识分子，要么通过科举入仕，拥有权力，要么脱掉长衫，拥有技能，成为自食其力的劳动者；否则，只能像孔乙己一样既被秀才举人一类的人所驱赶,也被穿短衫站着喝酒的人所嘲弄。但启蒙运动之后的现代知识分子得以立足社会和证明自己的主要根据不是权力和身体技能,或者说,是一种特殊的权力——知识,一种特殊的能力——理性精神与现代文明相结合才是衡量现代知识分子的主要标准。现代的科学知识与理性精神是现代知识分子主体性的基本内涵,从倪焕之到林道静再到陆文婷所揭示的正是知识分子的科学精神与理性精神如何觉醒的过程,是知识分子由传统走向现代的嬗替过程,这一叙事传统是20世纪文学现代性的主要标志。陈述这一现代性的叙事传统并不是说现代知识分子身上已经完全汰除了孔乙己的精神因素,也不是说孔乙己式的精神因素不能成为叙事的对象,而是想说,当池莉将知识分子置入"不屈不挠的活"这一民间性视野中来把握的时候,她更多的是观照到了知识分子非本质非主流的一个侧面,而现代知识分子更本质更主流的一面——理性的精神和作为知识主体的生产与创造能力却被遮蔽了。很大程度上使知识分子变成了一个喜剧式的形象群体。这显然是一个对知识分子进行道德主义与审美主义观察与评价的结果,而不是进行历史主义的知性分析所得出的结论。从根本上说,"不屈不挠的活"就是一个道德主义与审美主义的观察视角,它不仅会扭曲知识分子形象,也会使整部作品的主题发生倾斜,把一个严肃深刻的历史主义话题变成一个考验个人品质与能力的道德主义话题。以《你是一条河》为例,"苦难"无疑是这部作品的主要背景,但对辣辣"不屈不挠"的道德欣赏与审美主义的评价,使"苦难"本身和产生"苦难"的社会历史原因都变成了不必探究的话题,一个重要的历史主义主题成为被藏匿的缺席者。

四

作为一个女作家,池莉的经验空间是相对封闭的,尤其在20世纪80年代末90年代初的几年,孩子和家构成了她生活的核心。正是在独立担当家庭责任的过程中,体验到了普通人"不屈不挠的活"的重要以及由此产生了对知识阶层"无用"的谴责。随着孩子的逐渐成长和家庭的稳定，池莉关注和思考的重心发生了位移，一个迅速膨胀、瞬息万变的外部城市空间吸引了她的视线。“现在的城市生活无时无刻地发生着急骤的变化（原文如此，但它是一个病句，正确的表达应为‘无时无刻地不在发生……’或‘时时刻刻地发生着……’——引者注），荣和辱、富和穷、相聚和别离、爱情和仇恨等，皆可以在瞬间转换，这是中国前所未有的历史阶段，希望与困惑并存，使人们的精神世界撞击起了比物质世界更大的波澜。”“我拿不准我是否喜欢现在的大城市。但我对它非常敏感。它用高楼大厦、钢筋水泥和大量的生活垃圾将传统意义上的小说因素日渐消解，同时却把人的心无限扩张和复杂化，真可谓人心似海。我拿得准的是，作为一个小说创作者，我喜欢人心似海的现代状态。”①正是基于对“人心似海的现代状态”的认知，池莉在 20 世纪 90 年代中期以后的小说创作发生了明显的变化。首先，当下的城市经验，尤其是社会转型所带来的社会关系的解构与重组以及金钱、名利所激发出的物质欲望引发的剧烈的心理震荡构成池莉此一时期文学叙事的焦点。正是对这种“人心似海的现代状态”的积极介入，使池莉小说的故事性大大加强了，或者说是故事的动作性被极大地调动起来了。以《烦恼人生》为代表的 20 世纪 80 年代后期作品主要叙述的是日常性经验，心灵内部的波动与隐忍构成了人物与故事的主要形态，而《你以为你是谁》《云破处》《来来往往》《午夜起舞》《小姐你早》《惊世之作》等作品最为明显的特征就是加强了对人物外部动作——午夜“起舞”与“来来往往”的叙述，她笔下的人物不再是徘徊、游弋于时代大潮边缘的隔岸观火者，而成了置身于时代大潮之中搏击风浪的弄潮儿，而支撑这一切的是挣扎与抗争的动作性故事模式替代了“由忍到和”的心灵故事模式，而这背后更潜在的支撑点则是以社会状况（人心似海的现代状态）与人生状况——被现代状态所激发的物质与精神欲望使人处于一种利箭在弦、不得不发的奇妙状态。《烦恼人生》与《来来往往》中两个细节的对比颇能说明这一问题。

---

① 池莉：《说与读者》，载《池莉文集》（1），江苏文艺出版社 1995 年版，第 1 页。

雅丽怎么能够懂得他和老婆是分不开的呢？普通人的老婆就得粗粗糙糙，泼泼辣辣，没有半点身份架子，尽管做丈夫的不无遗憾，可那又怎么样呢？（《烦恼人生》）

……十二年里也没有发生什么惊天动地的折磨人的事情，一个女人怎么可以变得如此的糟糕？康伟业想起了李大夫，想起了戴晓蕾，想起了与他打过交道的许多女人，无论是比段莉娜年纪大的，还是比她年纪小的，好像都不似她这个样子。偏偏这个最糟糕的就是他的老婆！一股自怜，一股悲哀，一股无奈，一股失望，齐齐地涌上了康伟业的心头，在那儿打着循环不绝的漩涡。自打结婚以后就不再考虑的关于女人的问题，在这个时刻忽然的横空出世：难道他康伟业这辈子就交给了这么一个女人？（《来来往往》）

印家厚用隐忍与自我宽慰，用“你现在经历的这一切都是梦”来化解自己的不满与郁闷；而康伟业却把自己的不满变成抗议、背叛与行动，演出了一场轰轰烈烈的反叛与抗争的人生与故事。反叛与抗争的人生与故事模式成为池莉这一时期文学叙事的基本原型。

其次，与上述人生与故事模式的转型相一致，池莉 20 世纪 90 年代后期作品在文体与叙事风格上也有明显的变化，概括地表述就是，写实的成分在缩减，浪漫因素在增加，传奇性、戏剧性替代“还原”成为她这一时期作品的主要特征。这种传奇性表现在很多方面。首先是故事的随机性、偶然性与虚拟性增加了。应该指出，池莉小说涉及的主要故事因素是爱情与婚姻，在 20 世纪 80 年代的作品中，她强调婚姻的稳定性，强调婚姻不是单个人的事情，因此，她突出的是“不谈爱情”，而是以个人的牺牲去适应他人、对方，她把这种对婚姻的接受视作个人的“成人”仪式。正因为她强调个人欲望对家庭的服从，强调个人的责任与义务，因此她那时的作品中对个人性的冲动与冒险持否定态度，这无疑使她作品增强了写实的分量，而很少表现出浪漫色彩与传奇性。《烦恼人生》中，印家厚与女徒弟雅莉的关系在通常意义上应该是三角恋爱(或婚外恋)故事中的一条线索,但《烦恼人生》恰恰是“反传奇”的,因此,雅莉的爱情就无从展开。在池莉看来,“荣和辱、富和穷,相聚和别离,爱情和仇恨等,皆可以在瞬间转换”的,“人心似海”的现代状态正是一个“传奇”的状态或酝酿与制造传奇的状态,所以大致从《你以为你是谁》开始,她开始突出个人对既定状态的突破及面向新的可能性的冒险与挑战。人生的跌宕起伏增加了故事的随机、偶然及传奇性。陆武桥与宜欣的相遇、相恋在嘈杂、晦暗的现代城市背景上就像是一个王子与白雪公主的美丽童话。康传业在与段丽娜的婚姻搁浅以后,他没有像印家厚一样退守到家庭中来,而是选择了“出走”,他与林珠的婚外恋更是极尽浪漫之能事,使之看起来更像中世纪骑士与贵妇人爱情传奇的现代版。《小姐你早》中三个女人的结盟及其向男人的复仇故事其虚拟性昭然若揭,小说最后的那篇由孙记者编撰的《小姐说不,男士当心》的“拍案惊奇”,既是对当代婚姻传奇性的模拟与反讽,而整个《小姐你早》又何尝不是一个新的拍案惊奇呢,因此,孙记者的这篇“拍案惊奇”正是《小姐你早》的传奇性的一个注脚。

后期作品的传奇风格还表现在人物性格的强烈对比,如《来来往往》中段丽娜与林珠的对比,人物命运的陡转模式,作者在感情及叙事上的积极有时是武断的介入,对档案(如《午夜起舞》中对1965年国家所发生大事的追踪记录)的征引、传奇故事的楔入加强了她的小说“杂”文体的叙事风格。而这一切的综合运用,已经在整体上改变了她早期作品以“还原”为特色的写实风格,而更接近传奇小说的品质。具体地说,池莉90年代后期的小说在一些外在的局部的因素上,如对环境(自然的物境、社会背景)的铺陈方面仍见写实的功力,但她作品叙事的内核——故事及对故事的展开方式——情节却越来越浪漫化、戏剧化、传奇化,尤其是她笔下的爱情故事几近于“罗曼司”的叙事风格,在故事原型上明显可以看出某些童话故事的深刻印迹。

需要特别指出的是,以上我们称之为传奇性的那些变化的确构成了池莉在20世纪90年代后期小说创作的一大特色,但我们应该看到,传奇性只是池莉小说叙事体式与风格上的一种特征,而在精神上,池莉反传奇、反浪漫的基本特色没有变;或者说,池莉制造传奇恰恰是为了反传奇,制造浪漫是为了告诉你浪漫的虚妄,是为了否定浪漫,池莉在精神上似乎始终坚守着一条底线不肯移动:浪漫或许是人的天性,追求浪漫或许给人一个瞬间的斑斓绚丽的人生,但生活有自己的法则,而生活的法则很实际,有时甚至是残酷的,挣扎于生活这张"网"中,也就不得不接受生活法则的约束,而在强大的生活法则面前,人的能力又是何其有限啊。正是从这个意义上来说,我以为池莉的写作有一条一以贯之的"不变"的定则,即置身于生活之中人最终是被动的。

《来来往往》是池莉小说中最具浪漫气质的作品之一,但就其实质而言,这却是一篇反传奇的都市寓言:康伟业厌倦了邋遢世故的老婆段丽娜[这显然是一个谢惠敏(《班主任》)式的被强势的政治话语硬性书写过的一类人物,一种典型的文化人格,她在社会转型期从性格到文化人格都将经历剧烈的震荡,若从写实的逻辑来处理,这是一个包蕴着丰富生活意蕴与历史内涵的典型人物的雏形,这篇作品的传奇笔法以及池莉一贯地缺乏历史性的处理方式使她成为一个色彩杂乱的喜剧性的漫画式人物,讽刺性的叙述格调削弱、湮没了这一人物可能具有的丰富内涵],与一个精灵似的现代都市女郎林珠展开了一段欲仙欲死的浪漫爱情故事。若就爱情故事本身而言,它纯洁得似乎一尘不染,具有了梦幻般的童话色彩,作品也说"康伟业与林珠的爱情是空中的爱情,飞机里来飞机里去,电话里来电话里去,饭店里来饭店里去,上不沾天,下不沾地,如梦如幻,带着强烈的理想化色彩,似乎是不打算坠落红尘的"。但是康伟业与林珠并不是生活在一个童话的时代与童话的世界里,飞机与饭店替代不了王子的城堡与森林中的小木屋,无论互相将对方看得多么美好,康伟业不是王子,林珠不是白雪公主,他们"不打算坠落红尘",无论如何也是做不到的。因此,他们的爱情越是浪漫,越是传奇,越是自我封闭,越意味着他们爱情之树走向枯萎与凋谢。质而言之,他们的爱情悲剧不是由哪个人造成的,不是康伟业,不是林珠,甚至也不是段丽娜,而是这个世界的现实原则:康伟业与林珠的年龄、心态、观念的差异,爱情是浪漫的而婚姻很实际,所谓"相爱容易,相处太难",物质利益可以一时被忽略,不可永远被忽略——天下熙熙皆为利来,天下攘攘皆为利往,所以没有必要将段丽娜丑化为一个狠毒的后娘或“狼外婆”式的角色。通过康伟业与林珠的爱情,或者说通过康伟业对旧有婚姻的反抗、出走到失败(相伴随的则是期待、兴奋、失意、失落、失望、爱情理想的破灭这一情感经历)重又回归原点的故事模式,我们不难理解这一故事背后的语义逻辑:人心思动、思变、追求理想的爱情与浪漫的人生是“人之大欲存焉”,但婚姻是实际的,生活有铁一样严酷的逻辑,在实际的、严酷的生活法则面前,浪漫的爱情与传奇人生只能碰壁而归。这一语义逻辑在作品中还有一个民间化的表述语言圈套,即饱暖思淫欲→一场风花雪月的事→曾经沧海难为水、除却乌山不是云。这一圈套正好对应于康伟业与三个女性——段丽娜、林珠、时雨蓬的关系。事实上是,这一包含宿命观念的循环故事模式牵制、主导着“来来往往”的故事情节的展开与演进,它表面上的浪漫化与传奇性,恰恰服务于一个反传奇的精神理念,传奇性是它的表,反传奇才是它的核与里。这种传奇性与反传奇的悖论性特征同样可以求证于《你以为你是谁》《午夜起舞》等主要作品。

如果将池莉20世纪90年代的作品与她80年代后期的以《烦恼人生》为代表的一组作品相比较,若就作品的外部形态而言,我们看到的几乎是两个完全不同的池莉,对“人心似海的现代状态”的理性认识,使她对传奇故事的热情远远超出了对原生的生存状态的信赖,从明清传奇中征用的充满主观热情的“话本式”的讲述姿态替代了对现实冷静的描摹与有节制的分析,似乎一个新的传奇、通俗的池莉从严格写实的旧池莉的躯壳中脱颖而出。但是要问20世纪90年代后期的池莉在精神上到底走了多远?她在多大程度上开拓了文学的精神空间和人类生存的精神疆界?回答似乎并不乐观,我们看到的仍然是那个冷静、务实、现世主义的池莉。甚至相反,她90年代后期作品中故事的剧烈张弛而归宁静,人物命运大起大落又徒劳往返的叙事模式不但没有给人的主动性与生存的可能性留下充裕的精神空间,相反却在强化一种悲观主义的及善恶果报(《云破处》就是一篇典型的写仇恨并为仇恨付出死亡的果报故事)的因缘轮回的伦理与命运观,具有很强的宿命色彩。

以上论及的是池莉20世纪80年代后期到90年代的小说创作，在2000年之后她的创作显然有所改变，尤其是《怀念声名狼藉的日子》《看麦娘》《托尔斯泰围巾》等几篇中篇小说，标示着池莉小说从叙事策略、语言风格到精神气质明显而深刻的变化。

计 文 君 论

在这个以“读图”和“观影”为时尚的年代里，以小说创作为主业的计文君还不为许多读者所熟知。除了不去赶时尚凑热闹，她对自己的舞文弄墨似乎也相当的谨慎乃至吝啬。2000 年开始发表作品，2009 年出版第一部小说集《天河》，其中收录 2 部中篇和 5 个短篇。其后相继有《此岸芦苇》《开片》《剔红》等中篇和短篇《你我》《帅旦》问世。尽管不是十年磨一剑，十几年时间里完成十几部中短篇作品，计文君的速度与效率的确算不上高产。慢工出细活并非对所有人都是定则，但计文君的下笔谨慎的确和她对文学的神圣态度有关，也和她对文学所确立的极高的标准及对文学的认知水平和审美趣味有关。一个对《红楼梦》有很深理解，将其奉为圭臬，以《红楼梦》所体现的“小说精神”对张爱玲这样的经典作家也能有理有据地挑三拣四的写作者对自己也不能不是苛刻的。[1] 2011 年，由人民文学杂志社与盛大文学举办的“未来大家 top20”评选中，计文君顺利入围当选。以并不丰盛的作品数量却能当选“未来大家”，从一个侧面说明了读者对其小说品质与潜质的肯定。

在《天河》小说集面世时，向来以慧眼识珠著称的评论家李敬泽

---

① 可参见计文君硕士学位论文《一树春风有两般——〈传奇〉与〈红楼梦〉继承关系再分析》。

说:“出版第一本书的时候,我认为,计文君已经是一个准备好了的作家。”并说:“很多作家没有准备好,有的作家看样子此生准备不好了;但计文君准备好了。”作为对一个年轻作家的预见性评估,这应当是一个不低的评语。李敬泽所说的“准备”指的是艺术家的“才能”与“技艺”:“艺术地理解世界的眼光和感受世界的皮肤”,“足够的表达欲望和耐心”,“准确敏捷地调用语言”以及“在纷乱零散中将事物组织起来并赋予精密形式的能力”。① 在我看来,所有这些“才能”当中,最为重要的是“在纷乱零散中将事物组织起来并赋予精密形式的能力”,因为它是作家如何理解、进入、穿透世界,如何组织经验与形象及如何建构与现实世界对应关系的文学本体的综合能力,一言以蔽之,它是通过文本体现一个作家美学能力的最佳方式。

让人欣喜的是,计文君具有这种能力。她展示给我们的是一条精密化又不失开放性的创作路线,力图建构起一个走向人心的策略性的桥梁,但并不一味地“向内转”,并不将故事闭锁在纯粹“私密化”“个人性”的领域,而是以绵密的针线将人与其活动的背景有机缝合在一起,建构起一套能够有效地切入当下生活、不失整体感又能凸现个体心灵的“深度模式”,突显出她“在纷乱零散中将事物组织起来并赋予精密形式的能力”。

一

所谓叙述视角即由谁来完成叙事,实际上包含了“谁说”与“谁看”两个功能有所区别又不可完全分开的层面。“谁说”关涉的是作者在文本中或隐或显的处身方式问题,即他(她)与叙述内容的远/近距离问题。“谁看”关涉的则是叙事人以什么样的“视点”看到故事,也即叙事人对故事信息的“知晓方式”和“知晓程度”。从美学的角度来说,作者藏匿得越隐蔽,知晓的方式越复杂,对读者的“劝说”作用愈加潜移默化、润物无声,读者的主体性就得到更充分的尊重。我不确

① 李敬泽:《计文君:也许和也许》,载《天河》,作家出版社 2009 年版,第 1—3 页。

切知道计文君在现代小说理论方面受到怎样的训练，但从她创作伊始似乎就对视角的美学意义有着非凡的自觉。她早期的几部短篇小说基本都采用第三人称限制叙事，但在聚焦人物的选择、知晓方式与知晓程度的控制方面各不相同，且各具神采。

《飞在空中的红鲫鱼》是一个常见的婚外恋故事。这样的故事在小说和影视剧中由于频繁地“被说”引起的不是审美愉悦而是审美疲劳与麻木。这篇小说即使现在阅读仍然能引起相当的震撼，其原因就在于视角的选择让我们进入了一种身临其境和感同身受的审美境遇。所谓“清官难断家务事”，清官是因为外在于“家务事”才产生知情难与裁判难，而对于爱情婚姻这样的“家务事”也只有置身其中，方知其中三昧。《飞在空中的红鲫鱼》让读者“置身其中”的主要修辞策略就是选择故事的男女主人公作为叙事的聚焦点，由他和她感知、讲述自己和对方在婚姻纠缠中的欢欣、苦乐。在讲到内聚焦叙事时，格非提出了“视线聚焦”和“心理聚焦”的概念，对“心理聚焦”所具有的特殊功能与美学意义给予充分肯定。① 这篇小说不仅交替使用男/女视点，而且交替使用“视线聚焦”和“心理聚焦”，不但交互地呈现自己与对方欣悦、痛苦、尴尬等各种各样的情态，而且引导读者进入了人物复杂的内心。更为别出心裁的是作者使用第二人称“你”而不是第三人称“她”来指代女主人公。在小说叙事中，第二人称“你”通常是作为读者的代称，即叙事人与设想中的读者进行对话的一种口吻与方式。《飞在空中的红鲫鱼》对第二人称的使用显然是为了拉近读者与人物之间的距离，造成一种读者进入文本、进入情境的亲密假象。“子非鱼，安知鱼之乐?”那么，你若是鱼呢？是否就可以深切体会作为鱼的喜怒哀乐呢？作者的修辞努力就是通过调节聚焦方式与读者的知情方式让读者像鱼一样体会在水(婚姻)中的苦乐悲欢。

《男士止步》是通过视角创新对人有独特发现的精彩短篇。柳青是一个结婚多年的银行临柜员，工号卡代表着她的身份，而自己真实的情感和欲望却被程式化的生活遮蔽起来。但别人顺手塞给她的一

① 格非：《文学的邀约》，清华大学出版社2010年版，第237页。

张即将过期的美容卡让她走进了一家身体美容机构——闪雪女子生活馆。在美丽而神秘的女人闪雪双手的调理下，柳青的身体从肌肤到五脏六腑都经历了一次洗礼。而身体的清洁、柔韧、美丽、芳香则渐次唤醒了她沉睡的欲望、麻木的精神状态和濒死的灵魂，让她新生为一个有冲动、有愿景并准备付诸行动的女性主体。从类型学的角度来说，这是一篇成长小说，是写女性自我意识觉醒的小说。但小说所走的却不是内省式的第一人称叙事。而是选择"身体写作"的路径，通过女性躯体被触摸、洗涤、净化渐趋唤醒已经钝化了的心灵。小说之所以能够出色地完成由身体到灵魂的书写，很大程度上仰赖对视角的选择。小说开始时柳青是一个被隐匿作者讲述的第三人称主人公，处在客体状态，而且作者有意突出了她身体感觉、认知水平均处在酣睡与弱智的水准上。但随着故事的渐次推进，小说的叙述越来越贴近人物，随着柳青身体感觉的复苏、感知能力的提高，对自我欲望的肯定更加确凿，她逐渐由一个无语的被讲述者逐渐变成了发现者和讲述者，换句话说，随着沉睡于身体内部、遮蔽在幽暗盲区的自我意识和精神觉悟被照亮、被开掘，那个原本木讷的、失语的柳青变得身体和心灵都在发声。由被叙述的第三人称人物到能够主动发声的叙述者，这一过程正是她由一个客体变成主体的生成仪式。这篇小说的叙述过程本身似乎就是一个不证自明的语言哲学命题：主体是语言生成的，不是人说语言，而是语言说人。它也直观而简洁地让我们重新认识一个文艺学命题：形式本身就是内容。

《水流向下》写发生在家庭内部、亲人之间的伦理悲剧。改是一个没有知识的乡下妇女，在丈夫因病去世后到城里与儿子一家住在一起。初来乍到时，儿子、媳妇和孙女的和谐关系及对自己的尊敬、孝顺，让改感到很幸福。媳妇下岗后，家里的生活捉襟见肘，为了帮助儿子减轻生活压力，改到一位退休教授家里做保姆。由于教授的精神病症使他变成了一个完全依赖他人的孩童，改实际上成了教授全部的依靠，她又变成了一位操劳的母亲，而且是为他人操劳、为儿子挣钱养家的母亲。儿子目睹了母亲的辛劳，坚持让母亲辞掉保姆工作将其接回了家。改是欣慰的，因为体会到了儿子的爱心。重新回到儿子家里的改再也体会不到初来乍到时的其乐融融,不是儿子的不孝,也不是媳妇的乖张,而是生活的流水让这个家处于紧张、躁动、气喘吁吁的状态,物质欲望挤压了温情的空间,人心变得坚硬、粗粝。媳妇有心无心的“授意”,儿子委曲求全、半推半就地接受,改重新回到教授家里当起了保姆,而且与教授的女儿签署了一份为期10年、价值不菲的合同。在生活流水的裹挟下,在亲人的合谋中(每个人似乎都是无意的、被迫的),一位母亲被出卖了!看得出,这不是一出刀光剑影、你死我活、矛盾冲突激烈的英雄悲剧,而是鲁迅所说的那种“似乎是无事的悲剧”。惟其如此,这篇小说才有一种震撼人心但又欲哭无泪的悲剧效果,它让人想到鲁迅的《故乡》和《祥林嫂》,想到柔石的《为了奴隶的母亲》,我真的以为,它有朝一日会成为一篇经典作品被记取下来。

亨利·詹姆斯在叙事方面的理想是让小说拥有戏剧艺术的直接性与客观性,同时又要最大限度地减少全知叙述者的叙述声音。他解决这一方案的方法就是通过人物意识和人物的观察来展示故事的进程,而且告诫,为了实现“直接”“客观”的叙事理想,中心意识人物不能“太聪明,能够洞见命运的作弄”。[①]《水流向下》选择改这一没有知识的乡下妇女作为聚焦人物就是极具匠心的。作为一个外来者,一个对城市缺乏知识、对人心也不具有深刻洞察力的人物,改对儿子一家和教授父女具体的了解是通过“看”和一知半解的猜度来完成的。由于知晓程度有限,改由感觉幸福到被出卖的悲剧命运既显示出人为的色彩(儿子、媳妇、教授女儿等人的参与),但由于儿子、媳妇、教授女儿的心理与动机均遮蔽在聚焦之外的盲区,改的悲剧又具有一些非个人的、非道德的因素,至少某个个人道德上的“恶”不是产生改命运悲剧的主要原因。改天生的质朴、善良、一心为他人着想的品性使她的“猜度”也是与人为善的,这个“不太聪明”的视点人物出于本真的善良对儿子、媳妇、孙女的体贴、关照和自我牺牲,某种程度上是对儿子、媳妇的辩护和道德罪责的开脱,那么谁来为母亲的被出卖负责?小说将思考的空间导向了城市生活、世风与社会道德状况等更宏大、更浑厚的

---

① 申丹等:《英美小说叙事理论研究》,北京大学出版社2005年版,第119页。

命题。就是说,作者通过对视点人物别具匠心的选择与精确控制,实现了小说在“深度模式”上的蜕变——既避免把它处理成一篇有关老年问题的问题小说,也避免通俗与流行作品常见的那样将人物道德化,仅以浅薄的伦理激情换取眼泪与同情的审美取向。作者执拗地坚持“往心里拐”,通过个人的心灵震颤,写出“人心不古,世风日下”的社会心理悲剧。

小说叙事是一个古老的文学话题,但对视角的自觉却是一个现代事件。亨利·詹姆斯因为在创作和理论上对视角问题有着非凡的意识和特殊的贡献,其在文学史上的重要性甚至被认为大过了列夫·托尔斯泰。这种比对肯定会引起争议,因为二者之间存在着许多不可比对的文学史因素。但将詹姆斯与托尔斯泰相比较又是有理论意义的,它告诉我们视角不是一个可有可无的小问题,不是一个纯粹的技术问题,它更大的美学价值在于文学如何进入世界及介入世界的深度问题。詹姆斯所追求的文学穿透世界的直接性与简洁性就来自视角变幻的灵巧性与多样性。计文君被认为“已经准备好了”,我以为其中一个重要的因素是她对小说作为一个现代的叙事体裁有深刻体会,尤其是她对视角在小说叙事中的美学价值有独到的体悟,这使她绕过了许多障碍能够得心应手地用小说这种体式简便而迅捷地走入世界的本心。

二

典型化被认为是现实主义创作的不二法门,但对典型化理解的偏狭导致了美学上的关门主义。比如,典型化作为一种叙事原则特别强调人物的性格化,强调人物性格构成中的社会历史因素,强调人的理性主义性质。现代人本主义显然拓宽了对人自身的认识路径,丰富了对人的内涵的认识。比如精神分析学就对人的非理性认知有很大的拓展。但精神分析学作为一种美学原则被认为是现代主义的发现,与现实主义和典型化是格格不入的。时至今日,对人的认知已经很难再以理性/非理性作二元论的解释,那么在美学原则上如何实现现实主义与现代主义的融合，如何将典型化与精神分析学实现嫁接，从而实现文学表现人的最大化呢？计文君近几年的中篇小说创作带给我们很多启示。

计文君的中篇小说大都选择与作者对位关系明显的女性角色作为聚焦人物和主人公。作为叙述视角和观察世界的切入点，这一女性角色是敏锐的、易感的，她的“知晓方式”能轻而易举地将读者引领到世界的深层，即人的心灵世界。而作为主人公，作者将其视作一个“成长”型的女性主体，其主体化过程是在与其他主体的对话、询唤、交往中完成的，是一个“间性主体”；这一女性主体与“他者”的关系既在精神分析学层面上被关注，其成长过程是一个精神救赎和心灵成长的故事，同时，这种成长又是被充分语境化的，凝聚着深厚的社会历史内容。① 这种以“间性主体”为认知前提，以女性主体的“成长”作为内驱力和主轴的叙述模式使她的优秀中篇小说获得了双重深度：精神分析的深度与社会历史的深度。如果不吝惜赞美的话，这实际上实现了一种美学原则的跨越，是在典型化与精神分析学之间架通了一座桥梁。

《想给你的那座花园》是作者的第一个中篇小说，它选择一个潦倒的、易感的精神病医生作为聚焦人物和第一人称叙述人，通过他的旁观、推理来探究一个出生于乡村的漂亮女性易红如何在城市打拼、发达，终至被莫名其妙谋杀的悲剧。小说将侦探小说的玄谜气氛与人物聚焦造成的知晓程度的限制结合在一起，易红的发迹与悲剧性死亡变得扑朔迷离。这篇小说在叙事上倚重第一人称“我”作为视点人物的观察和作为一个认知与分析主体对易红悲剧的或然性的推测来完成城市现代性的批判这一主题，内聚焦叙事的弹性限制以及判断的可然性对主题的达成是有益的、自洽的。但是，由于第一人称内聚焦可知范围有限而且很难作视角的调整，因此无论是对人内心的触探还是对社会生活的描摹都显得局促和逼仄了些，其格局与规制更接近郁达夫

---

① “成长”是来自“成长小说”的一个分析范畴，而“成长小说”是 19 世纪西方，尤其是德国小说创作中的一种类型，它以个人的传记经验作为故事框架，其内在逻辑则是主人公的“内在性”成长。这种小说强调个人与环境的冲突，人物具有反叛性，它最终体现为主人公的人格成熟，至少应对“自我”有所发现。

《春风沉醉的晚上》等的短篇小说，因此，我更愿意将它看作计文君创作中的一个过渡性作品，既是文体学上短篇小说向中篇小说的过渡，也是主体学意义由客体化的观察世界(她的每一个短篇小说都是一个特殊的"小人物"的人生风景，与作者的对位关系十分疏淡)向意向化的理解世界的过渡。

《天河》的出现对计文君的创作来说意义重大。《天河》以某地方剧团排演《天河配》为基本事件，围绕织女A角扮演者的争夺在秋小兰、她的姑妈秋依兰、导演萧舸以及赞助单位支持的选手韩月之间展开矛盾冲突，社会转型带来人际关系的重组与以主人公秋小兰的精神"成长"作为叙述的内驱力与核心线索。

秋小兰是这篇小说的主人公，同时小说也以她作为叙述的聚焦人物。作为一个敏感的女性角色，她的"看"、"听"(包括对姑妈的窥视)、"思虑"等知觉行为像一张铺展开的网一样将故事的开展收拢于她的"聚焦"范围之内，而且通过她"知觉"的过滤，几乎所有事件、人物都被濡染上情感的色彩。因此，故事不仅因为秋小兰的聚焦而被赋予了秩序，而且因为无处不在的情感投射，无机的客体世界变成了意象化的世界，变成了文学色彩的世界。更重要的是，秋小兰不仅是作为一个知觉主体去组织起一个文学化的世界，而且是作为一个知觉主体被组织进一个复杂的、变幻莫测的人际世界中，通过与"他者"的交往与对话促成了自我的成长，从而成为一个"间性主体"。

作为一个"成长型"的主人公，秋小兰的性格起点被设计为软弱的、彷徨的、不自信的，但具有可塑造性的、可选择的"准主体"。她与姑妈秋依兰、恋人萧舸内在的询唤与对话促成了她的主体性成长。秋依兰是秋小兰的姑妈，是她成长与事业上的监护者与坚定的支持者。作为当地艺术界叱咤风云的人物，她的庇护与支持是秋小兰担任A角并超越自我的主要动力与条件。但是秋小兰并不心甘情愿地倚仗姑妈的提携去战胜对方，而是想通过自己的努力来达到成功。因此，姑妈的强势地位既是将她推向前台的助力，同时又是一幢巨大的阴影遮挡、阻碍她前行。更何况，她打童年起就"窥视"到的秘密更是让她顾虑重重。在别人心目中风光无限的秋依兰在家里却是经常被位高权重的丈夫暴力虐待的女人,身体上的伤痕与血腥气息成为秋小兰童年记忆中挥之不去的梦魇,构成了她成长过程中沉重的内心焦虑。秋小兰的“窥视”和想象,使秋依兰作为前辈、作为一个镜像的意义具有了双重色彩:一方面是作为秋小兰的模仿对象召唤着秋小兰的成长;另一方面,镜像反面可怕的景象显然又是她成长道路上一重难以逾越的障碍。秋小兰的徘徊与延宕显然是与姑妈“对话”的一个结果。

萧舸与秋小兰的关系是小说中最重要的关系之一,有关爱情的思考和秋小兰的成长都倚重与他的对视和交流,在推动秋小兰战胜懦弱、不自信等负面情绪的所有力量中,萧舸是最重要的一种。因为秋小兰爱着萧舸,她希望通过争取到织女 A 角的扮演权并胜任这一角色而获得萧舸的青睐,而不是被萧舸看作秋依兰的附庸而被轻视。这种“有尊严的自我”的孕育、成长是与萧舸作为一个“他者”的询唤与对话过程中逐渐被建构起来的。尽管萧舸在此篇小说的意义结构中举足轻重,但从叙述的角度来说却被有意“轻视”了。小说将他置于聚焦的盲区,秋小兰作为一个聚焦人物对他的知晓程度被降到最低,他一直是在秋小兰的猜度与想象中进行“对话”的一个拟主体、一个暧昧不明的虚拟在场者。在叙述过程中对他的有意遮蔽和虚拟化处理可能和作者的一种疑虑有关,即在女性主体的建构过程中,男性作为“另一半”、作为“间性主体”是缺席的,至少是不完满、不自足的,与女性的期待之间存在很大的鸿沟。笔者甚至认为对男性缺席的焦虑构成了计文君近期创作的“核心焦虑”之一,既为她的创作带来了深度与风格,但也制造了障碍与局限。

竞争者韩月、师姐谷月芬、丈夫、戏剧团团长周祥甫是通常意义上的“次要人物”,但他们在小说的意义建构中却不能等闲视之。一方面,他们中的每个人都构成了秋小兰成长过程中的潜在的“对话者”,是秋小兰精神成长的助体、介体或反向推动者。另一方面,这些人物所来自、所代表、所表征的那些社会力量和历史因素使这部以女性主体成长为主轴的作品获得了丰厚的社会历史土壤,使女性的“成长”主题不纯粹是一个精神分析学的命题,而且是发生在真切的社会历史语境中的命题。韩月这位咄咄逼人的竞争者是由赞助企业推荐的“织女”人选,她代表着资本这只无形而又强有力的手对文化的强行介入。这种力量之强大,让秋依兰在几十年间形成的偶像地位和人脉关系在一夜之间轰然崩塌。资本与文化这种复杂难言的胶着关系是发生在改革开放以来中国社会文化领域中真实情景的一个微缩景观。韩月带给秋小兰的压力之大在精神领域表现为惶恐与焦虑(韩月谐音寒月,与“天河”一起构成了一个有机的意象群落),其渊源所自恐怕还是韩月所代表的资本这一物质力量带给秋小兰一种切身的袭人寒意。

《天河》之后,计文君又相继发表了三个中篇:《此岸芦苇》《开片》与《剔红》。《此岸芦苇》是近期影响较大的一个中篇,它以一所大学文学院院长的竞聘为核心事件,权力运作既是展开故事的驱动力,其展开方式也构成了小说的主体情节构架,而穿插其中的“玉照门”和“媛媛门”等风化故事是凸现官场险恶的“情场”,是丰富官场生态的情节因素。从类型学上看,它是“官场小说”、类似《围城》的知识分子叙事与爱情罗曼司的混合版。由于内聚焦人物过分分散(盛易龄、曹士弘、尹眉),无法形成共同聚焦的心理场域,尤其是与外向性的官场、与权力运作没有形成有机的支撑关系,因此,读后的感觉是作者的视野和气魄在变大,在往外、往大处努力,作品的当下性与现实性明显加强,但小说的气场有些散,其蕴藉程度不如《天河》,更不如其后推出的《剔红》。我以为这篇小说的潜在动机是尝试理解男性并从男性的视角理解世界,盛易龄这个角色实际上就是《天河》中被遮蔽于叙述聚焦之外的萧舸的展开式,但成年、成熟男性的世界对于作者显然有些隔膜,这种身份的男性的“成长”也缺乏足够的心理空间,因此,盛易龄作为一个主人公的面目是模糊的,作为一个男性主体显然缺乏像秋小兰被作为“间性主体”从多个主体对话关系中被塑造起来的丰满感。《开片》则与《此岸芦苇》在生活横断面上和生活空间上的“大”不同,它表现为纵向上的“深”与“长”,一个与作者对位关系密切的女主人公既是叙事的内聚焦人物,同时她的成长史——与外祖母、母亲以及与父亲、男友、情人之间的关系史,构成了女主人公艰难地自我寻找与自我认同的主体化过程。家族史因素的出现使女性成长具有了更多、更强的历史感,这可以看作计文君在思考人的生存问题时延展出的新的、纵深的维度。

《剔红》以一位年轻的女性小说家作为内聚焦人物，以她的“成长”作为叙事的主轴。在人物关系的设计上，有一个和《天河》类似的“三角关系”，即以女性主人公为主体，围绕她的“成长”设计了两个对话者，一个是同性小娴，另一个是异性江天。小娴是喧嚣的现世生活中的另类存在者，尽管经历了爱情和婚姻的不幸，尽管没有事业上的飞黄腾达、物质生活上的富足优渥，但通过和“自己的内心达成了和解”，却能活得清平自在、淡泊宁静。滚滚红尘中人人都浮躁、狂暴、上蹿下跳的时候，唯独她能做到娴雅自适。像她的名字一样，她活出了一种“人闲桂花落”的意境，活出了妙玉(《红楼梦》)那样的“槛外人”的格调。江天是一个在市场经济世界中呼风唤雨的“当代英雄”，他的世俗化的成功、文化商人的身份，赢得了众多女性的青睐。由于处于叙述聚焦之外(内聚焦人物秋染对他的知晓程度非常有限)，江天的内心世界被呈现得很少，因此，他作为一个形象主体是不丰满的。但是，他作为一个“当代英雄”，一个与社会关联甚深的人物，他的功能是被语境化了的，或者说他本身就是世俗生活、万丈红尘的一个表征化的符号。如果说小娴代表了“空”，江天代表的就是“色”。

熟悉女性主义批评的人很可能会将小娴与秋染的关系看作“姊妹情谊”的关系模式，是一个与男权主义相对抗的女性联盟。但我更愿意将二者的关系看作钗/黛一体美学关系式的摹版。秋染之“染”是“文变染乎世情”的“染”，是“入世”，是“热”与“执”的化身，她的情绪是随事随人千变万化的。而小娴这样一个古典的可人儿对一切都是冷静的、淡然的，她是“出世”的。她是秋染的一个镜像，在对照中进行自我纠偏的一个参照系。或者说，她就是一个完满的女性人格的“另一半”，是秋染主体性成长过程中另一个想象性的自我，是一个“间性主体”。秋染与江天在故事层面上是恋爱关系，而在语义层面上则是一个女性主体如何面对当下世界中物欲和情欲诱惑的人生命题。秋染的成长就是在与小娴和江天的对视与对话中促成的：从小娴这里，秋染学到了退让、不争，学到了平心静气；从江天那里，她则看到了执着、抗争、永不言败。那么，所谓秋染的“成长”是否意味着选择其中的一方“择善而从”呢？不是，或者在作者看来，小娴与江天任何一方都不代表着“善”，或者对人生而言，根本就不存在真正的“善”，所谓成长就是去经历、认识，去体验，去看懂人生的沟沟壑壑，甚至不惜被碰撞得头破血流、遍体鳞伤。“剔红”——不停地镂刻、不停地髹染的漆盒工艺本身隐喻着的正是人生铭心刻骨的心路历程。

《天河》与《剔红》的写作，让我们看到一个颇有意味的“形式”——与作者对位关系明显的女性为主体和中心与作为镜像的同性和作为爱情对象的男性构成的两女一男的“三角结构”。计文君的写作实践表明这是一个在美学上有相当分量的“深度模式”。从形态学上来讲，异性恋与“同姓联盟”赋予小说一种新颖的故事形态，而潜隐的女性视角与细密的心理触角造成了张弛有致、疏密相间的叙述形态，小说的可读性与耐读性得到保障。从价值功能的角度而言，首先它是一个组织架构，将人物和事件组织成一个有序的微观世界。更重要的是，这一“三角结构”还是一个有机的阐释体系。一方面，它是一个有关女性成长的精神分析学结构，女性的创伤、焦虑、挣扎与成长是在与男性“他者”和同性助体的交流与对话中被体现，女性主体性建构是这种内在性对话的结果；另一方面，这一“三角结构”又是一个社会历史分析的结构框架，女性成长的精神事件反映的是社会历史的深刻律动。如果说这一美学成果稍有不足的话，男性角色的相对弱化多少损伤了这一“三角结构”的美学分量。但很显然这主要不是一个美学问题，而是一个性别导致的视域局限问题。

三

计文君小说由于在叙述视角上的沉潜与内敛，加之她具有“在纷乱零散中赋予事物以精密形式的能力”，她笔下的小说世界与当下世界已经构成了相当密切的对应或同构关系，作为一种叙事话语对现实世界形成了相当强的穿透力与阐释力。但作者显然还不满足于此，她还想提高自己的修辞努力——一种作者话语来“加深”对世界的理解，引领读者“深化”对世界的领悟。具体地说，互文与象征是作者经常使用并与她的叙事浑然天成，一同构成意义共同体的最主要的美学方式。

计文君写于2004年的一篇短篇小说《阳羡鹅笼》将取自《太平广记·叙齐谐记》中的一篇寓言作为“楔子”置于篇首，后文则叙述了三对男女当下的爱情婚姻关系。从时间与情节关系上看，《太平广记·叙齐谐记》中的这则寓言与后面的任何一个故事都不存在关联，但是，作者通过楔子/正文的修辞安排，《太平广记·叙齐谐记》中的这则寓言顺理成章地成为后面故事的“前文本”，它的寓意就成为阐释和理解当代婚姻爱情的一条线索。“阳羡鹅笼”这则寓言中的“笼”是爱情自由与牢笼的双重象征，而这种象征意义也正是作者在后面的写实故事中想要赋予当代婚姻的一种内涵。

在一个文本中引述另一个文本从而构成互文是“互文”策略最常见、最浅显的一种，但不是唯一的一种，事实上，“互文”策略可以涉及故事、人物、结构、意象、细节等几乎所有小说的构成因素。无论“互文”在哪种层面上发生，它的功能都是通过不同文本的相互指涉以扩大文本的意义空间。计文君显然深谙“互文”的修辞意义并在写作中大量使用了这种修辞手段。《你我》是对当下都市爱情婚姻的审视与思考，作者有意选择路遥的《人生》和20世纪90年代的“情感实录小说”作为“互文”，八九十年代爱情的真挚与坦诚与当下都市爱情的混乱与暧昧构成了鲜明的比对关系，其意义空间得到延展，作者的批判意识也通过“互文”修辞得以体现。琼瑶的言情小说曾风靡大陆多年，成为影响一代人成长的文化事件。《男士止步》中写到柳青梦境时作者有意戏仿“琼瑶体”的风格，在《剔红》中小娴在调侃秋染小说时说：“人物单薄故事陈旧——琼瑶的底子，张爱玲的调子。”这里，琼瑶作为“互文”显然具有重要的文化意义，表明作者不仅在文学叙事而且在文化上对“琼瑶体”进行严肃的审视与清算。《帅旦》写一个生活于社会底层的中年妇女与命运抗争的故事。被称作“刺货”的赵菊书的半生命运故事在小说中是通过她喜欢听的戏剧《穆桂英挂帅》片段式地被展开的。《穆桂英挂帅》既是一条情节开展的结构线，在意义结构中，它又是一个“前文本”，是一个重要的意符，一个“互文”，通过穆桂英这一真正的帅旦、女英雄,反衬出了赵菊书为其住房权利作出一系列抗争的既悲壮又悲凉的命运悲剧,她是另外一层意义上的"帅旦"。中篇小说《天河》以重新排演《天河配》为故事线索,尽管小说中并没有引述《天河配》的故事与场景,但人们耳熟能详的《天河配》故事成为理解《天河》所叙述的现实事件及女性成长的无处不在的一个"前文本"与"潜文本"。《剔红》中,秋染与江天的爱情关系被作者与张爱玲《倾城之恋》中男女主人公的爱情关系相比附,《倾城之恋》成为《剔红》的互文,这无疑使《剔红》对当代生活的书写增加了一种历史的沧桑感与人生的悲凉感。

象征是计文君小说创作中使用的另一种重要的修辞方式,对其使用的普遍性以及在文本中的重要程度使她的小说具有了明显的诗性品质。象征通常被区分为整体性象征和局部性象征两种。在计文君的小说中,像"天河""开片""剔红"等意象都出现在成长型主人公"醒悟"的最关键时期,它们作为自然与物理现象与主人公的人生际遇与人生感悟具有高度的同质同构的性质,因此而成为主人公生命方式和命运模式的深刻隐喻,这些象征不仅具有高度的美感,而且因为其携带的充盈而饱满的文化与人生内涵而具有深刻的认知意义。而它们作为小说的题目本身也说明了它们在文本意义结构中的统摄地位,它们是整体性的象征符码。计文君在小说中使用局部象征的例证几乎俯拾即是。如她在《天河》中通过对秋小兰三次服装的变化来隐喻她成长心态的不同层次。白色T恤牛仔裤象征混沌未开,猩红的缠枝玫瑰的裙子象征着欲望的纠结,茶叶末色的裙子则象征着历练后的沉静。这是一种典型的通过白描而达成象征的表意化途径。通过为人物命名来达到象征的目的是中国古典小说尤其是《红楼梦》的一大特色。计文君受此影响颇深,她的小说人物命名多有深意。比如她多次以"红"为女性人物命名(《想给你的那座花园》中的易红、《阳羡鹅笼》中的红等,《剔红》中的秋染、《开片》中的殷彤其实也是"红"),而这些人物命运都是悲剧性的。这与"红"的象征有关,即"红"暗示了繁花落尽的悲哀,与盛极而衰,与"花辞树"、与"落红"有想象性的关联。

如果我们进一步观察还会发现,计文君在使用"互文"和象征手段来提升她小说的表意功能时,她所选择的“前文本”和象征性的喻体多是来自中国古代文学与文化系统,其中《红楼梦》、中国古典戏曲以及婉约词是她小说创作最重要的“潜文本”资源。而现代文学传统中最受她青睐并施加了影响的则是张爱玲,尤其是她的《倾城之恋》。

如果用目前流行的“代际”观察角度来定位的话,计文君无疑属于“70后”作家群。但“欲望化写作”“身体写作”“后现代拼贴”等这些经常用来概括“70后”作家的概念显然并不适合计文君。在我看来,计文君很难被归类。从美学的角度来说,她的小说有很现代的品质,能够以简洁的方式穿透世界,体现出很强的表现力。同时,她的创作又具有明显的古典主义的色彩,尤其是在细节写实和象征隐喻等作者话语方面,能看出古典家族世情小说、古典戏曲及婉约风格诗词的遗风流韵,赋予小说优美的形式感。可以说,古典主义与现代主义在计文君的小说创作中大面积、深层次的媾和所取得的成果已经为计文君奠定了相当深厚的美学基础。基于此,说“计文君已经准备好了”显然不是一句虚言,我们有理由对她抱更高的期待。

第二编 经典作品细读

《青春之歌》的版本、续集与江华形象的再评价

一

在当代文学史上有两种创作现象特别引人注目,一是对已发表作品的修改,二是所谓的集体创作。在文学批评界,前者被称作“无定稿”现象,后者则被称为“无作者文本”。① 从现代的作者观和纯文学的立场出发,这两种现象不仅是不折不扣的“越界”和“犯规”之举,而且其文学价值也是值得质疑的。但从史料学、版本学和文化研究的视野来看,“无定稿”和“无作者文本”现象未必不是一个值得关注的话题。事实上,在重写文学史和文化研究的双重意识的观照下,上述两种现象都受到批评界的重视,尤其是针对修改所带来的版本变更,即

① 王尧:《“文革”对“五四”及“现代文艺”的叙述与阐释》,《当代作家评论》2000 年第 1 期;王尧、蔡翔、费振钟:《“文革”与叙事——关于“文革”研究的对话》,《当代作家评论》2002 年第 4 期。

“无定稿”现象的研究成为现、当代文学批评领域的热点之一。其中,《青春之歌》的修改及版本问题是被谈论较多、较集中的一个话题。

在涉及《青春之歌》的修改、版本问题的学术讨论中,问题集中在两个方面。一是修改的艺术的得失问题。较一致的看法认为,《青春之歌》的修改,尤其是第二部中增写的11章内容是不成功的。二是将修改行为本身看作文化文本的一部分,还原到修改的历史语境中解释修改的原因并阐释其意义。最有代表性的成果就是金宏宇在他的专著《中国现代长篇小说版本校评》中对《青春之歌》的校评。

就像杨沫的修改主要围绕主人公林道静展开一样,对修改及版本问题的批评与研究也主要集中在林道静身上,其他人物则很少论及。金宏宇对《青春之歌》不同版本的对校有筚路蓝缕之功,但在评述这种修改时,阐释的范围也主要是围绕林道静展开的,这显然为针对《青春之歌》版本问题的研究留下了进一步拓展的余地。就我自己的阅读感受和思考的向度而言,林道静之外,江华这一形象被提出来重新讨论的理据最为充分,其可阐释的意义也更显豁、更丰厚。

将江华提出重新讨论的理据之一是,他在《青春之歌》的初版本的叙述中,是一个褒贬不一的、具有两重性的人物形象,其后的两次修改试图对他进行修补;理据之二,也是非常有趣的是,时隔《青春之歌》初版30多年之后,它的续集《英华之歌》出版,江华的形象被剧烈地改写,一度被修补得相对完整、统一的人物性格再度被改写得面目全非。

总之,我认为,在整个《青春之歌》的改写和续写过程中,江华形象的变更史以及作者对江华似扬实抑、前恭后倨的叙述姿态和感情评价已经构成一个非常有意味的文本现象,乃至文化现象,对这一现象进行描述、解读与阐释是本文的立论依据和行文线索。

二

戴锦华将当代的革命历史叙事区分为两种基本的范型:一为历史、革命史的搬演与呈现,其基本叙事模式为战斗/挫折/牺牲/胜利;二为英雄的故事,或曰英雄的神话,其基本叙事模式为反抗/追求/考验/命名。相应地,她将《青春之歌》的叙事范式称作是"英雄成长的变体",①"只是由于女性/知识分子出演了叙境中的主体,于是,那一追求/考验的过程便'自然'地延宕开来。其间,一个个人的、浮士德式的寻找主题,一个经典叙事中的、女性的青春之旅/爱情之旅(以婚姻为经典结局),在与知识分子道路之主体的能动展开中缝合并铺陈起影片的叙事"。之所以被称为变体,是因为主人公林道静的女性和知识分子的特殊身份使英雄成长的主题模式与叙事模式变得不再纯粹和单一。

20世纪60年代初,远在美国的夏济安先生也曾指出过《青春之歌》的这种双主题现象:一是小资产阶级知识分子寻找革命,二是一个罗曼蒂克的女人寻找英雄般的生活。

现在看来,《青春之歌》的经典意义恐怕还不仅在于它主题的"复杂性",还在于它在茅盾的《蚀》三部曲之后,有所改造地将身体/政治的文本修辞策略应用于当代的革命历史叙事。林道静——余永泽——卢嘉川——江华这一人物关系架构既是爱情故事(身体关系)的生成秩序,同时还表明一种政治上的传递关系和最终归属。在小说中,女性身体是一个修辞符码,她的取舍向背实质上表达的是政治上的取舍向背。具体说,林道静在余永泽、卢嘉川、江华之间的取舍表面看是爱情的取舍、身体的委弃,而实质上表达的是知识分子如何抛弃资产阶级和个人主义信仰,投向无产阶级及其政党,追求共产主义信念的政治主题。男/女关系成为政治关系的一个借喻。男/女关系(爱情故事)是喻词,政治关系(知识分子走向革命的故事)是其实际的喻指。

理解了《青春之歌》在诗学上的这一特征,我们毋宁说,它是对《蚀》三部曲中身体/政治文本修辞策略的改写。在《蚀》中,性与革命是两种同质的因素,共同构成小说的故事(内容),二者的关系是并置

① 戴锦华:《〈青春之歌〉历史视域中的重读》,载唐小兵编《大众文艺与意识形态》,牛津大学出版社1993年版,第152页。尽管此文的批评对象是电影《青春之歌》,但此类观点完全适用于文学文本《青春之歌》。

的,组合的原则是其相近性,因此,文本的基本结构可表述为性(身体)+革命(政治);在《青春之歌》中,性与革命则是两种同构的因素,作为叙事的内容因素,性已经简化到最低点,主要人物的性(身体)关系基本是作为代表知识分子政治归属的表意符码被运用,二者是一种换喻关系,组合的原则是相似性,文本的基本结构才真正可表述为性(身体)/革命(政治)。

这里我想重点指出的是,在《青春之歌》中,喻词与喻指之间的关系并不十分融洽,换句话说,文本中的爱情故事(关系)与政治故事(关系)有时是互相支持、互相说明的,有时又出现了龃龉、矛盾,在意义上相互拆解和颠覆:进入具体语境的爱情关系(故事)产生了自身的阐释逻辑,进入了五四爱情小说的编码秩序(林道静在爱情上表现出的自由意志是五四式的:浪漫、传奇、抒情、唯美)与知识分子走向革命的那个显性的阐释逻辑和编码秩序之间有矛盾和缝隙。明确一点说,《青春之歌》中存在一个关于爱情的潜文本,潜文本中的感情基调和价值评判和显性文本中的叙述与评价是不同的,其中,一个关键性的符码就是江华形象,正是因为他在潜、显两个文本层面的面目被做了不同的、有歧义的阐释,《青春之歌》的文本意义才出现了歧义性与增值性。

《青春之歌》的核心叙述意识是要讲述一个知识分子走向革命的精神成长史,而在作品中具体承托这一职责、完成这一功能的主要结构是林道静——余永泽——卢嘉川——江华这一人物关系式。就林道静的成长而言,如果说余永泽扮演的是一个落后的拦路者、绊脚石、被离弃的"朽物"的话,那么卢嘉川和江华则共同占据了引路人、精神上的父亲的位格。就是说,在文本结构的显性层面上,余永泽——林道静——卢嘉川+江华这组人物关系构成了一个相对完整的结构,一个意识形态能指,其语义内涵是:资产阶级的个人主义和无产阶级的集体主义共同争夺小资产阶级知识分子林道静,林道静在共产党人的感召和指引下走向无产阶级的革命征途。不难发现,在结构和语义功能上,卢嘉川和江华是同词同义反复。从叙事学和性格美学的角度来说,一个完整丰满的人物而不是两个被分拆、相对单薄的人物更符合艺术的规律。那么,“既生瑜,何生亮”?有了一个革命的引路人,为什么还要有第二个?(在《青春之歌》中,卢嘉川“根据需要”牺牲,在《芳菲之歌》《英华之歌》中根据新的需要又让他死而复活,这都是非常有意味的编码现象)原因可能不止一种,如生活原型的掣肘,故事变化的需要等,但我认为最重要的缘由是:在另一个叙事层面上,在潜文本的爱情故事中,林道静/卢嘉川/江华的三角关系图式又构成一个新的结构/功能单位。在这一结构中,作者又将卢嘉川和江华进行了位格的区分:江华被尊为父,卢嘉川被尊为兄,从林道静的视点出发,卢嘉川和江华又构成了一组对比性的形象,构成一个感情的张力场中的正项与反项。正项在显文本中在余永泽——林道静——卢嘉川+江华的结构关系所构成的政治场域中与余永泽所占据的反项位置一样。在显文本中,叙事的规则是政治与革命,我们明显地感觉到,工人阶级出身的共产党员江华在评价秩序中高于卢嘉川;但在潜文本中,当叙事的规则由政治变为爱情,叙事的语调中扬兄抑父的感情倾向则非常明显。

小说中有这样的情节:林道静出狱后告诉江华,林红在狱中对她的帮助,江华自责对林道静的帮助太少,林道静马上想到了卢嘉川,并对江华说:“我把你看成我的恩师,看成我的兄长。我一直非常感激你对我的培养……你是一个非常实际的人,这一点卢嘉川都不如你。”随后还说:“你也像一个父亲一样替我另起一个名字吧。”这些话里包含着丰富的潜台词:在林道静真实的想像中,江华是一位父亲,父亲是应该“实际的”,在“这一点上”卢嘉川不如江华,但作为爱人呢?显然,一个像父亲一样实际、老练、稳重的人是不宜做爱人的。所以,当江华向林道静求爱时,她感到“惶乱、不安、甚至是痛苦”。她说服自己接受了江华,但理由是:“真的,像江华这样的布尔什维克同志是值得她深爱的,她有什么理由拒绝这个早已深爱自己的人呢?”显然,这是思想、理智、政治上的接纳,而不是感情上的接纳,因为她的爱情只属于那个英俊、潇洒的骑士卢嘉川。

不仅在感情倾向上有所保留,在《青春之歌》的初版本中还有一些细微的裂缝与显文本中对江华的仰视和颂叙不同,对江华的真正身份有隐隐的猜忌和怀疑。证据有:一是在定县教书时,林道静第一次见到江华,其后她多次询问江华的身份,江华均不回答,林道静表达了隐隐的不满。二是林道静入党、两人同居后,江华的行踪仍十分神秘。“一二·九”大游行,江华没有参加,他见到林道静时称自己在别处受了伤,但拒绝林道静查看伤情,市委的通信员任老头对此表示怀疑:“他什么时候受的伤?同志们并不知道呀?”三是更为奇怪的是,几天后,共产党再次领导青年学生举行大规模的游行示威,江华仍未参加,理由是“受伤而又被捕”,但这一消息不是来自任何一个人的传递,而是来自林道静的想像,“一个刺心的消息又在她脑际浮现了:江华被捕了”。四是杨沫自己说,卢嘉川和林红是她最爱的两个人物。[①] 江华在人物的价值序列中被“降级”。五是在《青春之歌》的续集《英华之歌》中,江华的形象被贬抑叙述,他成了一个嫉妒成性和执行极“左”政策的典型,这一处理,恐怕是自有渊源的。

尽管《青春之歌》创作发表于20世纪50年代这样一个文学一体化的时代,但它显然并不是一部单纯的文本,知识分子的革命话语是文本的显层与主层,但并不是唯一的话语事实,革命话语无论是在伦理上还是在美学上都需要爱情话语的支持。作者的五四参加者的身份和当代文学话语中爱情语言的苍白使她所操持的爱情话语仍然是五四式的个性化的话语,这种个性主义话语构成了《青春之歌》的潜层。江华是跨两种话语、两个叙述层面的关键人物,是一个“纽结”,他在两个文本中获得的不同阐释和不同评价表明了革命话语和五四启蒙话语在20世纪50年代文学一体化过程中的并存,启蒙话语仍在顽强延续这一事实。

三

《青春之歌》于1958年1月第一次由作家出版社出版。其后,又进行了多次修改,其中较大的改动有两次:一次是1959年的修改,是

---

① 杨沫:《〈青春之歌〉再版后记》,作家出版社1961年版,第629页。

为1960年的再版本;另一次是1977年的修改,是为1978年的重印本(定本)。据金宏宇先生的核校,《青春之歌》再版本在初版本的基础上修改了260多处。重印本则在再版本的基础上修改了80多处。①《青春之歌》的这些修改,主要是围绕林道静进行的。这种修改的理据和意义,金宏宇先生概括为:"按照国家意识形态的要求,对知识分子进行了重新叙述,让林道静改掉了小资产阶级根性,实现了与工农的结合,找到了新的阶级归宿。"这一概括是完全正确的。但是,他的概括还不能完全覆盖小说中的其他人物。上文已经指出,江华在文本结构和意义阐释中居于特殊地位,那么,对他的修改又有哪些,修改的理据和意义又是什么呢?

仍据金宏宇先生的核校,再版本中独立涉及江华的修改有三处:一是再版本第597页将初版本第516页江华谈论罗大方父子的话改为江华鼓励林道静"……不懈地斗争下去……"二是再版本在同一页加入了叙述人的评价:"在和爱人相会的欢快中,在极度疲乏、几乎昏沉过去的景况下,他仍然念念不忘当前的斗争和工作;念念不忘鼓励爱人的进步。"三是在最后一章,再版本的618页至620页新增两个页码,描写游行场面,其中加写了江华不顾危险站在电车上讲演的情节。重印本独立涉及江华的修改有1处。再版本第264页写江华"造了一张假文凭"而考取北大,重印本第280页改为"托人买了一张假文凭"。

金宏宇先生认为,《青春之歌》对江华的修改,目的是强化他的英雄形象,使其更高大,这当然是对的。但是,由于金宏宇先生的阐释没有考虑到江华在显文本和潜文本中的特殊地位,或者说,没有顾及《青春之歌》中的潜文本这一事实,对有些修改的阐释,就没有顾及内中的隐曲。尤其是再版本618页至620页增写的两个页码,是一次意义非同寻常的修改。

我在上文中已经提到,林道静对江华的真实身份和神秘的行踪存在疑点,尤其是,"一二·九"学生大游行,江华没有参加,却在别处受

① 金宏宇:《中国现代长篇小说名著版本校评》,人民文学出版社2004年版,第239页。下引金宏宇的观点均出自该书有关《青春之歌》的评述,不再一一注出。

伤;“一二·一六”北京大学师生再次游行示威,江华仍然没有参加,理由是林道静所想像的“受伤而又被捕”。在初版本中,这些闪闪烁烁的细节已经构成了对江华的“腹诽”:他在最关键时候的缺席,是江华这一高大的共产党员形象无法抹去的污点,和卢嘉川南京请愿时的身先士卒、勇挑重担,“三·一八”纪念集会时的机智勇敢、在军警枪口下救助徐辉的骑士行为,在监狱中的视死如归等形成了强烈的对比。这种缺席反倒与余永泽的冷漠旁观有些异曲同工:两个向其托付身体的男人在林道静深陷困境时的缺席,引发了林道静作为女人的孤独、恐惧和所托非人的身世之感。[①] 因此,在初版本中,江华形象的主要问题还不是不够高大,而是名实不副。他名誉上的 NO.1 的地位(作者的叙述口吻,林道静尊他为父,他在党内的身份与地位等造成的一种综合印象)和他实际行动上的“无所作为”,形成了一种叙事修辞上的过誉现象,实际的叙述效果是对他的反讽。

因此,我以为,再版本和重印本对江华的修改,尤其是最后一章,让他由缺席变为在场——让他作为一个受瞩目的焦点出现在游行队伍中,一方面是让这一形象更高大,另一方面是力图擦除他在潜文本中被贬抑的痕迹,弥合他在显文本和潜文本中由于身份不同、评价和定位不同而造成的裂隙,将其整合为一个完整、统一的意义符码,即一个毋庸置疑的为知识分子指示改造方向的引路人形象。

除了专门针对江华的修改之外,和林道静的关系中涉及江华的修改还有几处:一是初版本第 380 页至第 381 页有三小段写林道静对培养、教育和关心着自己的江华“心里充满了尊敬和感激的激情”,她要江华“像父亲一样”为她“另起一个好名字”,江华“突然脸红了”。这三小段在并入再版本第 24 章时删去。二是初版本 381 页有两处涉及感情描写文字,再版本也给予删除,这两段是:

(略)在黑暗的门边他忽然握着她的手,握得那样有力,使得道静有点吃惊。因为除了她入党的那一会儿,江华从来没有这么

---

① 孙先科:《“个人无意识”及其“碎片化”的存在方式》,《中州学刊》2004 年第 4 期。

热烈地表现过他的感情。

(略)道静瞥见他的脸上有一种抑制不住的热情在浮动。她的心里不禁微微一动。

重印本中,涉及江华和林道静关系的也有两处重要的修改:

“啊,明天,他就能来看我了……”道静躺在被子里,想起了江华,高兴了。因为从新婚的第二天起,他们就没有再见过面。

重印本则改为:

“啊,明天,火山爆发的明天就要到了!”道静躺在被子里,想起了即将到来的斗争,内心里充满了激昂的喜悦。高烧中还不断地喊着:火山!火山……

再版本第599页写江华要随市委通讯员去开会,而道静:

她默默地送着他。看着他高大的身影随着瘦小的老头蹒跚地消失在胡同的转角处。她跑回来趴在他刚刚睡过的床上愣愣地沉思了许久。

重印本第645页则改为:

她默默地送着他。看着他高大的身影随着瘦小的老头蹒跚地消失在胡同的转角处,不禁轻轻自语道:“卢嘉川——林红——他,都是多么相像的人啊!……”

在涉及江华与林道静关系的这一部分中,修改的主要意图是净化爱情描写——尽管已经干净得不像是爱情描写,将男女之间的私密感情置换为所谓的革命感情。当然,像金宏宇先生分析的那样,这些修改主要是服务于主人公林道静，是要“修改道静的小资产阶级情调和感情问题”。但是，这些修改恰恰涉及林道静对江华的评价问题，即通过改变林道静的评价视角从而改变江华形象的性质。我在上文已经提到，在《青春之歌》的潜文本中，即在爱情话语中，小说对江华的叙述及评价是似扬实抑的，诸如道静对江华充满“尊敬与感激的激情”，将他尊为父亲，以及江华对道静产生感情，“她的心里不禁微微一动”——意识到对方的爱情，但并不意味着爱上对方等这些描写表面上在抬高对方，但从爱情的角度来说，是将对方拒之门外，是一种策略性的贬抑叙述。包括再版本中写林道静躺在被子里想念江华以及江华随通讯员离开林道静的“愣愣地沉思了许久”，表面上看都是在表扬江华，但从一个妻子、一个年轻女人，从身体的渴求等角度来说，这显然是在谴责江华的缺乏人情味。事实上，缺乏人情味、缺乏浪漫气息、缺乏骑士风度恰恰是江华与卢嘉川对比所具有的劣势，是林道静爱卢嘉川而“舍弃”江华的主要原因。但由于江华所处的崇高的政治地位，林道静在爱情上是以抬高对方——称对方为父亲，说对方沉稳、老练等方式，即以敬而远之的方式拒绝对方的。

因此，再版本和重印本对林道静和江华关系修改的主要方式是擦拭掉江华在爱情上的存在痕迹，使之完全变成一个崇高的政治角色。只有这样做，江华才能在作者的评价视野中与卢嘉川平起平坐：“卢嘉川——林红——他（指江华），都是多么相像的人啊！……”在这里，潜文本与显文本之间的裂隙被抹平，江华也终于进入了与卢嘉川和林红（作者杨沫说过，这是她最爱的两个人物）相同的价值序列。这样做的客观效果当然是江华形象更高大，但这种修改背后更深的用心是使江华这一形象在政治话语和爱情话语中的两重性得以弥合，从而取消潜文本的存在，取消潜文本与显文本之间的裂隙造成的意义上的自相矛盾，最终使《青春之歌》成为在意义上能够自洽的完整而统一的文本，真正担当起“知识分子改造手册”的历史重任。

四

《青春之歌》的故事显然凝聚了作者无限的心血与痴想，因此，在它发表后的很多年里，作者都有意犹未尽的感觉，除了几次对《青春之歌》进行修改之外，作者还一再地对它进行续写，《东方欲晓》《芳菲之歌》等长篇小说创作是对《青春之歌》素材的再利用，①怎么看都像是改头换面后的《青春之歌》。在时隔《青春之歌》发表 30 多年后，它的续集《英华之歌》于 1989 年完稿，在这部小说中，林道静、卢嘉川、江华重新聚首，再度谱写悲欢离合的“青春之歌”。之所以对“青春之歌”的故事“爱不释手”，以致孜孜矻矻地改写、续写不止，作者所说的“读者的期待”只不过是外驱力，②而真正的内驱力还是作者对“青春之歌”故事的难以释怀，最主要的是对林道静、卢嘉川、江华等主要人物关系言犹未尽——《青春之歌》所呈现的是作者在当时的语境中能够和愿意呈现的，是浮出水面的冰山或冰山之一角，一些“秘密”、一些属于梦想性质的东西显然被压抑、被遗忘了。《青春之歌》的续集《英华之歌》是作者在相对自由的状态下把过去梦绕魂牵的故事进行了再叙述。

《英华之歌》名义上是《青春之歌》的续集，但从主题意识上来说，他更应该被看作是对《青春之歌》的改叙，是在新的语境中，在新的观念指导下对《青春之歌》故事的重新阐释。在续写《青春之歌》的 20 世纪 80 年代，正是以人性、人情为关键词的新时期启蒙话语蓬勃高涨的时期，这种被学界称之为新启蒙的人文话语实际上与五四新文学在精神上和话语方式上进行了跨时代的多方面的沟通。对五四新文学精神和话语方式非常谙熟的作家杨沫对《青春之歌》故事进行改叙的基本理据和思想资源正是这种人文主义话语。

上文的分析已经表明，20 世纪的 50 年代、60 年代是一个叙写革

① 杨沫：《〈英华之歌〉后记》，十月文艺出版社 1992 年版，第 587 页。

② 杨沫：《〈英华之歌〉后记》，十月文艺出版社 1992 年版，第 587 页。

命神话的年代，人情与人性是被作为资产阶级的意识形态进行批判的，因此，在《青春之歌》这部讲述小资产阶级知识分子走向革命的“成长小说”中，爱情话语(以人性、人情为基底)被压抑为潜文本，在其后的两次修改中，这一潜文本被逐渐抽离、取缔。而《英华之歌》对《青春之歌》进行改叙的重要策略就是修复那个被压抑、弱化的潜文本，并使之上升到主导的结构位置、结构层面，成为显文本中的一个有机组成部分。在《青春之歌》中，林道静、卢嘉川和江华三人之间的爱情关系是一个潜结构，卢嘉川和江华之间的对比基本上是在林道静的潜意识里进行。在《英华之歌》中，这一潜结构上升为一个统摄性的主导结构，卢嘉川和江华的对比以及林道静在二者之间的游移、徘徊和由此产生的张力，成为这部小说叙述的主导动机和内驱力。在语义上，爱情、人性不再是一个被隐藏和被诋毁的话题，而是和革命英雄主义一起成为这部小说主题的有机成分，并且成为对20世纪40年代初解放区“肃托”“左”倾思潮进行反思和批判的重要价值尺度。

为了完成这种结构和语义上的转换，显然需要对《青春之歌》中的人物和人物关系进行重要的修改。《英华之歌》修改的焦点是江华，其策略则是将他在《青春之歌》中处于潜藏状态的、被隐约质疑的品质明晰化、具体化，使之由潜变显，由朦胧变清晰。具体的线索有两条。其一，由政治上的成熟、老练，变成政治上的“左”倾和思想上的僵化。20世纪40年代初，发生在解放区共产党内部的“肃托”运动，构成了《英华之歌》的主要叙述内容，几个核心人物，卢嘉川、江华、林道静、柳明、曹鸿远、罗大方等均卷入其中，罗大方受害致死，林道静、曹鸿远和柳明则遭受逮捕，关入监狱。在这一过程中，江华扮演了一个僵化的、盲从的教条主义者，在对待妻子和朋友时冷酷无情，似乎完全成为一个没有人性的政治机器。其二，作为丈夫和男人，缺乏柔情和宽容，变得刻板、狭隘、嫉妒成性。在《青春之歌》中，如果说对江华缺乏人情味的贬抑和攻击是以一种隐讳的方式来呈现的话，如林道静和他同居前称其为父亲，认为他老练、成熟，同居后对他的思念、期待，见面后他的理智、克制等；那么，在《英华之歌》中，这种贬抑叙述完全明朗化了。有两个情节特别能说明问题。其一，两个人分别两年后在解放区重新聚

首,但江华拒绝和林道静同居,理由是:

> “小林,我不是不想住在你这里,怎能不想呢?也不是急于报到,主要是一批干部跟随我一起过来,他们个个都是光棍汉,假如我和你住在一起,我们俩成双成对的,那他们怎么想呢?这影响不好!我这个地委书记要当表率嘛。”
>
> “这是什么逻辑?”道静的眼泪在眶内打转。这是条什么原则?有人打光棍,那么夫妻就得陪着分居,陪着当光棍,否则就影响不好……她真想不到江华——他十分尊敬的领导者,脑袋瓜里会装着这些奇怪的念头。

另一个情节是:当他们的孩子出生后,江华怀疑林道静不忠,疑心孩子是卢嘉川的骨血,所以,在林道静重病住院时,他始终不去看望。还由于林道静对罗大方、柳明和曹鸿远在“肃托”中的遭遇表示不平和辩护,二人发生激烈冲突,江华遂向林道静提出离婚。

除在直接涉及江华的形象塑造和描写中对江华的形象进行贬抑性的改叙以外,《英华之歌》显然还想借助林道静的视点使在《青春之歌》中不敢、不愿和不宜公开的一些意念、一些被压抑于冰山之下的“秘密”明朗化、公开化。如林道静与江华关系的性质,在《青春之歌》中是以身体/政治互喻的方式进行表述的,即林道静与江华的结合,既是男女身体的结合,更是小资产阶级知识分子向共产党员在政治上的追随和认同,有意模糊了二者之间关系的性质实际上并不是两情相悦的真正爱情。在《英华之歌》中,作者有意解构了身体/政治的诗学表达方式,将隐喻的、表意性的语码情节化、细节化、写实化,将爱情与政治之间的矛盾、龃龉,两种话语之间的缝隙公开化、扩大化。在感情关系上,林道静反复澄清,她虽然与江华结合了,但她并不爱他,“她只觉得他是个她敬佩的男人——男同志”。小说还将《青春之歌》中江华雪夜求婚、与林道静同居的那一经典情景进行了破坏性的重述,将林道静的真情实意进行补叙:她真正所爱的是卢嘉川,但他不能死而复生,而她作为一个女人需要爱抚,需要伴侣,“最后跑回屋里,答应了江华的要求"。从这个夜晚起，她决心永远属于可尊敬的战友和老师。而在政治关系上，林道静也改变了在《青春之歌》中俯首听命的、有原罪感的忏悔姿态，不断地向越来越僵化的江华发起挑战："老江，现在的我，已经不是六年多以前的我了！那时候，你说什么，我都奉若神明。可是，经过几年的学习和锻炼，我确实不再那么驯顺，对事物，我已经有我自己的观察和判断……"林道静在对江华的审视和感情的反叛中真正作为一个革命的知识分子形象而成长起来。

分析表明，《英华之歌》中对江华形象的塑造与《青春之歌》对他的基本定位（显文本中的表述）——高大的共产党员形象，一个代表英雄成长方向的、一贯正确的意识形态"超级能指"已经有了很大的不同，毋宁说，对他的续写使他走向了自己的反面，是对作为意识形态"超级能指"的故意的、有效的拆解。这个反面的江华形象，显然是将《青春之歌》中潜文本中被贬抑的江华形象进行放大的一个结果，那个在作者的潜意识中被质疑的、欲说还休的形象终于找到一种语言被言说出来。江华形象由高高在上、闪闪发光、神神秘秘的一个"圣者"，在知识分子的语言和叙述中被"还俗"的过程，是知识分子主体意识逐渐觉醒、由失语到获得话语权力和能力的过程。

杨沫是在五四新文化的濡染中成长的一个知识分子，自幼喜欢武侠小说，培养了一种浪漫与传奇的精神气质。在追求个性自由和解放的道路上，她邂逅共产党员，被领入无产阶级革命的滚滚洪流，成为一个革命者。新中国成立以后，在文学讲述革命神话的语境中，她现身说法，以自己的成长经历作为原型开始了《青春之歌》的创作。她的独特经历和小说的自传性特色，使《青春之歌》像杨沫本人一样成为一个综合性的文本：无产阶级的革命话语和五四启蒙话语在小说中纠缠不清，或者准确一点说，深入骨髓的五四情结使个性主义的启蒙话语（浪漫的爱情愿望、爱情追求上的个人自由意志）在无产阶级革命话语的夹缝中顽强地生存，以潜文本的形式自说自话。20 世纪 50 年代、60 年代对《青春之歌》的批判，表达的是要使无产阶级革命话语纯洁化、纯粹化的诉求。《青春之歌》的两次修改就是对这一诉求的满足。知识分子的人文期待、启蒙话语的个性主义意识被暂时清理出《青春之歌》,但并没有在作者的心中寂灭。杨沫对林道静、卢嘉川、江华故事的念念不忘、欲说还休、欲休还说,正是因为她对知识分子启蒙话语难以忘怀,或者说她对知识分子在革命路途中所遭遇的思想和感情经历并没有说清楚,因此不吐不快。《英华之歌》正是这种吐而后快的结果,是作者最后的心声。由此看来,《青春之歌》的创作、修改、续作,《青春之歌》在20世纪50年代至90年代的文本变更史,可以看作一个大的文化文本,它所揭示的是知识分子在20世纪下半期生存的历史,也是知识分子自我认知、自我成长的心灵的历史,一个知识分子主体的成长史,也是知识分子的启蒙话语被压抑、扭曲、存活、延伸的历史。通过这一文化文本,也让我们看到,知识分子的启蒙话语和无产阶级的革命话语在当代的文学叙事中是如此复杂地纠缠在一起,你中有我,我中有你。

爱情·道德·政治

——对“百花”文学中爱情婚姻题材小说“深度模式”的话语分析

一

以文学史的观点看，萧也牧的短篇小说《我们夫妇之间》出现在20世纪50年代初的中国文坛上，其象征的意义可能远远超出了它本身的价值。其一，家庭风波、婚姻纠纷等日常生活场景以“可读性”的诉求为其“可写性”争得一席之地，并成为日后突破极“左”禁区、为现实主义伸张的“突破口”之一；其二，在男/女自然关系、感情关系上附加道德、政治内容，使爱情婚姻故事变成一个高度意识形态化的故事，成为一个具有“可模仿性”的“深度模式”。随后，萧也牧的小说创作被当成一个“倾向”来批判，说明这一“深度模式”在20世纪50年代初并未获得充分的合法性。相对于阶级论的简洁与明了，这种将自然关系、感情关系、道德关系、政治关系纠缠在一起的文学话语方式显得过于复杂，甚至是暧昧的——在知识分子政治和文化象征意义上的地位尚未被正式授权、给定之前，小说中那一“工农与知识分子相结合”“互相取长补短”的主题演绎，在某些政治敏感的人看来，就可能掩藏着知识分子在政治和文化上的某种野心——以既成事实要求被授权。

1956年“双百”方针提出以后，在相对自由的文学语境中，爱情婚姻题材的小说大量增加，出现了一些在当时和后来广受关注的作品，如李威伦的《爱情》、陆文夫的《小巷深处》、邓友梅的《在悬崖上》、俞林的《我和我的妻子》、丰村的《美丽》、宗璞的《红豆》等。这一组在后来的文学史中几乎无一例外被称作“突破题材禁区”的爱情小说，延续了《我们夫妇之间》的“深度模式”的基本形态，但精心编织的爱情与婚姻故事（三角恋爱与婚外恋），感情/道德/政治更复杂的关联，刻意制造的紧张感与悲剧气氛，不甚娴熟但苦心经营的叙述圈套（如超叙事结构的设置），使原本复杂的“深度模式”与文学话语变得更加纠缠与暧昧不清。这种有意使文学话语复杂化的知识分子趣味对意识形态惯常操作的简明的政治式阅读方式几乎构成了“明目张胆”的挑战。因此这些作品享受的“自由”和荣耀是极其短暂的，1957 年反右派斗争开始以后，纷纷被作为“毒草”打入另册。

如果仅仅出于对这些作品在 1957 年所受遭遇的同情和将它们打成“毒草”的极“左”政策的义愤与批判，重新讨论它们实际上是没有多少必要的，因为，粉碎“四人帮”后，随着政治上对反右派斗争扩大化的全面否定与批判，这批“毒草”作为“鲜花”重新开放，而且受到了很多，也许是过多的赞誉。对这些作品“再认识”的必要性在于：“毒草”的命名固然粗暴、武断，应该彻底否定；而以“鲜花”名义进行的“反命名”所做的主要是指出了它“政治上的正确”，并未根本触及那一“深度模式”，没有对那一复杂化的文学话语作具体的文本的，及在文本基础上的文化分析，文学史几乎全是以“题材突破”一言以蔽之，一种相当奇特的文学现象被轻描淡写、简单化约地处理。事实上，若对这一复杂化的文学话语及其“深度模式”作些具体的语法及修辞分析会发现：一是这批作品的创作从主观上可能有对 20 世纪 50 年代初“劳动加爱情”的简单模式与“缺乏爱情的爱情描写”①进行突破的意图；事实上，也的确在故事的复杂性及介入生活层面的复杂性方面，较以前有所突破；但是，这种突破仅仅是表面的、局部的，除了个别作品，如《红豆》涉及爱情作为精神现象的复杂性之外，爱情作为禁区几乎未受到任何触动。“三角恋爱”与“婚外恋”故事框架主要不是为探讨感情复杂性而设立的，而是将主题由感情领域转移到政治或道德领域的过

---

① 鲁达：《缺乏爱情的爱情描写》，《文艺报》1956 年第 2 期。

渡性框架；以“儿女情，家务事”言说道德与政治等宏大主题是这组小说“深度模式”的基础性语法结构。二是表面看起来充满张力的“三角恋爱”或“婚外恋”只是徒具其形而已，本质上是一些封闭的“道德试错”故事，其中充满了唯理主义与道德主义的气味；由于被叙主体大都是知识分子，因此“道德试错”故事基本上可以看作对知识分子作为一个道德主体的可靠性的考验，他们在爱情方面的“失足”，说明其道德状况的脆弱与动摇。三是以第一人称“我”现身说法或以第三人称的“内聚焦”进行叙事，加强故事的切身感、自传性、主观化与情感的力量，同时又设置“超叙事结构”进行“间离”，以掩盖叙事人与故事当事人之间的本质联系，这种在修辞方式上的有意乖张，暴露了叙事人作为一个道德主体的不真诚。因此，从整体上看，20 世纪 50 年代中期出现的这批被名之为“题材突破”的作品，大部分和它“爱情小说”的名目完全不一致，实际上是道德与政治功利性极强的道德与政治小说——整个突破的不是“题材”，而是它意义再生产的方式，即一种话语的“深度模式”；而精神上的实质与“突破”的表象更是南辕北辙：通过自我暴露、自我忏悔，实现的是道德上的自我审视，这种“从灵魂深处爆发的革命”标志着知识分子作为道德主体的自我放逐。

二

李威伦的《爱情》是较早出现，也是表面看来最像爱情小说的一篇。医学院大学生李碧珍与高年级同学周丁山相遇相识，在李碧珍视二者的关系为友谊时，周丁山开始向她求爱，她拒绝了对方。但是她不久就为自己的“轻率”感到后悔，因为对方是一个好学上进、热爱事业、关心他人的好青年。当她回心转意准备找回爱情时，对方奔赴朝鲜前线，眼睛受伤后，在医院中与护士小贞相爱，李碧珍遂陷入欲爱不能、欲罢不忍的痛苦。上述这种“错失爱情，欲寻不再”的故事框架是古今中外感伤的爱情小说的传统模式，显得相当老套，一个当代作家显然不会满足于仅仅重复一个陈旧、老套的爱情故事。真正使《爱情》顺利进入当代语境、进入当代阐释体系的恰恰是对这一老套故事的改写、一种新的故事模式的创立。因此，我们看到，在老故事结束的地方，恰恰变成了新故事的起点：李碧珍毕业以后到一个边疆渔村当医生，不久，周丁山也来到这里帮助她工作。这一“巧合”将李碧珍带入“要爱情”（个人幸福）还是“要道德”（他人幸福）的两难选择。这种两难处境由于周丁山要调离渔村而被推向高潮。那么，李碧珍如何走出困境，或者说，作者如何化解矛盾与冲突呢？在文本中，一个相当生硬、牵强附会的故事被作者“创造”出来完成“说服”李碧珍的任务。渔村的女青年素梅突然休克，作为医生的李碧珍神奇地使素梅死而复生。看到素梅的恋人黑牛感激、幸福的表情，李碧珍突然想到由于自己“不负责任”的介入，小贞所面临的悲惨处境，于是决心从“三角关系”中退出。小说回避了这一决定的感情后果，而直接转入了对它的道德意义的开发：

> 是的，它克制住了一种几乎不能克制的感情。这是为什么呢？这正是为了爱情——一个青年团员，一个真正的医生，对人民、对自己的职业，那深厚、真挚的爱情。还有什么样的爱情会比这更崇高、更美呢？

很清楚，说一个三角恋爱故事不是这篇小说的本意，或者说三角恋爱故事只是它的“语义层”，而它的“文化层”——将“小爱”（个人之爱）转换为“大爱”（人民之爱），将爱情升华为崇高的道德才是《爱情》的真正目的。

邓友梅的《在悬崖上》是一个由“婚外恋”引出道德教训的作品。它的故事结构同样基于一个“三角关系”——一个男人在妻子和“情人”之间的犹疑和徘徊。借助一个男人“见异思迁”的故事（看看那个威风凛凛的题目就知道，它其实是一个“道德失足”的故事），引申出一个道德主题，在小说中借助于一个“过来人”——科长来宣讲这一主题：

> 有些人说“爱情问题是生活琐事”，我倒不是这样看法，我觉

> 得在这个问题上最能考验一个人的阶级意识、道德品质！
>
> 我们这个社会的人，所追求的道德精神，不就是这样的关心别人，关心集体吗？对别人负责，对集体负责，互相都把对方的痛苦当作自己的痛苦，说穿了，共产主义精神不就是这么个内核吗？

但是比《爱情》更复杂的是，三个主要角色分别被赋予了鲜明的意识形态身份：男人——技术员、知识分子，妻子——共产党员，加丽亚——典型的资产阶级思想、作风的代表（顺便提及，在把人的自然身份、自然特征赋予意识形态色彩，让自然符号“转义”为文化符号方面，恐怕没有另一篇短篇小说像《在悬崖上》这样处心积虑，从人的出身命名、穿衣戴帽、肤色表情到生活做派，无一不以阶级与意识形态立场予以分门别类的“着色”），因此，他在“深度模式”上有进一步的“增值”：小资产阶级知识分子为资产阶级的生活作风所引诱而导致“失足”“堕落”，显示出他们作为一个道德主体的脆弱与动摇性，这与他们作为政治主体的两面性与摇摆性是互为表里的。因此，“悬崖勒马”既是一个道德断喝，又是一个政治警示：将知识分子置于无产阶级的政治监督之下是绝对必须的。

《美丽》也是一个涉及“婚外恋”的“三角故事”。一个外事文化部门的女秘书季玉洁爱上了已婚的单位首长，她以工作需要和照顾首长生活的名义频繁地介入首长的家庭生活，引起首长的患有晚期肺癌的妻子的强烈不满。首长在妻子去世后，向季玉洁求婚，季玉洁反而拒绝了他。后来季玉洁与一个年轻的医生建立了恋爱关系，因工作太忙，又自动拒绝了对方。孑然一身的季玉洁被叙述人说成是“幸福的”，有的评论者认为她的灵魂是“高尚美丽的”。就其基本的故事结构而言，这篇小说并不比《爱情》《在悬崖上》更复杂，①但就阅读感受而言，却有一种如骨鲠在喉的别扭与不适感，比任何其他一部作品更复杂难言。究其原因，“为赋新词强说愁”——作品为表彰一种自我牺牲的道德（为他人、为工作），人为地将感情逻辑扭曲、复杂化了。

---

① 兆岱丹：《爱——爱情小说选·序》，广西人民出版社1980年版，第3页。

在上述文本分析的基础上，我们有可能对这种爱情/道德话语的语法结构及功能作如下的提炼与概括：一是虚设一个“第三者”角色，使“两角”的爱情关系，转换为“三角”的道德关系，将主题由爱情“引申”到道德领域。之所以将“第三者”说成是“虚设的”，是因为“第三者”角色占据的是符号性位置，承担符号的、抽象的功能；作为具体形象的个体性特征（感情、意志等）被回避、抽空。《爱情》中的小贞、《美丽》中的首长均构成“三角故事”中的一角，但他们在三角爱情关系中的感情态度、道德立场是什么根本没有或极少被触及，即作为一个“主体”他们并不存在或极端虚弱，但他们的在场保证了一个道德视角、道德主题被“延伸”出来。《在悬崖上》中的“第三者”加丽亚同样是一个“抽空的能指”：资产阶级生活方式的代表。她在作品中的功能是作为一种堕落的引诱力量为技术员这一人物服务的。二是以牺牲爱情的立场解决“三角”冲突，以维护道德选择的合法性。其中运作的具体逻辑是：将爱情变成一个包含双重语义的喻词——“大爱”与“小爱”，“大爱”因其神圣、崇高的性质被肯定，而“小爱”则因其“个人的”性质自动丧失其合法性。三是从故事的“运动”模式上来说，所有三角竞争关系的结果都是“回到从前”，即恢复到矛盾、运动发生以前的位置。具体地说，主人公由寻求一种新的感情关系开始，使旧的平衡遭受破坏，但“尝试”过后，经过自助或他助、自律或他律的修复过程，重新回到旧的感情状态。考虑到这些故事的道德性质，我将这种“循规蹈矩”的故事模式称作“道德试错”故事——作者甚至一开始就认定新的感情冒险是错误的，之所以让主人公去尝试、去“放纵”，只不过是为了引出一种道德教训，开发其中的“微言大义”而已。

从结构主义的观点来说，任何没有创造新的关系模式的循环故事，其表达的文化观念都是保守的。“道德试错”故事正是如此，它与小说字里行间流露的道德说辞、借助人物或叙述人之口传达的道德教训完全吻合，表达出的是一种唯理主义的信念——严厉地节制、克制甚至是牺牲感情，维护道德的神圣性与纯洁性。或许会有人争辩，一种为他人的、为人民的、为工作的道德不值得维护吗？当然值得维护、值得颂扬。但是，这一“道德试错”故事在艺术上的致命伤在于：一是三角冲突“人为的”“虚拟的”色彩过重,经不起艺术推敲,感情与道德的冲突被有意识地夸大了。二是这些作品在将“小爱”升华为“大爱”时使用的逻辑是非此即彼的,二者互相不见容于对方,这种将“大爱”与“小爱”根本对立起来的思维模式,更是一种典型的形而上学的“虚设”。季玉洁在首长的妻子去世后仍拒绝了她所爱的首长的求爱,原因是害怕别人的议论和愧对死去的姚华。她拒绝那个年轻医生的爱情则是由于工作太忙。这种为了道德清白,为工作、事业所做的感情牺牲因为太不“自然”、太做作,看起来像是一种“自虐”。

三

与这组“道德试错”故事浓厚的道德兴趣不同,另外几篇作品——《小巷深处》《红豆》《我和我的妻子》通过将“三角关系”嫁接于历史这一“节点”,在借助“儿女私情”传达宏大主题时,将那一“深度模式”的管道拓宽了:爱情不仅与道德有关(自我与他人的关系),而且还是个与社会、历史息息相关的宏大命题。这让我们清晰地回忆起杰姆逊有关第三世界文学的命题:“甚至那些看起来好像是关于个人和力比多趋力的文本,总是以民族寓言的形式投射一种政治:关于个人命运的故事包含着第三世界的大众文化和社会受到冲击的寓言”。[①] 很难确切地说是“以民族寓言的形式投射一种政治”,但这组作品借用爱情框架写作政治寓言的意图是昭然若揭的。由于这组作品在还原社会历史现场方面的努力,个人的爱情命运和社会及历史的直接关联受到叙事程度不同的支持,在“道德试错”故事中显得生硬的由“小爱”向“大爱”升华的主题,在这组作品中更婉转,也更易接受一些。

《小巷深处》中技术员张俊与漂亮女工徐文霞的爱情故事像是传统的“才子佳人”和解放初期“劳动加爱情”(作品中是学习加爱情)故事的混合版,从中甚至能读出一些“风花雪月”的味道来。是朱国魂这

① 杰姆逊著,张京媛译:《处于跨国资本主义时代的第三世界文学》,载《当代电影》1989年第6期。

一丑陋的嫖客的出现,使徐文霞在旧社会做过妓女的身份被暴露,而且由于他的步步紧逼,徐文霞的历史身份部分地被还原出来——女性身体(性)被剥削是旧社会政治、经济剥削制度的隐喻方式,因此,类似《白毛女》的"旧社会把人变成鬼,新社会把鬼变成人"的主题功能,保证了这篇小说顺利地进入当代意识形态的阐释系统,受到文学史家的青睐。

《红豆》或许是将爱情故事与宏大历史主题结合得最佳的一个案例。这同样是一个"鱼肉不可兼得"、"大爱"与"小爱"戏剧性冲突的故事,但是,阅读这篇小说没有感到牵强附会、人为地"制造"悲剧的别扭。我认为它提供的经验:

一是这篇小说以历史叙事为主,而且它选择大陆解放前夕,国民党丧失政权外逃之际作为故事背景,这是一个个人命运与党派、家国命运关联最为直接、个人选择最关键的时刻,所谓"千钧系于一发""一失足成千古恨"的紧要关头。小说对这一历史现场的还原,使个人、阶级、国家命运被有机地交织在一起。

二是小说没有因为"大爱"的神圣性,而轻视、忽略"小爱"对于人生选择的分量。作品对江玫爱情心理的细腻刻画——对齐虹"剪不断,理还乱"的感情矛盾、抛弃爱情的艰难、割舍后的怀念,不但没有削弱她选择革命道路的神圣性,相反,由于这种选择"忠孝不能两全"的性质、由于伴随着一种刻骨铭心的感情丧失,其神圣性反被加强了。它证实了同期同类作品中较少出现的、一种"反常的"艺术经验:当"大爱"与"小爱"的冲突不可避免时,即一种悲剧情景发生时(依赖于作品对矛盾场景的设置及作者还原现场的能力,不能给人人为制造冲突、制造悲剧的感觉),依从了"大爱"的神圣化逻辑及价值取向,但同时对个人的丧失、对"小爱"的牺牲表示了真诚的、切实的痛惜与怀念。应该说,《红豆》在同期的文学创作中提供了一个在美学层面上思考革命伦理(个人与集体、感情与神圣信念之间的关系)较纯正的趣味——它的悲剧取向,即以悲剧的情感、悲剧的审美姿态处理悲剧事件。

三是在知识分子如何走向革命的问题上,《红豆》表达了一种更加温和的对革命的认知方式与接受方式。主要表现为小说的主人公江玫走的是一条“亲情式”的对革命的接受与选择过程，与林道静仪式性的三部曲——共产党员的指引、马列思想武装、与工农结合明显不同。篇幅长短可能是一个影响因素，但绝不是关键因素，因为在一些重要的象征符码的设计上，二者的阐释方向是明显不同的。其一，“家”这一伦理符号在《青春之歌》中具有绝对的负面价值，它是与集体式的革命生活相对立的；而在《红豆》中，“家”的伦理价值是正面的，因为江玫正是通过自己的“家不成家”（父亲不明不白地死去，母亲的苍老、疾病与生活的朝不保夕）认识到“大家”生活的“水深火热”，进而认识到当时社会的病态并渴望创造一种新的社会秩序。就是说，对一种温馨的家庭生活的渴望是她走向革命的潜在动力与目的，而不是反过来将家庭制度视作罪恶的根源。其二，江玫走向革命同样接受共产党员的指引，但小说对萧素这一女性共产党员的造型设计、她与江玫母亲的血缘关系（她曾瞒着江玫为江玫的母亲输血）、她与江玫之间亲情式的姐妹关系，都试图表明共产党员对江玫的“指引”更多的是榜样式的示范和道义式的感召。与《青春之歌》中江华作为林道静精神再生之父的设计相比，共产党员萧素和江玫之间姐/妹式关系模式，显然将共产党/知识分子的政治与意识形态关系伦理化、温情化了。

作为一个短篇小说中的辅助人物，萧素这一形象在美学上难以称得上多么丰满、多么成功，但她在这篇小说中的出现方式是一个重要的文化创新因素。针对林道静与她所拒绝、所委身、所爱恋的男性之间的关系，戴锦华曾论证说：“女人在男人间的移植方式始终是人类文化学、社会学以及叙事艺术的基本命题，那么，一个基于男权立场上的、关于女性命运的陈述，变成了叙事作品中社会象征与政治潜意识交互渗透的有力而微妙的方式。”事实上，江玫与余虹及萧素之间的“三角关系”与《青春之歌》中林道静与卢嘉川和余永泽的“三角关系”在结构形式和功能上非常相似（卢嘉川与余永泽、萧素和余虹作为两种反向的政治、文化与人格力量的象征，均具有“超级能指”的性质）；而且，按照爱情小说的常规思路，若以女性主人公作为叙事的主轴，“三角关系”中另外“两角”同为男性的设计更为常见。但《红豆》一反“常态”，将萧素设计为一个女性形象，与江玫的关系的雏形设计为姐/

妹关系。小说通过强化萧素和江玫之间的姐妹情谊、强化她在道义上对江玫的感召力,实际上削弱了她作为一个共产党员在“拯救”这只迷途羔羊(小说中将江玫称为“小鸟”)时所起的关键作用(林道静把她的一切都说成是党、是江华给予的)。小说同时强化了江玫通过自我省察、自我抉择(从“小家”到“大家”是她的思考逻辑)在她的人生选择中所起的作用。可以说,江玫在林道静之外提供了知识分子走向革命道路的另一种模式,一种更具自主性,内在的心理逻辑更清晰、更写实的成长模式。或者可以说,小说通过修改女人在男人之间的移植方式,某种程度上修改了男性化叙事的霸权模式:女性从身体到精神被男性所掣肘、主宰的关系模式。这正是我所说的文化创新因素。同样是这个原因,这篇小说在将爱情故事与宏大的历史主体结合时,显得自然、随和得多。

《我和我的妻子》这篇小说不常见于文学史,但我觉得它非常值得解读。它的题目让人想起萧也牧的《我们夫妇之间》,而且故事——夫妻间的矛盾酿成的家庭风波,和叙事角度——一个男人对家庭风波的反思也是相似的。但这篇小说将夫妻的阶级身份进行对调;丈夫(叙事人)是党员、领导干部,妻子变成了知识分子。因此,我们也不很意外地看到了另外一种不同:《我们夫妇之间》对工农出身的妻子的叙述是“贬抑叙事”——欲扬先抑、实扬似抑的,而《我和我的妻子》在对知识分子妻子所犯错误的“开脱”中却是暗藏机锋的。

这篇小说从一个男人、“家长”反思、忏悔的角度对家庭风波承担道义上的责任,并对此进行文化反思——男人将女人作为自己的附属品酿成的家庭悲剧,这又让我们想到“五四”新文学的反封建主题,想到了易卜生的家庭问题剧,想到涓生对子君的忏悔。比较涓生对子君生前痛苦的忽略、子君死后他表现出的软弱与彷徨,比较海尔茂对娜拉的冷漠和他的刚愎自用,《我和我的妻子》中的男性叙事人倒显出难得的勇气与真诚;与当时流行的道德化的“深度模式”相比,这种“文化反思”的思路与取向也显出某些新颖、独特与深刻,这篇不常见于文学史的篇幅极短的小说倒真显出某些“突破”的迹象来。

但话说回来,这种“突破”又是十分有限的,而且,它的“突破”、它对意义的彰显,同时伴随着一种有意无意的“遮蔽”。这篇小说同样包含着一个“三角关系”,确切地说,妻子“红杏出墙”的事件构成了这篇小说的核心叙述动机,但有关“红杏出墙”的所有真相只有一种解释,即丈夫将自己的妻子作为附属品、只让她为自己服务,而限制了她的视野、压抑了她的工作热情,在无聊的生活中做出了更加无聊的事情——与一个音乐学院毕业的知识分子干部发生了婚外恋。这篇小说的“独白”性质,从男性立场出发进行的一厢情愿的意义阐释,暴露了男性化叙事的霸权性质。这种以“自责”方式展示的“真诚的霸道”,既表现在叙事话语主宰权的控制,也表现在故事内部夫妻关系的不平等上。

首先,小说通过剥夺妻子的“视点权”,剥夺了故事当事人的解释权,从而将一个可能很复杂的爱情故事定性为一个“无事生非”的“堕落”事件;小说更通过将“第三者”定性为在“三反”运动中犯有贪污罪的人(和“妻子”一起挥霍贪污来的金钱),而强化了这一“红杏出墙”事件的不正当性。从技术层面上来说,妻子是应该也能够通过自己的叙事为自己“开脱的”,至少能够让读者知道“红杏出墙”的部分真相——妻子“日记”被发现提供了这种叙事的可能性。但是,发现“日记”仅仅是为了提供妻子意图自杀的信息,是为丈夫自己的叙述逻辑服务的;男性的叙述霸权“封杀”了这种可能性,根本就没有让“日记”公开,根本就没给妻子提供任何叙述的权利和机会,因为这种叙述完全有可能颠覆丈夫对“红杏出墙”一厢情愿的阐释。

男性霸权在故事内部——夫妻的真实关系中更是达到了令人震惊的程度。小说一开始就说:“我妻子是刚从城里来的女学生,比我小五六岁,很单纯,有些地方还带有孩子气。”“我妻子在政治上很幼稚,她总是根据我的意见行事的。”不难发现,夫/妻关系的实质是监护与被监护、代理与被代理的关系。“红杏出墙”事件暴露以后,丈夫通过自省、担负责任表示出某种真诚与责任感,但是,他所自责、忏悔的是他作为“家长”“监护人”的决策错误,而对监护权本身的合法性并未产生任何怀疑。所以,我们吃惊地发现,妻子“失足”以后(在他看来是一次彻头彻尾的失足),他一方面忏悔、自责,当然也埋怨妻子——

自己的错误被归结为自私，是个人品质问题，而妻子的错误则隐隐地指向了她的阶级——知识分子的软弱、动摇，甚至是“无事生非”；同时以更加武断、粗暴的方式解决（裁决）夫妻关系。他愤怒、怨恨，决定离婚；他自省、自责，原谅了妻子，决定和好。总之，他以他的想象、他的逻辑、他的决定主宰着整个事件的过程，从来没有想到过妻子的感受、妻子的意愿。而妻子在整个过程中的沉默寡言、以泪洗面、日记中的自杀信息、被原谅、被宽容、被丈夫决定“出离”还是“重新接纳”的被动地位，都给定了她一个不道德的负罪者形象。

四

1958 年 7 月，小说《红豆》在《人民文学》刊出 1 周年时，编辑部组织北京大学中文系三年级海燕文学社当代文学评论组召开了一次座谈会。经历了严酷的反右派斗争以后，对这篇小说的讨论整体倾向上有“批判”的性质。当时尚为三年级大学生的谢冕整体上肯定了这篇小说，但同时指出它的缺点主要表现在开头和结尾——当时祖国已不是六七年前的祖国，江玫也不是六七年前的江玫，而是党的工作者，可是在回忆过去的爱情生活时，仍然流露出浓重的物在人亡、睹物伤情的惆怅情绪。他认为，如果把作品的开头和结尾不健康的情感描写去掉，加上一些健康的描写（如让主人公把红豆掷出窗外等），作品就没有什么问题了。① 对于开头与结尾是否是一个缺点是可以争论的（谢冕现在也未必还坚持这样的观点），我在这里旧事重提的目的是想指出 20 世纪 50 年代中期爱情小说创作中一个重要的文本现象——超叙事结构的设置。类似《红豆》这样的“开头”与“结尾”是一个相当普遍的集体现象，它们有些是“超叙事结构”的一部分，有些虽然不构成明显的“超叙事”，但仍试图达到类似“超叙事结构”的修辞功能，总之，是一种“有意味的形式”。

所谓“超叙事结构”，涉及的是叙事分层的问题。人所共知，任何

① 《“红豆”的问题在哪里？一个座谈会摘要》，《人民文学》1958 年第 9 期。

叙事文本都有一个虚拟叙事人,由他来讲述故事,结撰文本是文学叙事的常规;当这个虚拟的叙事人叙述出来的人物又变成一个叙事者讲述故事时,那么,同一个文本终究出现了三个叙述层。这种情况下,主要叙述层之上的层次可称为超叙述层,之下的层次称为次叙述层。①设置超叙述层最为典范的作品是阿拉伯故事集《天方夜谭》、薄伽丘的《十日谈》、乔叟的《坎特伯雷故事集》。这些以"故事集"形式出现的作品,还明显的带有口头文学的痕迹。有意味的是,20 世纪 50 年代中期的这组爱情小说却大都采取了"超叙事结构",或类似的方式来给叙事文本进行分层。

> 夏天的晚上,闷热的很,蚊子嗡嗡的。熄灯之后,谁也睡不着,就聊起天来。
>
> 大家轮流谈自己的恋爱生活。说好了,一定要坦白。
>
> 睡在最东面的是设计院下来的一位技术员。是个挺善谈的人。轮到他说的时候,他却沉默了许久也不开始。
>
> 人们你一句我一句的催他。终于,他叹了口气,说起来了。——

《在悬崖上》的这个"开头",明显地可以看出《十日谈》"超叙事结构"的影响,如果不是"设计院下来的技术员"这一明显的身份标志,我们几乎把这个开头当作《十日谈》中某一日某一个爱情故事的开场。《我和我的妻子》则通过一句话"在一个婚礼上,有位来宾向大家讲了以下的故事",直接开启、增设了一个新的叙述层。这两篇小说的主叙述层均使用了第一人称,而且都是自我反省、自我否定、自我忏悔的情绪化的"语态"。

《红豆》和《爱情》都采用"后设"视角,先叙述一个现在时态的情景,提供作品的主人公,再由主人公的"回忆"使故事回到历史情景当中去。由于在历史情境中仍然坚持了第三人称的叙事,因此我们通常

① 赵毅衡:《苦恼的叙述者》,十月文艺出版社 1994 年版,第 117 页。

把它们称作“倒叙”“插叙”而不将它们视作叙述分层。但在过去时态的故事中,作品明显地使用“内聚焦”的方式,将视点较多地固定在江玫与李碧珍的主观视境上,这种内省的、主观化、情绪化的第三人称叙事与《在悬崖上》主叙述层的第一人称叙事,虽在人称上有所区别,但在功能上却十分相似。而且鉴于当下情景与历史情景在意识上的明显分野、前者对后者形成的一种“评价”关系,这种分层的意识还是相当明显的,或许我们可以将它视作利用明显的时间错置(今昔对比包含有是非、对错、美丑的政治、文化、道德判断)进行叙述分层的另一种尝试。①

《小巷深处》是6篇小说中唯一一篇没有明显在形式上进行叙述分层的作品。徐文霞作为妓女的历史情景(和苏童的《红粉》做个比较,可以看出,经过意识形态过滤后,徐文霞的妓女经验已被简化到最低限度)是被当下处境中的徐文霞“联想”到和嫖客朱国魂的出场“暗叙”出来的,没有像《红豆》《爱情》那样将历史情景从时间到空间背景进行具象化的叙述。

在这一组作品中,叙述分层最复杂的是《美丽》。它不止具有三个叙述层次。小说中的虚拟叙述人是以第一人称身份在小说中出场的,通过这个“我”推出下一个叙述层的叙述人季凤珠,季凤珠又以第一人称“我”来讲述她在火车上与侄女季玉洁和她的朋友小金的邂逅相遇,从而引出了主人公季玉洁。然后,季玉洁又以第一人称的身份叙述自己与首长的感情纠葛;从中还穿插着小金对季玉洁爱情故事的“补充”。比如季玉洁到北京开会去看望首长,以及季玉洁与另一个年轻医生的恋爱插曲都是由小金叙述出来的。如果将季玉洁自己对爱情故事的讲述看作主叙述层的话,季凤珠的叙事是一个“超叙述层”,那么虚拟叙述人“我”的叙述就是“超超叙述层”;因为小金这一人物是由季凤珠的叙述推出的,她的叙述与季玉洁的叙述处于同一层级,但

① 叙述分层的概念主要使用了赵毅衡的观点,他的依据是“提供了新的叙述人”;若从叙事的效果出发,一些没有明显改变叙述人与叙述人称的叙述尝试,也可带来明显的“分层”效果,如现实情境中的人物产生的“幻想情景”(“贾宝玉梦游太虚幻景”就是一例),如“意识流”等。

又属于不同的叙述角度。这样看来,《美丽》不仅在叙事上进行分层,层层相套,而且采用了复合叙述视角,是一个名副其实的、复杂的“超叙事结构”。

赵毅衡认为,叙述分层的主要目的是使叙述者身份实体化,[①]即把一个虚拟的叙述人变成一个具体的、有血有肉的人物;将叙述者身份实体化的功能则是加强叙述的真实感。20 世纪 50 年代中期的这组爱情小说在叙述分层上的努力主观上可能确有加强故事真实感的意图,而客观上又确实实现了这种意图。《在悬崖上》通过它的开头与结尾提供的“超叙述层”,提供了“从设计院下来的技术员”这一人物,而在主叙述层,“他”就变成了“我”,“他”的家庭婚姻故事,就变成了“我”的“现身说法”。同样,《我和我的妻子》通过叙述分层,将“婚礼上一个来宾”的故事变成了“我”的“家丑外扬”。第一人称“我”的现身说法,增强了故事的切身感、自传性,从而强化了作品的真实性与感染力;考虑于事件本身的私密性与道德敏感(家丑不可外扬),这些“现身说法”还给人一种推心置腹的坦率与真诚的感觉(灵魂深处爆发的革命)。

此外,这组小说叙述分层的更主要的目的是提供一个评价视角,提供一个认识作品的“正确立场”。鉴于某些故事“道德试错”的性质,即叙述人陈述一个“三角恋爱”或“婚外恋”故事,仅仅是为了引出一种道德“教训”(作为“反面教材”显示它的“不足为训”),因此在故事之外提供一个“评价”“校正”的视角就是必须的。《在悬崖上》的结尾部分(超叙述层),技术员特意告诉听故事人(读者)“你们知道的,我没有离婚”,“为了重建我们的爱情,两人还费了好大力气的”。正是有了开头与结尾这一“超叙述结构”的设置,保证了这篇小说“悬崖勒马”“改邪归正”的正确的道德旨趣。《我和我的妻子》中,那个“婚礼上的来宾”讲完妻子“红杏出墙”的故事后,在结尾处告诉大家:“我妻子后来到纺纱厂做工会工作,一开始很困难,但是她没有退缩,她又恢复了从前的样子,积极,热情,很快就入了党。”这个“超叙事结构”

① 赵毅衡:《苦恼的叙述者》,十月文艺出版社 1994 年版,第 121 页。

昭示的道理是:“浪子回头”与“失足者归来”,考虑到“妻子”的知识分子身份,这一繁复的形式显然附会着这样一个主题——知识分子作为政治与道德主体是脆弱的、动摇的、易失足的,但它具有可塑性。《美丽》中的“超叙事结构”和“超超叙事结构”就是为了保证能够对季玉洁那让人困惑莫名、歧义横生的感情牺牲作出这样的判断:“你看着,玉洁会是幸福的。她怎么会不幸福呢?”(季凤珠在“超叙述层”的评价);而这种自我牺牲的精神则是“美丽”的(虚拟叙述人在“超超叙述层”的评价)。

正是从“超叙事结构”要确保一个评价视角、一个“正确立场”的角度出发,我们理解为什么谢冕指出《红豆》开头与结尾是“缺点”的原因——它没有为主体故事表现出的缠绵、感伤的情绪提供一个健康的、正确的评价视角与判断标准。如果江玫也能像技术员、叶碧珍、季玉洁那样在走出感情困惑后表达一种激昂慷慨的情绪格调(像谢冕建议的,把红豆扔出窗外),也许《红豆》更符合当时的美学规范。但《红豆》显然是一部因为没有完全遵循传统与规范而真正有所“突破”的作品。

如果说叙述分层的主要目的是使叙述人的身份实体化,从而使叙述效果更显得真实可信的话,那么,从叙述人与作者(或称隐含作者)的关系这一维度来看,叙述人的身份越实体化、他的主体性越强,作者对叙述过程的操控就越松弛,作者就更大程度地被“间离”出文本(这当然是一种假象、是文本撰述的一种修辞手段)。由于《在悬崖上》等作品以“超叙述层”为主叙述层提供了一个实体化的叙述人——技术员、来宾、季凤珠或季玉洁等,那么,由这些人物以第一人称讲述“我”的爱情故事或家庭风波,似乎将由作者陈述的书面故事置换成了口头故事——一种类似《天方夜谭》与《十日谈》的修辞与文体现象。由于故事讲述者在文本中的地位厥功至伟,而作者似乎成功地隐身而去。

那么,如何看待作者努力将自己“间离”出文本这一集体性的修辞现象呢?我想,这里面隐含着一些相当微妙、曲折的文化心理。一方面,由于题材本身具有相当的道德敏感性,要么是“家丑不可外扬”,要么是“灵魂深处爆发的革命”,是鲁迅所说的“袍子下面的‘小’”(《一件小事》)。小说以第一人称"我"的现身说法加强叙事的真实感,但是,小说并不想造成"我"就是作者这一想象性的"假象",因此"我"的实体化身份——技术员、单位领导、旅行家等,起到一个遮挡读者(批评者)将"我"与作者直接关联在一起的作用。

另一方面,作者有意识躲避起来,而由一个实体化的叙述人代替自己出场,可能还和作者的道德态度和价值立场的惶惑、不确定有关。从故事的深层结构来说,这些作品均是由一个二元对立的模式来操纵的,感情/道德,大爱/小爱,个人/集体(人民、事业等)的矛盾、冲突水火不容、你死我活,那么,宣扬道德、肯定"大爱"、歌颂人民与集体的事业就是这些作品的基本道德态度与价值立场。但是,"二元对立"是一个僵化的思维模式,或者说是一个"神话结构",对"人"最为敏感的作家不会完全彻底地对爱情的丧失、个人的牺牲无动于衷,这些作品不约而同流露出的感伤情绪暴露了作者的某些"真情实意"。但是,"感伤"情绪显然是一种"不健康的情绪",触犯了某种"禁忌",因此,一种"欲说还休"的微妙心境,使作家在修辞上采取了"犹抱琵琶半遮面"的方式。

与鲁迅严厉地解剖别人、更严厉地解剖自己表现出的真诚、自信相比,与郁达夫"自叙传"体小说表现的赤裸、坦率相比,20 世纪 50 年代中期的这组爱情小说在修辞上的繁文缛节、"犹抱琵琶半遮面"以及曲里拐弯、皮里阳秋的感情表达方式,其实暴露了叙述人作为文化与道德主体的不自信。

上文从话语构成的几个基本元素:语言材料、语法结构、修辞特征入手,对 20 世纪 50 年代中期的爱情小说作了具体分析。以此为基础,当我试图从宏观上对这一文学话语的整体风格作一个概括性的描述时,最突出的感受莫过于:因包括诸多的矛盾、扭曲、悖论而造成的戏剧性(二元对立的矛盾结构,道德与情感、"大爱"与"小爱"不可兼得的悖论模式,形象设计上强烈的色彩对比等);"为赋新词强说愁",夸张的情感、夸张的修辞造成的强烈的感情的装饰性(看一看季玉洁感情取舍的矫饰与造作以及她的姑母季凤珠为其感情所做的似是而非的辩护)。这诸多的"矛盾"风格非常接近文学史家对"巴罗克风格”的描述:“巴罗克既代表一种矛盾的、激烈斗争的心态,在风格上也表现为充满了矛盾。形象的错乱,比喻的奇特,似是而非的论辩,以至句法的扭曲,大胆运用修辞手法,这一切都与作者的心态是一致的。”①

鉴于“巴罗克风格”作为一个批评概念的宽泛性与复杂性,我无意于把这组小说一定说成是“巴罗克风格”的。但是,这组小说在风格上的“矛盾”与“巴罗克风格”的确非常相似;而且,就它体现的文化心态:企图借私密性的个人经验、具有独特个人风格的爱情话语言说一种独特的个人感受,但又无法抗拒意识形态话语的支配与诱惑,反而将“个人”与集体、“小爱”与“大爱”处处对立起来,以更激烈的方式将个人感情、个人价值置于一种不合法的地位上——与“巴罗克风格”“矛盾的、激烈斗争的心态”也是吻合的。我也无意指责这些作家的创作表现出的风格与心态上的矛盾——这恰恰与他们当时的处境相吻合:“双百”方针给了他们一种“解放”的感觉,一种要探索、要“突破”的创作冲动,但“内在性”的禁锢并未解除,知识分子作为政治与道德主体的无所适从,使他们发出的声音难免含混不清。但无论如何,指出、分析这种矛盾与复杂性,总比一言以蔽之的“题材突破”更接近真实。

① 杨周翰:《巴罗克的涵义、表现和应用》,《镜子与七巧板》,中国社会科学出版社 1990 年版,第 180 页。

《三家巷》:一个复杂的话语场

在“十七年”的长篇小说中,《三家巷》可能是最受关注的作品之一。自问世之日起,它受到了广泛的赞誉,也承受了来自各方面的批评。据作者自己说,“一本不到30万字的小书,居然引起了300万字的批评”,并说,“在中国作家中,我所受到的批评,时间之长,数量之惊人,对一个中国作家来说,对一部中国文学史来说,都是空前的”①。这些数字和这些说法虽不可完全凭信(作者亦说是“有人说”),但它从一个方面说明,这部小说所受到的关注程度是极高的。还不仅如此,粉碎“四人帮”至今,《三家巷》还是被改编最多的长篇小说之一。20世纪80年代初,著名导演王为一先后将《三家巷》拍摄成电影与电视剧发行放映。2004年,以《三家巷》为底本改编的电视连续剧《风雨西关》在多家电视台推出,陈坤、孙俪等当红明星的加盟演绎让它红极一时。从接受美学的角度来说,一个文本的意义生成、它的价值,是在一个动态的过程中通过与读者持续的对话完成的,一个没有进入“对话”状态的文本是没有意义的。《三家巷》在其诞生后的近50年间能够引起读者、阐释者持续的对话热情,本身就说明:其一,它有丰富的蕴涵,为“见仁见智”的评说提供了文本基础;其二,它是一部具有历史相关性的作品,具有跨时代阅读和阐释的可能性。如果细究是什么具

① 欧阳山:《校改全书〈三家巷〉序》,《新文学史料》1998年第4期。

体的原因造成了《三家巷》内涵的丰富复杂，它的历史相关性具体表现在哪里却很难一言以蔽之。但是，《三家巷》对于中国当代文学史的重要启示意义，今天对它进行重读的必要性和价值恰恰在于揭示它的复杂性以及它与历史语境的深切关联。本文从话语分析的角度切入，通过文本细读，力求精细地解析各种不同的话语如何被共置于一个复杂的话语场域，而不同的话语有时相互说明、相互支持，形成一个有机的意义生产的链条；有时不同的话语之间相互龃龉、相互矛盾，形成大大小小的话语“裂缝”，造成文本意义的左支右绌和美学形象的支离破碎。同时，本文还力图说明是哪些话语因素形成了与历史语境的对话关系，从而使它受到持续的关切，使之成为一个复杂的、敞开的话语场。

一

在谈到《三家巷》的创作时，欧阳山说：“我的本意是要反映一个新的中华民族的诞生，——一个以无产阶级为核心的新的中华民族的诞生，但是我不敢说，我到底写出来没有。”①作者这里所说的“本意”，是这部小说所立的“主脑”，是小说构思和运作的中枢神经，家族关系、人物关系、故事走向、情节安排等都服务于这一整体构思，作者所说的“大背景、大脉络、大骨干、大关节：全书描写了广州三家巷三代人的许多男男女女典型性格，以及他们在 30 年中国新民主主义革命的风风雨雨中的悲欢离合”②。正是为了证明无产阶级如何获得自己的历史主体性，主导并领导了新民主主义革命的胜利这一历史事实。从这个意义上来说，《三家巷》是一部典型的“革命历史小说”，大陆的批评者和当代文学史基本都是在这一层面上解读这部小说的。

但是，海外的学者却更多地看到了这部小说对日常生活的描写和地方性特征，由此获得的美学上的成就，并在艺术渊源上强调与中国

① 欧阳山：《校改全书〈三家巷〉序》，《新文学史料》1998 年第 4 期。

② 欧阳山：《校改全书〈三家巷〉序》，《新文学史料》1998 年第 4 期。

古典文学传统的关系。林曼叔等人编写的《中国当代文学史稿》认为，《三家巷》不仅“有声有色地重现了像省港大罢工、沙基惨案、广州起义、大游行等等大规模的历史斗争场面，但你会更欣赏那些日常生活的描写，比如写恋爱结婚，写悲欢离合，写乞丐，写除夕，写演习，写逛花市，写游山玩水，写各式各样的争辩，写许许多多人们所熟悉的生活小故事”。“就是塑造人物和写景状物，以至整个小说的布局，也都可以看到作者师承古典文学传统技巧的痕迹”①。《中国现代小说史》的作者夏志清在论及《三家巷》时更是直接地把它说成是一部“编年史式的姻亲家族故事”，指出它与《红楼梦》的渊源关系，并把周炳比附为贾宝玉，区桃是革命的林黛玉，陈文婷则是翻版的薛宝钗②。这些具体的人物关系的指认是否准确我们姑且不论，《三家巷》与中国古典小说，尤其是与《红楼梦》之间的想象关系是显而易见的。

那么，《三家巷》究竟是一部“革命历史小说”，还是一部“编年史式的姻亲家族故事”？如果我们对一部小说类型不作非此即彼的判断，而是据实地尊重它的复杂性的话，我恰恰认为，《三家巷》不是单纯的某一类小说，而是多种类型聚合而成的复合体。若拣最为主要的因素和主要的特征而言，《三家巷》在主型上是“革命历史小说”与“姻亲家族故事”的结合体，是两种不同话语的交叉与互渗。这部小说之所以复杂，它的长处与缺点、它受人褒奖和被人攻讦的理由，以及它在不同的历史语境中都能唤起人们对话热情的原因，都和这两种话语能在多大程度上成功地交叉、融合有关。

“革命历史小说”是有自己独特言说规范的一套话语体系，从言说对象、到言说方式，甚至到一些具体而微的细节，如人物的肖像描写、生活场景的铺陈、象征意向等都有自己的模式与规定性。黄子平在论及“革命历史小说”时说，“这些作品在既定的意识形态的规限内讲述既定的历史题材，已达成既定的意识形态目的：他们承担了将刚刚过去的‘革命历史’经典化的功能，讲述革命的起源神话、英雄传奇和终

① 林曼叔：《中国当代文学史稿》，巴黎第七大学东亚出版中心1978年版，第170页。

② 夏志清：《中国现代小说史》，台北传记文学出版社1979年版，第522页。

极承诺,以此维系当代国人的大希望与大恐惧,证明当代现实的合理性,通过全国范围内的讲述与阅读实践,建构国人在这革命所建立的新秩序中的主体意识"①。黄子平不仅将"革命历史小说"看作一套自足的话语体系,而且将它看作意识形态实践与建构社会秩序的一个重要环节。在此基础上,黄子平对"革命历史小说"作为一套革命话语的话语特征做出了有原创性的解读与归纳。如:什么样的内容"应写"、"可写"与"不可写"以及"怎么写";线性的时间观与历史进化论;去性化与生活内容的"圣洁化";与传奇小说和宗教修辞的隐蔽关联等。

而夏志清所说的"姻亲家族故事"是以明清古典白话小说为源头和蓝本的一种文学话语类型,鲁迅先生称之为"人情小说"或"世情书"。鉴于这类小说大都以家族生活为背景,或许称之为"家族世情小说"更为准确。与"革命历史小说"的高度意识形态化明显不同,这类小说的主要特征是,"大率为离合悲欢及发迹变态之事,间杂因果报应"。"描摹事态,见其炎凉"②。

《三家巷》意在"反映一个新的中华民族的诞生,——一个以无产阶级为核心的新的中华民族的诞生",属于对革命的起源性叙事。为了完成这一"宏大叙事"的使命,作者将无产阶级、大资产阶级、官僚地主阶级搁置在三家巷、震南村、上海、圣地延安、大后方重庆等宏大的空间结构中,以时间为经,编年史式地将省港大罢工、"沙基惨案"、广州起义、抗日战争、解放战争、土地改革等重大的历史事件编织为一个有机的历史链条,细致地表现了三大阶级的复杂纠葛与相互矛盾,无产阶级由一个弱势的、被压迫的阶级,成长为一个先进的、主宰了历史进程的阶级。这一宏大的时空结构与情节结构形成一个以必然性为结论的历史阐释机制和无产阶级挽救中国的意识形态结论。这一宏大的时空结构与情节结构是《三家巷》的"骨架",它的阐释机制与蕴涵其间的意识形态结论,体现了"革命历史小说"的典型特征。

但是,《三家巷》在这一"骨架"之内还有更为细密的"肌理",这就

① 黄子平:《灰阑中的叙事》,上海文艺出版社 2001 年版,第 2 页。

② 鲁迅:《中国小说史略》,《鲁迅全集》第 9 卷,人民文学出版社 2005 年版,第 168 页。

是“三家巷”中三个家族之间复杂的血缘、亲情、爱情纠葛，以及围绕三个家族展开的生活环境的描写与日常生活的叙述。血缘、亲情、爱情以人性为根基，悲欢离合是它展开的主要机制与主要特征；生活环境的描写与日常生活的叙述是“描摹事态”的需要，是使文学作品获得真实性与审美特质的主要因素。就《三家巷》的实际情况来看，上述两种使作品变得肌理丰满的因素，其想象资源、运思的逻辑主要来自以《红楼梦》为代表的“家族世情小说”。对人性复杂性的呈现以及对生活环境与日常生活的细致绵密的描述（很多人将后者指认为“地方性”，在我看来，“地方性”是为了强化生活样态的真切可感，即它的真实性，其根本目标在文本的审美性，将“地方性”作为目标或评价尺度是不合适的），显然增加了《三家巷》的分量与厚度，使它在“革命历史小说”这个家族中显得格外引人注目。但是“人性”与阶级性、宏大的历史叙事与日常生活的平白叙述、古典传统与现代性叙事之间是有距离的，分属于不同的话语类型，它们之间的相互融合并不能水到渠成，“骨架”与“肌理”也很难做到水乳交融般的契合。这里主要就不同话语之间相互矛盾、相互龃龉造成的话语“裂缝”与意义相互拆解的地方指出几点。

（一）阶级论与人性论（个性论）

上文已经说过，《三家巷》宏观的阐释机制是以阶级论为思想根基的，三家巷中的三个家族周家、陈家与何家分别代表了城市无产阶级、大资产阶级与官僚地主阶级，自五四新文化运动到“土改”，这三个阶级的代表人物的所作所为及其历史命运，主要是以其阶级成分与其相应的阶级意识来划定的。受五四新文化运动的鼓舞，三家巷的年轻人，以换帖的方式表达共同的理想，“我等盟誓：今后永远相互提携，为祖国富强而献身。此志不渝，苍天可鉴”。但是，“沙基惨案”以后，受阶级利益的主导，三家巷中的三个家族之间就出现了无法弥补的裂痕，曾经宣誓共同提携的那群年轻人再也无法以情同手足的兄弟相处，“祖国”这个一度将大家紧密联结在一起的利益共同体，让位于阶级利益，阶级成为作者划分人物阵营，决定其思想意识，安排人物命运的决定因素。

但是,三家巷中三大家族之间又有复杂的血缘和婚姻关联,血缘关系、亲情关系、爱情关系纵横交错。如何理解、处理复杂的人性、人情与阶级论的关系是这部小说面临的巨大挑战。受制于小说创作的语境,我以为作者无处不在的阶级论观念还是将人际关系、人性、人情简单化了,尤其是相对小说开始时所铺陈的人物社会和家族关系的复杂、深邃而言,小说越到后来越以简明的阶级论遮蔽了人性的复杂性与历史的复杂性。相应地也造成了小说结构的僵硬、人物性格的简单化或者是扭曲,以及人物关系设计上的人为痕迹,从而削弱了作品的现实感和审美性。如作品为了保持阶级冲突的框架延伸到结尾,让李民魁与何守仁这两个代表敌对阶级政治力量的人物总是出现在周炳出现的所有场合,从广州到粤北山区,从重庆到解放区,这样的安排显得异常僵硬。陈文娣、陈文婷姐妹对周炳兄弟的爱情是真挚的,交织着爱情、志趣与情欲的复杂性,两对青年男女的分分合合尽管在小说中被处理得相当复杂,但是,我们仍然感觉得到,资产阶级的小姐不可能下嫁无产阶级的穷小子这一阶级观念把他们的关系和他们的内心世界简单化了。区桃是被广大读者喜欢的一个人物,对于她的过早牺牲很多人表示不理解。欧阳山解释为:让区桃在“沙基惨案”中牺牲是为了暴露帝国主义的凶残,“我想通过区桃之死,引起读者对帝国主义的仇恨”①。作者写作的这种政治理念显然伤害了人物美学性格的丰富性。

(二)身体叙事对宏大叙事的颠覆

“革命历史小说”有自己的题材阈限,即什么是可写的,什么是不可写的。与革命历史有关的“重大事件”是可写的,而儿女私情由于其个人的、私密的性质则是不可写的。但这是就一般的规范而言的,对于那些了解创作规律与读者阅读心理的作家来说,文学作品不仅有“可写”与“不可写”的规范,而且还有“可读”与“好读”与“耐读”的规范。因此,进入具体创作过程的作家必须考虑写什么、如何写以及作

---

① 欧阳山:《欧阳山谈〈三家巷〉》,载《欧阳山文集》第 10 卷,花城出版社 1988 年版,第 4118 页。

家拥有的文学资源使写作如何成为可能的问题。像许多“革命历史小说”在讲述革命历史的话语中杂入爱情话语一样，《三家巷》将讲述男女主人公的“悲欢离合”作为使故事更具可读性的主要策略。但是，在如何吸纳既有爱情话语资源以与革命话语相融合方面，《三家巷》似乎比任何一部“革命历史小说”都更复杂一些。一男多女的爱情关系模式、“宝、钗、黛”都让我们重温古典家族世情小说的熟悉场景。周榕与陈文娣离家私奔的故事是五四新文学中“娜拉出走”故事的翻版。而周炳与胡柳、胡杏的关系则是典型的革命话语中的“同志加爱情”。

黄子平指出：“‘革命’的浪漫特质在其经典化的过程中，不可避免地需要转换并维持在一种‘崇高’的僵硬姿式上。‘革命历史小说’中的爱情描写越来越显得不合时宜。”①就《三家巷》来说，爱情话语与革命话语不能榫合的地方更显突出，尤其是那些来自古典“家族世情小说”中爱情构思、想象与修辞方式更突出了对革命话语的“破坏性”。如一男多女的构思就极大地加重了主人公周炳成长过程中与情欲的搏斗成分，相应地，“党的引导”这一线索就被削弱了。又如，“革命历史小说”中爱情描写的普遍趋势是“去性化”和“圣洁化”，革命者的身体是力图被叙述所回避的，因为身体的自主性、私密性、情欲化与革命的圣洁、纯粹是不一致的。《三家巷》尽管没有，也不可能存在出格的情欲化描写，但由于在人物形象的想象方式与描写策略上对革命者的身体投入了过多的关注，如对周炳、区桃、胡柳、胡杏等容貌、身体特征的反复的描绘不能不突出爱情关系中的身体与情欲的成分，从客观上对革命爱情起到“贬损”的作用。

二

戴锦华在她那篇对电影《青春之歌》进行“重读”的论文中，将当代电影对革命历史的叙事概括区分为两种基本范型：一为历史、革命史的搬演与呈现，其基本的叙事范型为战斗/挫折/牺牲/胜利；二为英

① 黄子平：《灰阑中的叙事》，上海文艺出版社2001年版，第13页。

雄的故事,或曰英雄的神话,其基本的叙事范型为反抗/追求/考验/命名[①]。这一概括几乎完全适用于"十七年"的"革命历史小说"。只是当我们将这两种范型还原于创作时会发现,几乎每一部"十七年"的经典的"革命历史题材小说"均是这两种范型的混合运用。因此可以说,上述两种范型分别构成了革命历史叙事的经语与纬语:前者从时间与因果链条上将革命的历史进程横向铺展开来,后者则对历史的主体在纵向历史进程中将其精神的成长立体化、空间化。"十七年""革命历史小说"各自在故事形态、主题意向上的大致区别,是对上述两种叙事范型的不同程度的侧重与倾斜造成的。

由于林道静的知识分子和女性身份,她的成长道路与一般的英雄成长有所不同,戴锦华因此将它命名为"英雄成长"的变体。如果我们将《三家巷》读作一部"成长小说"就会发现,周炳甚至比林道静的成长更为复杂、更艰难。如果模仿戴锦华的命名方式,将周炳同样视作"英雄成长"的变体,那么,周炳这一形象的复杂性、特殊性何在?围绕它的成长作者使用了怎样的叙述策略,动用了哪些话语资源?这些话语在小说整体的意义生成中又是什么关系呢?

作者将周炳定位于"手工业工人出身的知识分子"[②]。如果仔细阅读作品并认真地厘清周炳的身份,他甚至比工人与知识分子的结合体还要复杂。他出生在手工业工人家庭,被过继给买办资本家陈万利当养子;既在五行八作中有众多的朋友,又是大家闺秀们的宠爱对象。他工、农、兵、学、商五行俱做,虽行行不精,但作者煞费苦心地让他去经历这一切,显然不是无意之举。如果说林道静身上既有黑骨也有白骨,被杨沫赋予了一个复杂的血缘论起点的话,周炳在童年、少年时期的曲折经历,显然是被作者赋予了驳杂的社会与家庭身份,这种无法抹去的经历与记忆,成为他日后成长过程中必须跨越的沟沟坎坎。因此,他的成长注定了比一般的英雄成长更艰难、更复杂、更特殊。

此外,周炳除和他的出身和经历有关的实际身份以外,还有一个

---

① 戴锦华:《〈青春之歌〉:历史视阈中的重读》,载唐小兵编《再解读:大众文艺与意识形态》,香港牛津大学出版社1993年版,第148页。

② 欧阳山:《〈三家巷〉再版前记》,载《苦斗》,人民文学出版社1979年版,第4页。

“虚的”、来自想象和话语层面的身份必须被强调,那就是类似贾宝玉在《红楼梦》中的身份:入世历劫,看破红尘而后大彻大悟的情僧。手工业者出身的知识分子周炳当然不同于封建时代的情僧贾宝玉,但是,在作者的想象系统与意义表述系统中,周炳与贾宝玉非常相似,是要经历肉体和思想的艰难考验而省悟的思想者,某种程度上他们都是作者自己思想的形象化身。而且深受《红楼梦》的影响,女性与情感也是周炳经历考验的、必须突围的“大观园”。尽管周炳的这种身份是虚幻的,来自前文本的暗示与影响,是一种话语身份、想象身份,但无疑地,来自前文本的这一话语资源参与并影响了周炳形象的书写,与革命话语纠缠在一起,塑造出一个多少有些“另类”的成长英雄——又一个“英雄成长”变体。

作为知识分子这一边缘性的历史角色,周炳通过自己在“沙基惨案”、省港大罢工、北伐战争等历史事件中的实际行动培养了自己的阶级意识,逐渐成为一个无产阶级英雄——历史的主体。但这一主体确立的过程又是在人性、伦理、情欲领域对“自我”与“个人”不停反省、否定与超越的过程。

小说的第 8 章《盟誓》与第 9 章《换帖》在文本中的位置非常重要,它同时描写少年周炳所经历的两个至关重要的事件:一是亲眼看见陈文雄、何守仁等人受五四精神的鼓舞,宣誓为祖国富强而献身,为志纪念,以换帖方式互相勉励,对他们产生了由衷的崇拜之情。二是与表妹陈文婷的关系由两小无猜进入到金钱、爱情等复杂因素纠缠在一起的“漩涡”中。此后,当他有意识地走向革命道路的时候,就不得不在精神领域里面对两重障碍:陈文雄等“精神偶像”的羁绊和感恩、情欲(陈文婷)的撕扯。

在小说中,区桃这一形象及她在“沙基惨案”中过早地牺牲在其功能上是象征性的。这个容貌与心灵都异常美丽的姑娘,像一面闪闪发光的镜子,照出了官僚地主何五爷和买办资本家陈万利丑陋的情欲(都想占有她为妾),照出了陈文婷的偏狭与自私。她的死——美的被毁灭,一方面像“末日审判”一样宣告了那个世界的堕落与反人性,另一方面也折射出周炳的痴顽与不觉醒——寄希望于地主和买办资产阶级也来参加革命的虚妄。因此,区桃的死成为他走向革命的主要契机。此后,他在两条战线上同时作战以促成自己的“成长”。一条战线是与帝国主义和军阀作战、与买办资产阶级和官僚地主阶级作战,检讨与三家巷的关系,在经济、感情与精神信仰上摆脱对陈家与何家的依赖,并最终将他们宣布为自己的敌人,从而作为一个“阶级战士”站立起来;另一条战线是在反复的受挫中回味与陈文婷、陈文英的情欲关系,慢慢摆脱情欲纠缠,像贾宝玉在经历红尘历练后大彻大悟一样,周炳也需要在感情历练中去除“病态”——一种缠绵的、泛人性的(不分阶级的)爱情,建立一种与阶级身份相称的清白状态,为日后的革命爱情(与穷苦农民的女儿胡杏)做准备。

来自古典话语资源的后一条线索显然使《三家巷》具有了一般“革命历史小说”所不具有的含混性与复杂性,使周炳这一“成长英雄”具有了“另类”的性质。尤其是在具体的描述策略上,作者似乎是有意地造成与《红楼梦》的互文性,如他的漂亮与憨傻、他的人见人爱、他的多情与缠绵、他的忧郁多思,都赋予了他某些贾宝玉的特质,与革命话语所惯常塑造的、读者大众期待视野中的无产阶级英雄有些格格不入。在 20 世纪 50—70 年代对文学主题要求简明纯粹的语境中,周炳的贾宝玉式的气质特征以及《三家巷》在叙事话语上的复杂性让这部作品受到诸多批评就不难理解了。

另外,周炳忧郁多思的气质,主要通过自我反省完成心灵与人格成长的成长模式,某种程度上改变了英雄成长的一般模式:反抗/追求/考验/命名。因为,在英雄的考验/命名过程中,尤其是知识分子成长为英雄的故事中,作为“引路人”的共产党员形象是一个重要的结构性因素。尽管在周炳的成长过程中,作者塑造了周金、周榕、冼鉴、麦荣等诸多的共产党员形象,但是,他们对于周炳成长的意义主要是伦理性的,是哥哥对弟弟的帮助,而不是像江华与林道静的关系那样,作为一个精神上的父亲对她进行引导和命名,其意义是意识形态性的,是具有宗教和神话色彩的。从这种意义上来说,《三家巷》更多具有写实的、原生态的话语的多样性,还缺乏《青春之歌》(尤其是经过几次修改后的)成熟的寓言和神话品质。

夏志清在研究《红楼梦》的论文中曾谈到这样一种观点，即曹雪芹世界观和哲学、文化资源的复杂性使《红楼梦》在思想上具有更深刻的蕴涵①。从事20世纪文学研究的人也大都有这样的体会：20世纪上半叶是一个思想与文化思潮纷然杂陈的时代，相应地，文学文本中也存留下更为纷繁、复杂、深刻的思想踪迹。50—70年代，对作家开展的频繁的思想改造运动，在意识形态领域中以及文学叙事模式上"一体化"的努力，使文学想象与文学思想的资源相对单一、僵硬、枯萎。文学的最大魅力或许在于，一旦进入文学的想象世界，进入对生活本身的描述，经验本身的复杂性，想象的自由本性，是很难用一种思想、一种理念去规范和约束的。欧阳山抱定的基本信念是"反映一个新的中华民族的诞生"，其基本的文本机制是以阶级论为基础的，但进入讲述状态的《三家巷》却几乎动用了所有的文学话语资源。对家族日常生活的描绘，也是作品最为洋洋可观的部分，其描述方式、神韵主要来自以《红楼梦》为代表的"家族世情小说"。在讲述革命斗争生活时，作者稍显笔力不逮，这时他又动用了《水浒传》等英雄传奇故事的话语资源。《三家巷》故事的主体架构：将家族关系、爱情婚姻关系放置到宏大的历史背景中来讲述，悲欢离合的故事因素与主人公心灵、思想的内在性成长相结合，使之成为故事有机体的经语和纬语。这一结构模式，是欧洲现实主义长篇小说的主导形式，也是"革命历史小说"追求史诗性的主要目标。由于对非理性主义的普遍恐惧，"革命历史小说"在人物内在性的开掘方面是有局限的。相比之下，《三家巷》对周炳成长过程的描述，让我们分别看到了贾宝玉式的情僧、五四青年、安德烈（托尔斯泰《战争与和平》）式的思辨者、拷问者、无产阶级英雄等复杂的多侧面的性格因素。《三家巷》是一个复杂的话语场。

任何一种文学话语都与产生它的历史、社会、文化关联在一起。一个复杂的话语场串联起来的是一个复杂的、多层次的历史、社会、文化场域。正是这个原因，它才会引起如此之多的争论，才会一再地被改编，成为一种社会文化对话的底本。20世纪80年代初，在"新启

① 夏志清：《中国古典小说史论》，江西人民出版社2001年版，第272页。

蒙”的背景下,《三家巷》丰厚的人性因素、五四个性主义的话语成为同名影视剧改编中突出的要点。而在 21 世纪初,城市、资产阶级、世俗性、欲望化成为文化消费的热点,根据《三家巷》改编的电视剧《风雨西关》于此用力甚巨,甚至煞费苦心地添加进某些欲望化的因素。因此,《三家巷》还是一个复杂的、敞开的思想文化对话的场域,与它有关的争论、跨文体对话可能还会继续下去。

作家的“主体间性”与小说创作中的“间性形象”

——以赵树理、孙犁的小说创作为例

一

“主体间性”，又译为“主体际性”或“交互主体性”，是胡塞尔现象学哲学的基础概念之一。作为对此前形而上学传统的反动，胡塞尔认为，并不存在一个独立于人的意识之外的纯客观的第一性或第二性的（唯物与唯心的分野）世界，任何事物均是被意识到的事物，任何客体都是意象化的客体，即被意向性主体意识到的客体。为避免现象学陷入唯我论的困境，胡塞尔提出了“主体间性”的概念，即：世界不是由单个先验自我的经验所构成，而是由许多先验自我的经验所构成，主体间性特指许多先验自我相互联系的全部形式。

平行于胡塞尔试图在哲学上对主体所做的界定与分析，弗洛伊德、荣格等人从精神分析学的角度达到了类似的结论。弗洛伊德的意识/潜意识的二元概念实际上是从共时的、空间的维度对主体进行的分层描述；而荣格的集体无意识的概念则是从历时的、延续的维度对主体进行纵向描述。甚至不仅仅现象学或精神分析学，可以说，20世纪主体哲学所描绘的“人”的基本图景是多元、多层、多极、多质，而非单一和本质化的，是对笛卡尔的“我思故我在”中的那个理性主义和本质化的“我”的反思、反叛甚至是反动。因此，若不是过分拘泥于胡塞尔对这一概念所做的具体限定，“主体间性”可以粗略地理解为：人作为主体在其哲学构成上，不是一个浑融无间的单子，它是多元的、有层次的、多极的，它是多种因素交叉、渗透，又矛盾、龃龉的动力“场”，而不是一个静态的“点”（当强调构成因素之间的差异、矛盾、冲突时，就自然而然地走向了后现代主义主体观），“间性”所描绘的正是主体构成上的多元性、多源性与多极性。

“主体间性”这一概念显然具有美学与文学意义。就是说，文学创作作为一个哲学与文化主体观察与阐释世界的精神方式，主体的间性特征会在文学创作中有所表现。从文学批评的角度来说，“主体间性”显然是一个有效的观察、分析与批评的视角。毫无疑问，“主体间性”作为一个哲学概念，具有始源性的解释功能；但作为一个具体的实践中个体，人的主体性或“主体间性”则表现在其文化行为中，即“文化主体”是“哲学主体”的一种具体的功能形态。因此，作为“主体间性”往文化层面的一种延伸，佛克玛教授所提出的“文化移入”的概念，可能具有更加切实的阐释意义。佛克玛教授对“文化移入”的解释是：“人类在其中从一个不属于他们自己的文化中采用了某些成规。”①我以为，这里可以弹性地理解和使用“不属于他们自己的”这一限定，宽泛地理解为“不同于他们自己的”，进而，当不同的文化成规已经历史地成为文化主体的有机组成部分时，“文化移入”实际上描述的是文化主体内部不同成规之间的关系及功能问题。

“主体间性”，包括“文化移入”等概念，所讨论的是非常复杂的哲学与文化问题，更深地介入这一话题不是本文的目的，也不是笔者力所能及的事情。但在这里提及它们并粗略涉及其内涵及其脉络，也不是故弄玄虚、故作深沉，而是因为它们是观察、分析文学现实时特别具有现实性与穿透力的概念与分析性范畴，能够引领出一个新颖独到的观察视角。具体地说，借助这些概念本文意欲提出的问题是：作家作为一个文化与写作主体，其内在性并不是单质的、完全整合统一的，而是存在于一种多元、多层、多极的“间性”状态，尤其是当一种外来的、强势的文化或意识形态强行“移入”后，作家的主体性、内在性会被

① 佛克玛：《文化研究与文化参与》，北京大学出版社 1996 年版，第 142 页。

“间离”，不同的有时是互相矛盾、龃龉的主体性力量会使作家失去对其想像性文学世界的整合的、统一的理解、透视与把握，使文学世界不由自主地失去其内在的逻辑性，从而走向支离、破碎，前后悖谬，进而在其文化意义的生产上出现不顺畅甚至是自行颠覆与拆解的现象。

人所共知，20 世纪 50—60 年代是中国在政治、经济体制及思想文化观念上大转型的时代，中国作家在主体意识上受到强制的或暗示性的意识形态的指导，这种强势的意识形态力量内化为作家的主体意识的过程是艰难复杂的，一种不完全、不彻底的消化就造成作家的主体间性与文化间性：强势的意识形态与其主体的内在性之间未能完全榫合，甚至是抵触、矛盾所形成的交互、交叉的主体的文化存在状态。这一交互主体性，或称之为“主体间性”的事实，在一类特殊人物形象身上的投射，造成的结果尤为明显。这是一类在主体的文化与情感记忆中有着鲜明而深刻印记的形象，在自由状态下能被轻而易举地唤醒，能被活灵活现地赋形；但又由于他们在某一特殊方面触犯禁忌，或被强势的意识形态所应然地命名与钦定，从而使作家对他们的把握前后摇摆、左支右绌，本然的与应然的历史、文化、道德的因素与品格被牵强附会地拼合，从而造成性格未完成、偏失或者是支离，而文化意义则出现含混、模糊，甚至是自行清解与颠覆。我将这种由于作家的主体间性所造成的人物形象称之为“间性形象”。本文选择论述的“间性形象”来自当代最具代表性的作家的作品，她们是“小飞蛾”（赵树理《登记》）、李佩钟（孙犁《风云初记》）。

二

赵树理在 20 世纪 40 年代初适时地出现（崛起）在解放区文学的创作队伍中，这几乎就是一个完美的神话。它的神话性在于：虽然从 20 世纪 20 年代末“革命文学”就试图创造适应于现代民族国家、阶级与政党建构的文学话语，但“革命文学”以知识分子为言说主体，革命+恋爱的主题范型，在言说方式上难以摆脱的智力化与浪漫化倾向与建构现代民族国家的主体——农民和城市下层成员及其文化要求之间存在着本质上的龃龉。而赵树理显然是创造性地将国家话语弹性地嫁接在民间文化这一丰厚的土壤上。文学对象上的农民主体以及表达体系上的民间文化(文学)主体的文学范型的确立,使赵树理的小说创作在一个努力摆脱“曲高和寡”的知识分子话语的心理焦虑背景上,具有了一种“创世纪”的示范意义。

但是,同样诡异的是,像知识分子启蒙话语所内含的个性、民主、自由、科学等价值因素一方面成为革命(革封建主义之命)的原因与动力,另一方面又与革命所要求的集团主义与权威主义相矛盾、冲突一样,农民主体的民间文化要求也并不是任何时候都无条件地与“革命”的要求相一致的。尤其是新中国成立以后(“土改”标志着农民革命目标的基本完成),当“革命”以自身的逻辑加速度进行时,农民的利益、民间的文化形态已经处在尴尬的左右支绌的地位上,以“革命”为中心词的国家话语与以农民为主体的民间话语之间已经暴露出难以弥合的裂痕。我认为赵树理提出“问题小说”的理念具有某种权宜与策略的性质,其内在的逻辑理路是国家话语与民间话语,强势意识形态的编码机制与民间故事原型的自为逻辑之间的胶着、纠缠使赵树理处在一种紧张的“间性状态”,而“问题小说”因其突出强调关注农村、农民问题,从而在最低水平保持小说创作与“民间”的亲缘关系,而在“问题”的解决方式上,即落实在叙事层面上,国家话语的宏大叙事的编码机制逐渐压倒民间故事形态的自为逻辑,上升为文本的主导与优势成分,在某些作品中则是二者的此消彼长与相互纠缠,使文本呈现出奇特的“间性”特征。

《登记》是赵树理为配合新中国的第一部婚姻法颁布而写作的。这种“配合”的动机及动机的实现,决定了这篇小说在主型上必然是国家话语的一部分。这部小说设置了两个时空的故事段。主体部分是艾艾与小晚、燕燕与小进这两对年轻男女由自由恋爱到登记受挫再到婚姻法颁布而登记成功的当下故事;另一部分是小飞蛾自由恋爱失败、嫁给张木匠被锯梁子改造的历史故事。两个不同时间的故事段的语义也是相对自足的:当下故事的逻辑语义是新婚姻法保障了自由恋爱的正当性和恋爱者的幸福,而这正是作者“配合”的直接动机;历史故事,即小飞蛾的爱情及婚姻悲剧传达的则是一个传统的批判主题——封建主义对个人幸福的摧残与伤害。而从整合的意义上,通过小飞蛾这一兼有历史与当下双重身份的关键人物的链接(同时起作用的还有罗汉钱这一物象),两个都是从纵向的时间轴线上演绎的故事被整合为一个在空间上具有对比功能的新故事:两代女人不同的命运故事。通过将时间故事空间化,通过进入对比这种意义的阐释空间,这一新故事、新结构显然出现了意义的增值:两重社会两重天,或近似于喜儿(《白毛女》)所负载的"旧社会把人变成鬼,新社会把鬼变成人"的宏大主题。在这部小说的结尾,艾艾与小晚结婚典礼(区委书记主持的宣传教育会)后,赵树理特意写道,"散会以后,大家都说这种婚姻结得好,都说:'两个人以后一定很和气,总不会像小飞蛾那时候叫张木匠打得半死'"。这种对比的意图是彰眼昭目的。事实上,小飞蛾与艾艾的母/女血缘关系在身体上有拟同体的特征。其分别作为两极性的语义代码指涉不同的政治文化事实的符指方式与喜儿的人鬼式的结构是极为相似的。人/鬼、天堂/地狱的隐喻方式是母/女(或父/子)、旧/新、黑暗/光明的隐喻方式更为凝练的表达。这种借用血缘与身体作为基础性的转义符号通过爱情、婚姻、父子冲突等伦理事件作为中介进行意义再生产的文本编码机制与叙事方式,是当代意识形态制作的一种成功的操作方式。①

但赵树理小说创作的主要生活资源和可资借鉴的想像性文学与文化资源(预结构)是"民间性"的。如果采用一种现象学式的阅读姿态,尽可能排除知识、理念,尤其是意识形态因素的干扰,《登记》这篇小说最令人愉悦、感奋的部分不是艾艾与小晚登记结婚这一主导性的故事框架,而是张木匠在母亲的教唆下惩戒妻子小飞蛾,大姑娘燕燕与12岁的小伙子王旦登记的场面。这种阅读的快感当与一种可回忆的历史场景有关,或者说与记忆中的"悍婆弱媳""悍夫弱妇""小夫大

---

① 涉及新旧时代变革的文学作品很多都使用了这一编码机制,不仅如《红旗谱》这种革命历史题材小说,而像以合作化为背景的《创业史》,也通过"题叙"将社会变革的故事置入家族、父子的隐性结构中。在新时期文学进行政治文化反思的过程中则出现了这一结构的"反结构",如《被爱情遗忘的角落》。

妇”的民间故事有关，与一种内在的文化心理有关。

在主流意识形态的阐释系统中，小飞蛾这一形象的主要身份是“苦媳妇”，通过写其“苦”——被张木匠的锯梁子改造、没有欢乐和幸福的婚姻生活，揭示其“苦”的文化根源——父母之命、媒妁之言的封建伦理传统、男权中心的性别压迫（从女性主义视角切入）和社会根源（在和女儿艾艾的命运的对比中完成）。但是，“苦媳妇”不是小飞蛾的唯一身份，不是她的唯一功能。甚至，从美学与文化学的角度来讲，小飞蛾这一形象的主要魅力不是来自她的“苦媳妇”身份，而是来自她的“俏”，她的“活”（“飞”），她的“叛”，而这一切又来自她的“欲”，即她自由的本性和顽强的生命意识。这种生命意识及其所体现出来的俏丽、活泼、叛逆等身体的、性格的及精神的特征显然来自另外一种“成规”——一种民间的形象体系。

《登记》这样来写“小飞蛾”名字的由来：

> 原来这地方一个梆子戏班里有个有名的武旦，身材不很高，那时候也不过二十来岁，一出场，抬手动脚都有戏，眉毛眼睛都会说话。唱《金山寺》她装白娘娘，跑起来白罗裙满台飞，一个人撑满台，好像一口蚕蛾儿，人都叫她“小飞蛾”。张木匠娶的这个新媳妇就像她——叫张木匠自己说，也说是“越看越像”。

从这段话我们可以得到两个事实：一是小飞蛾这一形象的确来自“民间”。“梆子戏班里”“有名的武旦”，以及《金山寺》里的白娘娘点明了小飞蛾这一形象想像性的渊源所自。二是小飞蛾具有某一规定性角色具有的鲜明特征：作为成年男性观看对象和性投射（欲念）的对象具有鲜明的身体性和欲念化（性感），一种精神自由的特征。“蚕蛾儿”作为一个年轻而又成熟女人的喻体，就其生物学的特征被突出的是俏丽、活泼和被身体内在的热力所激励着的永不止息的飞动；而在精神意义上（“飞蛾扑火”），飞蛾则有一种为生向死的悲壮与热烈。凯特·米利特认为，西方文学中有分别用百合与玫瑰隐喻的两类女性形象,投射着男性精神的与身体的不同欲望。[①] 中国文学女性形象中也存在一个贞女与荡妇的二元对立形象系列。但由于民间文化对性持相对宽容的姿态和它所特有的一种对自由精神的向往,我认为中国文学中还似乎有一种来自民间文化的评价系统的介于贞女与荡妇之间的"蛾式女人"形象。这种"蛾式女人"的特点是,就其性感与欲念的强烈,其性近淫,而就其精神的自由,品格的热烈与义无反顾,其性又近贞近烈,古代文学中如霍小玉、杜十娘及《聊斋》中的女鬼系列,现当代文学中如花金子(曹禺《原野》)、小娥(陈忠实《白鹿原》)等。小飞蛾亦是"蛾式女人"中的一个成员。小飞蛾虽然被张木匠用锯梁子惩戒与规训,但小飞蛾并没有完全被改造,张木匠可以使她怕,但不能使她爱,张木匠不在场时,她的神气仍然像"在戏台上穿着白罗裙唱白娘子的那个小飞蛾","她有时候变得跟小孩一样,把罗汉钱(情人的信物——笔者注)暖到手心里,贴到脸上,按到胸上,衔到口里……"就是证明。或者说张木匠只惩戒了她的皮肉,并没有改造她的心气;张木匠吓破了她的胆,并未虐杀她的精神,她仍然是那个生气勃勃的小飞蛾。若就小飞蛾精神的自由舒展而言,她与同是"苦媳妇""苦女人"的祥林嫂和喜儿在性格构成及精神气质上存在结构性的不同。祥林嫂因其在精神上被虐杀的"深苦",肢体上表现为"枯",精神上表现为"萎";喜儿作为一个鬼人的复合体,作为一阶级压迫与反抗的象征在前是"屈",在后是"烈",但都不像小飞蛾那样兼具性感而自由的双重特征。小飞蛾形象显然更具民间文化气质。

"苦媳妇"与"蛾式女人"这两种来自不同成规、承担不同话语功能的文化与美学身份在小飞蛾身上的组合与拼贴,形成了这一形象明显的间性特征:一是因为在主流意识形态生产机制之外援引了民间文学(文化)这一成规,小飞蛾除具有"苦媳妇"的一般特征——身体被惩戒,精神被虐杀,尔后因遭遇另一社会机制而苦尽甘来(艾艾在结构功能上是小飞蛾的"另一个自我")之外,又具有"俏媳妇""风流女性"的美丽、娇俏、性感、内心与精神的自由等审美特征,因为这一添加,这

---

① [美]凯特·米利特:《性的政治》,社会科学文献出版社 1999 年版,第 226—227 页。

一形象焕发出奇异的光彩，其功能也由对社会、文化的认知与批判延展到娱性体验（欲望投射、快感体验）、内在精神自由及超越的可能性空间。这后一点是意识形态写作很少触及的。二是两种文化成规不能在小飞蛾形象身上完全榫合，致使不同文化成分互相抑制，造成了小飞蛾形象某种程度上的支离和残缺。如“苦媳妇”在语义上的社会性内涵使作家在表现小飞蛾“风流”“自由”的特质时躲躲闪闪，而“俏媳妇”的风流性感又反过来削弱甚至消解“苦媳妇”的苦难与沉重，事实上，小飞蛾被锯梁子改造的痛苦与恐惧远没有祥林嫂和喜儿的遭遇让人感到压抑与沉重，这在很大程度上是因为对风流、性感的暧昧态度以及民间传统的内在作用使作者采用了一种喜剧式的处理方式造成的。这种喜剧性在某种程度上削弱了形象在语义上的批判力量。

三

孙犁是继赵树理之后在解放区文学阵营中出现的又一位著名作家，他的短篇小说《荷花淀》是践行“工农兵方向”的经典之一。但是，孙犁无论是作为一个革命成员，还是作为一位作家的主体身份，均比赵树理要暧昧复杂得多。杨联芬在《孙犁：革命文学中的“多余人”》一文中，指出了孙犁作为一个“多余人”的复杂性：在人格与价值心理的构成上具有“现代个性意识与传统儒者中庸气质相混合的精神特征”，这使孙犁在革命文化阵营中，“也就陷入了一种革命意识形态与人道主义信仰由潜在进而尖锐冲突的艰难处境中”。其文学言说亦不可避免地在主流话语与知识分子的边缘话语之间徘徊、游走。① 此文使用“多余人”这一来自俄罗斯文学中的概念描述孙犁虽然具有启发性，但我以为“中间人”这一概念也许更为合适于描述孙犁的实际身份。因为全文的核心意图就是在于阐明孙犁作为生命主体、文化主体与文学主体的“间性特征”。

正是孙犁作为创作主体的这种“间性特征”，使他成为中国当代文

① 杨联芬：《孙犁：革命文学中的“多余人”》，《中国现代文学研究丛刊》1998 年第 4 期。

坛上极少数对主流文学规范有所突破的作家。具体地说,虽然从言说内容上来看,他的《风云初记》《铁木前传》仍然是民族革命战争与农村生产关系的变革等在当代文学题材的分级制度中属“重大”或主旋律的题材范围,历史及现实活动的主体主要也是“工农兵”,但知识分子作为历史活动中的主体之一被精心地编织进复杂的历史进程中,尤其是对主体的历史活动的具体描述,对主体及历史的展示、言说方式则与主流政治话语的惯常规范产生龃龉,很大一部分“溢出”了主流话语。龃龉的关键点在于:主流政治话语在处理主体与历史,个人与集体、民族的关系时回避二者之间可能存在的矛盾与分歧,倾向于将历史潮流、历史规律视作与个人完全无间的一个过程,在历史的必然性之中,个人是无足轻重的,而人文主义者却不肯放弃在主体与历史、个体与集体之间寻求差异,或者说,人文主义者很难不站在个体本位的立场去观察、理解历史活动,即使在阶级论、历史决定论作为最严厉的规范而存在的时候,孙犁的人文主义都没有完全就范。而孙犁的突破,孙犁之于中国当代文学的意义就在于他持之以恒地坚持了个人的因而也就是文学的观察视角与叙事立场,虽然是一种不彻底的、经常的与政治的、主流的叙事粘连在一起的“坚持”。当代文学史用“诗体小说”给孙犁小说定位,从一个侧面把握住了孙犁小说的特征;但是将孙犁小说的“诗化”仅仅理解为一种艺术风格又是一种不小的误读。孙犁小说“诗化”的内质是人文化的观察视角及叙事立场,思想、人格、心灵成长的结构及叙事线索,而情景交融及语言的诗化等特征只是“诗化”的结果和表征。

若就题材的分类而言,以抗日战争为背景的《风云初记》是一部严格意义上的“革命历史题材”小说;但若就小说具体的展开方式而言——叙述角度、人物、文体等与规范意义上的“革命历史题材”则是有距离的。首先,就文本的基本结构图式而言,这部小说虽然以抗日战争的爆发为背景,但它并不是一个全民团结御侮的民族斗争故事;虽然作品的前半部分写到在民族矛盾日深的情况下阶级的分化及阶级矛盾的加深,但它也不是像《红旗谱》一样的阶级斗争故事,就它的主体和内在的逻辑而言,它实际是一部“成长小说”——在外侮当前、内贼(奸)猖獗、外患内忧的严峻局面下普通民众的觉醒与成长。芒种与春儿,老常与老温,李佩钟、变吉与张教官媳妇,甚至包括高疤与蒋俗儿在抗战这一“流动性”的背景上,其内在性的成长,构成了这部集体性成长小说的叙事体。《风云初记》在叙事重心上对农村不同阶层的人在战争背景下民族意识、阶级意识、个性意识逐渐觉醒、成长过程的特别倚重无疑大大增加了它的人文指数,它是一部以人、以人的精神成长为本体的人文小说,而不是或主要不是“事本人末”的战争事理小说。正是这种内在性的标识,使《风云初记》在当代小说经典化的过程中,不能像《红旗谱》与《红日》那样彻底地被认同。

其次,同样具有理论意义,也更接近本文题旨的一个话题是,在《风云初记》的写作过程中,显然使用了不同的“成规”,而且这些被交替使用的“成规”并没有完全融会、榫合,以在文本意义的生产过程中相互强化、相互支持,而是出现了干扰、龃龉,以致产生了“裂痕”。具体一点说,在20世纪50年代文学“一体化”的过程中,强势的政治与文化规范显然在某种程度上支配了孙犁的小说创作,但是,某些异质的更具个人色彩的文化、道德、文学规范并未完全消失,这些并未完全消失的规范或规范的局部,在制造着“差异”与“间离”的效果。更切实的表述是:“革命历史题材”小说作为一个胜利的、掌握政权的阶级、政党对自我历史的重构与叙述,它实际上是一种广义的或特殊的“成长小说”,因为在这种“成长小说”中,“自我”的阶级及集团的而非“个人”的性质对人的“内在性”的开发是有所节制的,甚至是故意遮蔽的,它遵循的法则是以个人的严格的自律融入集团与社会,“成长”意味着程度不同地放弃自我而有效地社会化。显而易见,“革命历史题材”小说作为“成长小说”的变体,与真正意义上的注重“内在性”的“成长小说”之间存在着难以弥合的“间性”与矛盾。本雅明针对经典的“成长小说”说过这样的话:“通过把社会过程和个人的发展整合在一起,(成长小说)为预定了小说本身的外在秩序提供了最微薄的辩护。但它提供的合法性与现实状况完全是南辕北辙的。尤其是在成长小说里,这样一种相左的状况是显而易见的。"[①]在《风云初记》中,如果说芒种、春儿、老温等身份单纯的劳动大众其内在性的成长为"外在秩序提供了微薄的辩护"的话,而在李佩钟、变吉两人身上则明显地看到了"个人的发展"与"社会过程"相左的状况,以及在这一状况发生时孙犁作为一个间性主体(不同文化、文学成规交替使用)莫衷一是造成的人物的间性特征。

李佩钟是《风云初记》中色彩最丰富、杂乱的一个人物形象。从外部身份而言,她是一个旧戏班主的独生女儿,是地主的儿媳、一个勾结日本人的国民党军官的妻子,受过师范教育,自己又置身于抗日的革命阵营,并且担任着领导职务。可想而知,有着如此复杂身份的李佩钟在抗日战争这一动荡的时代背景中将会演绎出多么精彩的人生与命运故事,人们有理由期待一个在"内在性"的开发方面能与其外部身份相匹配的、成功的,像娜塔莎(《战争与和平》)、郝思嘉(《飘》)那样的人物形象出现。但实际的状况是,李佩钟没有像人们期待的那样成功。在切入这一人物的内心世界时,作者只撩开了她内心世界的一角:青春的寂寞、身份认同的惶惑等,似乎是一种禁忌的情绪让作者欲言又止,躲躲闪闪,或使用隐喻(如病花的隐喻)的方式轻描淡写,从而使这一人物保持了足够的、也许是多余的神秘,包括她被安排的那一武断的死亡的结局。与被唤起的对这一形象的巨大期待相比,这一人物的命运故事及对其"内在性"的揭示潦草得令人难以接受。

李佩钟是一个相当典型的我称之为"间性形象"的女性形象。从一方面来说,李佩钟这一形象在其身份、气质、美感诸方面非常吻合孙犁的女性观念与审美趣味,或者换句话说,一个极端动荡的"乱世"格局与一种敏感、多情、内心世界十分丰富的女性的尖锐反差,为李佩钟这一形象"内在性"的成长已经铺垫出一个极具张力的文学性世界,这是深得文学三昧的孙犁故意营造也特别喜欢、珍惜的一种文学状态,李佩钟这一极富想像性前景、自由、敞开的"招呼结构"为"个人的发

---

① 本雅明:《讲故事的人:关于尼柯策·勒斯可夫的沉思》,载唐小兵编《英雄与凡人的时代:解读20世纪》,上海文艺出版社2001年版,第164页。

展”提供了充分的余地。但是，从另一个方面来说，对李佩钟的塑造，对这一“招呼结构”的想像性填充，显然触碰到了一种禁忌，或者说，在对这一形象的想像与创造过程中，孙犁明显地受到了一种禁忌性的力量的干扰与抑制，那就是已经教条化的阶级意识与阶级观念作为一种强势的意识形态力量的参与。从僵化的阶级意识出发，李佩钟这一有着剥削阶级身份的知识分子，就被赋予一种无法洗脱的“原罪感”。或者说，血统论、僵化的阶级意识、知识分子的原罪感，使李佩钟这一形象在“成长中的革命者”这一身份之外，被强行楔入了“追随者、忏悔者”的成分，后者的逻辑应该是一个类似林道静的成长“三部曲”——逃离苦海（家庭、余永泽）、拯救（卢嘉川、林红等）、成长（领导学生运动），这是强势意识形态中知识分子成长的一般规范。但是，这一知识分子主体化的成长“三部曲”未必是孙犁从心底完全认同的，更重要的是它有违《风云初记》这部小说的整体设计：民族战争风云中各阶层儿女的集体成长。李佩钟应该有一个符合自己内在及外在身份规定性的自足、自为的“个人的发展”的性格逻辑及精神历程，但同时因为她身份的意识形态性质，她又必须符合某种强制性的规范，某种意识形态化的阐释系统。显然，“个人的发展”与意识形态的阐释系统所规定的知识分子成长道路之间存在着矛盾、龃龉。正是因为李佩钟“个人的发展”无法为某种“社会秩序”提供充分的辩护而失去了“合法性”，这一形象才未被充分展开。她被作者扼杀的深层原因就在于此。

本文从“主体间性”这一哲学概念入手，经由“文化移入”这一文化及文学分析概念的逻辑过渡，试图提出一个在小说创作中常常遇到的现象，即由于作家在创作过程中交替使用不同的文化及文学成规，由于作家在不同的意识层面上其价值规范无法调和的矛盾，对想象性文学世界的创造，尤其是对人物形象的创造，会导致一种分裂、间离的状态，我将这类形象称为“间性人物”。虽然这里论及的只是赵树理、孙犁两位作家的创作及“小飞蛾”与李佩钟两个人物形象，但坦率地说，本文并不想掩盖这样的野心，即“间性”既然具有一种哲学的普泛性，其作为一个分析概念的有效性就不限于一两位作家，我更愿意将它作为一个普遍有效的观察视角与分析范畴来使用。最后还想甄别两点:一是“间性形象”不同于“中间人物”,或者说,这是两个完全不同层次上的概念。“中间人物”是从社会学的角度来命名的,指称的是就其阶级、财产及意识状况而居于中间位置或状态(所谓“两头小中间大”)的那部分人群;而“间性形象”则是一个美学概念,是作家在创作过程中由于复杂的创作意念而导致的美学状态。二是“间性形象”与巴赫金所提出的“复调小说”概念也有不同的内涵。复调概念用来描述作者与其创造人物之间的“对话”关系,这种“对话”关系是以尊重世界的有机性及主体的统一性为基础的,强调作者与他创造的人物同为主体的对话状态,是自然而适意的状态;而本文所描述的“间性状态”,则意在突出由于作者主体内部因素无法整合而造成的人物形象的分裂、支离及未完成状态,是非自然、不均衡的状态。

惠英“病态人格”论

——论储福金的小说《生命圆舞曲》

一

在我们以往的文学批评中，特别是在人物形象的研究中，性格是我们常用的一个概念。从人物的性格分析入手建立起与现实世界的审美关系，进而构建文学世界与现实世界的桥梁，由文学批评进入社会批评，是社会学批评驾轻就熟的一贯套路。现在我们引进“人格”的概念，以动摇性格分析在文学批评中的独尊地位。这并不是为了标新立异故作惊人之举，而是基于自己对人的不同的认识和理解。

首先，和人格相比，性格是显性的表浅的，在人性的构成中属于较浅的层次，它赖以存在得以显现的基础是深层的人格。大千世界中性格的千差万别归根究底是人格的千差万别造成的，生活环境和社会历史对性格的塑造实际上也是从人格的塑造开始的。舍性格而取人格，我认为是向人的心理世界又深入了一步。

另外，从发生学的观点来看，在性格的形成过程中，个体的生活环境和生活道路起着决定的作用。而人格则不同，它的形成除个人的生活经历起作用以外，社会的价值标准和审美风尚以及传统文化的心理积淀都起着顽强的塑造作用。他们选取人格作为分析人物形象的切入点，意在使历史文化内容在人格形象中的地位和作用得到强调和凸现，使我们的分析建立在一个更加宏阔的视域当中，尽可能地挖掘出作品的历史文化内涵。

人格理论是在正统的心理学研究和学院派之外逐渐发展起来的，至今仍很不完备。尽管各家说法不尽一致，但都包含了三方面的基本内容：自然性，是人本能和动物性的一面，是生命力和创造性的源泉，即弗洛伊德所说的"本我"，荣格所说的"阴影"；社会性，是人进化过程中在共同生活的基础上形成的维护群体和社会存在以自存的一种特性，弗洛伊德称作"超我"，荣格则称为"人格面具"；居于二者之间调节二者矛盾的则是"自我"或"意识自我"，即人心理性或心灵性的一面。自然性、心灵性和社会性即是人性的基本内容，也即构成人格的基本要素。人格则是这三种因素的动态构成，即在社会变动中的组合方式。人格不是静态的而是动态的，三种因素的此消彼长或彼消此长则造成人格的千差万别，也决定了他对自然、人生和社会的不同态度，某一种因素在一个人的人格中占有绝对优势则会造成这个人在某一方面的强烈倾向性。具体地说，如果一个人的"超我"过分发达，"人格面具"过于厚重，这个人就会强烈压抑自己的本能去满足社会的需要；反过来，如果"本我"占有优势，他则会淡漠于社会生活，一味追求自己本能欲求的满足。如果这两种人的"自我"同时也都是发达的，那么在他的心灵中则常常会刮起风暴，人格冲突引起的心灵骚动使他永无宁日。文化的普泛性造成了同一民族中每个成员的人格有两种基本相同的趋向，形成一种基本人格模式。我称之为"文化人格"。"文化人格"总是以它固有的模式促使一个新的"个体人格"就范。而"个体人格"以人的自然本性为基础，以追求个体欲望的满足为指向，以自我实现为目的，与"文化人格"既相矛盾又相适应。两种人格最大限度的统一体现了文化优化与社会发展和完善的程度。

二

《生命圆舞曲》正是在以传统文化和现实生活交叉而成的立体舞台上演出了一场由两种人格相互冲突所引起的生命活剧。一个鲜活的充满自然欲望的生命跌跌撞撞冲来，撞击在"文化人格"这堵墙上，生命消失了，大墙依在，但撞击产生的火花同时照亮了二者，所谓鲜活的生命只不过是一个人格侏儒，而这堵神圣的大墙上也渍染着斑斑的污迹。小说基本是在单一的维面上建立起主人公惠英的社会联系，以圆舞曲的结构方式，把惠英短暂的人生历程中的几个片段加以缀合。在这样一个看似简单的故事层面之下掩藏着一个由人格、社会和历史文化构建起的三维空间，史无前例的社会大悲剧只不过是人格和心灵交给社会和传统文化的一笔学费而已！但这笔学费太高昂了。

惠英从小生活在一个残缺的家庭里，在她出生之前父亲就抛弃了母亲搬出了“仁义巷”，母亲说他是个没仁没义的人。母亲也同样没有尽到责任，除了躺在一张旧藤椅上抽烟就是走东家串西家。惠英在几乎没受到任何管束的情况下长大了。这种生活环境从两个方面促成了惠英“个体人格”的形成。管束的拆除意味着堵塞了向她灌输各种为人处世之道和“规矩”的渠道，因此，她身上较少传统的伦理色彩，对别人来说一些根深蒂固的观念对她缺乏足够的约束力量，她像一匹小野马一样体格健壮，精力充沛，欲望强烈，有奔放的热情和蓬勃的生命力，能够按照自己的生命意志自由驰骋，无父的缺憾使她痛切地感到失去“另一半”的痛苦，造成她对男性世界的亲近和神秘感，热切地希望献身于一个男人，这种强烈的性向因为无所归宿又一再受到父亲形象的感召和纵容而成为人格当中一种持续的自然性。

无疑，惠英是一块尚待雕凿的璞工，是富有生命力和创造性可造就的人格雏形。但是，她诞生在一块最不适合个体之树生长的沙漠般的文化土壤上。她所热烈追逐的是由“烧包”“长腿鹭鹭”“白面书生”和“小木匠”等组成的虚伪世界。他们像一群被世俗风干了的“人干”或一蓬被文化的毒汁腌渍过的枯黄的藤萝，更像戴着人的面具的冷血动物。“烧包”这位宣称找不到老婆就去死的男子汉，在姑娘献上自己初吻的时候却一再叨咕着一句话“你让我来的”。“长腿鹭鹭”这位和夏娃一同偷食了禁果的亚当，离开伊甸园只不过是跟在夏娃身后的一条躲躲闪闪的影子，因为怕影响毕业分配而辜负了夏娃火热的激情。而惠英的献身，只不过是用自己的童贞为下一次的被抛弃、为最终的悲剧做了一次有先见之明的殉葬而已。

在“仁义巷”，惠英的家乡，她遇到了“两个好男人”：“白面书生”和“小木匠”。“白面书生”是一位病退的大学生，无以为业，就在自己的小阁楼上为图书馆抄录卡片。这是一个有着少女的敏感和柔肠的人，他对惠英的照顾不声不响但体贴入微。刚刚经历了感情风暴的惠英着实感受到了一种温馨而甜蜜的柔情，对他产生了一种朦胧的感情，但他却把惠英介绍给他的朋友“小木匠”。后来，当他知道惠英曾经献身于一个男人时却反过来向惠英求爱。这种看似荒唐的行为却掩盖深层的心理真实，透过心灵表浅的层面深入下去我们看到的是一个虚伪、庸俗而卑怯的灵魂。他爱惠英是真实的，但作为一个失业的大学生他对自己的未来怀有一种恐惧，在一种世俗的爱情天平上，他意识到自己的分量和惠英不在同一水平上，受这种卑琐心理的支配，他压抑了自己的真实感情。但是惠英失去童贞在他看来无疑是大大的“跌价”了，又从“小木匠”的目光中看出他不会再娶惠英时，他才获得了自信，拔出了丘比特那支被世俗钝化了的神箭向惠英射去。“小木匠”连“白面书生”还不如，听到惠英被强奸，立刻吓绿了眼睛，一夜之间像霜打的小草一样枯萎了。所谓两个好男人，事实上也是被世俗和封建文化污染了灵魂，人格被强烈扭曲了的伪男人。没有人格平等的观念，爱情和婚姻在他们眼中只是社会地位和女人贞操的一种等价物；他们不像有血有肉充满热情和欲望的活人，倒像两具由几块世俗的骨骼拼成的骷髅。到此为止，惠英要献身于一个好男人的愿望破灭了。

“烧包”“长腿鹭鹭”“白面书生”“小木匠”正是传统文化按照固有人格模式塑造的“文化人格”的现代标本，惠英愿望的破灭是惠英的“个体人格”与以他们为代表的“文化人格”相冲突时“个体人格”的失败。

从“个体人格”的发生发展来看，童年和少年的“个体人格”较充分地表现为自然性，个体欲望的满足似乎就是生活的全部，社会意识非常淡薄。这一阶段，生理冲动和心理上性意识的觉醒成为一种明显的事实。性意识是一种自我意识，是人格发展的必经阶段上的正常表现。因此，性意识一定程度的满足，至少成长环境的相对宽松和谐是人格发展的一个必要前提。但是惠英生活在一个“灭人欲”的文化背景下,生活在一个对性讳莫如深的时代,生活于一群虚伪面孔的包围之中,正常的性意识受到强烈压抑,造成了“人格固置”,即她的人格始终停滞在自然性的满足这一点上,致使社会性的一面无法实现。

被压抑的自然欲望并没有销声匿迹,更没有立地成佛,而是被压抑在潜意识的领域里;这些处于黑暗世界中的“魔鬼”时刻寻找着突破口,伺机逃遁,变相地“为非作歹”。明白了这个道理,我们就不难理解惠英在“文革”到来的时候的反常表现和最后的悲剧命运了。长期受压抑的欲望在胸中炙烤着她,使她变得像一堆干柴,一经点燃立刻就会熊熊燃烧。“文革”初期狂热的气氛正好成为点燃她的触媒。她几乎是一拍即合地置身于其中,酣畅淋漓地挥发自己的疯狂和肆无忌惮。她跳着,呼喊着:“那许多虚伪的没仁没义的家伙,做那许多虚伪的没仁没义的事,我真想一个个撕下他们的皮来。”潜抑的热情和欲望经过了一段时间的酝酿和发酵终于变成了愤怒和仇恨,变成了一种变态的非理性的发泄和自我焚烧。一具火热的肉体,一个活泼泼的生命在那个“火的海洋”中熔化了、升腾了,成为横陈于历史祭坛的一具牺牲。

惠英的悲剧是人格的悲剧。事实上,她是一个始终生活于孩提时代,从来就没有获得过完整人格的人格侏儒。人的本能、自然属性是人格不可缺少的部分,但不是人格的全部,人格的成熟和发展必然指向社会性。一个完全受本能支配的人等同一个动物,他是无法在人的社会中立足的。上文我们曾肯定本能和性意识在人格发展中的地位,但任何事物只有在某一发展阶段上才有其必然性,事物的进一步发展就意味着必然性的丧失。即从发展的观点看,一个必然的阶段才是正常的、合理的;不属于必然的阶段就是不正常的、病态的。青少年时代的惠英追求性意识的满足是正常的,而成年后的惠英仍仅仅满足于这一点而不是有所发展,这就是不正常的、病态的。正是这种病态的人格使她在社会风暴到来时心理机制不能发挥正常的调节功能,无法适应对自己不利的环境,像一个动物或野蛮人那样整个儿迷失、自毁于那场血腥狂乱的大动荡之中。

这里需要解释一个问题。如果说文化具有普泛性,对于生活于该文化中的每个成员都有渗透性的影响,那么对惠英却不是如此。换句话说,惠英的人格当中为什么没有"文化人格"的因素,除她特殊的生长环境以外,我认为还有两种原因不可忽视。其一,惠英是作家储福金创造的人物,作家理性因素的渗入,在进行他的整体构思时忽视了或者说有意识地隐去了主人公受传统文化制约的一面。也可以这样说,作家实际上是将本属于心灵和人格内部的冲突外化了,构成人格的两重性在作品中分化为两种对立的人格,惠英就是"个体人格"的形象化。其二,"恋父情结"。这里是借用了弗洛伊德这一概念的外壳,内涵并不同,或者说是一个同质逆向的构成。惠英没有见过自己的父亲,也没有在肉体上与他结合的意愿和性向;但心中有他的影子,这影子对惠英来说是一个强大的存在,左右、支配着她的生存现实。她肉体的灼热,心灵的骚动不安,一次又一次的追求异性,都出于她所说的"献身于一个男人"的愿望,这种强烈愿望的达成很大程度上和父亲的不存在有关。荣格在论到"情结"时,认为"情结"是心灵的一种强烈倾向性,一种大的"心灵能",是一种"小人格",被"情结"所占据的人会把自己的情感、意愿和行动强烈地指向某一方面而忽视其他方面。惠英的"恋父情结"是形成她畸形人格和导致她悲剧命运的内在的深层的原因。

人格是环境和社会的产物,惠英的畸形人格是社会现实、社会意识和社会心理一定程度的畸形造成的。因此,惠英的悲剧又是社会的悲剧。惠英生活于其中的那个小环境是社会的一个缩影。在一种阴沉而压抑的气氛笼罩之下,每个人都戴着沉重的面具生活,于是面具就成了人的真实面孔,而真正人的面孔却变成虚假的和难以容忍的了。环境只接纳以"共同原则"生活的人,并以它所认可的方式征服和惩罚它的叛逆者。假仁假义造成不仁不义的婚姻,背叛这婚姻的人就是"没仁没义"。极"左"思潮压抑人的正常欲望和人性,却又以极端的方式纵容人的兽性。惠英正是辗转于极"左"路线这架真假不辨、是非不分的巨大齿轮之下的牺牲品。

三

无论是弗洛伊德还是荣格,他们虽然看到了人格和精神病态与社会现实的关系,但并没有导致他们的社会改造观,反而得到悲观主义的结论。马克思主义则相反,它把人格的不健全和精神的病态看作是“前历史”的必然产物,随着社会变革和人类历史的进步,人的病态将逐渐被克服,到了共产主义“个体人格”与“文化人格”的矛盾与冲突将会消解,个人与社会完善融合,每个人都成为人格健全的“全面发展的人”。目前,我们的社会主义还处于初级阶段,个体发展与社会需要的矛盾以及两种人格的冲突仍然存在,但我们业已开始的全方位的社会变革将会缓解并最终消除这种矛盾。

惠英的悲剧是民族大悲剧的一个小小的片断,是其中一个悲怆的音符。民族大悲剧的发生则是传统文化失败的明证。以儒家思想为核心的中国传统文化从总体上看是一种“人文”文化,在人与物的关系中它重人轻物,显示了这一文化的“人道主义”色彩。但它对“人文”的重视不以张扬人的主体意识、肯定“自我”的价值为目的,而是为了协调人际关系,便于社会的统治,简言之,是以“治人”为目的。它以“礼”为核心,强调人与人之间的“尊、卑、长、幼”,为封建的等级制度服务,在人与社会的关系中,它强调社会的重要,轻视个人的价值;主张牺牲个体的欲望,维护群体的和谐。孟子说:“生亦我所欲也,义亦我所欲也,二者不可兼得,舍生而取义者也。”取舍之间,明显地看出他轻个人生活的思想倾向。到了程朱理学,则明确提出了“存天理、灭人欲”的主张。“天理”和“人欲”成为一对矛盾的对立物,为了维护“天理”,“人欲”则成了加以挞伐的对象。那么,社会则成为一个高擎“天理”的旗帜,净化“人欲”的人间工厂,又鲜明地暴露出这一文化反人性和人道的虚伪特征。

古人说:“食色,性也。”七情六欲乃是人的正常本性,如何能“灭”得了呢?人性长期压抑的结果必然是,一方面,精神的委顿,生命力和创造力的丧失;另一方面,人的社会性一面畸形发展,形成虚伪厚重的人格面具，造成人格的严重扭曲和心理变态，最后则是兽性的大发作。关于第一次世界大战，荣格曾做过这样的评述："毫无疑问，这就是为什么再没有一种宗教象基督教一样用无辜者鲜血的飞溅来亵渎宗教的原因，这正是世人从未目睹过比基督教国家之间的战争更为残酷的战争的原因。"①他把战争看作是基督教文化压抑人性的结果。中国的"文化大革命"这种全民族的非理性的大浩劫，除政治经济的原因之外，难道和传统文化长期压抑人性没有关系吗？它何尝不是压抑在"地下"的欲望岩浆的一次总喷发呢！

在新时期的文学创作中，对"文化大革命"和传统文化进行反思的作品已经写了不少，但像《生命圆舞曲》这样从文化对人格和心灵的塑造这个角度进行反思的似乎并不多，作品在这方面取得的成就以及它对人本的热情关注和对心理的开掘取得了成功，是值得肯定的。但我也感到它的某些不足。作品没有用过多的笔墨写主人公的心理活动是对的，看来作者已充分把握了他的审美对象，但叙者的语言完全可以更富有包孕性和暗示性，谋求作品更丰富的心理内容，使其成为一部真正意义上的心理分析小说。作品在这方面似有不足，一定程度上影响了作品内容含量和进行多种阐释的可能性。

---

① ［美］卡尔文·霍尔、沃农·诺德拜：《荣格心理学纲要》，黄河文艺出版社 1987 年版，第 47 页。

《白鹿原》与《创业史》的“互文”关系及其意义阐释

一

在《白鹿原》的后半部，陈忠实在叙述到白嘉轩之女白灵的死因时，打断了叙述的链条，插入了这样一段文字：

> 最终弄清白灵死亡过程的人是作家鹿鸣。这已经到了本世纪八十年代中期，白嘉轩也死掉了，自然至死也不清楚女儿灵灵死亡的具体情况。鹿鸣翻阅一本专事追述死亡英雄的《革命英烈》杂志时发现了白灵。
>
> 鹿鸣五十年代中期在白鹿村搞农业合作化运动时结识了白嘉轩，在白嘉轩的门框上看到过那块“革命烈士”的牌子。他写过一本反映农民走集体化道路的长篇小说《春风化雨》而轰动文坛，白嘉轩被作为小说中顽固落后分子的一个典型人物生活原型给他很深印象。

很清楚，这段在故事链条之外插入的作者的“声音”，有意识地将发生在白鹿原的故事“指涉”延伸到了《白鹿原》的故事空间之外。鹿鸣及其《春风化雨》作为“指涉”对象与《白鹿原》一起构成了“互涉”的“互文”关系，在故事之外构成了一个新的意义阐释空间。

到目前为止,对《白鹿原》的解读与阐释,主要是基于人物、故事等主要的文本因素展开的,在跨文本,即在“互文”的框架内进行的意义阐释还较为罕见,这一思路即使存在,也大多是在与《红旗谱》等以中国近现代史为背景的“革命历史小说”的对比中,显示其作为“新历史小说”的修补及颠覆的意义。这当然是“互文”的阐释思路之一,即后人通过有意“误读”前人的文本,从而拓宽、延伸自己文本的意义空间,这正是哈罗德·布鲁姆的重要命题“影响的焦虑”所阐发的“互文”的经典意义。[①] 但上文所引《白鹿原》中的文字表明,作者有意将发生在白鹿原上的故事引领指涉到另外一个时空当中,与一个新的语境——“五十年代中期”“农业合作化运动”“农民走集体化道路”“顽固落后分子”,建构起一个“互文”关系。这里的“互文”概念所表达的就不仅仅是哈罗德·布鲁姆意义上的、一种纵向的、传统与现代、影响与创新的关系,而是扩展到克里斯蒂娃意义上的“互文”概念。在论及“互文性”时,克里斯蒂娃说:“互文性表示一个(或几个)符号系统与另一个符号系统之间的互换;但是因为这个术语经常被理解成品尝迂腐的‘渊源研究’,我更喜欢用互换这个术语,因为它明确说明从一个指意系统到另一个指意系统的转移需要阐明新的规定的位置性,即阐明的和表示出的位置性。”[②]就是说,“互文性”不仅指在同一符号系统之内“新”文本对“旧”文本的有意“误读”,而且指不同的符号系统之间的互相“指涉”。具体到《白鹿原》来说,它不仅与《红旗谱》等“革命历史题材小说”在中国农民在近现代史上“革命”(朱老忠)与“不革命”(白嘉轩)这一指意系统中相互指涉,而且,通过援引鹿鸣及其《春风化雨》,从而将《白鹿原》引领到了另一个符号系统:中国农民在20世纪50年代中期、在“农业合作化运动”这一新的语境中进行的另一场革命——与私有化制度的彻底决裂。正是这种“符号系统”之间的巨大差异,让我们看到在《白鹿原》中作为“修身、齐家”这一典型儒家人格

---

① [美]哈罗德·布鲁姆:《影响的焦虑》,载拉曼·塞尔登编《文学批评理论》,北京大学出版社2000年版,第447—449页。

② [法]朱丽亚·克里斯蒂娃:《诗歌语言的革命》,载拉曼·塞尔登编《文学批评理论》,北京大学出版社2000年版,第450页。

代表的白嘉轩到合作化运动中成为一个“顽固落后分子”。

那么,鹿鸣与《春风化雨》暗示、指称的到底是当代的哪位作家与哪部作品呢?根据上文所引文字的规定性语境:“50年代中期”“农业合作化运动”,以及小说中另一地域性规定情景“关中农村”,我们可以猜测,鹿鸣与《春风化雨》指称的应该是作家柳青和他的《创业史》。这当然是一个无法证实的“猜测”,是基于艺术与生活逻辑而不是基于实证材料而获得的一个结论。但这并不妨碍我们以“互文性”进行立论,因为“互文性”并不限于那些互相“引用”了对方的文本,克里斯蒂娃对“互文性”概念的拓宽,使我们有足够的理由将《白鹿原》与《创业史》联系起来,在“互文”的框架内进行尝试性的阅读与意义阐释。

二

将《白鹿原》与《创业史》联系起来的重要纽带是白嘉轩和姚士杰。表面看起来,将白嘉轩与姚士杰看作同一原型的做法十分荒唐,因为无论是两位作者——陈忠实与柳青对其人物的叙述态度,还是就读者的阅读感受来说,白嘉轩和姚士杰之间的距离不啻十万八千里:一个是代表作家文化人格理想的“准圣人”,另一个是阻碍历史前进的“顽固落后分子”;一个洁身自好,另一个则道德败坏。但透过现象作深入分析,两者之间还真的存在一些必然联系,基于同一原型的说法并非虚妄。

(一)共同的富农身份

身份是一个人的重要标志。自然身份、家庭身份、社会身份、政治身份、文化身份等互相联系着的身份因素决定了一个人的心理特征与行为方式,因此,从人物的身份因素入手,建构人物复杂的关系网络,从中描摹人物的复杂性格与心态,进而揭示出所谓社会的、文化的“本质”是文学叙事的常规思路,是文学话语所建构的一个独特的知识系统。当然,基于不同的理念和叙事姿态,作家会侧重、强调人物的不同身份。政治观念是20世纪50年代占主导地位的文学观念,阶级分析的方法是柳青创作《创业史》的主要指导性原则,姚士杰作为富农的政治身份,决定了这一人物在政治上、道德上的反面性质,以及基于这一身份的独特心态与反常的行为方式,包括他为争取到富农而不是地主身份而一反常态的低三下四的驯顺姿态。而《白鹿原》开篇即以“白嘉轩后来引以为豪壮的是一生里娶过七房女人”,明确指示出小说以生殖、家族血缘、宗法体制来梳理近现代中国乡村权力关系的新企图;白嘉轩主要作为一种文化人格而不是作为以社会学为基础的“性格”经历并验证半个多世纪的中国近现代史。基于这一独特的文化思路,小说实际上有意模糊、淡化了白嘉轩的政治身份——地主,而突出了他作为家长、族长、维护传统道德秩序的“准圣人”的文化身份。但是,意味深长的是,小说在即将结束时故意“逸出”既定的叙事框架,交代了白嘉轩的政治身份——富农,以及它的由来:

> 在为母亲举办葬礼时,朱先生来吊孝,临走时点了一句:“辞掉长工自耕自食。”他揣摸不清:“我种不过来咋办?”朱先生笑说:“好办!撂给穷人就完了……”
>
> 直到解放后,土地改革查田定产划定成分时,他才猛然醒悟了姐夫朱先生的话,不仅感佩万端:“圣人圣人,真正的圣人!”因为他恰好在解放前三年没有雇用长工,按土改政策匡算下来,才幸免被划为地主。

小说在白嘉轩政治身份上的有意“逸出”——超出时间框架进行“预叙”,也超出文化视角,强调其政治身份——是富农而不是地主,显然暗示、强调一个生活原型的真实存在,并与鹿鸣的《春风化雨》——也即柳青的《创业史》中的富农姚士杰关联在一起。

值得一提的是,两部小说对两个富农发家“历史”的追述也存在一致性。一是发家的偶然性与神秘性。姚士杰的发家是由于他的父亲被土匪绑架,从一个逃跑的土匪那里获得了发家的资本,是因祸得福。在利用这笔资本发家的过程中,姚家充分利用了“神话”因素,通过向百姓反复讲述“财神爷”和“土神爷”的故事,使他的意外之财神秘化,进而使它获得合法性。白嘉轩的发家与白鹿在白鹿原上神秘的“现身”有关。二是发家的不义色彩。姚士杰的父亲通过巧取豪夺获取不义之财，并且发狠说：“他的银子太多啦。那个龟孙子！我后悔没把他打死！”白嘉轩的发家除了欺骗性地与鹿家交换土地，再就是通过在白鹿原上引种罂粟获取暴利来完成，这种暴利的不义性通过朱先生铲除罂粟的“义举”中已经显示出来。两位作家对两个富农发家历史的追根溯源式的叙述，似乎表达着十分相似的理念：传统义利观念中，“利”似乎天经地义地具有“不义”色彩；对近现代中国农民通过原始积累获得致富资本抱悲观的态度。

（二）两人在思想、性格逻辑上的一致性

虽然两部小说所取的叙述视角不同——《创业史》取政治视角，以阶级关系作为解读中国农村和组织、建构文本的基本结构模式，而《白鹿原》取文化视角，有意识地对以农民/地主这一二元对立的政治模式解读乡村关系的传统文本进行颠覆；故事发生的历史语境也不同，一是以新民主主义革命时期的乡村社会为背景，另一个则以农业合作化为背景。但作为农民，白嘉轩和姚士杰在与土地的关系上、在“民以食为天”的观念上表现出惊人的一致性。白嘉轩作为《白鹿原》中最为倚重的人物性格，他除在“修身、齐家”方面表现出惊人的自觉性与践行能力以外，就是他对土地以及“民以食为天”观念表现出的执著的信赖，并由此派生出他对一切政治行为的恶感。他将不同的政治势力和军事集团对白鹿原的你争我夺比作“鏊子”，他牢记朱先生的话：“无论是谁，只要不夺我一碗包谷糁子我就不管他弄啥。”他告诫儿子孝文：“上机轧棉花。你一踏起轧花机就不慌不乱了。哪怕世事乱得翻了八个过儿，吃饭穿衣过日子还得靠这个。”“务弄庄稼”“过好日子”——如果翻译成当代的学术语言，就是——劳动、发展生产力，是白嘉轩作为一个农民最重要的信念。这一人物身上体现出的朴素、顽强的民本思想，也是陈忠实反思、重构中国近现代史的重要思路。

姚士杰作为土改后蛤蟆滩上唯一的一个富农，一个合作化运动中的“敌人”，他在柳青的叙事态度中处在被“贬抑”的状态是显而易见的。但一旦回到民本的立场上，回到“务弄庄稼”“多打粮食”这样的民生、民计问题上，姚士杰也会暂时地被叙事所宽容：

“好话！”姚士杰大为满意，说，“只要你不嫌我的成分，咱泥和水，水和泥！咱像他梁生宝互助组一样，也奔社会的路走！旁的富农怎样，我不知情。我这个富农不反对人民政府。我的天，这阵是啥世界嘛！没土匪，没盗贼，没苛捐杂税，不抓兵，不派款，不打人骂人。这阵连个军队的影子也见不上。干部下乡讲话，总是叫搞好生产喀。世上哪有这样好的官家？我常给俺屋里人说：毛主席比咱爷强！嘴说订下咱个富农，可救下咱一家的性命哩！不解放，嘿，得了吗？那时光，我总担心，我非死在黄堡驻军手里不结。咱这野河滩坝地方，又没个堡子；他们白日是明驻军，黑夜就是暗土匪嘛！他们把院子一围，朝我要银子要钱；我没，他们还不把我拷打死？所以上说，毛主席是我的再生父母……”

这段话出自富农姚士杰之口。一个抵制互助合作运动的“顽固落后分子”却说出了拥护人民政府、拥护毛主席的话，似乎相当地悖情悖理；但仔细品味这段话里的感情逻辑，又是相当真实的，作者柳青似乎也并无嘲弄之意。本文更想强调的是，姚士杰说话的口吻与声气与白嘉轩在白鹿原上开导长工鹿三、教训儿子孝文的口吻与声气如此的相似，内中的感情与思想几乎完全可以看作白嘉轩对自我的一种剖白，或者是白嘉轩感情与思想在新的历史语境中的合乎逻辑的延伸与发展。就是说，在白嘉轩与姚士杰这两个产生于不同历史语境中的人物形象的确存在着更内在的思想、性格上的有机联系和一致性。

当然，我们更应该注意白嘉轩与姚士杰在思想与性格上的不同。或者说，基于同一生活原型的两个人物在不同的两个文本中所做的不同的阐释，或许更具有历史意味和文学意味；再换句话说，按照“互文”的理论来说，文本的意义与文化的意义来自于“互文性”，即来自一个文本对另一个文本的“误读”，来自一种符号系统对另一种符号系统的“修改”，因此对“误读”与“修改”的解读与阐释是文学批评揭示文本与文化意义的重要途径。

白嘉轩这一形象对姚士杰的“误读”与“修改”主要表现在道德层

面上。或者说，两位作家对同一人物原型道德意识的不同性质、不同向度的“填充”、开发、描写使两个人物“人格”的结构性内涵显出了巨大的差异，其意义内涵也产生了明显的“歧义”。首先，两者的不同表现在性道德上的差异。姚士杰在《创业史》中作为一个反面角色是从两个层面被定义的，一是对互助组的抵制，即政治上的反动性；二是对素芳的性占有，即道德上的反动性。单就后者而言，作者显然调动了充分的、大胆的，甚至是不无风险的想象，编织起一个十分尖锐、充满力度、语义复杂的道德境域，将姚士杰逼近了一个道德绝境。素芳是姚士杰妻子的侄女，是生活在公公暴力下缺乏独立意识的柔弱女性，对姑父姚士杰充满了天真的敬意。但有一天，姚士杰在与妻子一房之隔的磨房中将素芳强奸了。就像对素芳的柔弱、无辜的设计一样，小说对磨房中静谧、恬适环境的渲染是出色的，也是煞费苦心的。小说用“咧着有胡茬儿的嘴巴，露着白晃晃的牙齿，眯着右眼上眼皮有一片疤痕的眼睛”描摹姚士杰的神情，这的确是一个狼的意象！在性道德上，姚士杰被描绘成了一个畜牲的形象，在磨房被强奸的素芳内心感叹道：“他怎么还不如在场的禽兽呢?”

与姚士杰性道德上的“腐化堕落”相比，白嘉轩在这方面的表现堪称“准圣人”。他严厉地惩戒小娥和白孝文，因为他们与别人“私通”，破坏了白鹿原纯洁的道德气氛；他鄙夷鹿子林，因为鹿子林与多个不是妻子的女人有染。尽管他娶过七房女人，和每个女人都有强烈的性爱，但那是在婚姻内部的性爱，以传宗接代为目的，是无可指责的。但他毕竟不是一个像朱先生那样的一个“圣人”。他与他的母亲和妻子一起导演了一幕丑剧，让长工鹿三的小儿子兔娃与孝义的媳妇同房，以达到让孝义媳妇怀孕的目的。这一事件具有足够的道德敏感性与尖锐性，白嘉轩由此而被推到了一个道德的死角。但是，他应该被指责的是对传宗接代的痴迷和由此而产生的愚昧，却不是性道德的败坏。因为在“不孝有三，无后为大”这一儒家伦理体系中，对“无后”的恐惧远远大于对“失贞”的恐惧，与“无后”的缺憾相比，“失贞”只能算是次一级的污点。何况，与当地不孕妇女上棒锤山“求子”（与陌生男子交合）的“野蛮”风俗相比，白嘉轩的作为又显出某些道德上的“文明”迹象。事实上，正是他的这一道德“瑕疵”，使这一人物的道德内涵与他的农民身份有了一种自洽的特色，若被写成一个朱先生那样的“圣人”，则会让他丧失发生学上的依据。

其次，两个人物在道德意识上的差别，还表现在“富”与“仁”这一道德范畴之中。姚士杰是一个“为富不仁”的典型，这既表现在他对待他的长工曹增福的苛刻态度上，也表现在他在“活跃借贷”问题上的消极与抵制态度。相反，白嘉轩却为富能仁，这突出地表现在他对待长工鹿三一家的态度与作为上。他出钱让黑娃与他的儿子一起上学，待长工鹿三情同手足，教育儿女们以长辈待之；鹿三死后，白嘉轩以家长的身份拨土地给兔娃，并给他娶妻成家。白嘉轩作为一个仁厚长者的蔼蔼风范成为这一人物的另一重要标志。

那么，《白鹿原》在道德范畴上对《创业史》的有意“误读”与刻意的“修改”到底显示了怎样的问题意识？这一建立在“互文”基础上的“误读”和“修改”究竟揭示出怎样的文学的、文化的意蕴？

首先，这种“误读”与“修改”是对在一个很长时期里占主导地位的文学观念的有效颠覆，这一文学观念实际上是以政治观念为主导并将其模式化甚至绝对化的产物。这种观念以阶级分析作为准绳，对人群进行政治上的切分，再分门别类地饰以道德色彩。一个人对财产的占有状况，决定了他的政治倾向，他的政治身份又决定了他的道德内涵，这一具有决定论与形而上学意味的观念和思维模式变成了一个具有普适性的文学定理。姚士杰这一形象的僵硬与夹生就与这种经济的一元决定论观念有关——按照这一决定论观念为一个“富农”配以相应的道德色彩（性道德的堕落，包括他的妹妹三妹子对高增福的身体诱惑），使这一形象被“框死”在某一个“格子”里。像《创业史》里的贫雇农王瞎子认为只有富人才有德性当然是可怜可笑的一样，如果认为德性只属于穷人，富人天生是下流坯的逻辑同样显得匪夷所思。白嘉轩这一“有德性的地主（富农）”形象对经济一元决定论思维方式具有显而易见的解构价值。当然，在文学观念上对经济的一元决定论进行解构，白嘉轩不是第一个，也不可能是最后一个形象，但是，以“互文”的形式，以与另一著名文本、另一著名形象进行“误读”的方式达成的解构途径，显然具有更直接的消解功能和更浓郁的文学意味。

其次，白嘉轩在道德层面上对姚士杰的“改写”还具有一定的历史意味与文化意味。作为中国泛政治文化的一部分，地主或富农作为一个政治符码已经定型化，或者说，它作为一个“超级能指”，其具体的所指——经济的、社会的、文化的、心理的内涵逐渐被抽空，一个对新的社会体制充满仇恨、道德败坏的社会群体成为这一阶层惟一的面目、惟一的标示。如果说姚士杰是这种“抽空”和定型化的具体操作与演练过程的一部分的话，那么，白嘉轩的“改写”则是一次“还原”，是将这一特定社会阶层一度失掉的“血肉”赎还给他们的过程或仪式。就是说，通过赋予白嘉轩（姚士杰）这一富农以完整的、自为自足的道德体系，地主（富农）作为一个特定的历史主体、文化主体具有了自己生气贯注的“历史”，有了它可触可感的展开方式，即它的现实感，地主（富农）不再仅仅是一个抽象的政治符号，而是具有了自己的主体性。白嘉轩因之具有了巨大的历史反思与文化反思的功能。

三

田小娥是《白鹿原》中给人留下最深印象的人物之一，是陈忠实的一次出色的创造。在《白鹿原》的文本内部，作者没有暗示田小娥形象有一个真实的生活原型并与《创业史》中的哪个人物相对应，像对白嘉轩和白灵所做的那样。就小娥表面的“破鞋”身份而言，她很容易被和《创业史》中的白占魁的“烂脏女人”李翠娥联系起来。但是，由于李翠娥在《创业史》中仅仅作为一个肤浅的道德符号被简约到了极致，因此她与小娥的联系也仅仅是同为“破鞋”这一点上。我以为，在更内在的精神脉络上与小娥一脉相承的是素芳，而不是李翠娥。换句话说，能够在“互文”的意义上互相指涉，并构建起丰富、深邃的意义系统的是田小娥与素芳这一组符码（对应形象）。

素芳自小是一个漂亮、聪明伶俐的女孩子，但由于父亲的嗜赌成性，彻底毁坏了她的童年乐园：家。母亲扭曲的情爱毒害着她的心性，少女时期的素芳被一个小业主诱骗怀孕，以不名誉的身份嫁给老实巴交的拴拴，公公王瞎子教唆拴拴暴力打掉了素芳的身孕，同时也打掉了素芳的生机与活力；她一度想从梁生宝那里获得爱情，作为自己的救命稻草，并且报复王瞎子的专制与暴力，但是梁生宝的鄙视与粗暴的呵斥让她噤若寒蝉，于是她愈加的自卑；互助合作运动中，她所尊敬的另一个男人姚士杰对她粗暴的强奸彻底挫败了她的自尊。

小娥的命运图谱几乎是对素芳命运的一个重复。父亲是一个无能的秀才，将小娥许配给几乎可做父亲的郭举人，其使命就是每月一次向郭举人奉献身体并每天为他"泡枣"；私奔黑娃，但被白嘉轩拒绝加入白鹿原的生活体制；跟随黑娃参加农会"造反"，失败后黑娃逃脱，她却要代人受过；叔叔鹿子林霸占了她的身体，并且教唆她用身体勾引白孝文，以达到报复白嘉轩的政治目的；公公鹿三无法容忍小娥的"恶行"，亲手用梭镖杀死了她。

素芳与小娥两个女人相似的命运暴露了宗法制乡土社会的本质：父权制与男权制的本色。换句话说，在宗法制社会中，女人可能在具体而微的生活领域里存在不同的发展可能，但是，女人在父权制与男权制社会权力关系结构中的弱势与边缘地位，几乎宿命地注定了她们命运的相似性：被支配、被利用、被处置。这一宿命性的历史与文化语境使几乎所有真正书写女性命运的文本具有了"互文性"的基础。

更为有趣，也更有意义的是不同时代的文本在此基础上的"误读"与"改写"。对于素芳与小娥所显示出的类似的命运图景，《创业史》和《白鹿原》分别作出了不同的解读与阐释。

在《创业史》第二部，柳青将素芳的命运悲剧完全归因于罪恶的私有制度。这一解释的内部逻辑是：私有制度导致了人的贪欲，从而导致素芳父亲被他人陷害——被诱使吸毒，家庭崩毁、童年的不幸，最终导致素芳的悲剧命运。梁生宝通过学习社会发展史和两条路线最先醒悟到这一真理，并从正面作了这样的表述："要是一千年以前，庄稼人都像咱现时一样，把天地、牲畜、大农具凑在一块堆，大伙商商量量订计划搞生产……那么，谁还能欺负谁呢？谁还能害怕谁呢？谁还能把谁不当人呢？"

《白鹿原》对小娥这一形象的阐释主要是依据象征与隐喻的手段

完成的。当白嘉轩在白鹿原上修祠堂、拜神庙，践行他的儒家理想时，村外小娥和黑娃那座孤零零的破窑成了一个风月场、一个情欲的象征场所、一座“淫窟”；小娥被口口声声地骂成“婊子”；他被鹿三用梭镖捅死，被说成“白鹿村乃至整个白鹿原上最淫荡的一个女人以这样的结局终结了一生”；死后的小娥变成了蝴蝶和飞蛾预示了不祥的征兆，白嘉轩带领族人修起一座镇妖塔，以使小娥邪恶的灵魂永不翻身。

尽管小娥所有的“淫行”都有男人的参与，甚至可以说完全是男人制造了小娥的“淫行”，但一切的脏水都泼向了小娥一个人。除用“婊子”、“淫荡”、她死后发出的恶臭等感情色彩鲜明的词汇与场景表达了对她的感情倾向与价值判断外，“蝴蝶和飞蛾”与镇妖塔这两个经典的意象使小娥进入了人类学与文化象征的层面，对她的价值判断有了人类学与文化学的依据。在人类学与文学领域中，蝴蝶和飞蛾被认为属于一类或一个意象，用来隐喻女人的诱惑品质以及所带来的死亡气息。① 而镇妖塔让我们直接想到雷峰塔，想到法海与白蛇的故事及其所隐喻的文化意味：“父亲”（男性）的礼法对情欲（女人）的镇压，是一份男性权威（阴茎崇拜）宰制女性、上下有别、正邪有分的性别政治地图。

柳青从政治视角的解读得到了乐观主义的答案：既然素芳的悲剧命运是私有制带来的，那么，随着私有制度被铲除，素芳的命运自然会苦尽甘来。陈忠实从文化视角解读、阐释小娥的命运，答案则是悲观的：小娥已经“末日审判”般地被判决，万劫不复地死在男人建造的镇妖塔下。既然文学写作作为一种权力形式已经赋予作家阐释历史、解读现实，甚至预言未来的某种自由，对于结论本身是“乐观主义”还是“悲观主义”，也许不好给与过多的臧否，但对写作过程所暴露的权力关系进行解读却是批评的自由与使命。基于此，最后想在“互文”的意义上讨论几点。

① 有关文学与人类学的论述，参见郑振铎《蝴蝶的文学》，1932 年新中国书局版《海燕》集；叶舒宪《庄子的文化解析》中对“嫦娥奔月”的人类学解析，湖北人民出版社 1997 年版，第 583—589 页。

一是无论是柳青的政治阐释，还是陈忠实的文化阐释，当他们以史诗的姿态并以史诗的方式对历史和现实作出自己的解释时，一种"宏大叙事"及其相应的阐释机制形成了。于是，素芳、小娥"掉进"了这种或那种阐释的逻辑与漩涡之中。问题是，这种"宏大叙事"的阐释机制本身就是一种权力形式，它是有性别的；或者说，"宏大叙事"就是一种男性化叙事，是一种优势性别的权力话语，劣势性别的真实生存关系、生存状况无法得到体现。比如，素芳与梁生宝的真实关系就相当复杂，既有阶级关系、性别关系，还有人格与心理上的微妙联系。但是，当《创业史》将素芳的命运纳入阶级论的政治阐释机制中时，二者的真实关系某种程度上被遮蔽或扭曲了。梁生宝作为一个先进生产力的代表，一个在思想观念上走在时代前列的铲除私有制的带头人，他对素芳负有"解放"的义务，但事实上，作为男人的梁生宝却是造成素芳人格与命运悲剧的"压抑"力量。他在政治上的先进性、道德上的优越感，他在人格上对素芳自上而下的俯视，使素芳产生严重的"道德的自我归罪"①，使她感到自己"脏"，让她不能直起腰来正当地做人。从素芳人格成长的角度来说，高大、神圣的梁生宝，扮演着和王瞎子、她吸毒的父亲甚至姚士杰等人类似的角色，从不同的意义上"强奸"了她，给她的人格成长强行置入了浓重的"人格阴影"。所以，当王瞎子死后，人们以为素芳应该高兴，因为一个管束、镇压她的暴君终于消失了，即使哭也是礼仪性的。但是出乎所有人的预料，素芳哭得死去活来，一哭再哭，哭得梁生宝对她更加反感。素芳的哭声里饱含着极复杂的内容，她不仅哭一个"父亲"的死，她恐怕还哭着很多"父亲"——那些真实的与象征的"父亲"——的不死。

在《创业史》的第二部有这样一个片段：

生宝妈说："看见你这几天没一点神。不能开会吗？回家歇息去！"

"不！我能听，我爱听……"素芳低头忍着眼泪说。啊！在生

① 刘小枫：《沉重的肉身》，上海人民出版社1999年版，第158页。

养了生宝又教养了生宝的梁三婶面前，素芳感觉到自己是多么寒伧啊！想起官渠岸的富农姚士杰，她就想起梁生禄家那只大灰狗。那狗不出声咬人，咬毕就跑了。素芳在心里头诅咒：姚士杰！你不得好死！

这是深入到了素芳心灵深处的一段心理描写，暴露了她真正的恐惧与焦虑：让她感觉“寒伧”的是梁生宝而不是梁三婶；姚士杰是因为恶毒让她害怕，梁生宝则是因为高大、神圣，让素芳感觉恐惧；但就对素芳的人格形成压抑、造成打击这一点来说，一个“狗”凶狠的目光和一个“圣人”鄙视的目光结果可能是相同的，即都让她人格的成长退缩或止步，形成精神分析学上所说的“人格固置”。显然，这一细节所包含的深刻的精神现象学的内涵就不是唯物主义的阶级论所能解释的。或者说，素芳作为“女人”在男性社会的处身方式所蕴含的人类学与心理学内涵被阶级论的阐释给遮蔽、淹没了。

一种叙述机制本身即表现了特定的观察视角、阐释与评价机制。“宏大叙事”代表了一种宏观的、权威的观察视角，体现的是因果论、本质论与决定论的思想。新历史主义者、女性主义者在理论上倡导“微观叙事”“边缘叙事”“性别叙事”，20 世纪末小说创作中开始出现的“个人化叙事”“身体叙事”等显然是针对“宏大叙事”展开的对抗策略，这些理论和创作思潮可能存在这样或那样的问题，但它们对“宏大叙事”在叙事策略上的“修改”所具有的文学解放和人性解放的意义决不能被忽略和抹杀。

二是文学叙事作为一种文本、一种话语，采取政治模式（视角）还是文化模式（视角），很大程度上取决于话语产生的语境，而任何一种模式只是提供了关于对象的局部观点，而不是普遍的真理。从这种意义上来说，视角主义就具有相对的合理性。

三是“互文性”强调后出文本对前出文本的“修改”“误读”，但这并不意味着后出的文本在价值观上自然而然地优越于前出文本；“互文性”的本意是不同文本在互相指涉中产生意义，而不是生产真理或推翻真理。

上文从“互文”的角度对《创业史》和《白鹿原》中两组对应的人物形象作了一些分析与阐发。这种分析与阐发以科学的姿态看可能有些牵强附会,但针对人文学科的阐释学理论显然给了我们这种自由;况且,对两个文本之间关联性的论证说明我们并没有滥用这种自由;更何况,这种解读的意义已经在两个方面显示出来:对重新认识两部作品提供了新的角度和阐释的可能性,文本之间、文本之外提供的话题使有关的讨论得以扩大并延伸,而文学研究的本意似乎正在这种文化参与之中。

《秦腔》:在乡土叙事范式之外

一

2008年10月25日,第七届茅盾文学奖的评奖结果揭晓,和很多人期待和预料的相吻合,贾平凹的《秦腔》榜上有名。授奖辞评价:(《秦腔》)“以精微的叙事,绵密的细节,成功地仿写了一种日常生活的本真状态,并对变化中的乡土中国所面临的矛盾、迷茫,作了充满赤子情怀的记述和解读。”这个高度凝练的概括,指出了这部小说在叙事上的仿真性、主题的含混性以及创作主体情感的丰沛性。但是,由于这一评价的高度概括性,对于《秦腔》的真正意义语焉不详,其说法本身甚至还不无矛盾。如作家的“赤子情怀”与仿写“一种日常生活的本真状态”就多少是一个悖论的命题,如果不做充分的论证,就无法让人相信这两种判断的合理性及其内在理路的一致性。

尽管对缺乏耐心的读者来说,《秦腔》有些拖沓、沉闷,但它的冲击力,它对于当代文学史的意义,已经被许多人敏感地意会到,甚至在它问世之初,已经有评论家在谈论“观察和理解乡土的方式的终结”①与“乡土中国叙事的终结”了②。通过一部作品的出现,就判定一个源远

① 郜元宝:《〈秦腔〉痛苦创作和乡土文学的未来》,[EB/DL].http://book.sina.com.cn。

② 陈晓明:《秦腔.北京研讨会上的发言》,http://book.sina.com.cn。

流长的叙事类型、一种观察认知方式已经终结，显然有些武断和生硬。但是，对于像《秦腔》这样具有原创性的作品，通过细致、合理的分析与阐释，发现它所生产出的新的美学因素，无疑具有重要的意义。本文把《秦腔》放置到乡土叙事的宏观背景中，通过讨论它在认知方式上的创新以及与这种新的认知方式相匹配的美学呈现方式创新，来观察、预测它的文学史意义。不仅如此，《秦腔》的出现和对它的深入阐释还具有理论价值。2004 年以来，批评界的一大热点就是“底层写作”问题，而对它的讨论却陷入立场与技术、道德与美学的悖论中。对《秦腔》的深入研讨将不可避免地涉及作家主体（认知与情感）与世界（乡土、故乡）和美学呈现（叙述与想象）的关系问题，而它提供的某些突破性的经验可以使“底层写作”讨论中涉及的一些悬而未决的理论问题得到解答。

二

鲁迅先生在为 20 世纪初的“乡土文学”命名时，曾经说过：“乡土文学”实际上是侨寓在城市里的作家反观乡土的一种结果①。“侨寓”的说法明确地指明了“乡土小说”作家的身份特征、认知视角和情感指向。无论作家的出身有多大的悬殊（大富或者贫寒），无论在城市的经历是成功还是失败，“五四”时期“乡土小说”作家大都有过乡村和城市的双重经验。它们出生在乡村、成长在乡村，乡土经验是他们与生俱来的经历与事件。但是，如果没有“城里人”的身份，没有作为城里人的经验，再丰富的乡土经历、再重大的乡村生活事件都只能是经历和事件，只会沉睡在个人记忆的深处，与身体的衰朽一同灰飞烟灭，而不能成为经验，不能作为文学事件来讲述和书写。就是说，基于城市经验生发的“乡村应该如何”的现代想象“发现”了乡土，使乡土问题化，“乡土文学”因此而发生。“乡土文学”是现代作家两种身份“对

① 鲁迅：《〈中国新文学大系〉小说二集序》，《鲁迅全集》第 6 卷，人民文学出版社 2005 年版，第 255 页。

视”的结果，是现代理念与现代性构想与乡土这一巨大的传统存在物相遇、碰撞而产生的后果。

现代作家两种身份的“对视”发现了乡土，创造了“乡土文学”，但由于认知视角、认知理念和情感态度的不同，作家所发现的乡土和所创造的乡土文学的形态与面目是不同的。鲁迅以及他所命名的乡土文学的大部分作家，被强调的是城市寓居者的身份，在他们笔下，乡村及其伴生物被问题化，“国民性”批判成为基本的价值取向。而以“乡下人”自居的沈从文，其认知角度显然不是现代的启蒙理性，而是反思现代启蒙理性的审美现代性的视角，在他的笔下，被问题化的是城市，乡村被诗意化和审美化了。正像在哈贝马斯的视野中，启蒙现代性与审美现代性构成现代性的两副面孔，互相映照一样，中国现代“乡土文学”对乡土的两种取向不同的“发现”，是在各自的取位上观察到的或者在不同的基点上想象与构造出的乡村的不同面相，并不构成对现代性的背离，而是对现代性的共同丰富。

新民主主义革命的实践过程改变了“乡土文学”的基本特征，某种意义上甚至可以说终结了“乡土文学”。农村包围城市的革命道路、农民作为革命主体和可靠同盟军的历史地位从客观上改变了对乡村进行想象的可能性及限度。知识分子由同路人到被改造对象，以及在文化象征格局中被矮化和丑化，贴近农民去写或者像农民一样写农民的规范化要求从主观上改变了作家对乡村的想象方式。“乡土文学”得以成立的某些前提被修改了：作家作为启蒙者的身份已经不复存在，由城市审视乡村或者由乡村审视城市的认知视角均被乡村或城市内部的阶级视角所取代，颓败的乡村或者诗意化的乡村这两种乡土文学的想象模型均不具有可靠性，启蒙的或审美的现代性建构逐渐地被意识形态构想所置换，作为小说类型和审美范畴的“乡土小说”已不复存在，“农村题材小说”作为替代性的概念表明的只是题材上的分级秩序，“乡土小说”所内含的思想与文化、叙事与文体方面的独特质地已荡然无存。

粉碎“四人帮”以后的现代化进程，使文化地理学意义上的城乡二元格局得以凸现，乡土作为现代性想象不可或缺的认知与审美对象再次出场,而一批农裔作家居留城市后在身份上的分裂感也使他们以“城市人”和“乡下人”的交叉、对视的目光进行乡土文学叙事成为可能。由于中国现代化历史进程面临着更复杂的格局,由于作家在全球化语境中遭遇不同文化思潮的冲击,“乡土”作为认知与审美对象,其面目是纷然杂陈的。换句话说,作家在面对“乡土”时,其身份、心态是复杂多样的,泾渭分明的“城市人”或“乡下人”的区别会使问题简单化。粉碎“四人帮”以来的“乡土文学”比“五四”时期的“乡土文学”有更复杂的局面,我们甚至在同一位作家那里看到以启蒙理性进行国民性批判与以诗化的乡村对现代性进行批判反思的双重品质。

贾平凹自称是一位农民,这样说有些矫情,或者只是一时一地的真实感受与真实身份。若综合审查贾平凹的写作身份,远比这要复杂得多。批评家肖云儒认为贾平凹从《浮躁》到《高老庄》的长篇小说创作走过了一个从正题到反题再到合题的辩证过程。他说:“《高老庄》正是在这些意义上,成为贾平凹几部长篇小说文化追寻的一个合题,即由商州文化秦头楚尾的静态交汇和远山野情的圈外色彩所形成的文化和谐这样一个正题,到乡村生态、农业文明和城市现代文明的冲突,自然经济和市场经济的碰撞所形成的不协调、颓丧,甚至断裂这样一个反题,再到现代城市文明和传统乡村文明的相互渗透植入,期望着产生新的平衡这样一个合题。作家放弃了早先的田园梦、放弃了叙事者的抒情角色,也放弃了中期的人文知识分子的叙事立场,而是在文化的失落和衰微中执著而又无奈的追寻。”①这里,表明的就是贾平凹交替出现的几种文化身份:做着田园梦的抒情诗人,启蒙知识分子,进退失据的惶惑者、探索者。

如果“合题”的说法是恰当的,那么《秦腔》呢?是做着田园梦的抒情诗人吗?可明明写的是乡村不可挽回的破败与乡村文化的解体。是启蒙知识分子的国民性批判吗?也不是,作者在夏天义和夏天智身上所赋予的悲剧意蕴表明,在作者眼中,这些人甚至是一些英雄,尽管是即将没落的英雄。在文化的惶惑感上《秦腔》与《高老庄》类似,但

① 肖云儒:《贾平凹长篇系列中的〈高老庄〉》,《当代作家评论》1999 年第 2 期。

在探索乡村社会及乡村文化的出路问题上,《秦腔》显然不像《高老庄》在人物关系及意象设置上寻求传统与现代、城市与乡村、汉族血缘与异族血缘的融合而达至救赎目的的理性化设计。那么,《秦腔》是一部逸出乡土小说规范之外的作品吗?作者是不是有一种无法规范的身份?

是的,这正是我要做出的一个判断:《秦腔》的写作是对已有乡土小说规范的突破,之所以如此,是因为作者将乡土小说写作中已规范化的认知身份、认知角度进行了"悬置"和"加括号",他既不是"城市人"也不是"乡下人",是一个隐身者、是一个观察者和叙述者。已有的对于乡村、乡土的知识、判断被搁置,对乡村未来的规划与设计被放逐,而最大可能地呈现、还原乡村生活的场景则成为作者的最高追求。在接受部元宝的访谈时贾平凹说:"原来的写法一直讲究源于生活,高于生活,慢慢形成了一种思维方式,现在再按那一套程式就没法操作了。我在写的过程中一直是矛盾、痛苦的,不知该怎么办,是歌颂,是批判?是光明,还是阴暗?以前的观念没有办法再套用。我并不觉得我能站得更高来俯视生活,揭示生活,我完全没有这个能力了。"①贾平凹自己的表述清楚地表明了《秦腔》的创作不是在原有创作轨道上滑行的结果,而是现象学意义上"中止判断"后的新的写作尝试。

三

在现象学哲学中,"悬搁"不是一种方法,而是一种态度,是人们面对经验世界时的一种根本立场。但诉诸文学叙事时,"悬搁"又不能不是一种方法。或者说,以"悬搁"的态度与立场面对经验世界并将其转换为文学经验时,"悬搁"既是一种态度与立场,同时又涉及相应的叙事方法。具体到"乡土文学"而言,归根结底它所涉及的是知识分子自我与乡土世界的关系问题,那么,认知层面的态度与立场问题进入叙

① 孟繁华:《面对今日中国的关怀与忧患——评贾平凹的长篇小说〈土门〉》,《当代作家评论》1997年第1期。

事状态后，就有一个知识分子自我如何现身的问题。是作为被叙世界的一部分，还是完全置身事外；是由自己现身说法，还是由他人代言是文学叙事首先面临的方法问题。

如果从知识分子自我与乡土世界的关系这一角度观察乡土文学叙事，“五四”文学以来，有几种叙事模式具有特殊的意义。一种是知识分子的返乡叙事，以鲁迅的《故乡》、郁达夫的《迟桂花》、柔石的《二月》为代表。这是一种半自传式的小说，知识分子叙述人一方面讲述故乡的故事、他人的故事，使故乡作为一种独特的生活样态得以显现，同时知识分子叙述人在故乡的行走，和故乡的遇合，又完成对自我心灵故事的讲述。这种返乡/离乡，审视(故乡)/自审的经典叙事模式表述的是现代史上最经典的知识分子与乡土中国的关系模式：乡土的沉滞与自我成长的艰难。另一种则以沈从文的《边城》《长河》，废名的《桃园》为代表，这类乡土叙事带有某种程度的寓言性质，而实现这一目标的途径恰恰是知识分子叙述人从文本中退场，将乡土世界描述为田园诗般的镜像物，作者的感情、意念寄予在诗意化的自然与风情画中。当代文学对乡村的书写多取全知视角，知识分子与文本世界的关系不仅从叙事层面上很难看到介入叙事的情形，从意识层面上来看知识分子的人文意识在日益成长的农村新人面前越来越具有原罪感，是一种应该修正的情感。

贾平凹的早期小说具有田园诗性质，越到后来，尤其是他的长篇小说创作，知识分子的返乡叙事越占据更重要的位置。1997 年创作的《土门》具有过渡的性质。它的叙述人是一个叫梅梅的女性。但“每当写到梅梅心理活动时，作家显然有些力不从心，梅梅作为女性的特征在心理活动层面几乎难以得到有力的表达。这原因很简单，因为叙事者是个男性而非女性梅梅”。就是说，尽管小说选择了梅梅作为第一人称叙述人，但作者贾平凹作为一个知识分子写作者对城乡关系及未来命运的思考借助于梅梅表达了出来，梅梅的力不胜任说明，在叙述人的叙事功能与如何贯彻作家的思考方面，《土门》还没有找到一个平衡点。到了《高老庄》，叙述人与隐含作者在叙事、表意方面造成的乖张得到了有效的弥合。小说选择了出生并成长于乡村、后来成为生活于城市的文化人子路作为叙述人,它的返乡部分地复活了他对乡村的记忆,而多年的城市生活使他返乡后看到、听到的乡村事物是如此的新鲜、富有质感。加上西夏这个纯正的城市女人、一个对文物和古代文化充满兴趣的研究者,作为一个补充性的视点,保证了这部小说对乡村的写实具有密实而又亮闪闪的质地与光泽。叙述人作为知识分子的文化身份,加上作者在写实基础上有意编织的象征性符码,又使它成为一部颇具理性思辨气质的作品,作者的社会意识、历史意识、生命意识、种族意识镶嵌在写实与表意共同构成的叙述框架内。

《秦腔》有所不同。《秦腔》的叙述人是一个叫引生的疯子,以第一人称"我"的方式介入文本。在小说中,因为亵渎了自己所挚爱的女人白雪,引生自己动手割掉了自己的生殖器,实施了自我阉割。这一细节不是一个轻描淡写的闲笔,也不是仅仅作为一个有色情意味的情节诱发人们阅读的噱头,它是一个意味深长的设计。考虑到引生的疯癫、特异禀性、他在文本中的特殊位置,作者对他的设计实现的是两个层次的"阉割":一是对第一人称小说内视角、抒情传统、评价机制、自我成长模式的阉割;二是对传统圣愚叙事的阉割。

第一人称的内聚焦叙事作为一种潮流和叙述机制,它的发生是和知识分子的觉醒与成长分不开的。或者说,作为现代小说的一种叙事范式,它的内倾视角、抒情格调、自我成长为主轴的结构,以及通过议论、格言、隐喻进行的自我评价与社会评价等,是与知识分子作为历史主体和社会主体成长起来这一现代性事件相一致的。鲁迅在《故乡》中实现的是一种复调叙述:故乡的情状(我看)与自我的情状(我想)。贾平凹的《高老庄》是这种复调叙事最成功的当代小说之一。但《秦腔》将知识分子叙述人子路改写为一个疯子、一个病态的情痴、一个从未离开过乡土的、在叙述学上被称作"不可靠的叙述人"。这种对知识分子叙述人的阉割是与作者在认知方式上的"中止判断"相匹配的一种叙述策略,将知识分子叙述人置换出文本是为了避免对乡土的叙述进入任何先见的结论。以疯子作为叙述人,在中外文学史上都不鲜见。尤其是作者有意选择疯子、狂人作为叙述人,以达到特殊的修辞效果,在现代小说中已成为一种独特的叙述类型,被称作疯癫叙事或圣愚叙事。这种叙事的叙述人疯癫也好、愚钝也好,往往具有假装、佯狂的性质;而事实上,他们比正常人更清醒,是真理的据有者。《狂人日记》中的狂人正是这样的叙述者。在疯癫这一点上,引生与狂人相似,但很显然,贾平凹并没赋予它真理掌握者的、真理化身的功能。引生在评价清风街的人与事时,经常是是非不分的。这种对圣愚叙述人的有意阉割,同样是意欲达到不给人先入之见而对乡土社会进行还原的目的。

从纯粹技术的角度看,引生是特异的、无所不知的。他能和花鸟树木对话,能够知道相同时间、不同地点发生的不同的事情,正是这种能力保证了"可靠叙述人"无法达到的目的:真正使叙述网络化、立体化。《秦腔》能够做到对乡土社会进行还原与仿真叙述,对叙述人的成功设计是修辞与技术上的保障。

2004 年以来,有关"底层写作"的讨论一直没有停歇。最初,"谁是底层"这样的社会学问题被提出和争论;随后,作家是否愿意和有能力为底层代言等道德与文化问题被热议;接下来,"底层如何被表述"成为新的焦点,有人认为,一个作家如果不是底层的一员,他就不可避免地会"歪曲"底层,如果完全是底层的一员,又不具有表述的能力,"如何表述底层"遂成为一个自相缠绕的话题。《秦腔》成功地还原了当下的中国乡土社会,政治的、经济的、文化的、自然的、伦理的、心理的,甚至超自然的等诸种因素如此浑融地交织在一起,被植入当下的社会语境中。它的成功表明,作家将先验的、预设的理念进行"悬置",以敬畏而无声的姿态面对现实,并在美学和叙事上进行相应的尝试,才有可能接近或走入"底层",这个底层并不是社会学意义上的底层,而是历史文化和美学意义上的"深层"。相反,一切以理论预设为前提的文学写作都只能是浅尝辄止或者是重复他人。

知识分子的“围城”与“花园”

——评静心的长篇小说《迷旋花园》

一

一个由清一色的女人组成的研究所里，平时虽人人各怀其志，倒也能相安无事地工作生活，但某一天，所里最无足轻重的办事员小方透露了一个消息：所里要设置一个新的处室，负责协调各个研究室之间的工作。这一不胫而走的消息像一柄达默克里斯之剑让这群女人感到了生存的危机，她们调动起几乎所有的智慧与能量以各自不同的方式加入了这场权力之争。《迷旋花园》以中国当下的都市生活为对象，所聚焦的是一个科研单位的几个女人围绕权力之争演绎的是是非非，事件本身虽说不上是什么“暴风骤雨”或“大波”，充其量只能算作“死水微澜”或日常性的“风波”，但恰恰是“一件小事”搅动了一池春水，使主人公们的生活与心态失去均衡与常态，在泛起的涟漪与翻滚的漩涡中让我们看到了当下都市生活沉重、无奈，而又无法躲避的本相，看到了当代知识分子在权力的操控下受拨弄的尴尬命运以及他们在追逐权力的过程中焦虑不安的心灵状态和所暴露出的“劣根性”。

二

在米歇尔·福柯看来，知识就是权力。知识分子因为掌握知识，拥有某种言说的能力，而成为权力的拥有者。米歇尔·福柯的“权力”显然是话语层面上的，这种权力对于中国的知识分子似乎还有些奢侈，因为一种更加现实的、也更有分量的权力——政治和行政权力，首先将知识分子置于一种你死我活的纷争状态，知识的生产与言说反而变得不重要了，或者干脆变成了谋求政治权力的手段与砝码。《迷旋花园》揭示了权力与知识分子被双重异化的状态。

首先，权力像一根魔棒，在弄权者手里它是一个被轻轻挥弄但法力无边的工具，可以将追逐权力的知识分子玩弄于股掌之上。老钱身兼所长与书记两职，在研究所大权在握。在面临退休时为了将自己的亲信——无貌、无德又无才的小方提拔为副处级干部，便处心积虑地要在研究所设立一个协调部门，来协调各研究室之间的工作，并让小方以“小道消息”的方式在研究所里传播。当研究室主任赵潇潇和李雨馥争先恐后向她送礼求情的时候，她用“要勇挑重担”分别向两人暗示掌权的可能性，并用两双丝袜回报两人的赠礼，从而获得两人的信赖与好感。在她们俩人都相信自己势在必得的时候，老钱却将权力交给了老实巴交、无意掌权的副研究员辛梅，从而为小方实际的执掌权力布置好了空间。权力在这里已经不是真正意义上的权力，不具有任何正面的、生产性的价值，而是完全变成了弄权者玩弄的权术，一种破坏性的、耗散性的人际关系网络和实现个人野心与谋取私利的工具。权力遭致全面的异化。

可悲的是，权力这根魔棒在众多的知识分子眼里像一个闪闪发光的金器，激发起他们穷追不舍的热情。赵潇潇一从小方那儿得知增设新处室的消息，第一个念头就是：“所谓协调，其实就是领导。论行政级别怎么着也得比研究室高。研究室都是处级了，它还在处级以上，那还不是副局？”紧接着想到的就是和局长挂钩的一所大房子。权力意味着领导他人，意味着唾手可得的物质利益，还能不趋之若鹜？为了把理想变成现实，单位里所有的同事都变成了对手和敌人。李雨馥听到消息后的反应是相同的：“协调几个部门？说白了也就是领导几个部门吧？……俗话说：官大一级压死人，没听说过官小一级怎么样的。”于是，在预测了自己的敌人和朋友后，开始了合纵连横。一个小小的研究所，一群各怀其志的知识分子，为了一个不伦不类的职位，大家相互提防，相互攻讦；自以为得计时的沾沾自喜，不能如愿时的失魂落魄；你争我夺，机关算尽，到头来却是鹬蚌相争，渔翁得利。一场荒唐的权力游戏让知识分子丑态毕露。

在福柯眼里，权力并不都是负面的、压抑性和破坏性的。但是，与知识无关的，只与私利、野心、统治他人有关的权力又如何呢？所谓的“研究所”并没有研究和知识有关的学问，而是一个不折不扣的官场，一个充斥阴谋与算计的陷阱，一个知识分子自造的、深陷其中的“围城”。《迷旎花园》描绘的是当代知识分子异化权力又为权力所异化的悲喜剧。

三

当然，《迷旎花园》不是一部“官场现形记”，它不仅暴露了官场的黑暗或者平面地描摹了一份社会档案，而在于它纵深的开掘使对社会现实的描摹过渡深化到对人的生存现实的逼真呈现。小说沿着两个方向的延伸使它变成了真正意义上的人生小说，而不仅仅是一部暴露社会问题的“问题小说”。一是小说描写的场景由单位向家庭延伸，单位的权力之争成为家庭生活中的一个巨大的阴影，使日常生活危机四伏。这当然不仅是描写领域的扩大，同时是小说意义内涵的扩大。小说中有一个细节相当能说明问题。李雨馥与丈夫晚上在床上讨论单位的权力之争，而丈夫此时对她的身体更感兴趣。当丈夫“性”趣盎然地沉浸在做爱的欢乐中时，她仍然纠缠于单位的是非之争，由此引起丈夫的不满；同样，没有进入做爱情境中的她，看着丈夫的动作是如此可笑。这一细节一方面让我们看到权力对自然人（人性）的异化，做爱成了机械式的表演；另一方面则是哲理性的启迪——人在认真地做着某事时，这种认真在旁观者眼里应该是很可笑的吧？虽说做着的人并不自知——出自小说中的这句话辐射力是相当强的，它既实在地指向了丈夫（也包括李雨馥本人的）行为的荒谬性，又普泛地指向了人生的表演性。二是描写的“场景”向心理世界延伸。单位的权力之争不仅给家庭、婚姻等日常生活、伦常关系抹上了浓重的阴影，而且对个人的心理、精神存在状态产生了剧烈的干扰。小方的一句传言，将几个女人同时抛入了惶恐、焦虑、猜忌、患得患失的非本真的生存状态，不仅热衷权力之争的赵潇潇、李雨馥备受煎熬，即使与世无争的美人儿白云和老实忠厚的辛梅也因被动地扯进权力纠纷也对对方心存不满。权力异化了人、异化了人与人之间的关系，也异化了个人本真的生存状态。小说对权力运作状态下人心的孤独、寂寞、冷酷、隔膜、鄙琐、机变、虚伪的呈现达到了令人震惊的程度。这部小说对单位——权力场域、家庭——日常生活场域、心灵世界——个人存在场域的逼真刻画，及其对三者关系在艺术上匠心独运的处理，使它既具有社会现实感与当下性，又表现了人性的丰富性与复杂性。

四

《迷旎花园》所涉猎的生活场景与人生经验具有十足的当下性、日常性与世俗性，小说对此的叙述也采取近距离、有亲和力的写实笔法，但架构这些经验的故事本身却具有很强的虚拟性。这里所谓虚拟性，并非说故事不真实，而是说，作者基于对生活的理解、基于可然律创造出自己的故事，这故事本身就是一种意义结构，体现着作者高度的理性认知与审美判断。小方关于要提拔干部的传言像一个神秘的咒语，所有的当事者的神经被调动起来进入了一场神经兮兮的对决，最积极、英勇的参与者两手空空、一无所获，而旁观者却渔翁得利、不战而胜。这是一个当代生活中的“鹬蚌相争，渔翁得利”的故事——这一故事结构显然是对当代权力关系的抽象与概括，具有某种虚拟性和象喻性。正因为有了这种艺术的假定性视角，故事中的人物对权力的真诚、痴迷的追逐，看起来更像一个个线偶一样被权力的欲望所操纵，投入到一场毫无意义的游戏，显示、暴露出人生的表演性与悲剧性。这种将“无价值的东西撕裂给人看”审美态度，显然源自作者所秉持的对世俗生活形态的批判立场，一种超越性的人文价值关怀。

《迷旎花园》对世俗生活的穿透力还得益于小说对正面的、理想价值的阐扬，其叙述上的重要策略就是“花园”这一象征符码的成功设置与运用。“花园”意象在小说中有两种存在形态和相应的功能。一是自然形态的、真实的花园，它偏居一隅、面积很小，但它种草植树、花繁叶茂，其功能是反衬现代都市畸形发展造成的拥挤、狭窄、嘈杂与混乱；二是象征意义上的、虚幻状态的“花园”。在这种意义上，“花园”与“家园”同义，是诗性生存、精神栖息的场所，它与作者所实写的单位、家庭等世俗性的场所构成强烈的对比，其功能则是反衬出世俗生活、权力关系的混乱、纠缠，彰显出世俗生活的异己性、压迫性（让人想起鲁迅的“铁屋子”、钱钟书的“围城”、刘震云的“一地鸡毛”等经典隐喻）。“花园”这一积极、理想形态的象征意象的设置，使作者对世俗生活、对当代人非本真的生存状态的批判有了一种价值的依托。

《迷旎花园》甚至让我们意识到命名一种新的小说类型的必要性与可能性。这类小说的典型特征是：对复杂的当下生活的直面与严格的写实，但并不像“新写实小说”那样屈服于当下生活的沉重与散乱，以犬儒主义的姿态面对生活的挑战；具有生活的穿透力、精神的高度，甚至形而上的思辨的前卫性，但并不“玩形式”“装深沉”，而是很好地融入故事与场景之中。这类小说要求作者有一种积极的入世心态，只有这样才能把握当下生活的质感，同时，他又要求作者具有“站在人生边上”的清醒与睿智，只有这样才能看透人生的表演性及悲剧感。这样一种“内遇而外求”的写作立场，是一种典型的人文知识分子立场，而这类小说可以看作是当下世俗生活语境所期许的典型的“人文小说”。但是这类小说对世俗生活的异己性、压迫性缺乏辨识、缺乏透析、缺乏应有的批判、缺乏知识分子对人文义务的担当。

“鸡毛与蚂蚁”的隐喻：个人的磨损与丧失

——对《一地鸡毛》中“鸡毛与蚂蚁”意象的精神分析与文化释义

老婆见他喝多了，瞪了他一眼，一把将啤酒瓶夺了过来。啤酒虽然夺了过去，但小林的脑袋已经发懵，这天夜里睡得很死。半夜做了一个梦，梦见自己睡觉，上边盖着一堆鸡毛，下边铺着许多人掉下的皮屑，柔软舒服，度年如日。又梦见黑压压的人群一齐向前涌动，又变成一队队祈雨的蚂蚁。

这是《一地鸡毛》中主人公小林的一个梦境。鉴于《一地鸡毛》从小说到电视剧的广泛影响，人们对“鸡毛与蚂蚁”的梦中情景应当不会陌生。但是，从一般读者到批评家对这一相当奇特的意象表现出异乎寻常的、一致性的缄默，对它所可能具有的深刻的象征与隐喻的性质没有给予足够的关注。陈晓明说：“那个一地鸡毛的梦，并没有什么特别深刻的寓意，当然也不会使我们的主角突然醒悟，这不是一个自我意识的哲学问题，生活就是一大堆琐碎的实际问题，除了认同现实关系别无选择。”①陈思和主编的《中国当代文学史教程》在论及《一地鸡

① 陈晓明：《“权力意识”与反讽意味》，载《跨世纪文丛 · 官人》，长江文艺出版社 1992 年版，第 321 页。

毛》时，其语义表述似乎是矛盾的：一方面说“‘一地鸡毛’这个标题所具有象征意义在小说结尾处通过小林的一个梦境直接表述出来”。但在引述这一梦境后又评述说，“这显然不是那种追求深刻性的象征，而是以十分表浅的意义述说揭示出作者所理解的生存本相：生活就是种种无聊小事的任意集合，它以无休无止的纠缠使每个现实中人都挣脱不得，并以巨大的销蚀性磨损掉他们个性中的一切棱角，使他们在昏昏欲睡的状态中丧失了精神上的自觉”①。本文深刻地看到了《一地鸡毛》所体现的作者的人文意图及“新写实小说”所缺失的现实批判立场，但它倾向于认为这种“意图”与“立场”只是通过作品的“隐约闪烁着一种尖锐的讽刺精神”来呈现的，而不是来自更实体化的小林形象以及“鸡毛与蚂蚁”的深刻隐喻。

我的观点与上述看法不同。我倾向于认为出现在小林梦境中的“鸡毛与蚂蚁”这一意象正是对小林所生存其中的现实环境以及在这种环境的胁迫下逐渐被同化、被吸纳，逐渐丧失自我、逐渐由生活的主体而客体化处境的一种隐喻。“鸡毛与皮屑”是对外在于个人，但与个人生存休戚相关、互为表里的生活环境，即客体的象征，而“蚂蚁”就像卡夫卡笔下的甲虫一样所意指的正是一个自我丧失，主体“他化”、客体化的“自我意识的哲学问题”。

以上的争辩显然需要一些实证性的分析来予以支持。

小林这一形象的生活经历、思想、心理及价值观的变化，尤其是这种变化与“单位”“家”等外部环境之间的构成关系实在是意味深长的。小林是个大学毕业生，“奋斗过，发愤过，挑灯夜读过，有过一番宏伟的思想，单位的处长、局长，社会上大大小小的机关，都不放在眼里”。但是这个张狂的、个性十足的小林生活在等级森严、人际关系微妙而复杂的“单位”里，他的几乎一切生活需要——吃、穿、住、行，老婆、孩子都和单位联系在一起。为了生存的需要（孩子的牛奶、住房、入党、提干），小林接受了生活的“教育”，放弃了作为个人的一切棱角，去适应他原本反抗过的一切，“小林像换了一个人”。在“单位”如

① 陈思和：《中国当代文学史教程》，复旦大学出版社1999年版，第314页。

此，而在“家”这个私密化的空间里，豆腐、白菜、蜂窝煤与烤鸭排挤着足球与诗歌；逼仄的生存空间，窘迫的经济条件，使神圣的师生情谊扭曲变形；老婆工作调动，孩子生病入托，对付保姆，瘸腿老头的入侵和随后的贿赂，消耗磨损着小林身上那点可怜的激情，也“教育”“感化”着小林走向“成熟”；“其实世界上事情也很简单，只要弄明白一个道理，按道理办事，生活就像流水，一天天过下去，也蛮舒服。舒服世界，环球同此凉热”。“成熟”后的小林，如果“老婆能用微波炉再给他烤点鸡，让他喝瓶啤酒，他就没有什么不满足的了”。

《单位》与《一地鸡毛》显然塑造了一个“反成长”的人物形象：小林与其外部环境构成的不是对立、反抗、改造的关系，表达的不是“人定胜天”的人的主动性和主体性这一现代主题。至少在表面的逻辑上不是这一主题；而是个人如何被环境制约、同化、改造以与环境相适应的被动性与受动性的关系，表达的是个人的死亡，主体性的丧失之一反启蒙、反现代的主题，即刘震云在不同场合所强调的“磨损与丧失”这一主题①。如果我们完全无条件地接受这表层的叙述逻辑，我们根本无法得出刘震云具有“人文意图”与“社会批判立场”的结论，除非我们对“鸡毛与蚂蚁”作出更深层反表层逻辑的更符合作者原意的阐释。

事实上，“鸡毛与蚂蚁”的意象出现在小林的梦境中，对小林、对刘震云来说都不是一个无意为之的简单信号，或者说，这一意象适时地出现在小林“成熟”时的梦境中，显然与小林自身的处境以及对这种处境的意识与焦虑有关。梦境言说的是人在理智状态下无法反抗的现实无法实现的愿望，是对现实处境的深层焦虑，是对现实的一种反叛方式。也就是说，梦境中有一个与现实逻辑相反的逻辑，是对现实逻辑的批判与改写；在现实中被磨损、改造得面目全非的小林接受了生活的“磨损”与“自我丧失”的事实，但在内心深处，在潜意识中对这种“磨损与丧失”充满了深深的恐惧与焦虑，在抗拒这种被同化和自我丧失的处境。“蚂蚁”这一意象与卡夫卡笔下的格里高尔变成甲虫这一

---

① 刘震云：《磨损与丧失》，《中篇小说选刊》1991 年第 2 期。

隐喻有着异曲同工之妙，它再确切不过地诉说着个人遭受异化与客体化的深层痛苦与恐惧，是对客体环境的抗议与无力驾驭自我的自我否定与批判。小林梦境中所揭示的具体情境："黑压压的人群一齐向前涌动，又变成一队队祈雨的蚂蚁"，也有力地暗示着人与蚂蚁之间的隐喻关系以及在文化语义上的关联；千人一面、万人同声的人群（让人想起鲁迅的"庸众"概念）就是无感情、无意识、无个性、无自我的蚂蚁。或者说，蚂蚁正是丧失自我堕入千人一面的"庸众"状态后内心焦虑与反抗的意象，表述的正是一个"自我意识的哲学问题"。这一似曾相识的情景让我们联想起陈凯歌在电影《黄土地》结尾处所创造的那经典一幕：黑压压的人群（其能指就是愚昧、盲从、无个性）在喧天的锣鼓与盈天的黄土中到远方祈雨，在黑压压的人群之间逆向走出来了头戴柳条帽的少年憨憨（个人觉醒、叛逆、走向文明的象征）。陈凯歌创造的这一经典影像，几乎就是对小林梦境的生动诠释。或者说是小林在遭遇了近似的困境（反个人、反启蒙，作为整体氛围的愚昧）后的影像在他的梦境中得以重现。

如果能够接受对"蚂蚁"意象的文化阐释，就不难找出"鸡毛与皮屑"这一与蚂蚁相关意象在生活中的对应物，就是"单位"与"家"中复杂得千头万绪让人撕捋不清的鸡毛蒜皮——豆腐、蜂窝煤与大白菜，同事之间的钩心斗角、谄媚与陷害，夫妻及邻里之间的失和与媾和，拉关系、走后门，等等，它是对外在于个人、个人的自由生存构成严重威胁，但又是渗透到个人生存的所有空间，与个人有着剪不断理还乱的复杂联系的各种生活因素的综合隐喻。"鸡毛与皮屑"这一意象鲜明的身体特征意在突出它与个人生存的亲切感与无所不在的性质，它的柔软与琐细则突出了它以混乱、深陷、消磨为特征的非人文性质，从这种意义上来说，梦境中所说的躺在上边睡觉"柔软舒服，度年如日"就不能不被理解为作者的反讽。

尽管小林的梦境中没有出现类似《黄土地》中的憨憨这一乐观主义的启蒙性符号，但"鸡毛与蚂蚁"这一深刻的隐喻对个人异化处境的令人毛骨悚然的暗示已经隐约传达出作者的"人文意图"与"社会批判立场"。著名诗人与诗论家郑敏在评论新时期诗歌创作中的"时兴写客观，于是叙事之风大盛”的现象时说：“诚然叙事和日常生活在六七十年代的美国诗中也很普通，其特点是从写平淡无奇的日常生活中透出诗人对历史、人生、文化、时代的强烈感受。使读者在不经心的阅读中猛然意识到平庸的外表后一种强烈的情感波动或犀利的批判，因而在一惊中得到认识的提高与审美的飞跃。”①郑敏虽然在这里具体谈论是诗歌，但是我以为它涉及了一个对其他文学样式同样适用的“诗学”问题：“平淡无奇的日常生活中”应“透出诗人对历史、人生、文化、时代的强烈感受”，“平庸的外表后”就蕴蓄着“强烈的情感波动或犀利的批判”。而《一地鸡毛》之所以在“新写实小说”普遍的“外表平庸”、精神亦平庸的流弊中能够显示出刘震云非同凡响的“人文意图”与“社会批判立场”，很大程度上就来自“鸡毛与蚂蚁”的深刻隐喻所带来的“在不经心的阅读中”产生的惊鸿一瞥的震惊效果。

“鸡毛与蚂蚁”不仅是一个象征，而且是一个特殊的、与20世纪的某些著名象征意象如鲁迅的铁屋子、卡夫卡的城堡、钱锺书的围城与鸟笼既相似又相异的象征与隐喻。尽管“鸡毛与蚂蚁”所关联的语境及所指涉的语义与“铁屋子”“城堡”“围城”“鸟笼”不尽相同，但在“被困”与“困”的主客体关系体制中，“一地鸡毛”与“铁屋子”“城堡”“鸟笼”有着同构甚至同质的特性。即它们都具有先在的、不容置疑的客体性；具有外在的、封闭的、围困的强制性；具有坚硬、冷酷、纠缠、羁绊、磨损的无机性与异己性。相应地，在这种客体所营造的巨大的“困境”中，主体被迫地成为“庸众”“甲虫”与“蚂蚁”，即人的非人化、有机性的主体被无情地客体化的悲剧性。对这种“非人文”“反人文”人生困境的揭示，成为这些著名意象不仅在结构上而且在主题上也趋向或达到一致的基础。

所不同的可能是，“一地鸡毛”的意象与“铁屋子”“城堡”等意象相比少了一些坚硬、冷酷、阴森的气氛与色调，多了一些柔软、温暖、温和、纷乱的格调，因此，小林躺在其中才“柔软舒服，度年如日”，但是，正是因了它的柔软、温暖和纷乱，才更显示它的纠缠、无孔不入的与主

① 郑敏：《新诗百年探索与后新诗潮》，《文学评论》1998年第4期。

体身体的切近性(鸡毛与皮屑均具有身体性)及它的羁绊,"剪不断,理还乱"的与情绪与精神的相异性。"鸡毛与皮屑"与你的身体如此贴近,或者说就是你身体的一部分,但它又时时困扰、磨损着你的精神与灵魂,使你丧失耐心与热情,它是让每个人置身其中的怪圈,一个鲁迅笔下的"无物之阵"。"一地鸡毛"在纹理与质地、在色彩与氛围上与"铁屋子"及"城堡"的不同主要是由于它们所指称的语境的不同以及在不同语境中作家体验、感受、想象方式的不同造成的。20世纪初的中国与捷克所提供的文学语境是近似的:强大的封建性(政治上、法律上、道德伦理上的)造成个人的压抑与不觉醒。个人与其对立面在力量对比关系中的不对称以及二者矛盾性质所具有的鲜明而强烈的意识形态色彩,都使作家在其感受性上体验到一种压抑、冷酷、阴森、可怖的基调,这种"冷""阴"的基调就成为想象中"铁"与"石"的("铁屋子""城堡")诱因与基础。而小林生活其中的中国20世纪80年代恰恰是社会生活由鲜明而强烈的意识形态化向世俗化"转型"的时期,是有着肌肤之亲的日常生活、世俗性的人生经验与"个人"构成一种更加特殊的客体与主体、环境与个人互相缠绕、难解难分的格局,这一特殊的文学语境促成了"一地鸡毛"这一象征意象在其想象性上较多地呈现出"暖"的"乱"的特征。应该说,"一地鸡毛"是一个有着鲜明的当下性质的深刻隐喻。

第三编
小说思潮研究

当代文学历史话语的意识形态特征

一

什么是历史？是马王堆汉墓出土的残破的简片？是秦俑坑那些面目肃正的将士，抑或是年代更为久远难以破解的金文、甲骨文拓片？作为历史的遗迹，这些不争的事实的确构成了历史的一部分。但是，卷帙浩繁汗牛充栋的历史著作仅仅是为了证明某个历史物事存在或不存在？人们经久不息的兴趣只是为了证明自己的祖先是只猴子？当然不是。事实上，人们一切精神上文化上的努力都是为自身的存在找寻依据和合理性，是通过意识形态途径自我指认、自我定位的主体化手段与过程。历史当然也不例外。历史有其真实性和客观性的一面，同时也具有选择性、主观性的另一面。也正是从这种意义上，克罗齐的一切历史都是当代史的理论命题才显得不同凡响。历史因为其“先在”的性质而成为超强的能指而参与“当代”的意识形态制作。

文学作为另一种活跃的意识形态能指选择历史作为友伴有其亲缘性和必然性，甚至还有其发生学上的依据，神话、民族史诗、历史演义这些初始的文学形态很大程度上源自于演绎历史的冲动，是意识形态活动的一部分。但历史话语与文学话语的结合在具体运作中依赖于二者复杂关系的调节。二者并不在任何时候均表现出方向的一致性，而是表现为既互相依赖又互相背离、既互相强化又相互削弱的互为依存的复杂关系。尤其文学话语具有非常松散、活跃的编码机制，它既能向历史这位老小姐邀宠承欢，为她涂脂抹粉；反过来也可以置她于不顾，甚至丑化她。

历史话语的当代性与文学话语的编码机制共同规约着一个时代文学历史话语的意识形态特征。

二

近来，在一些文学聚会，也在一些书面的理论批评文字中，经常听到、看到“非意识形态写作”“非意识形态化”这样的表述。尽管20世纪80年代后期出现的“先锋小说”与“新写实小说”等小说思潮以不同的方式规避、淡化既定的意识形态规定，很大程度上崩解了五六十年代甚或“新时期”之初的政治化意识形态的写作，但我仍然不认为“非意识形态写作”“非意识形态化”是可能的，正像詹姆斯·H.卡瓦纳所说：“如果他、她或一部作品否认任何系统的政治理论，便说他们处于‘非意识形态’，那就像他或她没有系统的细胞组织理论，便说他们是‘非生物性的’一样可笑……坚持‘非意识形态’并不表明他摆脱了意识形态，而反映他落入某种十分狭隘的意识形态……”①问题的关键在于对意识形态概念的理解与定位。

也许谁都承认：尽管意识形态实践几乎和人类社会一样久远，甚至在托拉西命名以前某些类似的概念已经被纳入哲学体系中来了，但作为一个严格的理论命题它无疑是马克思主义建立的过程中成熟起来的。马克思在《〈政治经济学批判〉序言》中说：“人们在自己生活的社会生产中发生一定的、必然的、不以他们的意志为转移的关系，即同

① ［英］詹姆斯·H.卡瓦纳著，陈立群译：《意识形态》，载《文艺理论研究》1994年第3期。

他们的物质生产力的一定发展阶段相适合的生产关系。这些生产关系的总和构成社会的经济结构,即有法律的和政治的上层建筑竖立其上并有一定的社会意识形式与之相应的现实基础。”马克思这里所说的“意识形式”即他下文所说的“意识形态的形式”,包括法律的、政治的、宗教的、艺术的等意识形式。① 再结合马克思、恩格斯在其他文献中对“意识形态”的表述,我认为这一概念有下列几种主要含义:一是意识形态是观念的上层建筑,它最终为经济基础所决定。二是意识形态是一个总体性的概念,它包括许多具体的意识形式,如政治思想、法律思想、道德、哲学、宗教,等等。三是意识形态具有二元对立性、矛盾性,具有阶级分野,每一时代的意识形态可分为统治阶级的意识形态和被统治阶级的意识形态。

20 世纪以来,形形色色的新马克思主义派别曾经试图对经典马克思主义进行种种修正。如法兰克福学派的代表人物之一阿尔都塞就给意识形态下过一个著名定义。他说:“意识形态是个体与其实际生存状态的想象性的关系的表征。”②很显然,阿尔都塞在这里借用了精神分析学的“主体性”概念,特别是拉康的“想象”概念。在阿尔都塞看来,人类的个体是由许多不同的社会因素决定的,因而没有本质上的统一性,这些个体是作为处于某一社会地位的人,某一特定阶级或阶层的成员,某一特定社会结构的功能体而存在——尽管这可能是真实的,但这并不是每个个体实际体验自己的方式,他或她实际上倾向于把自己看作独立的、统一的自由而自为的个体,即成为一个“主体”。那么,意识形态就是帮助个人成为主体,使自己融入社会并能自由地感受自我存在的丰富的“表征”或“表现体系”——不是一套狭隘的观念或教义,而是确定自我与社会间参数关系的一套庞大的信仰与习俗,它内涵观念但不限于观念。

面对日益复杂化的意识形态实践,阿尔都塞的意识形态理论的确

---

① 马克思:《〈政治经济学批判〉序言》,载《马克思恩格斯选集》第 2 卷,人民出版社 2012 年版,第 2—3 页。

② 转引自杨正润:《文学的“颠覆”和“抑制”》,载《外国文学评论》1994 年第 8 期。

有益于开拓我们的思路，但他把意识形态完全看成完整、统一不具有任何缝隙和内部冲突，因而也不可能具有流动性与发展可能的“庞然大物”却是我们不能接受的。“它似乎假定，意识形态几乎只是抑制我们的压迫力量，因而它没有给意识形态斗争的现实留下足够的余地。”①这应该看作阿尔都塞意识形态理论的最大缺陷。

新历史主义有时被称作“东拉西扯”的历史主义，它的庞杂的理论形态中明显可以看出福柯“权利话语”和女权主义理论的影响。从福柯的权力关系入手，新历史主义否定了阿尔都塞的意识形态统一整体观，但是福柯的权力关系中并没有主次之分，因此，新历史主义的意识形态理论和阿尔都塞标示明显分野的同时，和经典马克思主义把意识形态分为统治阶级的和被统治阶级的意识形态的二元对立法则也存在原则区别。新历史主义认为一个时代存在着主导的、合法的、占支配地位的意识形态，同时还存在着从属的、历史遗留的、边缘的意识形态，所有这些成分之间都存在着矛盾和冲突。基于此，新历史主义的批评实践集中在性别、种族、宗教等具体而微的领域而不突出强调阶级问题。

对意识形态做以上梳理并无意修正和最终归结出有关意识形态的结论，但既然作为一个新的分析范畴使用它，就不想蹈入对意识形态理解的旧辙。我的思路会受制于如下三点：一是意识形态不等同于政治或政治思想体系，是一个与政治既有联系又有区别的范畴，它内涵政治但大于政治。因此，并不是只有涉及政治主题时才是意识形态写作，如果把政治看作意识形态中强势和中心的部分，而目前的小说恰恰体现出某种向弱势和边缘意识形态靠近的倾向（淡化政治情结）。有些小说甚至并不表现为对某些现成的意识形态结论的复述或消解，而是对某些意识形态结论赖以形成的哲学前提发出质疑，在我看来，这些作品仍然具有某种意识形态色彩，比如某些先锋小说对时空秩序的扰乱。二是意识形态内部存在矛盾冲突，但仅仅用“统治阶级的”与

① ［英］特雷·伊格尔顿著，伍晓明译：《二十世纪西方文艺理论》，北京大学出版社2007年版，第189页。

“被统治阶级的”恐怕无法涵盖今天日益复杂的意识形态现实。三是即使面对日益复杂化的社会结构和意识形态实践，承认阿尔都塞“表征论”的合理性，但再丰富的“表现系统”，仍然无法摆脱潜在的阶级事实的“操纵”，换句话说，阶级论或政治观念的淡化并不标志着作为重要的社会现实的阶级的消失，只是阶级事实本身及其与意识形态之间的关系变得更复杂更扑朔迷离而已。因此，对小说创作中的意识形态特征的分析仍然是以“阶级”结构为潜在依据的。

三

“十七年”的文学历史话语是在一种特殊的文化语境中形成并存活下来的。这一文化语境的形成又以特殊的战争文化心理为背景。[①] 1949 年新中国的成立标志着真枪实弹的战争已经结束，而文化心理和思维机制上的战争因素并未消除。因此，作为战争思维的惯性滑动，新中国成立后的整个社会生活和文化运作都打上了高度的政治色彩，纳入整齐划一的步调。整个意识形态以阶级为分野被纳入狭窄的政治斗争格局中来，意识形态萎缩为政治。那么整体上观察“十七年”文学历史话语就具有这样的特征：以宣传和配合政治为目的，宣谕成为它的主要功能，文学创作普遍被纳入阶级的唱赞与民族再生的颂祷之中；意识形态中的政治意识形态被高度强化，而其他意识形式极度萎缩，权威意识形态独步文坛，成为一种无缝隙、无对话关系的强势的一元意识形态存在；文学话语模式化，文学文本被打上经学文本和社会学文本的某些色彩。

如果用一句话来概括“十七年”文学历史话语的意识形态特征的话，“意识形态职能的萎缩”也许就是恰当的。有两层意思。其一，从意识形态应有的内涵来说，政治意识形态只是其中之一，哲学意识、宗教意识、审美意识同样是构成文学历史话语的意识形态内容，但在“十七年”的文学历史文本中，除了被党史、社会科学史已经证明了的政治

① 陈思和：《文学观念中的战争文化心理》，《上海文学》1988 年第 6 期。

结论以外,哲学意识、宗教意识、审美意识这样的提法显得十分奢侈。其二,构成特定社会特定时代的意识形态也应该是多层次多向度的,有官方的主流的意识形态,有知识分子的精英意识形态,还有民间的意识形态,三者应该构成一种多维的、有序的对话关系,但遗憾的是,"十七年"文学历史话语中,我们几乎听不到知识分子和民间的声音。

在"十七年"被称为"革命历史题材"的文学文本大致可分为两种类型。一种是以《红旗谱》《三家巷》《青春之歌》从各自不同的角度抒写农民、城市市民、工人和知识分子在时代风云中作为一个阶级的成长过程,从中凸现的是党的领导、党的教育、党的指引这样的"党史意识"和政治意识,和同样表现农民、市民、知识分子题材的《阿Q正传》《死水微澜》《骆驼祥子》《财主的儿女们》相比,朱老忠、周炳、林道静他们各自阶级的历史已被"当代性"的权威意识形态成功地改写,"国民性"批判这样的知识分子的意识形态话语已被无形地遮蔽和消解。另一种则是表面特别繁荣的战争小说,诸如《保卫延安》《林海雪原》《红日》,等等。中国并不是一个好战的民族,但表现战争的作品中却一劳永逸地充满了英雄主义和乐观主义的欢乐气氛。我们也知道胜利是无数革命先烈抛头颅洒热血换来的,但没有一个中国的肖洛霍夫、帕斯捷尔纳克、海明威为了头颅和热血反思过战争。与《静静的顿河》《日瓦格医生》《永别了,武器》《西线无战事》相比,我们的战争小说除了站在权威的政治立场上去颂扬一场民族战争以外,还不具有从人文关怀的立场反思战争的能力。或者说,因为人道主义已不可疑义地打上资产阶级意识形态的印记,作家只能服膺官方意识形态对战争性质的钦定。

和其他文本相比,文学文本应该也能够提供一个相对自由的精神空间,既能容纳政治的,也能容纳科学的、宗教的、审美的、感悟与思考。而在大的文学系统中,作为互文,官方与民间、权威与非权威、中心与边缘、舶来品与旧的遗存等意识形态内容都应该取得生存权并构成一种对话关系。"十七年"文学历史话语意识形态的高度集中与政治化,使文学文本在某种程度上被经学化和社会科学化,突出地表现为两点:

(一)人格神的塑造,即构成文本形象中心的人物被神化

这里神化还不仅指道德情感上的膜拜行为,而且指构成关系上的强权色彩。即不仅指人格上的“高、大、全”,也指围绕高、大、全,以他为中心,以他为至高无上的权威而展开的文本运作。虽然文本操作中已经超离了“子曰……”“主说……”这种经学文本的基本语式,但围绕神圣化的主人公而展开的一套语码却有着类同的结构关系。或者说,这套语码是对前一语式的精致化与复杂化,但达成的共同目的是宣谕。比如典型化作为一套基本的叙事规范与审美规范,有其深厚的社会学、人类学和心理学依据,即作为一套自足的语码它与人的全部复杂性相对应。但在当代,它却一度被政治化、伦理化、庸俗化、简单化。“三突出”“一个阶级一个典型”,美学范畴的“典型”转换为政治学或伦理学范畴的“典范”,人物形象成为某种观念的简单的传声筒。因此“子曰”或“主说”置换为“通过对××的描写反映或揭示了……的主题”这样的符号与意义,能指与所指中间的属于审美的人文化与文学编码过程被无情地简化或省略了。

人文化在文学上的表现就是对人复杂性的尊重,是把人当人而不是把人当物的非物质主义的人道态度。而高度政治化、经学化的文学文本恰恰表现在对人的物质化态度:人的个体性、心灵性、神秘性、非理性的一面被遮蔽,而群体性、类本质、理性、明晰性的一面被夸大而且不胜重负地被赋予了“意义”的内涵,使灵动的主体性的个体成为被作家所操纵的用来演绎某种观念的傀儡和筹码。“十七年”文学把深入开掘人类精神领域的西方现代主义文学指认为理性主义而严格地排斥和弃绝,却观念化地把人任意驱遣,去证明某一社会结论的正确性,这种对人性复杂性的简化和遮蔽具有鲜明的意识形态目的和非人文化、非审美化的倾向。

(二)与形象主体神圣化相关,“十七年”文学历史文本(不仅限于此)的另一重要特征就是文学编码过程的逻辑化,或者说文学编码严格遵循着理性主义的逻辑规范这一特征

表现为:一是情节与故事的高度重合,事理逻辑的因果律既为故事所遵循,也为故事的重新编码——情节所遵循,作家的主体情致表

现为“忠实地再现历史”,而不是通过对故事的切割、重组“再造历史”。二是人与社会、性格与环境的关系这种社会性存在被理解为人唯一、全部的存在属性,尤其是以经济成分所决定的阶段归属几乎注定了一个人物的性格命运。《三家巷》中三户人家的子女童年时代形成的性格与复杂的感情纠葛,最终决定性地宿命般地随着阶级的分化而各有归属,阶级成为决定命运的最终因素。所谓文学叙事所遵循的性格逻辑并没有超离以因果论为基础的事理逻辑的范束。性格逻辑自主性的一面——非理性、非因果性并未符号化为一种叙事规则,像“意识流”小说所做的那样。

“十七年”小说的这种逻辑规范显然与作家的理性主义的时间观和“人是社会关系的总和”的社会学定位有关。在他们这里历史被处理为在时间中展开的有起点有终点、有原因和结局的理性事件,人是它的主宰因素。文本的组构渗透着意识形态内涵,文本的逻辑化对应的正是作家的历史进步论这样一种理性主义、乐观主义的历史观。

形象主义的神圣化及文本建构的逻辑化对现实主义创作来说几乎是天经地义的事情,但在与新时期文学历史话语特别是与“新历史小说”的比较中会发现,文学与历史话语的别样结合完全会带来相反的意识形态结论。

四

在谈论“新时期”的文学历史话语时,我们将集中地谈论20世纪80年代末开始至今仍方兴未艾的“新历史小说”。这是因为,尽管20世纪80年代中期以前“历史”仍然是构成文学话语众目睽睽的焦点,但这时期的文学历史话语并未构成独立的话语意识,只不过是“十七年”话语在量上的累积。“新历史小说”却不同,事实上,它已经向以往文学历史话语的“真实”观提出严峻的挑战,颠覆与崩解了既成的意识形态结论,形成了自己独特的话语言说机制。基于此,已经有人把它划归“后新时期”的范畴。“新历史小说”的解构意向是非常明确的,但我仍然不认为所谓“平面化”“意义空缺”的表述能够成立。“新历史小说”有自己独特的意识形态特征。

在接触“新历史小说”之前，让我们首先谈论三位对文学历史话语转折起过重要作用的作家：乔良、莫言和李晓。

乔良的《灵旗》也许是“新时期”第一部明显地突破了“十七年”以来文学历史话语的“正史”意识的作品。湘江之战中，蒋军、湘军、民团甚至普通百姓对红军的残酷杀戮，“那汉子”（逃跑的红军战士堕落为赌徒、无赖，加上对他参加红军动机的追述，可以看出作者小心翼翼地把他的行为看作是个人性的，从而避免一种尖锐的政治意识形态纠纷）同样残酷的报复，使那段历史充满了血腥的意味。在这里，历史进步论观念引导下的战争的合理性第一次受到人文主义的严峻挑战。乔良把人文主义引入历史叙事，在一无缝隙的权威意识形态话语中撕开了一条裂缝，使我们看到作家站在终极的人文价值立场上进行历史叙事的可能性，知识分子的意识形态开始渗入文学历史文本。

如果说《灵旗》标志着知识分子的人文意识对“正史”的政治意识的反拨，那么莫言的《红高粱》则表示出人文精神的新向度：以原欲为基础的粗粝而蓬勃的精神底蕴。作为“寻根小说”的巨大回响，它的人文批判意旨指向一个更广阔的文化精神空间，笼统地说即“种”的退化，而不是特定时代的政治意识形态，因而它所张扬的就不是《灵旗》中九翠所代表的那种精致的人文理想，而是“我爷爷”“我奶奶”这种带有突出的民间文化理想的粗放的人文性。“民间”是个复杂的概念，它在对压抑萎缩的文化情结的反抗中含有新的强权与暴力话语成分，粗犷豪放的文化形态中有其粗俗和破坏性的一面。但不可否认，《红高粱》为历史话语的解放洞开了“民间”这一更大的精神门户。

李晓的文学历史话语的言说似乎是在默默无闻中进行的，没有像乔良，更没像莫言那样引起广泛的注目，但《相会在 K 市》和《叔叔阿姨大舅和我》却将他置于一个非同寻常的地位。对历史事件偶然性的关注和对事实真相的重新发掘，让我们看到了历史被“书写”的特征与文学话语对意识形态的巨大消解力量。可以说，李晓的小说创作在通过文学话语编码而不是直接在意识形态层次上却更有效地消解意识形态结论这一点上提供了充分的创作经验。

“新历史小说”正是在政治意识形态出现裂缝和作家文学编码意识加强的前提下的延伸,它直接的思潮性的源头有三个:“寻根小说”摒弃政治性重大事件而亲和世俗性,“史”性题材的倾向、“先锋小说”的文本戏拟对意义消解的倾向,以及“新写实小说”向世俗性价值妥协退让的趋势。

给方兴未艾而又聚讼纷纭的“新历史小说”下定义并不是件轻而易举的事。陈思和把它界定为“大致是包括了民国时期的非党史题材”,①这是可以接受的,但它忽略了一个重要的问题,就是“新历史小说”的意识形态特征。

一个有目共睹的事实是,近期的历史题材创作中,以家族史、村史为单位结撰故事的作品特别多。著名的如《白鹿原》《苍河白日梦》《旧址》《敌人》《呼喊与细雨》《活着》《故乡天下黄花》,以及苏童的“枫杨树乡村”系列和叶兆言的“夜泊秦淮系列”等。那么如何理解这种题材单位的变更呢?在我看来,它恰恰是新的文学历史话语转折的标志,是出于文学重构历史的内在需要。和很多文学范畴的命名一样,题材的分类实际上是一种张扬/抑制、取/舍、保留/排除二元对立的等级监察机制,是进行意识形态宣传和文化统治的基本手段。“十七年”文学对“工农兵”的一再强调、“主旋律”“写重大题材”意识的反复强化等都在提醒一个事实:题材的意识形态性。这当然不难理解,“社会主义社会形态尤其需要文学作为建设性的功利性的意识形态力量而存在”。② 但是在今天,当我们以远为复杂的文化背景反观“十七年”小说时,必须承认,它对历史的表现很难说是客观和真实的,它同样对历史进行了“当代性”的抽取与改造:首先,从言说主体看,处于政治意识形态旋涡中心的工农兵得到夸张的表现,远离政治意识形态中心的边缘人生被无情地疏离,甚至是隔绝。其次,从生活层面上看,社会生活的政治意识形态内容,阶级斗争、路线斗争、思想斗争等被不适当地抽取出来得到强化,而民间性的生活内容,宗法的、习俗的,宗教

① 陈思和:《关于“新历史小说”》,《文汇报》1992 年 9 月 2 日。

② 许子东:《新时期的三种文学》,《文学评论》1987 年第 2 期。

的、心灵的内容被遗漏了。

但作为反拨和重构历史的需要，“新历史小说”的言说主体却选择了地主、资产者、商人、妓女小妾、黑帮首领、土匪等非“工农兵”的边缘人，其身份一反传统话语中的政治色彩而带有十足的民间性；而构成他们活动主体的则是吃喝拉撒、婚丧嫁娶、朋友反目、母女相仇、家庭的兴衰、邻里的亲和背忤等生活的日常性、世俗性甚至是卑琐性的一面。

题材单元的转换显然带动了主题和意识形态的转换，因为主题的获得就是作家通过叙述手段对蕴藏于题材中的客观景象的显示和对潜在的价值意象的发现。随着家族史替代阶级斗争及其极端形式——战争史成为文学历史话语关注的焦点，“新历史小说”从原来的以政治性和道德伦理性为主导内涵的意识形态主题向着消解二元对立深度模式和因果式的逻辑思维框架、淡化政治意识和道德伦理意识的多元、边缘、弱势的意识形态转换、过渡。有些人指称的“非意识形态写作”正是“新历史小说”创作试图消解个人向集团意识无条件认同所造成的文学主题政治化、“本质化”、逻辑化、科学化而向多元混沌状态的生活主题还原的现象。事实上，不是“非意识形态化”，而是由单一的政治意识形态向多元意识形态并置，由宏观、显性的政治学朝微观潜性的文化学转换、过渡。综观近几年的“新历史小说”创作，我觉得有三种意识形态取向构成了目前文学历史话语意识形态的主要趋势。

第一，一类小说表现出通过反顾、重构历史、重新衡估传统文化，再造历史与文化权威心象的价值趋势。这些作品潜在的价值立场既不是人文主义也不是共产主义，而是与这些移植、舶来的“现代性”的意识形态相仳的带有文化上的民族主义、保守主义和历史本真论意味的意识形态取向。当然不是向传统文化无保留、不加区分的回归、退居与认同；但从传统文化中寻求合理性、寻求暖意与庇护、寻求安身立命之本的价值指向性是非常明显的。我们都明了，在“五四”新文化背景上形成的“现代性”话语中，家族的潜在文化语义就是封建、保守的营垒，是腐朽、堕落、衍生罪恶的渊薮，是民主性与个性主义的否定力量。这在巴金的“激流三部曲”、路翎的《财主的儿女们》等一大批作品中表现得很明显。但李准的《黄河东流去》对以家族与乡土为内核的文化传统进行了不同以往的逆向性思考。在一种特殊的背景上，他看到了家族乡土观念顽强的生命力和强大的凝聚力。“寻根小说”的代表作品《小鲍庄》《棋王》针对儒文化的“仁义”和道家文化的精神放达的语义至少也是双关的：有保留地批判与肯定同时并存。当然最有代表性的还数《白鹿原》。作品中的关中大儒朱先生与主人公白嘉轩作为一对互补的文化人格共同实践着儒家文化“修身、齐家、治国、平天下”的基本信条，这恐怕就是作者重铸“白鹿精魂”的基本内涵。面对军阀混战、党派之争造成的相互倾轧相互残杀，从朱先生和白嘉轩把白鹿原比作“鏊子”的慨叹和在各自的舞台上进行的知其不可为而为之的抗争与实践中，可以看出超越阶级和政治集团利益的一种朴素的民本主义倾向和类似于宗教皈依般虔诚地对一种圣人文化人格的倚重和倾心。

第二，另一类重构历史的作品其标的并不局限在文化层面或一种精神人格的拆解与建塑，而是具有明显的政治意识，但它观察历史的视角明显不同于“正史”中以阶级斗争统摄贯穿始终的常规思路，而是在表面的阶级斗争层面上渗透了家族/血缘这一新的认知角度，在这些作家看来，轰轰烈烈的阶级矛盾与阶级斗争的运作背后，有一个强大的以家族为单位的血缘网络操纵，掣肘着历史运作。由于家族/血缘视角的嵌入，既成的政治意识形态结论：一些阶级胜利了，一些阶级消灭了，这就是历史，这就是几千年的文明史——这种历史进步论受到了历史循环论和宿命观的挑战。这一挑战来自《古船》《旧址》《故乡天下黄花》等一大批小说。在《古船》中，隋、赵、李三大家族在洼狸镇的权力争斗中，以阶级斗争形式展开的政治运动异化为家族对抗和不是你死就是我活的宗族血缘的浮沉。在《故乡天下黄花》中以家族为核心展开的权力之争既充满血腥的悲剧意味，又像一场历史的嬉戏充满喜剧气氛。当严肃的历史变成了一场家族间争来抢去的权力游戏时，历史的严肃性、正义性和进步意义被消解，历史循环的意味被凸现出来。

第三，在先锋作家笔下，历史话语中同样渗透了这批作家独特的生命体验和生存憬悟，是他们现实性话语的拓展与延伸。“历史”为他们提供了更广阔的空间，从而也提供了更充分的理由来验证人与人之间的关系隔膜的、无法沟通的、生命是脆弱的等存在主义的绝望感和悲观意识。《在细雨中呼喊》通过对亲情、爱情、友情等基本关系的描写，祛除了传统话语蒙在这些文学母题上的浪漫主义与理想主义的意识形态圣光，让我们看到亲情的虚伪、爱情的庸俗浅薄和友情的脆弱，存在主义的孤独与绝望如一片悲凉之雾四处弥漫。《活着》让我们看到人如芦苇一样易折，却不具有帕斯卡尔所赋予它的强大的思想力。

而在苏童的《罂粟之家》《一九三四年的逃亡》《米》等作品中，即使阶级冲突与阶级矛盾也被赋予浓重的血缘色彩，使历史变革脱去了理性主义的进步意味，而带有血亲复仇的历史伦理化、生存化意向，使这些家庭故事充满了朽败的末世意义和沉重的宿命感。地主与农民的阶级关系是复杂的政治、经济关系，但在《罂粟之家》中被抽象为地主刘老侠与农民陈茂之间的“不是你是狗，就是我是狗”这种扭曲的伦理与生存关系，阶级关系最后归结为对人身的占有。作品表达了对地主和农民的双重失望。地主阶级的腐朽使刘老信在城市中最终堕落(《米》中的五龙是对刘老信的展开)，刘老侠雄心勃勃、不择手段地聚敛财富，但在性力与血缘上无可挽回地颓败了，必须求助于农民陈茂——有着旺盛的性欲和盲目的破坏力，他对地主女儿刘素子的占有意味着把地主阶级赖以蒙羞的唯一的精致的文化存在也击打得粉碎。

这些表达了存在主义意识形态的作品其文学编码的方法论上具有现象学的某些特征，把人外在的社会关系、具体的历史氛围等实施了加括号的仪式而悬置起来，而突出的强化赤裸的自然意味的人的存在状态与存在关系，使这些家族故事具有突出的象喻性。

“新历史小说”之“新”不仅在于开辟了“家族史”或“近代史”这样的题材阈限，更重要的在于它要传达的意识形态倾向。二者注定了“新历史小说”会用自己的理由特别关注“人”的一些侧面从而遮蔽他的另一些侧面，这同时为“新历史小说”的文本变化寻找到了理由。文本的变化如此之大，从形象主体到语言风格，丰富的内容足以成为另一篇论文的可靠素材。

话语转换与话语渗透

一

“先锋小说”兴起以后，特别是小说的叙述被作为叙述话语言说的重要环节受到充分重视以后，批评语汇中一个经常言及的题目是“写什么”与“如何写”。似乎和“道”与“器”的传统话语不同，二者的天平出现了新的倾斜，好像“写什么”可有可无，而“如何写”才是至关重要的。这一理论思潮和创作倾向的消极影响造成了部分“先锋小说”的极端化趋势：生活内容贫乏，缺乏基本的精神抚慰和价值关怀，写作既无关乎历史，又无关乎个体生命，显示出创作主体精神的苍白无力。在这样一个新的艺术的转型期，这种艺术崇拜倒是不足为奇的。而且，它的实践意义也不容忽视，因为它要为一种更加成熟的文本构建提供技术上的保障。但自身的缺失注定了它的过渡性命运。文学之鸟的起飞必须借重于“写什么”和“如何写”这两翼，缺掉任何一翼，我们得到的只能是伤残之鸟。近期小说创作一个明显的优化趋势就是在总结、借鉴、吸纳了前一时期小说，特别是“先锋小说”言说机制的基础上，“写什么”得到了充分的重视。进一步说，近期小说创作变化与转型的动力与契机首先来自作家对人、对历史、对现实生活即对它的言说对象获得了新的认知，从而要消解传统话语对人、历史、生活的定位，进而在文本中重构历史与人的使命感与热情。

“文学是人学”，文学话语言说对象的主体无疑应该是人、人的思维、人的活动以及与人相关的生活层面。对这一传统命题，很少有人表示反对。但是，“人”并不是一个任何时代都能在相同的维度、相同的层面被认同，因此，与不同历史背景下对人的不同定位这一大的文化语境紧密相连，文学话语对人的言说就会有不同的侧重。具体地讲，近期小说所消解的正是传统话语把人仅仅定位在“阶级性”这一点，以阶级斗争、路线斗争、思想斗争、观念斗争为纲所构建的被抽象、提纯、裂解了的生活体系，在重构的意义上还原生活本相：混沌的、多种生活元素（历史的、现实的、政治的、经济的、文化的，意识形态化的、民间的、群体的、个体的）的并存、互相掣肘的多元、多解的状态。

以下从视角、题材、主题等几方面具体把握这种还原是如何实现的。

（一）视角网络化

视角即作家理解审视生活的角度，是搭建经验世界与文本世界中间的桥梁，很大程度上它决定了文本世界以一种什么样的面目与现实世界相联系、对应。可以说，视角是叙事话语的前话语，它观念地规定着并最终物化地在叙事话语中体现出来。传统意识形态话语确立的是单一的政治视角。“阶级斗争为纲，纲举目张”已不仅是政治生活中的指导思想，实际上也内化为一种艺术思维方式，即本是复杂、混沌的生活内容经过“阶级分析”这把万能之梳的梳理，非政治化、非意识形态化的生活内容漏掉了、淘汰了。文学创作中的这种梳理过程，实际是以“本质化”为名，行抽象化、简单化、筋络化之实，从中漏掉的恰恰是最富艺术光彩的世俗生活。“十七年”小说中，即使最成功的作品诸如“三红一创”，它们成功的经验和失败的教训都可以从“本质化”中得到解释。甚至是新时期的小说创作，如“伤痕小说”“反思小说”“改革小说”这些小说名目之所以成立，亦可以看作传统的政治化的艺术思维的惯性滑动。所不同的是，新时期小说以思想观念的歧异对以前小说中的阶级对立进行了轻微的改写，但质而言之，其视角仍是单一的政治视角，其艺术思维方式并没有改变。汪曾祺的《大淖纪事》《受戒》等小说的出现开启了以文化视角向生活切入的新维度，但随着

1985年“寻根小说”达到高潮，使文化小说臻于成熟以至模式化，文化视角开始僵硬，为文化而文化，甚至是文化归因主义的倾向使这类小说走入狭窄之路乃至歧途。

无论是政治视角还是文化视角，也包括一些“先锋小说”从个体感觉化的生命意绪切入的角度，它们的共同弱点在于向度的单一，以单一的角度向主体的、绵延的、混沌的生活状态切入，得到的只能是肢解和离析的生活。近期的小说创作，无论是历史题材还是现实题材，之所以给人以涵蕴、浑厚的审美感受，主要原因在于作家大都否弃了唯提纯了的文化视角或单一的政治视角马首是瞻的审美思维方式与把握方式，而是注意张大、扩展艺术视角，以更宏阔的视野俯瞰生活，多向度、多层次的切点构成网络化的视角，它避免了单一视角把握生活时扬此抑彼、取舍失当，网到了鱼、遗掉了珠的缺憾，为作家还原生活本相提供了前提条件。

比较两部都堪称经典的作品，可以使我们更清楚地辨识视角变化的这一事实。一部是“十七年”革命历史题材长篇小说的经典《红旗谱》，另一部是被尊奉为近年长篇小说圭臬的《白鹿原》。同样以中国现代史为背景，选择中国的乡村为舞台，试图以史诗般的气魄勾勒中华民族在20世纪波澜壮阔的衍进图景。但二者在视角的选择上存在明显的分野。《红旗谱》从政治视角切入，整部作品以阶级矛盾，即以朱老忠为代表的农民阶级和冯老兰为代表的地主阶级之间的政治搏斗相维系、述说，宣谕的是一个意识形态主题。而《白鹿原》的视角却复杂得多。它不以阶级斗争的模式来设定全书的框架，而是以封建宗法社会中非常强大的社会力量宗族及相互间的矛盾来作为主导线索统驭作品，但它并不否弃政治视角，同时还辅以文化的、人性的角度来观察、表现生活。这种复合的网络化的视角为读者认识20世纪中国农村社会的变革提供了一个复杂、更客观的图景。

（二）题材的延伸

和很多文学范畴的命名一样，题材的区分亦有其复杂的文化语境，因为它包含着明显的意识形态和文化制度内涵。题材分类实际上是一种张扬/限制、取/舍、保留/排除二元对立的等级与监察机制，是现代社会中文化传播与文化统治的基本手段。20世纪40年代以来，"工农兵"文学的一再倡导、"题材决定论"的变奏、"主旋律""写重大题材"意识的强化，以及五六十年代从反面想对此有所突破的"现实主义深化"与"中间人物论"都提示我们这一事实：中国当代小说的意识形态特质。这当然不难理解，因为"社会主义社会形态尤其需要文学作为一种建设性功利性的意识形态力量而存在"。[①] 但是，在今天，当我们以远为复杂的文化背景反观中国当代小说时，我们必须遗憾地承认：当代文学对当代社会的表现很难说是"真实的"，因为它在内容的肌体上留下了两个巨大的"黑洞"：一是从言说主体看，处于意识形态中心的工农兵得到夸张的表现，而远离意识形态的边缘人生被无情地疏离，甚至绝缘。二是从生活层面上看，社会生活的意识形态内容被不适当地抽取出来得到强化，而非意识形态性的民间生活内容，宗法的、宗教的、习俗的、个体心灵的内容被遗漏了。20世纪80年代以后，文化话语与意识形态话语相疏离并逐渐成熟的过程，为我们提供了部分的世俗人生与世俗生活的画面。1987年崛起的"新写实"发现了小人物，发现了生活的日常性，甚至是卑琐的一面。印家厚(《烦恼人生》)、七哥(《风景》)、迟钦亭(《艳歌》)、小林(《一地鸡毛》)这些人物形象从政治身份上来说是工人、干部、知识分子这些构成传统意识形态话语的主体形象，但围绕他们而展开的生活却是日常性而非意识形态性的，从中可以明显地看出新写实小说家消解与重构的意象，尽管这种消解还不彻底，带有过渡性特征。

从历史重构的意义上来说，真正做到"补正史之阙"能够在言说主体和生活层面的构成两方面填补传统意识形态话语空白的当推近两年的小说创作。熟悉近期创作的人都会意识到作家对历史题材的热衷和偏爱。如何解释这种历史的"回归"现象？我认为，作为一种思潮的对讲述历史的倾心与热情其动机盖出于一是对文学历史的纠偏，是对传统意识形态话语的消解、补充与重构，试图召回久已被遗忘了的民间生活，还原曾经被经典化、神化了的传统话语对生活的抽取、分解

① 许子东：《新时期的三种文学》，《文学评论》1987年第2期。

与割裂。二是叙述观念、叙述意识觉醒的需要。叙述话语要建立自己的时空观,三维时间(过去、当下、将来)的确立,必定使客体世界主观化,使其成为经验的事实,使其成为历史和“记忆”。近年出现的像苏童的《妻妾成群》《红粉》《未》,叶兆言的“夜泊秦淮系列”,刘恒的《苍河白日梦》《冬之门》,李晓的《民谣》,竹林的《女巫》,陈忠实的《白鹿原》,刘震云的《故乡天下黄花》,北村的《施洗的河》,余华的《呼唤与细雨》《活着》,格非的《边缘》《敌人》,尤凤伟的《石门夜话》等,独立地看也许不能明了它们出现的意义,但作为整体来看,这是种群体性的向历史的“回归”。“念旧”意向就标示出一种思潮性的潜流。再具体看一下这些作品所选择的人物——妓女、小妾、黑帮首领、土匪、占山为王者、僧侣等既非“工农兵”,亦非“地、富、反、坏、右”的边缘人,其身份一反传统话语中的政治色彩,而带有十足的民间性。在传统话语里,几乎没有这些人的位置,因为他们的活动缺乏明显的意识形态色彩,从而游离于整个社会生活的边缘状态。那么,近一时期作家对潜在的民间社会的挖掘与“救亡”活动,就可以看作有意对意识形态话语的消解与反拨,对文学历史“空缺的填补”。

近期小说反传统题材的规约,向民间社会的掘进在文学上的意义不只局限于题材本身,它还影响到主题观:当以意识形态的尺度丈量、裁剪生活时,你得到的是好与坏、善与恶、美与丑等有着明显分野的黑白分明的世界;而以客观的、综合化的目光看待世界,那么世界则是混沌的,一切都是尚待命名和重新命名的存在。

(三)隐性主题

对于文学创作来说,主题的有无恐怕已经不能成其为问题。主题,是艺术成其为艺术而区别于非艺术的特质,是艺术的题中应有之义。但成为问题并值得讨论的是我们有过什么样的主题和正在出现什么样的主题。以此观察近期的小说创作,我们同样会觉得有话可说。

在涉及小说主题时,我们常用的一个套语是“通过……表现了……主题”,这几乎是一个放之四海而皆准的公式。但是若面对近期的小说文本,这一公式就会显示出捉襟见肘的尴尬。比如面对张炜的《九月寓言》和余华的《呼唤与细雨》就很难纳入这一公式的推导。原因在于，由于视角、题材以及传达方式共同构成的话语转型，主题也由于原来的可逻辑归纳的主题范式导入了一种无法完全诉诸逻辑命题的新的主题范式。具体地说，不少作品从原来的以政治性和道德伦理性为主导内涵的意识形态主题，向着消解二元对立的深度模式和因果式的逻辑思维框架，淡化政治、道德伦理色彩的元主题转换、过渡，主题变得越来越隐蔽、潜在。

这里所谓元主题，是指存在于题材中的客观景象和潜在的价值意向，它和主题的关系可指称为：主题是对元主题的个人化。也就是说，主题的获得就是作家通过叙述手段对蕴藏于题材中的客观景象的呈示和对潜在的价值意象的发现。传统意识形态话语的个人化体现为集团化，也即个人的消失；换句话说是以个人的形式（小说创作是个人化的过程）体现集团的意向和价值立场。因为在一个特定的时期，政治集团的价值立场是明了的、可归纳的、可复述的。因此，意识形态化的小说主题也是显性的，可纳入“通过……表现了……”的逻辑公式运作推导。就主题显示的方法论而言，晚近的部分小说同样体现为个性化的淡化或弱化，但比较言之，其弱化的方式不是表现为归附性的消失，而是自觉、主动的退场，头上没有外在意志的凌驾。近期小说的纪实性和客观化特色就与这种个人化的弱化有关。从某种意义说，目前部分小说的无主题现象亦可看作作家试图消解个人向集团意识无条件认同所造成文学主题“本质化”、逻辑化、科学化，以还原生活主题的本来面目：混沌，追求文学主题与生活主题的同质、同源和同构性。

近期创作中以个人的生活史、家族史、村史、街道史结撰故事的作品特别多。前者如《呼唤与细雨》《施洗的河》，写家族史的如格非的《敌人》、刘恒的《苍河白日梦》，写村史的《九月寓言》，后者如苏童近期着力经营的以“香椿树街”为背景的系列小说，大都回避像《太阳照在桑干河上》《暴风骤雨》《三家巷》等“十七年”作品对阶级对立、阶级分化等内容的描写，也不同于前一时期作品如《浮躁》《古船》等以思想意识、观念的新旧、先进与落后作为架构作品的思路，从而超离了一些传统意识形态的主题的窠臼，它们不动声色地描写家族、村庄、街道这些基本的社会单元的世俗生活内容——吃喝拉撒、婚丧嫁娶、兄弟反目、父子相仇、家族的兴衰、邻里的亲和背忤等，而隐含于这些生活背后的是情与欲、爱与恨、善与恶、美与丑等这些人性的元主题内容。

二

当1985年前后“先锋小说”和“寻根小说”如破土的新芽在新时期文学园地里崭露头角时，敏感的批评家用“多元”的概念命名这时的整体文学势态，就是说人们从“先锋小说”和“寻根小说”中发现了不同于传统小说的新质素。当然这种“新”或“异”同样存在于“先锋小说”和“寻根小说”之间。之所以能够以“元”自立，既表现在各自言说的内容，也表现在它们言说的方式。换言之，它们各自在内容和形式上的规定性使我们有理由把它们看作三种异质的运作于新时期文坛的主要话语。仅就当代而言，传统意识形态话语是我们的元话语，也是最成熟的一种话语方式。“先锋小说”——纯文学话语和“寻根小说”为代表的文化是两种新的话语方式。三者在新时期的关系是复杂的，难以一言以蔽之，但粗略地说，在20世纪80年代中期以前，基本上是意识形态话语一统天下，但话语内部的解构已在进行，像1980年前后开始的小说的风俗化、哲理化倾向就动摇了意识形态话语的政治与道德内核，使其向审美品格逼近。尤其在讲述方式上，宗璞对超现实主义手法、王蒙对意识流手法的借鉴都在化解传统话语的情节结构模式。20世纪80年代中后期，文化话语、纯文学话语异军突起，与传统话语构成三足鼎立之势。进入90年代，特别晚近两年的小说创作出现了一种异常新鲜、复杂的态势：文化话语、纯文学话语、传统话语互不理睬、各自为政的局面逐渐被打破，作家开始以更宽阔的胸襟，容涵、吸纳多种艺术成分，化解了“元”与“元”之间的边际界线，出现了多种话语融汇于一体的新文本。上文以“还原”为题对小说的言说内容所发生的变化作了分析，下文则从言说上分析近年小说的新态势。

为了便于和更准确、细致地分析近期小说言说方式上的互渗关系，前提是对三种话语言说方式有一个基本定位。传统意识形态话语在传达方式上最重要的特征是建立在唯物主义反映论基础上的性格功能体系,即利用典型化原则塑造人物形象并以此为中介架构文学世界与生活世界的桥梁。以建立在个性与阶级性交叉关系基础上的性格作为形象主体的功能体系,同时决定了它的情节结构形态与媒介质的意识形态内涵。与此不同,文化话语在传达机制上,驱动作家写作的审美中枢既不是事件的因果链条和逻辑动力,也不是以性格成长为核心的典型化原则。对原型的神秘向往,希冀通过创作来穿透古老的民族文化进而寻找民族文化之根的蓬勃欲望使这批作家自然而然地在审美上亲近寓言和神话。因此,在这一话语形式的实践中,“神话模式”得到广泛运用;更重要的是,新时期小说中的象征化原则逐渐成熟,这或许可以看作这一话语形式贡献给新时期文学的最重要的成果,因为在此之前,小说中的象征只是作为局部的技巧被偶尔运用,而在此之后,局部象征和整体象征已经内化为一种重要的文学表现机制被广泛接受。

意识形式话语与文化话语在艺术思维机制和所构建的审美体系上存在明显的差异,但在根本一点上是相同的。二者都在人之外追求超越性意蕴,人是作为揭示意蕴的符码而不是目的而存在的,人的作用类似于化石的作用,它价值的大小,很大程度上取决于人们能够从它身上读解出多少社会的或文化的内容。纯文学话语最大的不同在于对存在的关注、对人生命状态的揭示。就新时期的创作实际而言,纯文学话语存在两种不同的类型:一是对文学性的追求,以马原、洪峰、叶兆言、格非的小说最为典型。他们试图挣脱文学的“摹仿”和“真实性”观念的束缚,通过叙事手段的充分运用创造一个模糊了经验世界与虚构世界之间界线,试图证明小说存在的意义并不在于对世界的“摹仿”,而在于“创造”,这种创造是通过叙事“虚构”出来的。二是对生命状态的传达与命名,以残雪、余华、孙甘露、北村的创作最为典型。这是一群异常敏感的创作者,他们立足于对人超验的生命状态的体验,然后赋予这些生命状态以感觉化的语言形式,以获得对瞬间敞开的生命状态以原初也是永恒命名权,这是一种典型的诗性言说方式。纯文学话语结晶化的艺术成果目前能够确定的有两点:一是叙事手段上积累的经验，特别是对叙事时间和叙述角度的处理；二是感觉化的语言对生命体验的物化。

在三种话语构成的新时期小说的叙事网络中，意识形式话语与文化话语的渗透早已成为事实。像1987年前后出现的《活动变人形》《浮躁》《古船》等作品是两种话语渗透的成果。目前小说创作中的话语渗透现象是在第一阶段渗透基础上与纯文学话语的交叉与参错，这是一种更加艰难也更带实质性的话语融合和话语解放。表现为两种向度的调适。

(一)传统的焦点与调适

10年前，当李陀喊出“昔日顽童今何在”时，声音是有几分悲壮苍凉的。但事物的发展又总是“新桃换旧符”。看看20世纪90年代的文坛，最活跃、最受瞩目的可是比昔日的顽童更年轻的“顽童”？因此，我们不禁要发出曾有过昔日辉煌的“复活的作家群”与“知青作家群”今何在的喟叹！有人甚至说王蒙是20世纪50年代仅存于当世的一位作家！断言50年代作家已经销声匿迹有些轻薄，但受人瞩目的文坛中心逐渐向边缘散落却是有目共睹的事实。是谁遗弃了他们？理论如何解释这种“从复活到散落”的现象。如果把原因限制在文学的范围内来考虑，那么，我认为是话语方式的陈旧与时代审美心理之间的错位使这批作家渐渐失宠。王蒙的存活就证明了话语更新的必要。

那么，传统真的远去了吗？没有。传统在勇于创新和严肃地瞩望未来的作家那里还活着。但这时的传统已非原来的面目，它已与新的传达方式进行了嫁接。嫁接的主要方式就是在不放弃性格审美和典型化原则的基础上加强叙述。即作家充分发挥主体的创造机制，加强主体对经验世界的统摄作用，通过对事件的筛选、组织、整理，加进想象与虚构，最终归理于作家的叙述话语中。就是说作家通过自己的创造性参与，把所有事件编排进一个有内在逻辑与连贯性的故事链中，这种内在的逻辑与连贯性服从于叙述话语的统筹计划，而不是降服于纯客观的时间机制与关系机制。再换句话说，统摄于作家叙述话语下的故事，是经过了作家的再度编码的新的结构网络，在这一网络中有自己的叙事时间，事件与事件之间的关系经过了新的调配，人物的性格与命运也不完全就范于以前所谓的性格逻辑。这一新的网络体系对应于作家对历史、社会、人生新的认识、把握与解释,作家消解与重构历史的意图就隐含于这一话语系统中。

近年出现的一些优秀长篇小说在传达方式上就出现了传统的性格审美、文化象征与最新的叙述话语互切、互渗的新格局,为传统的表达方式灌注了新素质,使其呈现出耳目一新的审美特征。以近来备受嘉誉的长篇历史小说《白鹿原》为例,它就体现出驾驭多种话语成分,拼合多元审美手段进行综合传达的新趋势。首先,传统话语中的性格塑造仍然是其主导的审美机制,主要人物如白嘉轩、鹿子霖、鹿三等都有各自的性格逻辑和性格深度,它们作为独立的审美元素已能够立起自己的功能机制和价值系统。但这并不是这部小说的全部与唯一。在作品中同样重要的朱先生就不能作为一个独立的性格元素来把握,因为他不是《白鹿原》中性格审美系统这一肌体上的一个因子,而是文化象征这一新的话语网络中的关键符码。在作品中朱先生与其说是作为性格而存在,不如说是作为文化人格而存在。他清脱飘逸的性情,先知先觉的超凡能力,力抗流弊、恶势、救人于水火的人格力量都是作为关中文化的象征性品格而出现的。他与其他人物的关系也不表现为政治或经济上的现实关系,而是一个文化上的超人,是众人在精神上瞻仰膜拜的楷模。另外,飘忽而神秘的白鹿意象以及白嘉轩6位妻子神秘的死亡等随处可见的象征共同构成了这部作品的另一话语系统。

但是这两套话语能在作品中不是相互隔膜、相互抵制,而是互融互渗地胶合在一起,还是倚恃于叙述话语的统摄作用。《白鹿原》对纯文学话语的借鉴与吸纳并不表现在作品的开头“白嘉轩后来以为豪壮的是一生里娶过七房女人”这种预设性的时间叙述这些表层的东西,而是表现在叙述话语对历史进行重新编码的能力。这部作品从庞杂的历史河流中,整理出白、鹿两大种姓的宗族矛盾和以白嘉轩为代表的传统力量与黑娃、娥儿代表的道德叛逆,以及以鹿兆鹏、白灵为代表的政治叛逆这两种新生力量的矛盾两大线索架设起这部作品的基本框架,以完成传达“一个民族秘史”(作品题序的总机心),事件、人物关系、性格、象征等内容和手段的符码经过精心编排,配置于这一构架上,架设起一套有机的话语。我们看到,服务于叙述话语的统摄,《白鹿原》改变了传统历史文本编年史式的机械时间统治作品的结构方式,甚至也改变了人物的命运与性格,如黑娃由叛逆向传统的皈依又突然被处死,白孝文在政治上的升降沉浮等与其说是性格使然,不如说是叙事话语的需要对性格逻辑的牺牲。

（二）先锋的困顿与调适

在新时期的小说创作格局中,以先锋和探索面目出现的纯文学话语是最显要也最寂寞、相当自信也相当脆弱的一股文学势力。它反传统的前卫性使它自成天地、独标一格,或许也仰赖文学所固有的不安分的天性的助佑,虽屡遭争讼,仍能红红火火。但是文学的天性中除了不安分和求变一面外,还有求实、求稳的一面,因为文学的发展必须依靠艺术经验、艺术成果的积累,而艺术经验的获得必须经过相当时间的实践才能成型、物化、积淀下来。而中国的先锋小说用10年的时间走过了西方现代主义文学100年才走过的道路,因此给人的印象就不是像正常人在走,而是像一个跛子蹦蹦跳跳,留下了歪歪扭扭的脚印。尤其是形式上过快的更替让人觉得形式上的花样翻新、标新立异就是先锋的本义,文学的探索就是形式探索。事实上,文学的前卫性还应该包含精神探索和价值立场上的前卫性。或许是因为过分的曲高和寡,或许是形式的玄奥遮蔽了先锋作家的精神传达,恰恰是在文学的精神性、人性这一点上,先锋小说受到更多的訾议。

余华、格非、北村等几位先锋小说家最新创作所发生的变化表明,他们在“快乐的文本”和游戏的操作之后,对历史、人性、个人的精神成长,甚至是政治开始投注更多的热情,题材的构成也从超验的、想象性、幻想性的世界更多地转向了现实的、形而下的经验世界,并由此带来了传达方式向故事性、向性格塑造等传统的美学因素认同的新趋势。

人物和故事在传统意识形式话语叙事中是关键性因素,却又是纯文学拒斥的因素,尤其是在残雪、余华和苏童的部分作品中,语言能指的膨胀几乎把故事排挤出小说营地,人物变成了线条画,失去了现实的血肉,成为抽象的符码,在余华的《世事如烟》中人物一律用阿拉伯数字1、2、3……代替。但苏童在《一九三四年的逃亡》《一九八六年》等作品后,创作了《妻妾成群》《红粉》等有着迷人的感性故事的作品,塑造了颂莲、秋仪、小萼等在当代人物画廊中相当新颖、活脱的女性形象。余华把他的诗性之思在《世事如烟》中发挥到了极致,而在其后的长篇制作中也向人物和故事招手微笑了。北村在《施洗的河》中对故事的营造和对人性的关切远胜对语言实践和叙事技巧操作的热情。尽管这些先锋作家对故事和人物这些传统叙事因素的重视并不是袭用传统、回到传统——他们的故事淡漠因果关系,更重视事件的或然性因素,重视叙述角度和叙述语式的灵活调置,故事更富于变化、更有机趣;写人物不重视人的社会学内涵,很少立足于"社会关系的总和"而展开,而大都是建立在人性的基础上写人的精神或精神畸变——但这种变化至少告诉我们不同话语之间的关联性与延续性。不仅传统话语需要向先锋话语借鉴,纯文学话语同样也需要在传统话语中寻求助持。纯文学话语的实验是绝对必要,拒绝它是不明智的,但幻想一纯而又纯、不理睬传统、在传统废墟上成长起来的文学话语又是不实际、肯定行不通的,不同话语的隔绝和相互敌视、相互抵制只能阻碍文学的发展。从这种意义上来说,近期小说创作中出现的话语互渗的现象是值得欢迎的,它或许预示着新时期小说更开阔的前景。

作者的在场与退场

——新时期小说非全知叙事思潮的文化背景及其意识形态

现代小说发展至福楼拜和亨利·詹姆斯,叙事观念似乎发生了重大的转折。小说创作中,作者在其中现身说法、评头论足,自己操纵故事发展的“讲述”技巧越来越受到轻视,甚至摒弃;而主张“作者退场”、不介入,进行客观“显示”的叙事思潮大行其道。普鲁斯特、乔伊斯、卡夫卡等现代主义的大师们在叙事技巧和叙事程序上所进行的试验,比如作者藏匿、替代叙述人或叙述焦点的选择、对审美距离的有效控制等都是卓有成效的,并且影响深远。中国新时期小说在叙事倾向上受这种“作者退场”的“客观化”倾向的影响非常明显,不仅在理论上一再被表述,而且实实在在地成为创作中的实际状况。

但说来说去,“作者退场”只是个策略问题,作者无法在根本上从小说世界中脱身,无论作者表现得多么冷淡、多么中立、多么客观,他都会介入虚构的人物世界,只是作者在场的方式,或者说作者介入的方式不同而已。在现代小说中,作者在坚持不直接介入的情况下,在叙事方式上所选择的控制虚构人物世界的方法,就是选择替代叙述人采用非全知的限制性叙述视角进行叙事,作者退居幕后,以“隐含作者”的身份对文本进行隐蔽的操纵与评价。本文的内容主要是就新时期小说创作中限制叙事思潮出现的文化背景及其意识形态状况展开论述,侧重点在于叙述人的文化身份而不在他的语法及透视关系。

一

纳塔丽·萨罗特在她的著名论文《怀疑的时代》中说:“现在小说的主要问题在于从读者那里收回他旧有的贮存,尽一切可能把他吸引到作者的世界中来。为了达到这个目的,把第一人称的‘我’作为小说的主人公,是既有效又容易的方法。无疑也是出于这个原因,小说家经常采用这种写作方法。”①结合她全文的语境,纳塔丽·萨罗特显然把第一人称“我”的叙事推到了一种本体论的崇高地位上来,她立论的依据仍然是“真实性”,但不是古典意义上的、客体的真实性——对外部世界详尽的、精雕细刻的描摹。这在她看来,要么是不真实的,“像那逼真模拟的画幅一样,看上去是立体的,事实上是平面的”,②要么是没有意义的,“这些表面的事物能让读者看到的东西,远不如他对四周迅速的一瞥或瞬间的接触所看到的丰富”③,她所强调的是主体的真实性——人类心灵世界的丰富性与复杂性,这在古典的实在论哲学中具有十足的主观性、难于捉摸的东西才是不真实的,但在现代的主体论哲学中,心灵才是唯一真实可靠的东西。因此,我们不难看出纳塔丽·萨罗特美学表述的现代哲学与现代心理学背景。

纳塔丽·萨罗特至少在一点上肯定是正确的,即第一人称“我”的叙事是一个现代事件和文化事件。尽管第一人称叙事在小说的古典时代也存在,但那是技术层面和策略意义上的;而在现代小说中,第一人称“我”的叙事的大量存在,就不仅是美学上变革的要求,而且与现代世界复杂的文化背景相联系,是人本主义的社会思潮和主体论哲学思潮在美学上的反映与表征。第一人称“我”的叙事作为一种思潮在

---

① 纳塔丽·萨罗特:《怀疑的时代》,载《西方文艺理论名著选编》(下),北京大学出版社1986年版,第246页。

② 纳塔丽·萨罗特:《怀疑的时代》,载《西方文艺理论名著选编》(下),北京大学出版社1986年版,第240页。

③ 纳塔丽·萨罗特:《怀疑的时代》,载《西方文艺理论名著选编》(下),北京大学出版社1986年版,第241页。

现代小说中出现,其意义不仅是方法论上的,而且是本体论上的。

这从中国新时期的小说创作中可以看得很清楚。以知青、“反右”、“文革”题材为主的“伤痕小说”和“反思小说”就其所反映的生活内容和主题情致与这些小说作者的经历及思想倾向有很大的一致性。从某种意义上来讲,这些小说完全可以当作“复活的作家群”和“知青作家群”这两代人的自叙传来阅读。但在具体的叙事方式上,我们却看到,这些作品大都采用第三人称的全知叙事,小心翼翼地避免第一人称主体自叙的渗入,这一方面与在叙事观念、叙事习惯上更喜欢更熟练于第三人称的全知叙事有关,另一方面则与作家主体意识与价值观念上的“社会本位”思想有关,作家不想让读者把这些故事读作作家个人的故事,而是希望被读作他人、大家的故事,从而达到一种社会性写作的目的。但到了1985年前后却集中出现了一批以第一人称主体自叙为其叙事特色的作品。具有代表性的有张承志的《北方的河》,徐星的《无主题变奏》,刘索拉的《寻找歌王》,王朔的《空中小姐》《橡皮人》,马原的《虚构》《西望长安》,洪峰的《极地之侧》《奔丧》以及刘毅然和残雪的部分作品等。这些第一人称的作品大量而集中地出现,其意味就有所不同了。

大家记忆犹新的是,1985年有两个大的小说思潮煊赫一时,一是“寻根小说”,一是上述大部分被指认为“现代派”的小说(张承志在新时期的小说创作,第一人称的主体自叙是一条贯穿性的线索,他的“自我”具有独特的内涵,所以他的作品并没有被置于“现代派”之列)。这两类小说在叙事方式上的分野极鲜明。“寻根小说”几乎全部采用全知的外视角,叙述内容上至远古神话、三皇五帝,远至蛮荒的边野山寨、原始森林,有种“上穷碧落下黄泉”的叙述气魄,从叙述语态上看,叙述人博古通今,天文、地理、人文、历史无所不知、无所不谈,表现出“究天下之理,穷古今之变”的自信,因此,叙述人自我定位在一种类似于“文化超人”的基点上。与此相反,“现代派”却把笔触坚定地指向自身,自身的情感、欲望,指向个人在社会中的不适感:焦虑、迷惘、惶惑。所以,“现代派”小说中主体自叙的大量出现是人本中的自我意识、主体意识外化为、符号化为文本中的叙述意识所致。这些作品之所以被指认为“现代派”并不是因为它们在叙事上采用了第一人称的主体自叙，而是因为其表现出自我意识、主体意识与主流意识形态的分离甚至是龃龉和对抗色彩。《无主题变奏》中的“我”对一切流行的价值观、价值形态予以拒斥，以一种“局外人”的冷漠外壳抵御外界的侵凌，以保持自我的独立。王朔小说中众多的“我”和“我们”以“麦田守望者”的姿态对理想、崇高、高尚、正经（被认为是假的、虚妄的）进行了淋漓尽致的亵渎和嘲讽。张承志在新时期的小说创作，第一人称主体自叙是一条贯穿性的线索，但他的“自我”的精神气质与内涵独标一格，既不同于反主流意识的叛逆者、“局外人”，也不同于主流意识形态所欢迎、提倡的英雄形象，而是具有“孤独者”的多思敏感和“超人”的行动性的综合气质，是一个个人主义的强人、硬汉形象。我们有理由宽容甚至欢迎这种“自我”的觉醒和“守成”的文化价值形态的抗击姿态，因为它对单一而凝固的文化价值形态起到了疏松和丰富的作用，但是，我们也同样有理由对这些所谓的“现代派”进行批评：他们的“自我”只是些空洞的外壳，没有被赋予多少具体的价值内容；除了愤世嫉俗、斥骂、嘲笑、消解以外，“自我”缺乏建设性的、有深度的价值内涵；所谓的“现代派”并没有成就一种现代的、精英化的、自信的、自我实现的人格与价值系统。因此，我们看到，新时期小说中的“自我”实际上仍然是一个模糊而脆弱的概念体。张承志小说中的那个“我”——一个个人主义的强人、硬汉形象并未被赋予一种充盈的思想、意识内涵，而且，这种强人气质的扩张还会带来一种反秩序的精神倾向，因此，也不代表“自我”的一种正确向度。几乎是顺理成章的，在20世纪八九十年代之交，当以政治为核心的文化结构被汹涌的商业文化冲击得攻守失衡、左右支拙时，以自我、以个性主义、以精神和价值关怀为核心的精英文化并未乘势高涨，取得自己的命名权，相反，而是变得更加进退失据。“自我”甚至在文本中失去了主体自叙的自信与勇气，日益成为一个旁观者和随俗俯仰的人。

二

“自我”建塑在现实中的受阻,使一部分作家把对自我人格和民族精神的寻找触角伸向了自己血缘与精神上的祖先。于是,在小说创作中,簇生了一批“我爷爷”“我奶奶”“我叔叔”“我婶婶”等的家庭或身边故事,如莫言的“红高粱系列”、苏童的“枫杨树乡村系列”、洪峰的《潮海》等。这类小说在叙事方式上相当独特,“我”既不是故事的主人公,也不是故事的旁观者,而仅仅是一个外在的叙事者——但事实上,作者叙事的焦点并没有固定在“我”身上,就是说,这类小说虽然在语法人称上采用了“我”这种第一人称叙事,但在透视关系上却是“全知”的,它不是一种严格的“限制叙事”,也不是一种严格的“全知叙事”,而是叙事上的一种“杂交”现象。实质上即是由故事之外的“我”叙述的他人的故事,由于这些“他人”是“我爷爷”“我奶奶”“我父亲”“我叔叔”“我婶婶”,所以尽管“我”不在故事中,却是一个血缘和精神上的旁观者,意在突出作者在精神上的“在场”。这种在叙事上故意的“杂交”与乖张显然希图达到出人意表的修辞功能。

首先,“我爷爷”“我奶奶”这样的叙事语式突出了外在叙述人的双重身份:其一,是“我”的现实身份与政治身份,即与作者的一种现实性联想关系。“我”是当下的写作者,是一个作家,这种现实身份凸现了作者精神上的“在场”。其二,是“我”的血缘与家族史身份,即“我”的历史身份,这种身份是“个人性”的:“我”讲述的是“我爷爷”“我奶奶”“我叔叔”“我婶婶”的家族故事。和传统的全知全能第三人称叙事形态相比,这种对叙述人“我”的个人身份、血缘身份的强调实际上又促成了作者在意识上的退场,因为由“我”来讲述自己家庭的故事,就弱化了作者意识(政治意识、社会意识、道德意识等)的介入与干预。在叙事功能上,叙述人的个人与血缘身份突出了故事的“口头”性质和私人性,从而也强化了故事的传奇色彩和民间性质,与同类题材作品全知全能的“书面化”表达和官方化、政治化的意识形态规定在“互文”的意义上形成鲜明的比照。比如莫言的《红高粱》和阿城的《棋王》(虽然《棋王》不是一个家庭史的故事,但叙述人“我”的旁观立场,“我”与被叙主体王一生的精神联系与《红高粱》在叙述方式上非常类似)在叙事意识和叙事立场上就明显地表现出作家从主体自叙,也从“代言人”的主流叙事意识向民间叙事立场有意识地偏离的倾向,知识分子叙述人或人民的“代言人”的地位与作用悄悄地弱化或被置换。

《红高粱》中的“我”就其现实身份而言,仍然没有脱离知识分子叙述人这一基本格局,即从常规的思路上来阅读,仍然可以看作是“我”以一个作家的身份在讲述“我爷爷”“我奶奶”的故事。但“我”的血缘身份却表明作者的叙述意识悄悄地置换与更替又改变了叙述人在传统文本中的地位与作用,同时也改变了整个文本的叙述语气及其意识走向。《红高粱》中的被叙主体是以余占鳌为首的一群草莽英雄,准确地说写的是一群土匪抗日的故事。若在传统的文本中,即使他们的抗日行动受到肯定,而他们身上的“匪性”与劣迹仍然会成为作家叙述意识中批判或改造的部分。就是说,他们要么不会成为主人公,要么整个文本的叙事结构就会改变,根深蒂固的政治视角肯定会在文本中设置一条批判性的线索,因为“土匪”作为一个政治语码和文学语码其基本内涵是被固定了的。座山雕(《林海雪原》)因为处在民族斗争的最后阶段,和共产党已构成直接对抗,这一土匪形象的反动性质是无法更改的,但即使像胡传魁(样板戏《沙家浜》)这样有过抗日举动的土匪形象,他也必须同时被放在“反共”的另一条线索中被表现。尽管和座山雕相比,作者的漫画手法突出了他的草莽性质和喜剧色彩,但他作为一个反面形象的基本面貌没有也不会被改变。但《红高粱》通过选择替代叙述人“我”(和土匪是血缘上的祖孙关系)叙述“我爷爷”“我奶奶”的故事,把一个传统上复杂的民族与阶级斗争的政治故事改写,置换成了一场家族性的抗日传奇,根深蒂固的政治意识、政治视角被悄悄地抽离,从而突出了讲述的个人性质、家族性质和民间性质。不但“我爷爷”余占鳌、罗汉大爷、“我奶奶”的抗日行动成为可歌可泣的英雄业迹,就连他们身上十足的野性与匪性——大口吃肉大碗喝酒、男女调情霸占人妻、高粱地里的野合等都被赋予了质朴诱人的光泽。《红高粱》宣告一种新的文本思路的降临:以民间传奇重写政治事件、重写历史。

阿城的中篇小说《棋王》就其题材来说，是20世纪70年代末开始的"知青题材"小说的一部分，但作品的主题和作者的叙事意识已和同类题材小说在主流意识形态范畴内的思考大相径庭。王一生这一形象的独特之处在于他的人格、他的人生态度、他的思想意识与他生活其中的那个时代的思想背景和生活土壤格格不入，而是与在思想史的河流中久已被阻隔的逍遥避世、讲求内在的人格与精神自由的道家文化相榫合。很明显，王一生这一形象所表现出的整体思想倾向与价值观与当时的主流意识形态已有了明显的偏离，故此，当时的评论在高度评价这一形象在艺术上成功的同时，不忘记告诫，这一形象的人生态度是"不足效法的"。这种偏离显然是有意为之，这可以从作者对替代叙述人的选择和所作的限定中看出。第一人称的限制叙述人"我"首先将作者在语法人称和透视关系上置换出了文本，使作者对文本的干预只能以隐蔽、潜在的方式进行——直接的议论已经不合适，当然可以通过戏剧性的议论①来进行，比如"我"的间接评价。但作者基本上把叙述人"我"限定在一个"光学"的位置上，仅仅让"我"看到和转述王一生的行为，而很少有意识参与，因而整个作品表现出的思想意识向度是"王一生式的"——不是当代知识分子的，而是相当典型的传统士大夫的人生态度。《棋王》标志着小说创作走出单一的政治意识之后拓展民间意识的新指向：传统的文人指向。

其次，突出一种"时间"主题。"我爷爷""我奶奶""我叔叔""我婶婶"的故事显然带有"寻根"的意象，但祖辈与父辈们的故事由"我"来讲述，就将"历史"与"当下"联系起来，历史与当下成为互为辉映的存在，语义也就在对比中产生。在莫言笔下，祖辈的铁血业绩和酒神精神显然暗含着对当下、对"我辈"精神贫弱的不屑和痛心疾首，用他的话表达，就是对"人种退化"的忧虑。而苏童则是想在祖辈和父辈那里找寻自己的影子，想在一种精神史的框架中，在家族血脉与心灵史的意义上锚定自己的方位。"我用我的方法拾起已成碎片的历史，缝

① 周宪：《小说修辞学·前言》，北京大学出版社1987年版，第7页。

补缀合,这是一种很好的小说创作过程,在这个过程中我触摸了祖先和故乡的脉搏,我看见自己的来处,也将看见自己的归宿","创作这些小说(指'枫杨树乡村系列')是我的一次精神'还乡'"。①

再次,突出"写作"的意义。在传统的文学观念中,文学创作是在认识论与反映论的意义上被认知,是与现实相对应的一个范畴,因此,"模仿"与"真实"是文学范畴中最本真的概念。但在现代语言学与现代哲学背景上,语言被赋予了"创世"的意义,写作者——叙述人的在场/缺席才对"在"与"不在"有决定意义,因此凸显写作者存在和写作行为的文学写作观就有了盛行的充分余地。"写作"既可以通过对历史的衔接寻找回答"我之所以为我"的精神发生史问题,也可以通过向乌有之乡的冒险创造一个经验世界(如马原的《冈底斯的诱惑》《虚构》等以西藏为背景的小说)就是说,"写作"既是作家的生存方式,是精神史的证明(苏童的"枫杨树乡村系列"中"我"的声音穿行于历史与现实、祖辈、父辈与我辈之间,从而贯通了三代人的一部精神史),甚至"写作"又是一个"神"、一个"新上帝",具有创世的功能,除马原外,宋海年的《生死话题》、西飏的《季节之旅》等也表现出这种"写作"的特色。尤为突出的是新近出现的小说家张旻,他的大部分小说(如《情幻》《校园情结》等)都是通过第一人称叙事人"我"建立起一个经验世界(事件),然后再通过另外一个叙事人的叙述将刚刚建立起来的经验世界(事件)解构、打散,一再重复着"创世纪"又"失乐园"的故事,表现出作者对"写作"既崇拜又悲观的复杂情结。

三

若耐心细致地观察近些年小说在叙事方式上的细微变化,我们还能获知这样的事实:知识分子身份的第一人称"我"渐渐地从自叙立场,朝旁观、陪衬、他叙和被叙的边缘性立场退却,"自我"的心理空间和精神史的构架为膨胀的物质化、欲念化的经验性表象所取代,而对

① 《苏童文集·世界两侧·自序》,江苏文艺出版社1993年版,第1页。

叙述人的选择开始有意识地偏离作家的主体自叙立场,着意选择远离意识形态中心的边缘性人物作为叙述人,不仅在叙事的形式上弱化了作者对文本的介入,而且在文本的意识形态上也进行了悄悄的置换。“新历史小说”对近现代史的再度审视实际上就是一个再度编码、再度叙事的过程:作为社会代言人的全知叙述人和以自我、个性主义为本位的知识分子叙述人宣告缺席与退场,社会边缘身份的叙述人渐次登场,被“十七年”政治性话语,也被新时期之初知识分子的人文话语遗漏的边缘性、民间性题材得以呈现,政治化、人文化的意识形态结论被改写。如刘恒的《苍河白日梦》选择了一个百岁老人、一个封建家庭的奴才作为叙述人,苏童的《妻妾成群》选择一个小妾颂莲作为聚焦人物,余华的《活着》则选择了从阔少到小民、九死一生经历坎坷的福贵作为叙述人。这些叙述人的共同点在于他们身份的边缘性,意识上的非主流化和民间性。他们的这种特点使他们作为叙述人的地位和价值都被传统文本所轻视或遗漏,那么现在在他们口中或眼中再现的历史显然会是另一种模样,因此,“新历史小说”之“新”在于它通过叙述人的再度选择带来的新的历史意识。

这里仅以刘恒的《苍河白日梦》为例作些说明。《苍河白日梦》从名字上来看就可以发觉,作者对历史沧桑感的感喟和兴叹的叙事意图很明显。“苍河”与“白日梦”两个概念所涵蕴的沧海桑田、岁月逝水、人生如梦的意旨可以窥知作者意象化的努力。这一叙述意图在叙事策略上的保证就是选择了一个行将就木的百岁老人替代作者作为叙述人。对于作品目前的面貌而言,这一选择是至关重要的:一是百岁老人本身就是一颗历史的活化石,他的讲述具有浓重的历史沧桑意味。作品卷首语是“孩子,我的故事讲完了——老者 W”“老人家,我拿它怎么办呢?——作者 L”这样的语言传递,也表明一种历史意识的传递,警世和觉世的意味非常浓。二是叙述人作为佣人的家庭身份和作为边缘人的社会政治身份,相对于作为被叙主体的家族史和延伸意义上的民族历史只能是一个看客、一个窥视者,因此,他看到的历史具有猜测的和非正史的性质。而且从故事的传达方式上来看,它是讲述型的,而非叙述型的,有一个面对面的听者、受述人,这种说/听的讲述方式突出了故事的口语特征，而与书面化特征相区别，这在很大程度上决定：情节发展的非连贯性与扑朔迷离；人物思想性格及其命运的相对模糊；历史的神秘主义与悲观主义倾向。这最后一点是前两点合乎逻辑的结果。三是百岁老人演说百年兴衰，嬉笑怒骂，不拘一格，这种开放的内心独白式的叙述方式将超然与峻厉、优雅与粗鄙糅合在一起，使这部作品在叙述基调风格上具有雅与俗、粗与细、刚与柔相混杂的特色，从而也渲染了历史的驳杂色彩。

“新写实小说”出现在1987年前后的原因之一是人们厌倦了“先锋小说”的话语叙事，而在感情上、阅读趣味上召唤小说的故事形态；而它出现的思想文化背景则和理想主义、浪漫主义在现实语境中的受挫有关。因此，这一小说思潮得以凸现的主要特征是：在叙事形态上拒斥它的抒情表意功能，重视日常经验的转述，由纯话语叙事转向模仿和故事叙事。若观察被视为“新写实小说”主要收获的一些作品，诸如池莉的《烦恼人生》《不谈爱情》《冷也好热也好活着就好》，刘震云的《单位》《一地鸡毛》，方方的《行云流水》等，我们会发现，它们基本上都采用了第三人称的限制性叙述视角，叙述者不是故事中的人物，但聚焦于故事中的某个人物身上，让他起到替代叙事的作用。对于重模仿的小说而言，这一视角的叙事被称为“最佳叙述形式”①，因为它的特征是“最大的信息量和信息提供者最小的介入”②。这种信息提供者即作者叙述人最小的介入，实际上造成了知识分子叙述人在文本中的缺席与退场，知识分子连同他们的生活方式、行为方式、情感趣味、思想趣味成为“被叙”和“被审”的对象；传统文本中知识分子叙述人指点江山、激扬文字、纵横捭阖、臧否时事、劝惩他人的风发意气消失了，批判与拯救的勇气没有了。小说写作成为作家记录公众日常生活的流水账，在迷蒙、混沌的日常生活经验里，生活自身的逻辑代替了知识分子叙述人抒情、表意、达理的文本运行机制；散淡、灰暗的日常

---

① ［法］热拉尔·热耐特著，王文融译：《叙事话语·新叙事话语》，中国社会科学出版社1990年版，第131—132页。

② ［法］热拉尔·热耐特著，王文融译：《叙事话语·新叙事话语》，中国社会科学出版社1990年版，第131—132页。

生活和低俗的生活趣味消解了诗性化和意识形态化的生活,消解了理想主义和浪漫主义,一股低迷的文化失败主义情绪与氛围弥漫于"新写实小说"的天空。

《烦恼人生》是一篇单聚焦的作品,通篇叙述的是工人印家厚一天生活的流水账,从文本结构上来说,不具有价值观上的对话性。作品的叙述张力存在于焦点人物内部,即是说,印家厚灰色的日常生活与他心灵中残存的梦想构成了这篇小说的真正叙述动机。小说的高潮应该是他收到一个叫江南下的同学写来的信以后,信中回忆起他们的知青生活和他以前的恋人聂玲。

> 印家厚把信读了两遍,一遍匆匆浏览,一遍仔细阅读,读后将信纸捏入掌心,他靠着一棵杨树坐下,面朝太阳,合上眼睛,透过眼皮,他看见了五彩斑斓的光和树叶。后面是庞然大物的灰色厂房,前面是柏油马路,远处是田野,这里是一片树林,印家厚歪在草丛中,让万千思绪飘来飘去。聂玲聂玲,这个他从不敢随便提及的名字,江南下毫不在乎地叫来叫去。于是,一切都从最底层浮起来了……五月的风里饱含着酸甜苦辣,从印家厚耳边呼呼吹过,他脸上的肌肉细微地抽动,有时像哭有时像笑。

现实与理想和梦的短暂交锋在他几乎麻木的心灵中引起剧烈的动荡。但他也只把这种动荡隐忍在心灵中,消解于心灵中。"少年的梦总是具有浓厚的理想色彩,一进入成年便无形中被瓦解了",他认同了自己粗粗糙糙、泼泼辣辣的老婆,"尽管做丈夫的不无遗憾,可那又怎样呢"?只能自己安慰自己说,所经历的一切烦恼也是一个梦,"在做一个很长的梦,醒来之后其实一切都不是这样的"。这种单聚焦、单向度的文本,实际上放弃了作者作为知识分子叙述人自我张扬和裁判的权力,自觉认同于人物的价值观。所以蔡翔说:"《烦恼人生》预示着一种文化倾向,意味着知识分子开始不再沉湎于对这个世界的沉思冥想,亦不再对遥遥的彼岸充满一种神圣的渴望,而是直面人生的烦恼,开始倾听来自'民间'的声音,把现实和理想推向一个尖锐对立的人文环境，同时无情地拆除着所有附加于现实生活的精神性‘装饰’，诗性消解了，浪漫主义销声匿迹，有的只是赤裸裸的普人的人生困境，而且尽可能真实地复制出普通人的日常生活状态。”①这一评价是准确的，抓住了这篇作品及其所暗示、代表的“新写实小说”的主要精神特征。

更值得解读的是她的另一个中篇小说《不谈爱情》。这篇作品选择了交叉性的限制叙述观点。聚焦人物一个是来自纯正的知识分子家庭的庄建非，另一个则是来自地道的武汉小市民家庭的吉玲。社会地位和文化心理的巨大反差本来不可能使两者走到一起，若用结构主义二项对立原则来命名的话，他们两人分别代表语义关系中对立的两极：S 和反 S。在这样一个平衡的对立关系中，若没有第三项的出现，平衡就不会被打破，那么也就没有故事发生。但事实上任何二项对立的设置，都会唤起人们潜在的打破这种对立的欲望和冲动。在对立存在的地方，人们就渴求着第三项的出现，而这第三项往往具有巨大的感召力和潜在的行动力，常常代表着希望和理想，被赋予充盈的意识形态内容。那么，打破庄建非与吉玲之间平衡的第三项是什么呢？在吉玲是要逃出她的小市民家庭和有着耻辱印记的花楼街，过一种更文明的生活，她遇到了庄建非，通过对手的观察，她猜到庄建非来自另一个世界，于是她开始了她颇具心机的爱情攻势。而在庄建非则是由于他要为他汹涌的性冲动找到一个安全的归宿，特别是与中年女人梅莹的性交往经历，打破了他对爱情所抱的浪漫幻想，当他看到吉玲颇有几分姿色，就自愿地在吉玲所布下的爱情罗网面前束手就擒。一个小家庭建立了，新的平衡出现了。在这一貌似平淡的故事中，一个重要的非常知识分子化的意识形态主题被解构了，即围绕爱情这一浪漫主义神话所形成的一套话语方式被颠覆了，什么青梅竹马、两小无猜，什么海誓山盟、白头偕老，什么共同的革命理想都显得那样虚无缥缈，所谓爱情只不过是性的满足和一种务实的利用，因此是“不谈爱情”。

这篇作品还包括另一个故事段。小家庭的建立打破了旧的对立

① 蔡翔：《日常生活的诗情消解》，学林出版社 1994 年版，第 24 页。

关系但同时建立了新的对立关系。虽然在庄建非与吉玲建立家庭的过程中,他们所代表的两种文化已初显锋芒,但毕竟还没有正面交锋。两个人闹矛盾,吉玲住回娘家,吉玲的父母坚持非庄建非父母出面求情不回,于是两种生活方式、文化心理、价值观念的交锋才真正开始,新的二项对立再次出现。那么打破对立的是什么呢?是庄建非的父母不得不放弃知识分子高高在上的优越感,登门向吉玲的小市民父母表示臣服。市民文化轻而易举地战胜了自命高雅的知识分子,知识分子斯文扫地。在这一故事中,我们读到一个类似于20世纪五六十年代文学中知识分子的改造主题。这一主题大受王朔的欣赏,因此,在由他策划、梁天执导的同名电视剧中知识分子受到更为尖刻的嘲讽。

池莉以外,刘震云和方方的创作也是"新写实小说"创作中的重要收获。在他们的代表作品《单位》、《一地鸡毛》(刘震云)和《风景》、《行云流水》(方方)中,我们不仅读到了知识分子叙述人在文本中的缺席造成的知识分子在文化和精神立场上的退却,而且可以进一步看到作家站在客观立场,以冷静的态度对知识分子的生存现实及思想意识所进行的审视或者说是自审,它让我们认识到知识分子叙述人在文本中退却的现实生活背景,是这一创作现实和文化现象的真实绵密的注脚。《行云流水》写一对教授夫妇有着良好的教养,有为事业献身、独立不倚的精神和人格,但经济上的贫困化,捉襟见肘的日常生活,世俗化的社会风气,使他们变得英雄气短,儿女情长,人格萎缩,生活与心理晦暗,酸腐可笑。这种在商品化社会中知识分子所受的"经济教育"与在"反右"和"文革"中所受到的"政治教育"(杨绛形象化地称之为"洗澡")一样,对他们的精神和人格是一次沉重的打击,使他们在文化阵地上无法坚守。刘震云的《单位》和《一地鸡毛》就塑造了一个"反成长型"的年轻知识分子形象。小林开始时还是个有理想有抱负的青年大学生,可经过几年的生活"教育",他变成了一个"老婆能用微波炉给他烤点鸡,让他喝瓶啤酒,他就没有什么不满足的了"小市民式的角色。小林的思想经历是一个由理想、崇高向平庸、世故"还俗"的过程,与世俗性的环境不是表现为对立、抗争,相互改造的关系,而是表现为妥协、退让,互相调适的关系,这一形象所体现出的文化精神是极端世俗主义和失败主义的，与林道静、江姐这种“成长型”的英雄形象表现出的崇高与乐观主义精神，甚至与陆文婷、解净（《赤橙黄绿青蓝紫》）、何婵（《普通女工》）这些抗争型的平民形象所体现的柔韧坚定的朴素的人格力量相比，都显示出从精神制高点上的极大退步。

四

以上对限制叙事的简单论述力图避免从一般的审美意义上切入，而是试图挖掘这一叙事形态的现代文化意味。行文至此，我们可以回过头来反思这样一个问题，以内聚焦为特征的限制叙事是小说制胜的法则吗？一度有人热烈地欢呼过小说的“向内转”，欢迎过“零度情感叙事”和“作者的退场”，甚至像纳塔丽·萨罗特所说“把第一人称的‘我’作为小说的主人公，是既有效又容易的方法”[①]？恐怕不是。首先，不折不扣的限制视角、作者退出文本是不可能的。“不折不扣的所谓内聚焦是十分罕见的，因为这种叙事方式的原则极其严格地要求决不从外部描写甚至提到焦点人物，叙述者也不得客观地分析他的思想或感受。”[②]其次，若重复上文的一个观点：限制叙事的大量集中出现是一个现代事件。它是时代的产物，是社会的产物。就新时期小说创作而言，它与西方现代主义文学和现象学哲学等对主体的重视和对主观真实性的倚重的文化思潮直接相关。20 世纪 90 年代以来，繁荣的市场经济创造出任何时代都难以遇目的新奇的社会景观与人文景观，加之以新的观念、新的视野重新审视历史事件，反思历史经验，因此一度“向内转”的新时期小说逐渐调整自己的“取景框”，更多的聚焦于重大历史事件和腾沸的社会现实生活，在小说的叙事形态上，以全知叙述切入的意欲从整体上把握生活的叙事规范已受到重视。再次，上文从几个方面的分析也表明，作者的退场与缺席带来的文化结果完全

---

① 纳塔丽·萨罗特：《怀疑的时代》，载《西方文艺理论名著选编》（下），北京大学出版社 1986 年版，第 246 页。

② 蔡翔：《日常生活的诗情消解》，学林出版社 1994 年版，第 24 页。

可能是破坏性的。

即使从一般的逻辑意义上，从价值论和伦理学的角度把握限制叙事，我们也可以从几个方面进行质疑：

第一，限制性叙事的主要哲学与思想支点是，它比全知叙事更有可能达成叙述的客观性与真实性。这一观点是可疑的。事实上，局限着全知叙述人的所有因素几乎同时局限着替代叙述人和焦点人物，比如认知的局限性问题以及叙述人政治道德、文化立场问题不能不对替代叙述人造成限制和拘囿。“新历史小说”通过选择文化边缘人进行替代叙事，获得一种从民间立场审视历史的可能性。但有什么能证明“民间”更真实呢？若承认任何叙事都是一种主体性话语，任何“历史”都是“他的故事”，那么，民间也只能是一种叙事立场，一种历史观和价值观，它也无法自名比别的立场更真实。韦恩·布斯说：“非人格化的叙述（即限制叙述，笔者注）可能促进本来认为正是它可以纠正的主观主义。对于努力使自己置身于自己作品之外的作者来说，努力消除明确评价的标志可能是特别危险的。虽然议论的确可能成为一种浮夸的主观流露的手段，但是在某些作者那里，构造这种议论的努力，却正好能够在作者的脆弱自我与他要使作品成功就必须创造的那个自我之间，创造一道合适的屏障。”①细究起来，这话是不无道理的。

第二，选择谁来作替代叙述人或聚焦人物同样也具有意识形态性和伦理性。华莱士·马丁说“一般说来，我们的同情是被那些我们了解其思想的人唤起的”②，韦恩·布斯也说：“选择了讲述这个故事的小说家不能同时又讲那个故事；他在把我们的兴趣、同情或爱慕集中在一个人物身上时，必须排除我们对其他人物的兴趣、同情或爱慕。艺术模仿生活在这方面和其他方面一样；正像在真实生活中，我们必然对除了我自己或至多自己最亲爱的人以外的一切人都不公正一样，因此在文学中完全公正是不可能的。”③这就是说，叙述人或焦点人物

① 周宪：《小说修辞学·前言》，北京大学出版社 1987 年版，第 7 页。

② ［美］华莱士·马丁：《当代叙事学》，北京大学出版社 1990 年版，第 181 页。

③ 周宪：《小说修辞学·前言》，北京大学出版社 1987 年版，第 7 页。

实际上代表了作家的同情,至少是兴趣所在。他们的叙述、他们的意识渗透或多或少是对自我行为和自己思想的一种辩护;而没有被选作叙述人或焦点人物的人则始终处于被藏匿、被遮蔽、被书写的状态,他们被叙述意识的光亮所遗漏,处于无名和被动的失语状态;他们的行动得不到宽宥和谅解。在新时期小说创作中,带普遍性的倾向是“男性视点”所体现出的男权话语中心的意识形态特征。以刘恒的中篇小说《白涡》为例可以得到很好的说明。《白涡》叙述了一个颇具现代感的婚外恋故事。中医研究院研究员周兆路是一个生活上中规中矩,工作中事业有成的中年人,而且在仕途上面临着新的升迁。这时,他的下级,年轻漂亮的少妇华乃倩向他发出了爱的信号。面对这一新鲜的诱惑他充分地表现出一个中年人的犹豫不决,既渴望冒险,渴望性的占有,又觉得愧对家庭,有违自己正人君子的人格,还害怕其成为仕途上的障碍。在北戴河疗养时,他们共渡爱河,他有一种被毁灭的感觉。回到北京后,他尽力躲避着华乃倩,把每一次的幽会都看作是“最后一次”,但他最终也没能摆脱。这样一个婚外恋故事框架,在新时期小说中并没有多少新意,使这个平庸的故事变得不同凡响的我认为有两点。第一,作者避免了这一故事的道德主义倾向,也避免了在一个封闭的环境中对人的“德性”和“兽性”的思辨性考察,而这两种文本在新时期比比皆是,而是通过这个故事“照亮”了“这一个”中年人在人生道路上的灵魂幽秘,引发的思考既可能是道理伦理的,也可能是文化上的(有的批评者就认为是对“官本位”文化的思考),又可能是哲学和存在意义上的。我特别看重的是第二点:它的男性化本质。说穿了,这是一个男人的婚外恋或性冒险故事,女人只是个符号,是个“诱惑的夏娃”。作品选择了周兆路作为唯一的聚焦人物,他在婚外恋事件中的全部心理都是清晰的:犹豫、惶惑、焦躁、恐惧,等等;他对自己置身其中的这件事的道德态度也有一个条理的线索。事发后的惊异,渴望冒险又害怕惩罚,意欲脱离又总是被纠缠。因为他的被“透视”,因为有他清晰条理的心理过程作证,他让读者看到了他的灵魂:虚伪、怯懦。同时,他也为自己的灵魂作了辩护和开脱:他是个被动的失足者,是一个“被诱惑的亚当”。而华乃倩因为处在作品的聚焦之外却成了一个谜，一个陷阱。对于周兆路来说，华乃倩因为她的诱惑者身份而成为一个陷阱，而对于读者来说，却因为她整个心理的幽暗不明才是一个陷阱。在故事中，华乃倩的心理被作者的叙述所遮蔽，除了语言和行为外，读者无法看到对其行为和语言进行支持的心理动机，因而她的行为——写纸条，对丈夫的苛薄，做爱时往大腿上抹防蚊油和她的言语——做爱时说“你真棒”，告诉周兆路丈夫阳痿等都在突出这个女人的淫荡和不道德性质。在她身上我们不仅看到了夏娃的诱惑者品质，而且看到了夏娃身后的诱惑者蛇的品质：狡猾、贪婪、淫荡。无论是有意或者是无心，刘恒因为其男性视点（女性被遮蔽）再次重复了一个中国文学中的传统男权话语和男性意识形态主题：女人邪恶，女人是陷阱。

象征化与符指化：拓宽典型化叙事规范

一

毋庸置疑，典型化是近现代小说创作中最重要的叙事规范之一，它最主要的艺术成规即通过对“人物形象”横向社会关系、纵向文化关系、个人的心灵及人格的成长历史等的描绘，来完成对一个人的“成像”或定位，目的则在于回答“人”“阶级”“历史”“世界”是“什么”或“怎么样”等意识形态问题。作为艺术的中介，人物形象既要具有现实性和具象性，又要具有凝聚性和超越性。就是说，建立在理性主义基础上的人物形象，具有两种交叉互补性的特征。一是建立在模仿论基础上的真实性。典型化叙事以模仿和再现为本事，是近距离的焦点透视，它所祈求并获得的形象将尽可能地同现实状态的人相近与逼似，从而获得一种切近感和真实感。二是建立在集中与归纳等逻辑基础上的超越性。人物形象要成为典型仅仅获得相似性和真实感是不够的，它还必须具有超越性，这样才能使人物形象成为一个代表、一个典型、一个集中体现者，才能达到显现理念的目的。但这种超越性不是通过寓言、象征等形式获得，而是通过强化性格，通过集中、概括等手段使人物充分地典型化从而涵盖更多的社会历史内容与哲理内容，获得超越性的意蕴。鲁迅所说的“杂取种种人，合成一个”，高尔基所说的“一个作家要从几十个商人、官吏、工人身上抽取最有代表性的阶级特点、习惯、嗜好、姿势、信仰、谈吐分离出最自然的特征，再把它们综合、概括在一个商人、官吏与工人身上”等，就是使形象获得超越性的具体手段。

典型化原则作为理性主义时代的审美产物，它的形成和建立显然受制于哲学、社会学和人文学的语境。从哲学上来看，人是主体，人是世界的中心的本体论观念使文学在把握世界时找到了“人”作为自己的“焦点”；从辩证法和认识论上来讲，普遍性与个别性、共性与个性统一的原则，则转化为文学上的通过对形象构成因素的集中、概括以达到揭示“本质”的典型化原则；从社会学上来讲，“人是社会关系的总和”的观念以及相关的政治及伦理化解释，保证了人主要在理性、社会性、道德伦理性等层面展开，人的本能性、非理性、生存性的一面被掩盖或遮蔽。那么，从相反的意义上来说，哲学或社会学语境的改变，也会在审美上改变典型化原则，从而拓宽审美化的途径。“文革”结束以后开始的“新时期”，是中国社会大转型的时代，哲学、社会学、心理学观念都在悄悄地进行变革，这一新的文化语境促成了审美意识上的更新。典型化已经不是毫无缝隙、一成不变又统一一切的经典了。它面临各种新观念的挑战。概括地说，新时期小说对典型观的突破有几种重要的线路和向度。一是从社会学的角度逐渐改变了对“人是社会关系的总和”的政治及伦理解释，使人物形象的构成因素发生动态的变化，使人物逐渐走向抽象化、象征化。二是从哲学的角度消解人的主体性，使人客体化。在小说中的形象就失去了作为主体的那种立体、鲜活的动态性格系统，而是变成演绎某些抽象原则的筹码，从而使人物形象符指化。（还有一条重要的线索即“新写实小说”的还原论倾向，将另文论述。）以下对这两条线路分别进行描述。

二

从理论意义上来说，真正的典型形象或者说高度典型化的形象不应该是偏倚于人的一种生存关系，如对政治关系、阶级关系的偏倚只能使性格走向偏至、畸形，使典型政治化，而是既要描写人的横向的现实社会关系，又要描写纵向的文化关系，还要挖掘人的心灵这口“深井”。只有这样，才能做到人物形象的充分典型化。需要特别指出的是，文学典型所描写的人的这“三维”存在关系，并不是松散的、无序的量的相加或累积。典型必须是一个有机的整体，是一个系统。在这一系统中，人的社会性无疑是主导因素，就是说典型形象是以人的社会性关系为主导，以文化关系、个体心灵性为辅的动态系统。恩格斯在《致玛·哈克奈斯》中对《城市姑娘》的批评——“您的人物，就他们本身而言，是够典型的；但是环绕着这些人物并使他们行动的环境，也许就不是那样典型了”——特别突出“典型环境”而不强调“他们本身”，我以为意在突出在典型形象的构成关系中“社会性”（在《城市姑娘》中就是无产阶级与资产阶级的阶级关系）的重要性和主导地位。那么，对典型形象系统质的改变就意味着对典型形象构成关系的改变，意味着对主导性关系中“社会性”在性格系统中地位的消解与颠覆，意味着其他关系的地位的上升并最终成为系统的主导因素。若耐心细致地观察20世纪80年代以后新时期小说的发展，就能够发现一个明显的迹象，即对人物形象的描写与塑造逐渐地偏离沸腾的现实生活，对远离当下的历史甚至是刀耕火种的人类元初生活形态表现出急切地亲近的姿态；人物的横向社会关系被削弱，环绕这些人物并使他们行动的环境逐渐偏向纵向、静态的文化关系；对动态的性格的描写转换为对相对凝固与抽象人格的塑造。这样，以符号的转喻功能为基础的典型化思维方式与艺术原则，就过渡转化为以符号的隐喻功能为基础的象征化思维与艺术原则。体现这一艺术原则转轨并最终完成的是“寻根小说”，但在此之前，小说的哲理化与风俗化是这一链环上的必要步骤。

人们也许还记得，在“伤痕小说”与“反思小说”方兴未艾的1980年前后，在小说创作中出现了一批以思辨性和哲理性为特色的作品，有代表性的如《公开的情书》《在同一地平线上》《晚霞消失的时候》《啊！青鸟》《近的云》等。就题材而言，这些作品基本上属于知青题材范畴，但主题意蕴却同“伤痕小说”和“反思小说”的政治化与伦理化的倾向明显不同。而是转向对爱情、友谊、人际关系、宗教信仰等人生重大命题的哲理性沉思。尽管同20世纪80年代后期的“先锋小说”相比，它们的这种沉思还表现在情绪性和意绪化的层面上，还没有达到冷静的哲学沉思，但它们毕竟更早地开始接触到人类的生存性命题，将小说创作导入一般的人生领域，同社会历史叙事形态形成互补之势。

这样一批具有哲理化倾向的小说在审美上的突出特征，是人物性格作为小说构思与描写中心点的地位被削弱、动摇了。在典型化叙事中试图通过多种角度、多种层次描绘性格的那种努力，在这类小说中已显得不那么急切；性格的丰富性、复杂性，人物形象的立体感也不是这类小说所极力追求的特征，常常是人物作为观念的载体或对应物被精心设计，作家为了观念的需要，往往把笔下的人物处理为具有某一强烈欲望、意志或思想倾向，即具有某种“情结”的形象，观念化的特征非常明显。以《北极光》为例，作家不满足于写一个具有多角关系的恋爱故事，也不以塑造女主人公陆岑岑的性格为归属，而是从爱情观的分歧入手，抓住陆岑岑三次进行爱情选择的内在动机和原因，展示了时代风暴过后，新的生机即将萌发的20世纪80年代初期，当代青年在爱情观和人生信仰上的不同心态。三个男主人公具有明显的观念对应性，而性格却相当模糊软弱。他们对待生活的态度、人生观念与信仰的差别和分野，既是他们思想的标志，同时也是性格的标志。换句话说，三个人的区别在于思想及信仰的不同，而各人的性格并不鲜明。曾经名噪一时的中篇小说《晚霞消失的时候》在审美上具有同样的特征。它构思的基本线索不是主人公李淮平或南珊性格的成长，而是在漫长岁月中男女主人公的三次见面，这实际上是男主人公李淮平在思想和信仰上的三次转折，是李淮平由一个信仰共产主义的红卫兵最终成为皈依宗教信徒的思想历程。

准确地说这批具有哲理化倾向的小说有一种过渡性的特征：具有性格审美即典型化的一部分特征——人物形象仍然是主导的，但大部分已被观念化，具有抽象化和类型化、“扁平化”的色彩，已经不具有典型所具有的雄踞审美过程中心、“牵一发而动全身”的崇高地位。它们又具有象征化的一部分特征——较普遍地使用了象征手法，但这时的象征少采用整体象征,如主要人物就既没有典型化,也没有达到具有高度概括性、超越性和启迪人们深思的象征化高度,而多是采用局部的、富有诗意的象征意象或隐喻。如“北极光”这一罕见的自然现象在小说中象征一种绚丽的理想境界,《啊! 青鸟》中的“青鸟”则象征着幸福,是幸福的“吉祥鸟”,《近的云》把人与人之间的隔膜感比喻成形同于无而又处处缠绕的“云”。“北极光”“青鸟”“云”等充满诗意的象征意象,当然为深化作品的主题、升华作家的思考起到了举足轻重的作用,但它又远不像丙崽(《爸爸爸》)、王一生(《棋王》)、捞渣(《小鲍庄》)这样高度象征化的人物形象成为驾驭、统摄整部作品的中心意象,像一颗历史的活化石镌刻着历史与文化的密码,从他们身上读解出现实的沉重与历史的沧桑。

新时期小说创作对典型观的突破显然并没有在单一的线索上进行,在小说哲理化趋势对典型观的冲击渐趋明朗的同时,小说的风俗化倾向也同样以新的审美构成拓宽典型化的单一河道。

开“风俗化”小说之先河的是老作家汪曾祺。他的短篇小说《受戒》发表时,正是“伤痕文学”处于高潮、“反思文学”初见端倪的时期,文学充满了血泪与控诉,“是感伤的愤怨的,政治化道德化的,英雄主义和悲剧色彩的”①,而《受戒》在审美形态上的特异是一看便知的。其后,汪曾祺连续发表了《异秉》《大淖纪事》《岁寒三友》等篇什,仍然是作家对旧事的记忆与抒写,着意地渲染苏北水乡小城的风俗民情,透露出清新质朴的审美情调,同当时小说创作的主流形态大异其趣。这种审美上的冲击,在当时人们的审美心理上几乎是难以承受的,人们甚至惊异:“小说可以这么写?”但是很快,这种以地方乡土风情为主要审美对象,以抒写风俗画、风情画为主要审美特征的小说创作成为一个不大不小的潮流。刘绍棠以“乡土文学”为口号创作的《蒲柳人家》《花街》等“运河风情”小说,邓友梅、刘心武、陈建功等人反映北京市民生活的“市井小说”——《寻访画儿韩》《那五》《烟壶》《立体交叉桥》《钟鼓楼》《找乐》等,陆文夫从《小贩世家》到《美食家》等“小巷系

① 黄子平:《汪曾祺的意义》,《北京文学》1989 年第 1 期。

列”作品,都将绘制带有明显的地方特色的“乡土画”“风情画”“风俗画”作为小说创作的自觉追求。

但是,描写“风俗画”本身不是这些小说的目的。它的独特功能在于,通过对乡土风情及民俗的描写,透露出一个民族或地域的特殊的文化特质。风俗不是漂浮于社会生活大地上的云,而是植根于大地上的花,它虽然常常借某种外在的形式表现出来,但它更多地属于一个民族、地域的群体社会精神与心理积淀。因此,“风俗画”小说不能满足于对外在的生活场景的一般刻画,不能仅仅是为了给作品增添一点地方色彩或乡土气息;“风俗画”不是外在的点缀,而是要通过它借以显示这种独特的乡土风情所包蕴的民族、社会群体的独特心理气质。邓友梅的《那五》对旧北平社会场景的描绘,显然附丽于对那五这一破落的“八旗子弟”的特殊行为与特殊心理的传神刻画,而那五的特殊心态又是同特殊的生活环境、生活经历与文化背景相联系的。相反,刘绍棠的大部分作品,有一种为“乡土”而“乡土”、为“风情”而“风情”的倾向,缺乏对于衍生这一风情的社会及文化心理的深刻烛照,致使作品缺乏深厚的蕴含,可读而不耐读。从“风俗画”小说的文化特性来看,它不仅在时间上而且在精神上点拨、暗示给后来的“寻根小说”某些东西,也可以说,“风俗画”小说是“寻根小说”模式的前奏。

“风俗化”小说的独特性在于,从事实上造成了对传统性格模式的突破,表现出新的审美特征。就是说,它找到了新的审美视角,即通过“风俗画”这一新的形象中介架构起新的审美价值系统。虽然人在风俗画中仍然是基本的构成因素,甚至仍占据着中心位置,但由于“风俗”本身已自成格局,具有独立的审美功能,处于“风俗画”中的人物要么随之失去本身主体的、作为焦点的地位,要么他的性格气质的某一侧面得到特殊的强调而其他侧面则有意被忽略;加之相对于变动不居的现实生活而言,“风俗”具有相对的稳定性、凝固性。所以,在“风俗化”小说中,人物形象或者性格的饱满与丰泽受到相应的削弱,如在汪曾祺的篇幅较短的作品中,乡土风情是描绘的主体,人物是画面中的一个角色,性格单纯明朗但缺乏作为典型的丰富性、复杂性与立体感;或者是某一侧面得到强调,使人物性格走向偏执,如朱自治这个以吃为业的人物就特别突出了性格中的“混世”和“寄生”的一面；或者是作为“风俗”的派生物，性格趋于稳定或凝固，从而使性格人格化。（性格与人格是两个不同的概念，性格由个体及社会经验所塑造，是一个动态系统，人格由文化所生成，是更内在于人的稳态结构，是性格的前提与基础。类似于弗洛伊德对“自我”和“本我”的区分，但弗洛伊德将“本我”性欲化，是非历史主义的，应该说它们的区别更类似于拉康的主体“三角结构”中对“想象界”和“象征界”的界定与区分，“想象界”是在个体历史的基础上形成的主体中的那一部分，而“象征界”则是存在于主体之先的为主体提供规范的象征性、符号性的知识，是历史与文化积淀的产物。）同在社会环境中，在个体性与社会性交叉基点形成的典型形象已具有明显的分野。

当然，更为突出地体现小说人物形象由性格典型向抽象化与象征化的人格转换的小说思潮是“寻根小说”。如果以比较和参照的眼光审视“寻根小说”的一些代表作品，如《爸爸爸》《女女女》《小鲍庄》，李杭育的《最后一个渔佬儿》《沙灶遗风》，郑万隆的一组“异乡风闻”系列小说等作品，就会发现一个带普遍性的倾向，即这批作品有意识地淡化故事的政治与经济背景，虚化故事的时空关系。如《爸爸爸》所表现的发生在“鸡公寨”的故事就带有明显的虚拟特征，不仅其中的生活形态如宗教祭祀、乡民械斗等等完全失去了现实性，就连故事发生的时间与空间也是难以指认与定位的。《小鲍庄》对故事背景与人物关系的描写稍具现实性，但王安忆一方面将故事的发生时间置于“洪水灭世”这种神话之后，并且同故事中的另一场大洪水相关置，通过时间的抽象关联来达成隐喻与超越的意图非常明显；另一方面，在空间上对小鲍庄地理背景的提供也意在虚化、象征化，小鲍庄这样一个被鲍山阻隔、同外界老死不相往来的封闭性生存环境，实际上是中国传统的以小农经济为基础的农业社会的一个缩影，象征化的企图同样昭彰。这样，失去了具体的时空作为依托，失去了现实的政治经济关系作为人的生活基础，那么就逐渐脱离了人的“现实性”与“社会性”的规定性，也就失去了现实主义的典型形象的审美特质。这些形象开始脱离外在冲突的性格塑造模式及对个体心理的精细描画而发现了群体文化心态上的一致性，即群体意识或集体无意识的存在；典型化叙事规范对于人物性格的倚重，在这里也转换成对于群体生存状态与生存心态的特别青睐，以个性为基础的性格典型被群体的生存状态与心态的原型模式并在此基础上形成的化石性的人格形象所取代。这类人格形象，如丙崽、捞渣，同林道静、梁三老汉、陈奂生这些典型形象的明显不同在于他们的抽象性与象征化，即在形态上超离了对现实状态的人的模仿与逼似，失去了典型形象的鲜活与动态特征，转而追求对人的内在规定性、制约性的呈现，勾画静态的原型人格，在形态上具有凝聚化、抽象化的特征；在艺术思维方式上，以纵向同构关系为基础形成的象征、隐喻原则取代了在横向上、以相似性原则组合的转喻原则，即原有的典型化原则。

三

文学上典型观的动摇，或者说，在人物形象的塑造方面对典型化原则的突破与消解，还来自哲学观上的变化。典型化原则立足于人是世界的中心、人是自为的主体、人是理性的存在物等哲学性前提。那么，这种哲学性前提转化为社会学的问题就是要回答"他是谁"。其文学策略和具体地展开的方式则涉及个人、社会以及相互关系的处理。就现实主义的一般成规而言，对个人的描写要涉及肖像、家族史以及其他个人性背景对心灵及个性人格的影响，对社会的描写则涉及一般的外部环境（自然性场景）和时代背景（政治、经济、文化状况，主要社会矛盾等）；在两者的关系问题上，现实主义的不同风格与流派则信守不同的准则，作不同的处理。以巴尔扎克、托尔斯泰为代表的批判现实主义基本上是站在人道主义立场上批判社会，他们的个人及社会的概念有抽象性内涵：个人是资产阶级启蒙思想中追求博爱、平等、自由观念的理念性个人或上帝的仆人，正像费尔巴哈那样，"本质只能被理解为'类'，理解为一种内在的、无声的、把许多个人纯粹自然地联系起来的共同性”①,不是理解为“一切社会关系的总和”,而社会很大程度上也是由穷人/富人、小人物/大人物、善良人/恶棍所构成的非阶级结构的社会。而自然主义作家如左拉,一方面是表现社会时阶级意识的增强,另一方面在个体描写方面特别凸现家族史背景、生理遗传对性格及命运的决定作用。革命现实主义的小说创作在个人与社会两方面都突出甚至夸大了阶级的地位与作用。

新时期小说对典型观突破的另一条线索,来自对人作为世界中心、作为理性存在物的直接质疑,来自对人作为自由的主体的坚定信念的动摇与消解。就新时期小说创作的具体情况而言,这种消解与变化经过了两个环节与步骤,或者说表现为两种不同的形态。一是人的边缘化引起的对人的生存自身的惶惑与迷惘,对人理性的自为能力的怀疑与不安;一是人的客体化、物化导致主体性的丧失。这两种人的生存状况,导致了人物形象形态上的破碎、平面与符指化。

人们对于1985年前后出现的诸如刘索拉的《你别无选择》,徐星的《无主题变奏》,残雪的《苍老的浮云》《黄泥街》,洪峰的《奔丧》《极地之侧》等在审美上带来的巨大的心理震荡,或许还记忆犹新。这批被指认为“现代派”的作品,在审美形态上同“传统”的巨大裂隙源于生存观、价值观的动摇与震荡,源于自我认同定位的困难、艰窘,源于自我在社会中的不适感,源于意识的边缘化,从而同主流意识形态的对抗。

《你别无选择》《无主题变奏》《奔丧》《苍老的浮云》等这批所谓的“现代派”小说也要回答“他是谁”的问题,但恰恰在“他是谁”的答案上出现了危机。就是说,在传统价值的框架内,一个人通过信仰真理,通过向社会认同,向人民认同,然后在真理与信念的指导下,通过斗争与实践既改造社会又实现自我的主体化过程,在这批小说人物的身上已经失去了价值的有效性。信仰危机,对认同与自我定位的迷惘,使他们的整个人生方式、生存方式发生了急剧的逆转。有两种状况。一

---

① 《关于费尔巴哈的提纲》,载《马克思恩格斯选集》第1卷,人民出版社2012年版,第135页。

种是信仰真空造成人的“退婴”与侏儒状态。人的主体化离不开相辅相成的两面,即自我实现与社会实现,但无论何种实现又离不开意志、行为与目标。可是人们在《你别无选择》中发现了像李鸣、小个子等这样既无目标感,又无意志力和行动性的侏儒人格。如果把人的主体化过程描述为两条并行的曲线(社会实现与自我实现),那么人的生存状态就应该是一条逶迤前行的路,像一支离弦之箭描画出的轨迹。而李鸣、小个子等形象的人生展开式则始终处于引而不发的“零度状态”。处于这一生存状态的人物,在审美上则表现为无特征、非发展性的“零度性格”,是一些性格碎片或单一欲望构成的形象微粒。作为一种类型的形象,人们不难看到它同荒诞派戏剧如《等待戈多》《秃头歌女》中形象的隐秘联系,这类形象的主要审美特征是象征化而非性格化与典型化的。另一种情况不是没有信仰,而是由于信仰和价值观同主流状态的殊异、隔膜所造成的边缘感与反抗意识。如《无主题变奏》和《奔丧》中的主人公“我”。这两个“我”在人生观、爱情观、道德伦理观上同“传统”格格不入,因此对传统的价值观采取睥睨傲世、冷嘲热讽的姿态。但他们的一切对抗几乎都发生在意识领域里,或许可以说,他们是思想上的巨人、先锋,却是行动上的矮子、侏儒。他们在生存状态上有一种严重的内倾、意绪化特征,换言之,他们证明自身的方式、主体化的方式具有非社会性、非行动性的倾向。因此,他们不仅在价值观上“反传统”,而且在审美上“反性格”,成为一些意绪化、心理化、平面化的形象。

尽管在被称为“现代派”的诸多作品中,人物形象的塑造已经逸出了现实主义文学传统中典型化、性格化的轨道,表现出性格的破碎与平面化、意象化的新取向,但他们毕竟是在“人学”范畴中进行的,性格碎片、心理、意绪仍是属于人的因素,尽管不是在完整、全面的意义上表现人。也就是说,虽然正是主体性的迷惘导致了性格的削弱,但人并没失去主体的规定,关于这一点,在我们阅读了余华的大部分作品后,就会获得更清晰的认识。因为在那些作品中,人已丧失了主体性地位而被客体化,用作者自己的话说就是“我并不认为人物在作品中享有的地位,比河流、阳光、树叶、街道和房屋来得主要。我认为人物和河流、阳光可以一样，在作品中只是道具而已”。因此，对人物的性格化、典型化几乎完全丧失了兴趣。“对那种竭力塑造人物性格的做法也感到不可思议和难以理解。我实在看不出那些所谓性格鲜明的人物身上有多少艺术价值。那些具有所谓性格的人物几乎都可以用一些抽象的常用语词来概括，即开朗、狡猾、厚道、忧郁等等，显而易见，性格关心的是人的外表而非内心，而且经常粗暴地干涉作家试图进一步深入人的复杂层面的努力，因此，我更关心的是人物的欲望，欲望比性格更能代表一个人的存在价值。”①从他写作《十八岁出门远行》到《现实一种》都基本上遵循了经验模仿的叙事框架，但不同的是他在作品中引入了偶然性和非常性的事件因素，让人看到了暴力与混乱对传统经验模式的破坏。因此毋宁说，他对经验的模仿恰恰是出于反模仿，是戏拟，出于毁坏传统的经验叙事的目的。而《世事如烟》和《此文献给少女杨柳》则放弃了对经验模式和事实框架的模仿，开始探寻以空间与时间结构世界的意义。《世事如烟》从根本上打破了人与人、人与事、事与物之间明晰的空间关系的事理逻辑，常用错位、并置等结构原则，使情节与情节、细节与细节之间的关系若即若离、若隐若现，似乎一切都是混乱的、茫然无序的。正是在这种表面的混乱中，余华认为“发现了世界是一个无法眼见的整体的存在，在这个整体里，世界自身规律开始清晰起来”。②《此文献给少女杨柳》则意在表明时间的重新结构与排列，世界将转换新的面目。也就是说，余华对传统文本的改造与颠覆是深层次、多侧面的，涉及文本建构的许多根本方面，但若放到文学史的框架里来观察，似乎又可以归结到一点，即对传统的“人学”命题的瓦解。余华比刘索拉、徐星等人走得更远的是，他甚至对人物的性格碎片、心理片段、人格雏形等都不在意，而是把人等同于物，等同于河流或阳光等一样的道具。就是说，从根本的思路上改变了传统文本通过“人本”即通过回答“他是谁”来把握世界的“人学”

① 余华：《虚伪的作品》，载《余华作品集》第2卷，中国社会科学出版社1995年版，第287页。

② 余华：《虚伪的作品》，载《余华作品集》第2卷，中国社会科学出版社1995年版，第287页。

特质，而是直接指向了世界的“关系”或“原则”，人只是体现这些关系或原则的道具或筹码，所以人失去了他的主体性存在形态：肖像、社会关系、心理与人格等。人被抽象为一种符码与功能。

以他的第一篇小说《十八岁出门远行》为例。这个题目能让人联想到很多同“十八岁”这一年龄有关的青春小说，国外的从《少年维特之烦恼》到《麦田守望者》，中国的从《青春万岁》到《卷毛》。让人出乎意料的是，这篇作品既同青春的爱情、理想无关，也同生存与价值观的反叛无关。它仅仅描述了一个18岁少年目击的一次非常规、非理性的事件，意在表明世界的存在面目是非常理、非逻辑的，而不是让人关注少年本身。在这一形象上，人们无法读到有关心理、性格、气质的描写，更不要说肖像、家庭背景这些外在的因素。

余华小说中的很多人物甚至没有名字，经常是少年、少女、中年女人、算命先生、灰衣妇人等没有个性色彩的集合名称。在《世事如烟》中甚至出现了以阿拉伯数字3、4、6等替代人物的极端作法，如果把这种做法仅仅看成作家的心血来潮或标新立异，那显然是不正确的。纳塔丽·萨罗特把卡夫卡用字母K命名他的主人公、福克纳用昆汀这个铅字既指代叔父又指代侄女的现象，理解为作家为了避免迎合读者懒于探索的陈规陋习而提供人物的明显标志，是为了让读者能根据人物的内在标志立即就把他们认出来[①]。萨罗特显然强调的是这一点：人物的心理比名字这些外在的特征更重要。这样看来，余华显然比卡夫卡和福克纳走得更远，不仅不注重姓名这样的外在标志，而且也不注重诸如心理、人格这些萨罗特所言称的“内在标志”。他所关注的是世界的结构，而不是人的结构；他的写作已经根本上逸出了性格审美这一“文学是人学”的轨道，人物已经失去了代表其家庭、民族和社会的姓名、肤色、性格、心理与气质，而变成了一种符号或道具。所以余华自信地把川端康成和卡夫卡看成和鲁迅一样的“传统”[②]，是自有道理

---

① 纳塔丽·萨罗特：《怀疑的时代》，载《西方文艺理论名著选编》（下）北京大学出版社1987年版，第246页。

② 余华：《川端康成与卡夫卡》，载《余华作品集》第2卷，中国社会科学出版社1995年版，第294页。

和依据的。

与典型化叙事不同，象征化与符指化的人物形象显然在很大程度上失去了“人本”的性质与特征，现实的社会关系、心理、情绪、气质等性格因素都不再是这类形象关注的焦点，纵向的文化关系或者干脆是人与人、人与事、事与物之间某些抽象的关系原则便成为“他是谁”的具体内容与答案，人被抽象化、客体化。因此，叙事经验有种偏离现实与社会而亲和“关系”与“准则”的倾向，不仅叙事内容失去了具体可感性，有种“失血”的苍白，主题也超离了一般的政治意识或社会意识而指向超验的、形而上的思考。加上叙述人大都定位在“文化超人”（如“寻根小说”）或“人类审判者”（如余华的小说创作）的基点上，因此话语常常表现出哲学或文化人类学文本的抽象思辨色彩，具有纯粹知识分子的“离经叛道”的意味。

象征中的秩序：知识分子形象及其“成长”

——对“十七年”“革命历史题材小说”的再解读

一

新世纪以降，由于西方文论的本土化借鉴和意识形态话语的开放性凸现，许多学者在人道主义、历史主义和启蒙主义话语之间重新阐释“革命历史题材小说”，从而使研究走向新的高潮，涌现出了一大批卓有成绩的学术成果，如唐小兵主编的《再解读：大众文艺和意识形态》（北京大学出版社 2007 年版），黄子平的《“灰阑”中的叙述》（上海文艺出版社 2001 年版），董之林的《追忆燃情岁月——50 年代小说艺术类型论》（河南人民出版社 2001 年版），《旧梦新知——“十七年”小说论稿》（广西师范大学出版社 2004 年版），李杨的《50—70 年代中国文学经典再解读》（山东教育出版社 2003 年版），陈顺馨的《中国当代文学的叙事与性别》（北京大学出版社 2007 年修订版），李遇春的《权力·主体·话语——20 世纪 40—70 年代中国文学研究》（华中师范大学出版社 2007 年版），余岱宗的《被规训的激情——论 1950、1960 年代的红色小说》（上海三联书店 2004 年版），蓝爱国的《解构十七年》（华东师范大学出版社 2003 年版）以及杨联芬、叶君、刘复生等人的论文。这些研究成果分别从小说类型、性别、与传统文学的关系、想象与修辞方式等角度对“革命历史题材小说”展开论述，从不同侧面推进了这一领域的研究。本文选择知识分子作为主要论题，从“成长”的角度对“革命历史题材小说”进行形态学与精神特征的研究。

戴锦华在她那篇对电影《青春之歌》进行“重读”的论文中，将当代电影对革命历史的叙事概括，区分为两种基本范型：一为历史、革命史的搬演与呈现，其基本的叙事范型为：战斗/挫折/牺牲/胜利；二为英雄的故事，或曰英雄的神话，其基本的叙事范型为：反抗/追求/考验/命名。① 这一概括几乎完全适用于“十七年”的“革命历史题材小说”。只是当我们将这两种范型还原于创作时会发现，几乎每一部“十七年”经典的“革命历史题材小说”均是这两种范型的混合运用。因此可以说，上述两种范型分别构成了革命历史叙事的经语与纬语：前者从时间与因果链条上将革命的历史进程横向铺展开来，后者则将历史的主体在纵向历史进程中使其精神的成长立体化、空间化。“十七年”“革命历史题材小说”各自在故事形态、主题意向上的大致区别，是对上述两种叙事范型的不同程度的侧重与倾斜造成的。

与上述两种叙事范型相吻合，“十七年”“革命历史题材小说”在整体的意象类型上也大致可归纳为两种。一类是《保卫延安》《红日》《林海雪原》《铁道游击队》以及《红旗谱》的前半部所体现出的乡村意象：平原、雪野、山区、森林等广阔的空间意象，为“拉锯”式的战争或乡村的阶级斗争提供背景；其意象的展开主要扣合在战斗/挫折/牺牲/胜利这一时间和因果的链条上，类似事件和意象的复沓强化作品的主题意象——“保卫圣城”和“占领圣山”的原型意象；由于这类作品中人物形象的群体性质及其身份的相对单纯，所谓“英雄成长”也主要是在意象和故事的复沓中逐渐强化其复仇的意志与大无畏的英雄主义精神。另一类则是以城市，尤其是以监狱为核心意象所构筑的意象系统。和乡村意象类型主要在时间的横向链条上复沓不同，这类作品以“炼狱”为中心构筑起一个“烈火金刚、入世历劫”的空间化的象征系统。虽然其意象功能，仍然不脱“正义必将战胜邪恶”“胜利是无数仁人志士抛头颅洒热血换来的”这一宏观题旨，但后者所辐射出的图

① 戴锦华：《〈青春之歌〉：历史视域中的重读》，载唐小兵编《再解读：大众文艺与意识形态》，香港牛津大学出版社 1993 年版，第 148 页。

景——故事形态、英雄造型、象征及语义指向是有些不同的,如故事的传奇性和神秘化;象征系统的神话化乃至宗教化;英雄因经过了“炼狱”之火的锤炼,其精神的高尚、意志上超人般的刚强、对信仰的坚定执著,就不是单纯的英雄主义所能涵盖的,而有一种圣徒般的纯粹与圣洁。这类作品主要有《红岩》、《野火春风斗古城》、《小城春秋》、《烈火金刚》、《红旗谱》中的后半部——“保定二师学潮”等。

在“十七年”“革命历史题材小说”中,无论是就其叙事范型,还是就其意象类型,有些作品又有些特殊性与复杂性。这些作品有孙犁的《风云初记》,欧阳山的《三家巷》《苦斗》,杨沫的《青春之歌》等。戴锦华将《青春之歌》在叙事范型上称作“英雄成长”的变体;夏志清则认为《三家巷》与巴金的“激流三部曲”相似,是“一部编年史式的姻亲家族故事”;①笔者则认为,孙犁的《风云初记》表面结构近似《保卫延安》《红日》那样的战争小说,而实则可称作“英雄成长”的另一种变体:集体性成长小说。② 他们的不同也表现在意象类型上。一方面表现为“乡村”与“城市”意象的综合趋势,更重要的是意象设置上的“向内转”倾向,即围绕感情归属、信仰选择、意志的何去何从而展开的“内在性”,心灵意象成为这些作品意象设置上的重要特征。

要问是什么原因造成了这种特殊性,答案可能不止一个,但最为重要的一个原因是,这些作品的主人公——知识分子在当代政治话语中被定位于资产阶级或小资产阶级阵营,并由此在意识形态化的想象与象征秩序中所处的“中间”位置有关。新民主主义革命的胜利是中国共产党领导革命人民推翻三座大山(帝国主义、封建主义、官僚资本主义)而取得的伟大成果,资产阶级或小资产阶级的知识分子是人民或是敌人,取决于他们或左或右的选择。与此相应,在文化的想象与象征格局中,共产党及其领导的革命人民是在“打碎一个旧世界”“创造一个新世界”之后诞生的主人,其中的先锋队——共产党人则是“创

① 夏志清:《中国现代小说史》,台北传记文学出版社 1979 年版,第 522 页。
② 孙先科:《作家的“主体间性”与小说创作中的“间性形象”》,《河南大学学报》2003 年第 1 期。

世”的英雄，那些得以进入革命队伍的“人民”则是追慕与模仿英雄的人；而一切剥削阶级及其代言人是这一世界中邪恶的魔鬼；知识分子由于他们阶级本性的两面性——革命倾向同时又软弱动摇，成为“神话家族”（任何文学写作均具有神话性）最为变动不居的一群。宏观而言，这一群体会剧烈地分化，一部分走向革命，成为人民中的一员，追慕英雄而成长；另一部分则成为形形色色的堕落者：行尸走肉、帮凶甚至是魔鬼。微观而言，单就走向革命的知识分子而言，他们的成长也要经历一个艰难曲折的过程。本文就是以“革命历史题材”小说中革命知识分子形象作为分析对象，以他们的“成长”作为切入点，来透视他们的成长过程——成长的神圣化向度、特质，被抑制的个人潜意识的存在方式和零散化的文学形态，以及围绕这种成长所选择的想象与修辞方式。

二

“成长”是从“成长小说”中衍生出来的一个分析与批评概念。“成长小说”作为18世纪、19世纪西方，尤其是德国小说创作中的一个重要类型，它是欧洲思想与文化启蒙的一个副产品。“成长小说”以个人的传记经验（出身、成长、婚姻）作为故事框架，其内在逻辑则是主人公人格的“内在性”成长；这种小说强调个人与环境的冲突，人物具有反叛性，它最终体现为主人公的人格成熟，至少应对“自我”有所发现。中国20世纪的小说创作，尤其是其中的现实主义传统，其叙事观念及叙事类型与“成长小说”是基本一致的。但具体到“十七年”“革命历史题材小说”，我以为，它可能只是外在地使用了“成长小说”的框架，而在更本真的问题上，即成长为什么样的人和如何“成长”的问题上，与西方经典“成长小说”中主体化“自我”的成长与发现存在很大差异，某种意义上来说，甚至是反向的。知识分子在现实生活与意识形态话语中被给定的那种两面性及中间人的位置，使他们的“成长”不是如何反叛社会、反叛家庭、反抗有形和无形的体制而找到“个人”与“自我”的问题（那是子君和五四新文学的命题），而是要么成为魔鬼或魔鬼的帮凶,被各种各样的恶所吞噬,要么就追踪英雄、模仿英雄,使自己也成为这样一种半神格的"超人",这一话语方式大致规定了革命知识分子成长的向度、层次、性质与域限:一是向神圣性生长,汰除世俗性品质,精神上再生的仪式;二是向集体的成长,埋葬孤独的个人,被集体接纳、包容的仪式;三是阶级意识的生长,抑制伦理感情与私密的个人感情。这一净化/纯化/神圣化的过程,正是一个抽空人的具体性所指,使知识分子成为一个集体性的空洞的能指的过程,知识分子追随英雄、模仿英雄而"成长"的故事就具有了一种神话或半神话的性质。

《青春之歌》可能是"十七年"文学中表现革命知识分子"成长"最为典型的一部。[①] 小资产阶级知识分子出身的主人公林道静成长为一个共产主义战士的过程被作者用一组语义对立又具有高度比喻意义的符码,精心地编织进"破与立"的辩证法,"成长"因此而具有一种仪式的性质和仪式的功能。

首先,个人的弱小、孤单、无助,个性主义、个人英雄主义必然破产,加入党领导的"集体"的阶级斗争的行列中来是唯一的得救方式。如果说整部小说都贯穿着这一由"个体"而"集体"的成长过程的话,小说的开头与结尾恰恰就是这两种人生状态高度形象性的描写。一身缟素、落落寡欢的林道静出现在由北平到北戴河火车上的这一画面的语义是双重的:孤单的个人状态,它的终点是波涛汹涌的大海(社会的凶险),是死亡;一身缟素、洁白如纸——一种待书写的状态,意味着得救的可能。小说结尾处描写了一幕波澜壮阔的群众游行示威的场面,林道静作为这一运动的领导人之一,行走在声势浩大的群众队伍当中(对这一场面的描绘,小说与电影有较大的区别,单就小说而言,这一幕的语义也是有"裂缝"的,后文论及)。作为对开头的照应,这一宏大的集体场面是林道静被"书写"完成的一个结束式,是她由孤单的个人完成被集体包容的仪式。小说的开头与结尾对应,隐喻着林道

① 鉴于修改后的《青春之歌》与初版本有较大变动,这里使用的是由香港生活·读书·新知三联书店于1958年出版的初版本,本文所引小说中的文字均出于该版本。

静“成长”的开始与结束。

其次，林道静的“成长”还宣示了一个为他人、为未来、为理想社会而生活的超拔的精神向度，而向世俗性的苟活宣判死刑。这一精神主题是由两组符号共同完成的。一组是林道静再生与命名的仪式：大地主、大官僚、伪善的教育家林伯唐给了她一个身体并用“林道静”三个字来命名，日后还想将这个名字与这个身体拉入到腐朽的生活轨道（具体执行这一罪恶勾当的是继母徐凤英，她的现身出场，父亲与其情妇鬼混而缺席，这一“审判”流露出创作过程中某些有意味的潜意识），但不甘平庸的林道静因幸运地遇到神圣人物（共产党员）的指引而脱离苦海（胡梦安作为苦海的象征如影随形），在抛弃两个家（父母之家与丈夫之家）、两次入狱之后，获得了新生与重新命名的机会。在她出狱以后，江华告诉她“根据你在监狱里的表现，道静，你的理想就要实现了。组织上已经同意你入党了”！在随后的另一个场合，林道静向江华请求：“你替我起一个名字吧！我这个不好的名字是我父亲替我起的。你也像父亲一样替我另起一个好名字吧。”林道静两次命名的仪式隐喻着一个类似聂赫留多夫（托尔斯泰的《复活》）式的“复活”主题。第二组则是外在于林道静的召唤性符号，即卢嘉川、林红等共产党员所代表的“虽死犹生”主题和余永泽、白丽苹所代表的“虽生犹死”主题的对比。这两组符号、两组意象共同指示出生命“成长”的神圣化向度。在这一神圣化的精神空间中，身体死亡所具有的古典意义（恐惧、净化等）逐渐消失，“牺牲”一词的宗教献祭的原始意义被置换为现代的崇高感，身/心（精神）二元分离的美学倾向在当代文学创作中获得越来越多的运作空间。

欧阳山的《三家巷》是一部以20世纪20年代的广州为主要背景的长篇小说。与《青春之歌》相似，五四新文学话语的某些典型语码也出现在这部作品中：追求个性解放的年轻男女离家出走的故事（周榕与陈文娣）。但是，与娜拉和子君对个性与自由获得过程的具体陈述不同，20世纪50年代的“革命历史”不仅否定帝国主义与封建主义，而且也超越了以“个性”“自由”为核心语码的资产阶级民主主义，因此，林道静与余永泽、周榕与陈文娣的离家出走，作为新事物的“第二次出现”,它的命运就不再是“悲剧性的”而是“喜剧性的”了。“娜拉走后怎么办”这个鲁迅式的疑问,在20世纪50年代这个讲述无产阶级创造历史的时代,已经无需论证了,它已作为“反面教材”成为论证新问题(如何走向革命)的否定性的起点。

在这一语境中,主人公周炳(作者对他的定位是“手工业工人出身的知识分子”①)的所谓“成长”——由个性意识、民族意识到阶级意识的觉醒,同样建立在一种“破与立”的辩证过程中。作为一个知识分子这一边缘性的历史角色,周炳通过自己在沙基惨案、省港大罢工、北伐战争等历史事件中的实际行动(同样包括了先行者,如张太雷等人的指导与影响)培养了自己的阶级意识,逐渐成为一个无产阶级英雄——历史的主体。但这一主体确立的过程又是在人性、伦理、情欲领域对“自我”与“个人”不停反省、否定与超越的过程。

小说的第八章“盟誓”与第九章“换帖”在文本中的位置非常重要,它同时描写少年周炳所经历的两个至关重要的事件:一是亲眼看见陈文雄、何守仁等人受五四精神的鼓舞,宣誓为祖国富强而献身,为志纪念,以换帖方式互相勉励,对他们产生了由衷的崇拜之情。二是与表妹陈文婷的关系由两小无猜进入到金钱、爱情、性复杂纠缠在一起的“漩涡”中。此后,当他有意识地走向革命道路的时候,就不得不在精神领域里面对两重障碍:陈文雄等“精神偶像”的羁绊和感恩,情、欲(陈文婷)的撕扯。

在小说中,区桃这一形象及她在沙基惨案中过早的牺牲在其功能上是象征性的。这个容貌与心灵都异常美丽的姑娘,像一面闪闪发光的镜子,照出了官僚地主何五爷和买办资本家陈万利丑陋的情欲(都想占有她为妾),照出了陈文婷的偏狭与自私。她的死——美的被毁灭,一方面像“末日审判”一样宣告了那个世界的堕落与反人性,另一方面也折射出周炳的痴顽与不觉醒——寄希望于地主和买办资产阶级也来革命的虚妄。因此,区桃的死成为他走向革命的主要契机。此后,他在两条战线上同时作战,以促成自己的“成长”。一条战线是与

① 欧阳山:《〈三家巷〉再版前记》,人民文学出版社1979年版,第4页。

帝国主义和军阀作战;另一条战线则是与旧的自我作战,以促成在精神方面的“断奶”——通过不停地反省、检讨与“三家巷”的关系,在经济、感情与精神信仰上摆脱对陈家与何家的依赖,并最终将他们宣布为自己的敌人,从而作为一个“阶级战士”站立起来;在反复的受挫中回味与陈文婷、陈文英的情欲关系,慢慢摆脱情欲纠缠,像贾宝玉在经历红尘历练后大彻大悟一样,周炳也需要在感情历练中去除“病态”——一种缠绵的、泛人性(不分阶级的)的爱情,建立一种与阶级身份相称的清白状态,为日后的革命爱情(与穷苦农民的女儿胡杏)做准备。

林道静与周炳当然不是仅有的追随革命的知识分子形象,但作为两个典型,已充分展示了在20世纪50年代阶级观念占主导地位的文学话语中,这类形象“成长”的基本模式——追随与反省、接受引导与自我忏悔的交替与互动,及其所展示的意识形态化的精神空间——知识分子如果不想堕落为魔鬼或沦为行尸走肉的话,他们必须追随共产党人的神圣精神与行为,成为与他们相同或相似的人,即成为英雄。因为这种英雄既克服了资产阶级、小资产阶级的自私、动摇、脆弱,某种程度上甚至也克服了作为凡人的人性弱点而具有“超人”的品质,因此这种英雄诞生所标识的神圣、崇高的精神向度和典型“成长小说”的个性主义准则是有矛盾的,与五四新文学话语中打破“奴隶”状态而“成长”起来的“个人”与“自我”也有不少相龃龉的地方。

三

毋庸置疑,在“十七年”的文学创作中,阶级观念已经成为占主导地位的统治性观念,并对五四新文学的个性话语形成了某种抵制与压抑。但是,“人”死了吗?或者说,“个人”作为文学创作的本真性命题,从“十七年”文学创作中消失了吗?回答是否定的:没有。“个人”仍然是存在的,尤其是在那些诉诸“成长”模式的长篇小说中。按照阿尔都塞的想象性主体概念,每个个体实际上都倾向于将自己视作独立的、同一的、自由而自为的个体,即成为一个“主体”,这实际上也不能不是林道静、周炳、李佩钟、变吉等知识分子体验与想象自我的方式。就是说，尽管意识形态话语已经给定了知识分子那一尴尬的“中间人”位置，但是，意识形态话语的阶级观念并不能保证在进入真正的文学想象活动后，成为唯一有效而合法的标准，文学创作活动中一个更本真的命题——个人与自我的命题，是不可能被完全遗忘的。因此，即使在20世纪五六十年代阶级观念已成为严厉规范的语境中，“个人”仍以特殊的方式被叙述出来。与杰姆逊对第三世界文学所做的著名论断——“不仅那些看起来好像是关于个人和力比多趋力的文本，总是以民族寓言的形式来投射一种政治”①——不同，甚至相反，作为“潜意识”被“投射”的不是政治，而恰恰是“个人”。就是说，当政治已经上升为一种主导性“意识”的时候，“个人”被压抑到“潜意识”的领域，并以不完整的形式——人物性格的人为性伤残、情节或细节中留下的“空隙”及“裂缝”等——以片断的、潜抑的、隐晦曲折的方式被叙述出来。这里首先提及的是孙犁《风云初记》中的李佩钟。这个在作品的前半部被铺陈得特别出色的革命队伍中的知识分子形象，在没有充分获得展示“自我”的机会的时候，突然消失，直到作品结束时读者才被告知她离奇死亡的结局。这一人物在美学上有种“未完成性”或称为“伤残性”的特征——和她有关的故事线索已初见端倪，并预示着巨大的戏剧性前景，但未被充分展开就被割断；心理与人格有充裕的展示空间，但在几乎未被触及时就被硬性遮蔽。造成这种美学上的“伤残性”的原因，我以为，除了这一人物形象与现实生活中的某个生活原型可能存在想象关系并受其命运结局的掣肘外，更重要的原因是阶级观念与个性观念无法整合造成的。

李佩钟出生在县城一个富裕的有产者家庭。父亲是个戏班的班头，母亲是9岁时被卖到戏班、不知父母是谁的穷苦人家的女儿。这种与林道静相似的“黑骨与白骨”的家族血缘设计，显示出一种时代性的“政治有意识”。听父母之命，她嫁给了田耀武——一个乡村地主的

① 杰姆逊著，张京媛译：《处于跨过资本主义时代中的第三世界文学》，载《当代电影》1989年第6期。

儿子、勾结日本人的国民党军官。因此，在她身上又被书写了一重阶级符号，带给她更浓重的心灵阴影。她自己在师范毕业以后选择了革命道路，成为革命队伍中的一名女干部。

这样一位就其身份的复杂性而言，在“十七年”文学中少见的知识分子形象，在革命队伍中就显得异常独特和个人化。首先，小说通过一组白描——爱唱歌、“黑滑修整的头发”、“有一支新皮套的手枪，随随便便挂在左肩上，就像女学生放学回来的书包一样”、带香味的手巾以及“那样小的饺子，要咬好几口，嘴张的比饺子尖儿还小一些”——呈现出与她身份相称的行为方式的独特性与个人化；也许更重要的，小说通过细节描写、暗示、隐喻，显示出她那个更内在化的独特而复杂的“自我”：一、作为一个年轻女人，青春、热情、欲望呼唤着爱情，但她已不爱自己的丈夫，暗恋的对象高庆山已经结婚，爱他意味着进入一个道德禁区，因此，处于爱情困境中的李佩钟显出一种独特的忧郁和感伤的气质。二是作为一个与剥削家庭无法割断联系的知识分子，几乎是一种与生俱来的“原罪感”使她虽在革命队伍之中、身居要职，但仍无法获得充分的自我肯定。身份感与归属感的惶惑、犹疑是这一形象最具标志性的个性特征。

如果说小说通过李佩钟的一系列行动——主动与丈夫离婚、立场坚定地处理公公与春儿的纠纷、领导群众扒城墙等促成了这一形象某种程度的发展，即人格“成长”的话，那么，这种“成长”也是非常有限，而且是外部性和表面化的。而上文言及的那个更具内在性的“自我”在几乎未作任何触及的情况下，李佩钟就“牺牲”了，这里，“牺牲”一词的含义是双重的，既指她在故事中的命运，又指她在叙事话语中的那份宿命——如果不走一条林道静式的“成长”道路，也许“牺牲”就是知识分子最好的归宿。本雅明在论及“成长小说”时说：“通过把社会过程和个人的发展整合在一起，（成长小说）为预定了小说本身的外在秩序提供了最微薄的辩护。但它提供的合法性与现实状况完全是南辕北辙的。尤其是在成长小说里,这样一种向左的状况是显而易见的。"[1]李佩钟性格在美学上的"伤残性"正是"为外在秩序辩护"而不得不对"个人发展"所作出的牺牲。

《青春之歌》同样存在着"英雄"与"个人"话语差错造成的"裂缝"。戴锦华对电影《青春之歌》的最后一个镜头进行这样的分析:"林道静和江华、王晓燕及北大师生手挽着手,行进在游行队伍的最前列,率领着无数群众,完成这一次势不可挡的伟大进军……这是英雄的凯旋式,也是英雄的命名式。这是英雄的凸现,也是个体的消融。"[2]但小说《青春之歌》与此有很大的出入。若进行一下对比的话,小说中几个重要的信息被修改:一是在小说中,江华缺席了这次重要的仪式,理由是"受了伤而又被捕";二是卢嘉川、林红、江华、余永泽、胡梦安等与林道静生命相关的人物在它的意识中快速地闪回,引出爱恨交织的感受;三是"由于衰弱的身体加上过度地激动与疲劳",让她感到"一阵眩晕,几乎跌倒",是她旁边的女学生抱住了她。将小说中这些信息所包含的表层的及深层的内涵做综合考量,和电影中那个"英雄凸现""个体消融"的结论不尽相同,恰恰包含着林道静作为"个人"和"女人"的一种非常具体的身世之感。和电影镜头的空间化、"客观化"的纪录不同,林道静的心理语言(体现主体情志)跨时空地将胡梦安、余永泽、卢嘉川、江华等人"串联"起来,借助和这些男人的关系,林道静追求革命和浪漫爱情的经历获得了一种"历史性"与心理化的表达。这个"历史"与她当时当下的处境——胡梦安像噩梦般挥之不去,随时威胁着她的生存;余永泽"悠然地站在台阶上……欣赏着她青肿的嘴脸和鼻孔流出的鲜血";卢嘉川已死;江华"受了伤而又被捕"——这些爱她和她爱的人在她"历险"时无一人在身边的实际处境,是不是让她感到了作为"个人"的形单影只的孤苦和作为女人而被男人"遗弃""背叛"的寒心呢?这样,她的"一阵眩晕,几乎跌倒",是

---

① 本雅明:《讲故事的人:关于尼柯策·勒斯可夫的沉思》,载唐小兵编《英雄与凡人的时代:解读20世纪,上海文艺出版社2001年版,第164页。

② 戴锦华:《〈青春之歌〉:历史视域中的重读》,载唐小兵编《再解读:大众文艺与意识形态》,香港牛津大学出版社1993年版,第148页。

不是在“身体的疲劳与衰弱”之外,另有“精神的”隐衷?无论如何,体现出“软弱”的林道静是一个更人性化、个体化、女性化的符码,与处于显层和主导地位的“英雄成长”的意识形态语言及其逻辑构成了明显的龃龉与消解。

“新历史小说”的叙事特征及其意识倾向

自20世纪80年代后期至今,以中国近现代史为主要叙事内容的历史题材小说成为小说创作格局中的一支重要力量。陈思和将其中“大致是包括了民国时期的非党史题材”的小说称作“新历史小说”①。但在我看来,“新历史小说”之“新”恐怕主要不在于题材上的“民国时期”和“非党史”这样的限制,而在于作家在新的哲学观念和历史意识支配下,对历史进行重新叙述和再度编码时,所获得的新的文本特征及相应的历史意识。因此,“新历史小说”既包括《旧址》、《活着》、《故乡天下黄花》、叶兆言的“夜泊秦淮”系列等主要发生在民国时期的历史故事,也应该包括如苏童的《我的帝王生涯》《紫檀木球》等古代史题材和陈忠实的《白鹿原》及张炜的《家族》等涉及“党史”题材的作品。

之所以有“新历史小说”的命名,我想主要是它和“十七年”文学中的“革命历史题材”小说相关。很大程度上,“新历史小说”的“再叙事”正是针对“革命历史题材小说”这一“前叙事”而展开的。再叙事既是一种补充,同时又是对前者的颠覆与消解。“革命历史题材小说”作为一种高度政治化的“拟科学”和“拟史”的文本,形成了特定的叙

① 陈思和:《关于“新历史小说”》,《文汇报》1992年9月2日。

事规范与思想规范①,而“新历史小说”则有意识地消解“革命历史题材小说”的叙事规范,不仅在叙事特征上判然有别,而且其历史意识也逸出了“正史”与“党史”所规范的思想与主题范畴,具有了新的意识倾向。

一

“新历史小说”第一个明显的特征是对重大题材的更置与替换,家族史替代重大的政治历史事件成为“新历史小说”所青睐、所选择的最主要的题材内容。著名的作品如刘恒的《苍河白日梦》,李锐的《旧址》,格非的《敌人》《边缘》,余华的《在细雨中呼喊》《活着》,刘震云的《故乡天下黄花》,以及苏童的“枫杨树乡村系列”和《妻妾成群》《红粉》,叶兆言的“夜泊秦淮系列”等,张炜的四部长篇小说从《古船》到《九月寓言》再到《柏慧》《家族》也经历了这种题材从“大”到“小”,从“政治性”和公共性到“家族性”、私密性的转变。

这种题材单位的变更并不是一个偶发的表面性的因素,它昭示了一场重要的话语转折的开始,因为题材的分类实际上是一种张扬/抑制、取/舍、保留/排除二元对立的等级监察机制。“写什么”并不像通常所认为的那样对文学是无关宏旨的,事实上,事件的“大”或“小”意味着“谁”(主人公)和“什么”(生活内容,经济类别)将构成作品描写的对象,意味着被描写事件绝对值的大小及意识倾向。除此之外,题材或事件的大小与性质还决定着“如何写”这样的文本组织与结构的本体论问题,因为事件的大小,特别是事件的性质、潜在地制约着文本的组织与结构原则,从而在事件的绝对值以外左右着意义增值的数量及向度。如重大的政治事件所遵从的是“官逼民反”“哪里有压迫,哪里就有反抗”这样直接的因果逻辑,这是由于统治阶级/被统治阶级这一政治性的世界与社会结构模式所固有的一种压迫/反抗这一逻辑关系所决定的。但是,由于重大的政治事件被置换为家族性的世俗生

① 孙先科:《当代文学历史话语的宜识形态特征》,《文艺理论研究》1995 年第 5 期。

活，阶级关系(统治阶级/被统治阶级)被宗法关系、血缘关系与性别关系所取代；而宗法关系、血缘关系和性别关系不像阶级关系那样被直接地表述为压迫/反抗这样简单而明晰的因果关系，不会必然性地得出“一个阶级消灭了，一个阶级胜利了，这就是历史，这就是几千年的文明史”这种乐观的理性主义历史进步论思想。宗法关系、血缘关系与性别关系是复杂的非因果的关系，所以并不一定与“必然性”和决定论思想相联系。“新历史小说”对重大政治性事件的背离，对家族性题材的亲和所包含的潜在的文本价值是对因果关系的更置，是对世界、生活、经验内容的重新结构、重新解释，也是对决定论的思想体系的消解。

张炜的长篇小说《古船》是一部在时间上跨度很大的作品，写了从晚清到改革开放近百年的历史，它的时间长度(历史过程)至少涵盖了《红旗谱》《太阳照在桑干河上》《创业史》《浮躁》所叙事件长度的总和。历史进程也包括了大革命、土改、合作化运动、“大跃进”、改革之后农村经济政治力量的再组合和重新分配等众多的历史事件，但与上述作品重要的分捩点在于，它没有采用“正史”的笔法，正面转述历史事件的全过程，以阶级关系为中心勾勒出社会变更的宽阔场景，而是以“家族”为中心，置入宗法关系这一新的观察视角与联系纽带。宗族之间的矛盾虽然与阶级矛盾一样尖锐激烈，但其不同在于阶级的划分以生产关系尤其是生产资料的占有关系为依据，阶级矛盾与阶级斗争的结果是生产关系的变更，至少在理论上被表述为“一个阶级消灭了，一个阶级胜利了……”这种因果性的历史进步论思想，但宗法关系以宗族和血缘为基础而较少反映阶级状况，而宗族之间的矛盾与斗争并不反映历史的必然性和正义性，所以它也反映不出压迫/反抗这样一种因果性的历史逻辑，却常常得出“三十年河东，三十年河西”式的循环论而非进步论的历史结论。隋、赵、李三大家族在洼狸镇的权力争夺正是立足于宗族之间的利益，是狗咬狗或非理性、非正义性的你争我夺，使洼狸镇充满血腥，使粉丝大厂易名换姓，使历史的城头霸旗变换，但却没有使历史前进，没有使隋不召所幻想的使洼狸镇这艘大船驶出芦清河、驶入浩浩荡荡的东海，宗族间的斗争只能使“古船”更破败，一天天沉沦，最终失去乘风破浪的能力。

《古船》表面上看来仍然是一部以时间和因果关系结构的长篇小说，但是它通过改变以前那种以阶级关系为主轴，全景式大规模地描写社会生活的题材选择机制，转而以家族为中心，以血缘与宗族关系为主要描写对象，从而改变了文本内在的组织与结构原则，因此，它对因果关系的运用“也似乎成了对因果关系的讽刺性模拟”①。“三十年河东，三十年河西”的循环论结构对传统的斗争与专政哲学及历史进步论思想构成了严峻的挑战。

《古船》还很少被置于“新历史小说”的范畴来评述，但它对“家族”性题材、对宗法与血缘关系的侧重已经明显地改变了“十七年”长篇小说“泥史”和“拟科学文本”的文本结构特征，并直接对后来的“新历史小说”的取材与文本组织结构产生了影响。

刘震云的《故乡天下黄花》所描写的“历史进程”与时代背景和梁斌的《红旗谱》《播火记》与《战寇图》是大致相同的，但由于前者选择了家族性题材，以宗法关系来观察中国农村的社会现实，所以它与以描写农民阶级的成长为己任，选择了波澜壮阔的宏大场面，并且以阶级与民族之间的政治搏斗组织、维系的文本模式又有了巨大的差异。《故乡天下黄花》所描写的以家族为核心展开的权力之争虽然也在遵从一定的因果关系，充满了你死我活的血腥意味，但是这种失去正义、不以社会进步为前提的权力之争，成了家族间争来抢去的权力游戏，它对历史唯物主义和历史辩证法所遵守的因果关系是一种尖锐的反讽。所以与《红旗谱》系列小说通过描写阶级与民族大搏杀表现出的严正、肃穆的悲剧气氛不同，《故乡天下黄花》所描写的家族之间血腥的仇杀更像一场历史的嬉戏而充满了喜剧或闹剧色彩。在这一对历史辩证法进行反讽性模拟的新的文本结构中，历史的严肃性、正义性和进步意义被消解，历史循环的意味和非理性色彩被凸现出来。

论及“新历史小说”，这里或许不得不提到叶兆言的“夜泊秦淮”

---

① ［法］兹维丹·托多罗夫：《诗学》，载《结构——符号学文艺学》，文化艺术出版社 1994 年版，第 71 页。

这一组小说,因为它以非常朴实的姿态成功地将“历史小说”的“历史性”置换为家族性的世俗生活和个人的日常性存在;在题材、事件被置换的同时,传统历史题材的文本结构与意识形态主题也被悄悄地改写。

“十七年”中的“革命历史题材”小说特别关注对重大事件的客观把握和注重对英雄人物的叙述。由于历史事件本身的鲜明意识形态色彩和英雄人物的道德理想主义倾向,使叙述本身自然导向鲜明的政治意识、历史关怀和道德乌托邦,即使像现代文学史上的《家》《财主的儿女们》等作品以“家族”为描写对象,也同样对家族力量进行了意识形态编码,形成了文本的基本结构模式与主题模式。叶兆言“夜泊秦淮”系列小说通过对4个市民家庭的日常性描写既躲避了对重大历史事件追踪泥迹的描绘,也有意避免了对家族作意识形态化的两级性区分(新与旧、传统与现代、封建家长与年轻的叛逆者),因此是有意识地通过文本的重新组织与再度编码达成对传统主题的消解与改造。

我们阅读“夜泊秦淮”中的4部中篇小说,能够依稀看到时代变革和历史事件的影子;或者说,这4部中篇是有意识地镶嵌在中国近现代史的历史框架内:辛亥革命、北伐战争、南京的失陷与抗日战争等分别构成了这4篇小说的时代背景。但是作者显然是更有意识地将它们作为一道幕景推向后台推向远端,而将社会的细胞——家庭推向前台,推到了聚光灯下。在《状元镜》的开头部分我们似乎嗅到一些辛亥革命的火药味,感受到些微的紧张气氛,但随后作者的笔锋就转向了对三姐与张二胡家庭纠纷和秦淮两岸车行酒肆、市井泼皮的琐细描写。《追月楼》中对丁老先生和他的大家庭的描写似乎让我们重温了一些现代文学作品如《家》《财主的儿女们》中的故事与场景,但在文本的组织结构和主题意蕴上却更多地看到了张爱玲、苏青与张恨水小说的遗风流韵。

比如在以《家》为代表的文本结构中,旧家庭是封建保守与腐化堕落的象征符码;封建家庭与年轻的叛逆者代表了社会力量与时代精神的两极(新与旧、专制与民主),二者的矛盾冲突成为文本叙事的驱动力,也是文本组织与结构的基本线索。在这一两极结构中暗含着进化论的基本观点,而作品通过新生力量的叛逆("出走"或"告别"的叙事模式),则传达、肯定了个性主义的反封建与启蒙主题的革命性情结。而叶兆言的《十字铺》看上去非常像对这一文本结构模式和主题模式的有意反讽和全面解构。首先,它所描写的"家庭"背景由以宗法与血缘相联结、四世同堂、长幼主仆有序、等级森严的家庭转换为以妓院为家的无血缘的组合家庭,家长南山先生是个旧式文人,以嫖丑妓为乐,民国以后干脆搬到妓院里居住,他与女儿真珠、学生季云既保持着父女、师生的关系,又像朋友一样往来过从。这一家庭背景显然是对封建家长制家庭的有意改写。南山先生这一家长形象也遽然有别于高老太爷(《家》)这种道貌岸然、封建腐朽的传统形象,性格中有封建文人放荡腐朽的一面,又有不拘小节、自由平等的可爱的一面。从文化释义的角度来说,《十字铺》中的"家族"概念已经逸出了传统文本对其所做的基本设定,即作为封建、保守的堡垒,作为新生力量的对立面与否定物这一象征性语境。

而从这一文本的主体结构来看,同样显示出一种反常规、反传统语境设定的新的文本指向。文中的季云与士新分别代表了结构主义的两极,两个对立项。季云才华横溢、风流潇洒,士新形象枯燥、举止猥琐;季云浪漫率真、敢爱敢恨,充满活力与行动性,而士新唯唯诺诺、讷言少行。因此,无论是从传统的中国文学语境还是从西方的传统文学语境中来看,季云都是一个"主人公",他的原型,是"风流才子"或"白马王子";而士新只是个配角,他的原型是牵马缀蹬的仆从马弁或端茶侍衣的"红娘"或"小矮人"。按照传统的文本思路,故事发展是"才子佳人"(应该说明的是:中国现当代文学并没有改变这一传统结构意象,只不过将"才子"与"佳人"赋予了不同的时代特征与意识形态色彩,从张贤亮与贾平凹的作品中可以明显地看出这一结构意象)或"白雪公主"式的浪漫化、理想化的结局。但《十字铺》的文本结构显然是反传奇、反浪漫化、反理想化的。

在人生与仕途这条线索上,季云选择了一条理想化和革命性的道路,他接受新思想,从事着启蒙民众和推翻政府的事业,走的是宁折不弯和"有信仰"的理想化的人生道路。但他锋芒毕露、才华横溢,以硬碰硬的姿态却使他的生活每况愈下,以至流离失所,客死他乡。而士新虽然木讷,缺少才华,但他拒虚务实,以等待和耐心见机行事;藏锋守拙,以柔克刚,竟至于平步青云,官运亨通。他的生活道路虽然缺乏浪漫与精彩的插曲,缺乏理想与激情,但却显示出了务实的力量与通达。所以,最后在二者的关系中,士新俨然成了一个赢家,一个救助者,一个主动项。对比故事开始时,他被季云所庇护时的被动、低下的人格地位,这一结局的确给人以出乎预料的惊愕,对传统的审美心理与文化心理是一次强烈的挫伤与打击。

在季云、士新和真珠这三个人物关系结构中,真珠是个变项,她的取舍向背决定了爱情向哪个方向倾斜,而且这种取舍本身透露出文本的爱情观与价值取向。真珠是季云的未婚妻,而且应该“顺理成章”地成为他的妻子。这不仅因为士新认识季云之前已经是一个先在的事实,而且就季云和士新的人品、才华相比,季云都应该是爱情上的胜利者。事实上,在他们交往的初期,士新只不过是作为一个陪伴者而存在的,连他自己都不敢有任何非分之想,以为那是“癞蛤蟆想吃天鹅肉”。但爱情的结局是那样的出人意想,士新竟然将真珠这只快煮熟的“天鹅”从季云口中掠为己有,这中间虽然有些偶然的因素在起作用,但真珠最终托身士新决不是一时冲动,而是经过深思熟虑后的理性选择。在爱情的角逐中,季云又成为失败者,这又是一个反常规理路的结局。

《十字铺》这种反常规、反传统逻辑的文本结构包含着这样的意识倾向:传统的爱情至上的浪漫主义、真理至上的理想主义其力量实际上是脆弱的;一种务实的生存选择和可靠的生活保障比精神性的美貌、才华和思想进步更有力量,更有诱惑力。这种意识倾向与“新写实小说”所表现出的极端世俗性的价值观如出一辙,与传统文学中那样高昂的理想主义和浪漫主义已经构成了意识鲜明的对立与消解。

二

“新历史小说”对“十七年”长篇小说进行消解的第二个明显特征

是：伴随着叙述视角的变化，文本的组织与结构原则突破了以自然时序构造客观性历史的传统模式，一种以“记忆”为摹本，时序互相穿插颠倒，历史与现实、故事和话语相互纠缠和新的文本组织原则解构了历史自我起源、自我发展的自在性和客观性，历史成为一种叙述的权力，成为“他的故事”。

我们能够注意到，在传统的现实主义作品中，特别以“史诗”自律的长篇小说的创作中，叙事方式上大都以第三人称全知全能的叙事视角来组织构造自己的想象世界。全知全能的第三人称叙事，给人一种事件在某一时段自然发生、发展、结束的纯然的客观性的印象，而且全知全能的叙述人在文化上的“代言人”身份也给人以庄重、神圣、值得信赖的语态感觉。这就是说，全知全能的第三人称是这样一种叙事秩序，具有这样一种结构功能，即通过“他”来呈现的历史具有一种独立自足自我呈现的特征，因此而具有客观性和历史性。罗兰·巴特曾结合本文语言的时态特征谈及第三人称全知全能叙事所具有的虚构秩序的功能。他说：“正是由于简单过去时，动词才默契地构成因果关系的一环。它参与一个相互关联并有一定方向的总体活动，起着类似意向代数符号的作用。由于时间性因果性总是不能截然分清，因此，需要一种伸展，即一种叙事的才智。鉴于此，它才成为创造大千世界的理想工具；它是天体起源、神话、历史和小说的人造时间。它虚设一个有结构的、超然的、精致的、只限于一些有意义的线条的世界，而不是一个掷出的、推开的、外现的世界。在简单的过去时的背后，隐匿着一个造世主，这就是上帝或叙述人。”①虽然汉语没有动词时态的语法特征，但全知全能的第三人称叙事通过时间性与因果性的重合，通过所谓“客观呈现”而赋予世界以秩序和客观性的“书写”特征都是一致的；而且，汉语言文学的现实主义叙事通过把“过去时”改变为“现在进行时”，而使历史的历史性转换为一种现实的实在性，通过现在时态的叙事，达到指认“这就是历史本身”的目的，因此，这是一种更为直接

---

① ［法］罗兰·巴特：《写作的零度》，载《西方文艺理论名著选编》（下），北京大学出版社1987年版，第450页。

的、强有力的意识形态的再创造。

"新历史小说"当然不可能改变文学写作的意识形态特质，而成为"非意识形态写作"，但它通过叙事话语的再度编码，通过改变"客观呈现"的面目，通过凸现历史的个人性（记忆性）、偶然性、非逻辑性改变了传统历史文本客观性、因果性、必然性的秩序特征，从而改写传统的意识形态结论。

"新历史小说"在叙事方式上的明显变化就是通过将全知全能的外视角改换为限制性的内视角（第一人称"我"和第三人称替代叙事人），从而使被叙述的事件（历史）打上了个人性、秘密性的印记，变"客观呈现"为"主观呈现"，历史事件内部的关系性质被重新叙述、重新解释，历史事件的意义内涵被翻新或改写。这里也许有必要提及三位具有象征意义的作家：乔良、莫言和李晓。

乔良的《灵旗》也许是"新时期"以来第一部有意识地突破"十七年"以来文学历史话语的"正史"意识的作品。《灵旗》所叙述的内容是红军长征这一重大历史事件中的一部分。而长征作为一个意识形态事件通过新中国成立后各种艺术形式的反复叙述，它的意义已经远远超过了这一事件本身，而且它的形态与"语义"是基本已经被"钦定"了，但《灵旗》通过改变全知全能的作者叙述人，由参加湘江之战的青果老爹（事件中的"那汉子"，他是一个逃跑的红军战士，堕落为赌徒、无赖，加上对他参加红军动机的追述，可以看出作者小心翼翼地把他的行为看作是个人性的，从而避免一种尖锐的政治意识形态纠纷）来"回忆"那场战争，从而给这段历史打上了鲜明的主观性和个人性的印记。正是由于这种"个人性"的叙述，湘江之战的性质已经不像"正史"所描述的那样清晰明了了。"蒋军"、民团甚至普通百姓对红军的残酷杀戮，"那汉子"（具有红军的身份）同样残酷的报复，使那段历史充满了血腥的意味。在这里，历史进步论观念引导下的战争的合理性第一次受到人文主义的诘问与挑战。乔良通过全知全能的叙事人退出文本，而将个人性的第三人称叙述人引入叙述的方式改变了历史叙事的传统模式和结论，将人文主义导入历史领域，在一无缝隙的权威意识形态话语中撕开了一道裂缝，使我们看到作家站在终极的人文价值立场上进行历史叙事的可能性，知识分子的意识形态开始渗入文学历史文本。

莫言的《红高粱》通过“我爷爷”“我奶奶”这种独特的第一人称叙事，将历史置于现实或者说是“当下”的统筹与调配之下，“历史”失去了原来的自我起源、顺时发展和结束的时间与因果逻辑，也失去了历史的庄严色彩，因为“我”的叙述，在历史的民族与阶级关系中间强行楔入了家族与血缘的因素，历史变得具体、琐碎和“性感”起来了，已不像黑格尔的历史哲学所描绘的那样具有强劲的不可辩驳的进步性和庄严的整体意志。

李晓的文学历史话语的言说似乎是在默默无闻中进行的，没有像乔良、更没像莫言那样引起广泛的注目，但《相会在K市》和《叔叔阿姨大舅和我》却将他置于一个非同寻常的地位。在叙事方式上，李晓与乔良和莫言类似，都是通过“我”或第三人称的限制视角对历史事件的反顾、重述来再造历史话语，但他的侧重点显然放在了对历史事件细节的考辨，他的写作让我们意识到有些历史的细节是多么的重要，同时又是多么容易被忽略、被错置、被误解，一些重大历史结论的形成恰恰就建立在这样一些脆弱、微妙的历史细节上面，阅读李晓的历史小说，会让你对诸多历史结论产生强烈的不信任感，而这恐怕恰恰就是他历史叙事的目的之一。

乔良、莫言和李晓的创作可以被看作“新历史小说”的滥觞，20世纪80年代末90年代初的大部分“新历史小说”作品都体现出与《灵旗》《红高粱》《叔叔阿姨大舅和我》等相似或相同的叙事特征。如苏童的《一九三四年的逃亡》《罂粟之家》等“枫杨树乡村系列”小说通过叙述人“我”穿行于历史与现实、实在与幻觉、内心与外界等不同的经验之间，成为切割历史将其缝合进自我的内心经验的针线与推进器，从而将客观性的历史改写成一种心理体验和抒情的对象。这一叙事特征与《红高粱》的叙事特征是类似的，或者说是在《红高粱》叙事经验的基础上，将自我的心理经验、抒情特征进一步加强了，而将历史事件作了更加主观化的切割，从而使其客观性减弱了。而像苏童的《妻妾成群》《红粉》，格非的《敌人》，刘恒的《苍河白日梦》《冬之门》，余华的《活着》等作品则采用了具有边缘性意识形态特征的第三人称叙述人,从而将"自我"的历史改写为"他者"的历史。这些由妓女、小妾、家庭奴才所叙述的历史故事具有了一种更加幽深、古朴、破败而苍凉的意味,虽然事件本身具有了客观性特征,但这种客观性与由全知全能叙述人讲述的历史事件有了巨大的偏差,这是一种"他者"的客观性历史。这种通过"他者"重构历史的叙事特征与《灵旗》的叙事方式是一脉相承的。

"新历史小说"通过改变叙述人的性质,实际上也改变了文本的经验内容、经验方式,从而也改变了文本的组织与结构原则。一个有目共睹的事实是,"新历史小说"的故事是以"回忆"来讲述的,这与全知全能的叙述人所讲述的有着自我起源和自足逻辑的线性故事存在着本质的不同。它们分别指向两种不同的经验,前者指向的是"记忆",后者是实在的事件(尽管有时是虚构出来的)。而记忆是这样一种经验:强烈的个人性与情感性,由于各种各样的原因,记忆性事件的时间先后会常常错置打乱,无法进行因果逻辑的归纳或者归纳是错误的;由于各种各样的原因,故事会产生增殖或省略的现象。因此以"记忆"为叙述经验,它的文本就不可能像以客观事件为经验对象的文本那样具有前因后果、头头是道的逻辑性和必然性。如果说"十七年"长篇小说追求的"史诗结构"以重大的历史史实为蓝本的叙事风格具有一种"泥史"和"拟科学文本"的特征的话,"新历史小说"却明显地具有了跳跃性、抒情性、隐喻性等"诗"性与"诗"体特征。

首先表现在以顺序时间涵纳因果逻辑关系的"情节结构"被打破,由一个现在时态的抒情与叙述主体(抒情与叙事功能在不同作家的作品中其轻重主次是不同的,但抒情的功能都非常明显)通过预叙、倒叙、自由联想,甚至是通感等叙事和抒情手段将"顺序时间"打破,将事件以新的组织与结构原则进行重组,历史事件本身的那种前呼后应、前因后果、"道"貌岸然的姿态被打破,而是以非整体性(事件的零散、破碎)、非因果性(时间先后与因果逻辑相重合的关系被斥解)的状态而存在,而在整体性与因果逻辑基础上自然生成的一些观念,如必然性观念、决定论、历史进步论思想等被自动消解。

这种新的组织与结构原则在苏童的“枫杨树乡村系列”小说中是一组具有强烈的抒情性和象征性的意象和意象间的隐喻关系。比如“乡村”与“城市”就构成了《一九三四年的逃亡》中的两个中心意象，而每个中心意象又由一组不同的象征性人物与意象组成。构成“乡村”这一意象的中心人物是生殖力旺盛的祖母蒋氏与血脉衰竭却以收集少男少女的精血为能事的变态男人陈文治(这两个人物都是象征化的,蒋氏是生殖与地母形象的象征,陈文治则代表着乡村中的权力、财富,却在生殖与血缘上走向衰败与变态),而干草堆、竹子、黑砖楼等则构成了“乡村”的辅助性意象。蒋氏旺盛的生殖力与陈文治的性无能表明,“乡村”中两种基本权力生殖与财富的严重错位(作品中陈文治在他的黑砖楼上用望远镜注视蒋氏生产的情景就是这一错位的象征),这一错位的进一步发展就是蒋氏在为陈宝年生了八胎、经血断流之后被陈文治用花轿抬进了他的黑砖楼。这一悲观与宿命的结局和贫困、瘟疫等共同构成了“乡村”破败、萧条与晦暗的景象。

构成“城市”这一中心意象的人物是小女人环子和小瞎子以及花花绿绿的衣服、码头、火车站、竹器铺等辅助性的意象。环子是城市中性与物质欲望等诱惑性的象征,小瞎子则象征着阴谋与陷阱。

而将“乡村”与“城市”联结起来的中心人物是陈宝年和他的儿子狗崽这些“逃亡”者形象。与“乡村”破败不可避免一样,这些逃亡者在“城市”中的命运同样是腐烂与颓败,陈宝年死于小瞎子的阴谋与暗算,狗崽同样在小瞎子的诱惑与调唆下死于性的自渎。“我快死了……我要女人……我要环子!”这是狗崽临死前发出的最后的呼喊。对于来自“乡村”的逃亡者来说,“城市”是一面欲望的旗帜,也是一口死亡的陷阱,在《一九三四年的逃亡》乃至整个“枫杨树乡村系列”中被作者意象化了的“乡村”与“城市”表现出作者悲剧性和悲观性的记忆与理解。

在刘恒的《苍河白日梦》中,历史呈现出“他者”——一个与作者地位、作者意识相距遥远的“边缘性”人物,一个百岁的家庭奴才——的“记忆”。时间流水的冲刷与叙述人的“边缘性”身份,呈现于“他”记忆中的历史就是一部唠唠叨叨、断断续续、半晦半明、神神秘秘、嬉笑怒骂的“历史”，与以“正史”面目出现的“十七年”小说的那种严正的色彩、庄重肃穆的气氛，事件之间环环相扣、有因必果的逻辑性、必然性相比，具有了明显的分野。既然讲述的是“记忆”，是一种被偶然照亮、偶然触发的过去的特殊经验，作者明智地选择了一种与此种经验相适应、相协调的文本结构：日记体。在一讲到长篇小说，尤其是历史小说，就要以“史诗”相规范，就要在规模宏大、人物众多、头绪繁复、反映本质等“上规模”上层次的文学语境中，而作者用“日记体”来结构长篇小说，显然是一次意识明确的尝试，是作者进行对历史的“再叙述”“再创造”的写作活动中的一个有机的步骤。

在传统的写实性作品中，尤其是长篇小说的创作，主要人物的思想历程、性格的构成过程常常是作品结构所赖以形成的主要依据，所谓“人物形象的性格逻辑”往往是标榜现实主义文学观的作家自我规范、自我约束的艺术规律。虽然在大多数的作家笔下，人物性格的主体性、内在的丰富性与自主的逻辑得不到尊重，而是被做了观念化、物质化的曲解，但至少大多数作家在观念上是把人物放到了结构中心的位置上。特别是像林道静、周炳、梁生宝等“成长型”的人物形象，他们的思想历程、世界观的形成过程、性格的成熟过程被放在政治、经济和社会思潮的广阔背景中作了社会学与政治经济学的描写与归纳，他们处在了作品结构中心的位置上，是作品主题得以形成的主要载体。而“新历史小说”的诗体化特征除了表现在对传统情节结构与事理逻辑的消解以外，还表现在对人物性格逻辑的消解和对人物作社会学与政治经济学解释与描写的传统思路的改写，人物形象大都被虚拟、象征化是作品整体隐喻框架的一个组成部分，是众多意象中的一个意象，不再具有或很少具有传统写实小说中作为整个故事线索的结构功能与作为整部作品思想意蕴承担者的主题表现功能。张炜长篇小说《古船》中的隋不召这一形象就具有明显的意象化、象征化的特征，与作品中其他写实性较强的人物如赵多多、隋抱朴、隋见素等相比，其抽象性及虚拟性非常明显。隋不召在《古船》中的出现或许正预示了张炜在《九月寓言》中对人物形象所做的全面探索。《九月寓言》改变了以某一个或某几个人物为中心，在社会学的层面上以历史唯物主义为指导对其进行性格演绎的传统文本结构模式，其中的人物形象主要不是表现为社会学、文化学和心理学意义上的“性格”，而是存在意义上的与“自然”(大地、月光、水等共同构成)共存的“生命”或曰“生灵”，几乎没有一个人物被放到一种“三部曲式”的性格成长模式中来塑造，而是描写了诸多人物在“大地”处于异常状态时的不适感，他们表现为单一的情欲，是一种虚拟化、意象化人物，而不是立体的、多侧面的性格化或典型化人物。因此，《九月寓言》的结构原则既不是因果性的事理逻辑，也不是所谓性格逻辑，而是以隐喻为基础的，类似于《圣经·旧约》那样的寓言故事，虽然描写的是具体的人和事，但它并不像性格化小说那样导向具体的意识形态结论，而是导向对人与人、人与自然关系的思辨性和哲学性思考。

即使在那些写实性较强的“新历史小说”中，一些主要人物虽然具有明显的性格化、典型化特征，但仍然与传统的写实品格的小说，如“十七年”中的“革命历史题材”小说中的人物形象有明显的不同；或者说，“新历史小说”中的人物形象，即使那些性格化特征明显的人物形象，作者也有意识地进行了与传统的偏离与改写，他在人物性格的审美因素中添加了传统性格所不具有的新内容；或者说，“新历史小说”对性格的塑造不像传统写实小说那样把人物放在社会与历史这一平面性的时空坐标中加以刻画与表现，人物形象具有一种理性的单一色调，甚至是一种唯理主义的机械性和物质感，“新历史小说”显然增加了对人精神现象学内涵的探索与表现，精神分析学意义上的性格固置、性变态、心理情结等成为这些人物形象性格构成的主要内容，因此，“新历史小说”中出现了大量的具有单一的心理情结的“变态人物”，如《苍河白日梦》中的二少爷、《妻妾成群》中的少爷和叶兆言的《半边营》中的阿米等人物形象。

《苍河白日梦》中的二少爷是一个受过西方民主思想启蒙和科学教育的知识者形象，对贫苦民众充满了同情，希望通过科学救国，而且，作为旧民主主义时期的先觉者，他也受到了当时广泛影响中国的无政府主义社会思潮的影响，从事着一些诸如私造炸药、暗杀等危及清政府的无政府主义的反抗活动。就上面提及的这些特征而言，我们能够在20世纪文学中找到他的不少同路者,如巴金《灭亡》中的杜大心以及《雾·雨·电》中的诸多“革命者”形象,路翎《财主的儿女们》中的蒋纯祖等。但是,这一形象的异乎寻常的地方在于他的偏执,童年人格的固置、厌女倾向及性无能、自虐狂等个人心理方面的“变态”特征。正是这一点,又使他与他的同路者分道扬镳,具有一种个性与精神现象方面的独特性。上文提及的《妻妾成群》中的少爷及叶兆言《半边营》中的阿米等形象也同样扩充了其个性及心理内涵。

“新历史小说”中的“变态人物形象”固然增强了人物的心理深度和精神分析学的价值,使人物形象的个性特征与感性特征得以突出,但它又同时削弱了人物的社会及历史内涵,削弱了人物的辐射能力与结构能力。“新历史小说”增强了人物的“深度”,但削弱了人物的“宽度”与“长度”,这可以看作“新历史小说”对“十七年”长篇小说史诗意识与“史诗结构”的改写。这种改写很大程度上将文学文本的“意味”由政治经济学、历史哲学等政治意识与历史意味的层面转向了哲学、心理学、精神现象学的层面。

“新历史小说”通过选择家族史这种更具私密性的题材和“边缘性”的叙述人等叙述策略,使它们观照到了被传统的历史题材小说,特别是“革命历史题材”遗漏的另一面:历史进程中普通的、世俗的,不具有明显意识形态色彩的部分;在“新历史小说”中,历史变得更感性、更具体、更具世俗性与民间色彩;从某种意义上来说,它是对“正史”(政治史、阶级斗争史)的一种补充,赋予历史以“血肉”。但文学编码有自己的规范,“新历史小说”在选择机制与叙述策略上的变化所带来的思想与意识结论就不仅仅是“补充”,而常常是对传统历史观的颠覆与消解。正像传统的历史观无法自明地宣称是正确的一样,“新历史小说”的历史意识与历史观念应该明智地被认为是一种言说、一种话语,而不是被视作一种权威、一种真理。否则我们会走向一种新的话语独白与文化霸权。

英雄主义主题与“新写实小说”

一

英雄主义是当代文学精神史上最炫目的主题之一。但这一主题到目前为止的流变过程及其轨迹也许能引起我们深深的思索。

单就“英雄主义”这一主题而言,20世纪五六十年代的文学也许已经将它发挥到了极致。从郭小川的《向困难进军》、贺敬之的《雷锋之歌》等诗歌作品对“英雄主义”的纵情歌唱,到《红岩》《红日》《红旗谱》《创业史》《欧阳海之歌》等小说对英雄人物日益炽烈的景仰赞颂之情,让我们感到这是一个比任何时候都更崇尚英雄主义的时代。

十年“文革”之后的新时期文学似乎开始了一个“再叙事”的过程,在文学精神上,经历了一个将“人”重新找回来的过程,因此,在“伤痕小说”与“反思小说”等新时期初期的小说思潮中基本上是以批判的方式对人性、人道、人权的肯定,而英雄主义、理想主义似乎还是奢侈的精神装饰。正面展示英雄主义的作品出现在局部的、特殊的传统的题材领域:军事题材与改革题材。前者如《西线轶事》《天山深处的大兵》《高山下的花环》,后者如《乔厂长上任记》《开拓者》《男人的风格》《花园街五号》《祸起萧墙》等。这些传统题材的小说表现的英雄主义也是传统的、古典的,是在集体与个人、人民与自我的冲突与矛盾中,通过弘扬、肯定集体与人民的利益,否定自我和牺牲个人而成就的一种悲壮而神圣的英雄主义，与20世纪五六十年代文学中的英雄主义精神是同质同构的。

一种新质的英雄主义似乎是伴随知青题材小说的蜕变过程而出现的。孔捷生的《南方的岸》，王安忆的《本次列车终点》，梁晓声的《这是一片神奇的土地》《今夜有暴风雪》《雪城》，张承志的《老桥》《大坂》《黑骏马》《北方的河》，蒋子龙的《赤橙黄绿青蓝紫》等作品中的主人公试图摆脱“旧梦”走向“新岸”，在这样一个反思和脱胎的过程中逐渐从初期“伤痕小说”中的“感伤的”“愤怒的”的情绪中走出来，重新点燃、升腾起理想主义和英雄主义之火。但和传统的理想主义和英雄主义有所不同的是，新质的英雄主义灌注和渗透了澄明的理性思考和个性主义的特征。在易杰（《南方的岸》）、陈信（《本次列车终点》）、肖疙瘩（《树王》）、解净（《赤橙黄绿青蓝紫》）等人对“新岸”的憧憬与“旧梦”的作别中，在他们的英雄主义和理想主义情怀中包含着深思熟虑的理性反思和对自我实现的热切关注和充分肯定。尤其是出现在张承志小说中的那个主人公“我”，他的英雄主义和理想主义是包涵在自我实现、自我超越的思想之中的，具有极强的个性主义和人本主义的色彩。

1985年前后出现的刘索拉的《你别无选择》《蓝天绿海》《寻找歌王》，徐星的《无主题变奏》，刘西鸿的《你不可改变我》《黑森林》，刘毅然的《摇滚青年》等被指认为中国的“现代派小说”。我认为这样被指认的主要原因是主人公所表现出的那种激烈的个性主义的反传统性，他们是以传统文化精神的叛逆者而不是继承者的面目而出现的。他们的文化个性不仅与林道静、梁生宝、江涛（《红旗谱》）这样一些集体主义和“人民文化”语境中的年轻英雄不同，而且也与易杰、解净和张承志小说中的硬汉“我”等个性主义文化语境中的英雄也划出了深深的沟痕。他们的英雄主义或许正表现在传统的对峙和对自我、对个性的纯粹性的坚守。把他们与西方文学中“迷惘的一代”“垮掉的一代”直接比拟或许是不恰当、不准确的，但我们确实明确地看到他们的“英雄主义”已失去了理想主义（与社会和民族利益相结合的理想主义）的陪伴和护持。失去了社会理想主义强有力的护持，单纯的“英雄主义”变得日益空洞、乏力，失去了充盈的社会与道德内涵，它几乎成为“不合作”和“标新立异”的代名词。

这或许标志着一种文化上的开端，即一种非社会化、非建设性的消解文化开始具有了流行的背景。我们看到，王朔笔下的“顽主”们在叛逆的道路上更向“前”跨出了一步，他们的“不俗”，他们的“英雄气”不但失去了社会理想主义的护持，而且也失去了“正义”的支撑，他们在赤裸裸的个人主义和经济俗利主义的牵引下干着反秩序、反道德的勾当，英雄主义发生了畸变，走向了它自己的反面。

当代文学中英雄主义的底蕴由社会理想主义到个性主义再到赤裸的个人主义的变化轨迹，显示出令人悲哀的“精神滑坡”。这种“精神滑坡”现象不仅表现在王朔小说中个人主义和俗利主义的精神畸变，还表现在“新写实小说”中的“非英雄主义”和庸人气息的流溢。

对于“新写实小说”，人们最明显地观察到的是它对生活形态的日常性、世俗性的内容的侧重。与传统的写实小说将经验性的内容抽取为阶级矛盾与阶级斗争不同，“新写实小说”似乎走向了另一个极端，将日常生活、吃喝拉撒睡等推举到了本体性的地位上来。传统的现实主义小说强调要创造典型人物就必须创造典型环境，这种典型环境是对政治经济关系的本质性概括；“新写实小说”也创造了自己的典型环境，但这种典型环境恰恰淡化了政治经济关系等经验内容，而特别推重人的工作起居、邻里悖忤、家庭纠纷等日常性经验。如果用一个已经熟烂的概念表达的话，“新写实小说”推重的不是人的生存关系中作为本质内容的“生产关系”，而是作为表象存在的“生活方式与情感方式”。“新写实小说”的这种“典型环境”被意象化为“烦恼人生”这一压抑而沉重的生活命题。在《烦恼人生》中写工人印家厚从早起床到日落归家一天的生活流水账，这一天中充满了各种各样的“烦恼”和“不如意”：住房拥挤、厕所拥挤、汽车拥挤、奖金分配不公、爱情失意。生活成了一场沉重的劳役。在《风景》中，“河南棚子”里猪狗一般的生活与亲子手足之间的仇视和互相折磨，更是一片独异的生活与人性的风景。在《单位》《一地鸡毛》中，人与人之间相互猜忌、钩心斗角，为了入党、调干、分房子，不得不拉关系，走后门，为了生活必须排队买菜,哄孩子,与老婆口角,应付老家来人。这样的“单位”、这样的“家”终于使满怀理想、锋芒毕露的大学生小林变成了一个庸庸碌碌的人。小林“半夜做了一个梦,梦见自己睡觉,上面盖着一堆鸡毛,下边铺着许多人掉下来的皮屑,柔软舒服,度年如日。又梦见黑压压的人群一齐向前涌动,又变成一队队祈雨的蚂蚁”(《一地鸡毛》)。这是一幅挣扎于堕落边缘时的心理幻影,是对“单位”和“家”这些压迫性的生存环境充满恐惧的梦魇。叶兆言的《艳歌》中描写的爱情与家庭生活的确是自造的“围城”,细如流水又无穷无尽的日子只是将双方折磨得更彻底,“艳歌”变成一个彻头彻尾的反讽。总之,“烦恼人生”的意象成为覆盖“新写实小说”的典型意象。这一典型意象让我们看到,“新写实小说”在摒弃生活中的本质内容与意识形态经验,仅仅抓取到日常性经验与生活现象后,实际将生活中诗情与理想性的一面给舍弃和隔绝掉了,生活只呈现为“烦恼”、灰暗、一地鸡毛般(这一意象很容易让我们想起鲁迅先生的“铁屋子”的那一著名比喻,鲁迅先生将辛亥革命前后喑哑的生活与文化氛围比喻成“一无可进的进口,一无可出的出口”的铁屋子,表示出自己心情的焦虑与沉重。“一地鸡毛”的意象似乎是一个更加纷乱,消磨热情、意志与理想的“无物之阵”,作者的心情是无奈怅惘而沉重的)纷乱、沉重的“风景”。

在日常性和世俗化的“烦恼人生”面前,“新写实小说”中的人物普遍表现出对理想主义的厌弃,对激情和浪漫生活的拒绝,而无可奈何地认同于日常生活中的现存秩序;传统文学中对理想主义的炽热向往,对改造社会而达成人人平等、世界“大同”的乌托邦冲动,对人生的价值及意义进行形而上思考的真诚与执着,都被日常性的生存经验、被“好好过日子”的世俗性号召所取代。王朔小说在消解传统文学精神至上、意义至上的崇高和理想化的价值形态时建立了一种新的世俗化的乌托邦幻想,即过一种体面的中产阶级生活;在汰除以社会为己任,以彼岸性、终极性为人生追求的“古典英雄”的同时,还创造了自己的“痞子化”的“当代英雄”。与之相比,“新写实小说”似乎透露出更加透心彻骨的悲观主义、世俗主义和投降主义。它摒除了任何理想主义和英雄主义的情结,其基本信念就是“冷也好热也好活着就好”。

二

传统文学中的理想主义与英雄主义(理想主义与英雄主义两种精神价值其向度虽有所不同,但两者的存在几乎是不可分的,是两种互为表里的积极的价值形态)有两种价值向度。

其一,是将人生理想与改造社会相结合,社会理想的实现及其为之奋斗甚至牺牲,是人生理想的替代方式。这种理想主义和英雄主义包含着巨大的充盈的道德与伦理内涵;这种包含着丰富的“善”的内核的理想主义与英雄主义主题构成了文学价值的主要形态。无论是周大勇(《保卫延安》),沈振新(《红日》),江姐、许云峰(《红岩》),杨子荣(《林海雪原》)等这些战争中的英雄,还是像梁生宝(《创业史》)、刘雨生(《山乡巨变》)、阎兴(《在和平的日子里》)等这些在“和平的日子里”的行进人物,都是将自己融入改造社会,建立幸福未来的伟大事业中,他们的理想主义与英雄主义因为具有“善”的内核而变得崇高而悲壮。或许具体到某个人物形象的塑造的确存在着拔高、“虚美”缺陷,把它视作唯一合理的价值尺度并成为排斥其他精神主题的理由也给当代文化生活带来消极影响,但作为一个形象群体所表现出来的精神力量和价值形态本身,这种以“善”为核心的理想主义和英雄主义是时代精神的真实写照,决不应该被否定。

在新时期小说中,虽然其主要的精神特征是批判的向度,表现出对“人”的尊严与价值的呼唤,主要价值形态是人道主义,但理想主义与英雄主义并没有寂灭。乔光朴(《乔厂长上任纪》)、陈抱贴(《男人的风格》)、李向南(《新星》)、郑子云(《沉重的翅膀》)、隋抱朴(《古船》)等改革者形象和梁三喜、靳开来(《高山下的花环》),刘毛妹(《西线轶事》),郑志桐(《天山深处的大兵》)等军人形象身上仍体现出理想主义和英雄主义的强大精神感召力。即使同样以生活日常性与世俗性内容为描写对象,《李顺大造屋》《“漏斗户”主》《人到中年》《普通女工》《流逝》等仍表现出力图穿透这种世俗性生活达到一种非世俗的价值认同的努力。李顺大、陈奂生、陆文婷、何婵、欧阳端丽所过的无非是吃饭、穿衣、造屋、上班等日常性的世俗生活，但是这些日常生活内容表现为它的不平常、不如意，表现在它对精神与人性的否定与伤害。或者说，这些作家恰恰是在物质/精神这种二元对立的价值框架内坚定站在了"精神"一边，批判了"物质"、日常生活的庸俗性，其背后仍然是改造社会与精神至上、人文至上的理想主义、英雄主义和浪漫主义。陆文婷、何婵身上表现出的那种柔韧、坚定、执着的精神与信念是理想主义与英雄主义在新形势下、新的社会生活面前的新的表现形式与新的形态特征。

但"新写实小说"的创作取消了精神至上这一传统的价值立场，物质生活、日常的生活经验成为唯一的存在，被本体化甚至是浪漫化、理想化。没有了崇高的精神价值立场映衬与导引，物质与日常性生活经验成为唯一的、最终的经验，"过日子"成为目的，无论日常生活是"诗性的"还是"烦恼的"，你都得接受，都得认同。"生活就是这样""冷也好热也好活着就好"，社会改造的主题，理想主义与英雄主义的主题统统消解于这种日常经验当中。

在《烦恼人生》的文本结构中，存在着物质/精神，世俗性的生活经验/浪漫化的精神理想这种二元视角，日常性经验——孩子掉床，上厕所，吃饭，挤车，上班迟到，奖金分配，托儿所的经历，被工会抓差，下班回家听到住房拆迁等贯穿在主人公印家厚一天的行动线上，这是一个外在的明显的叙事线索，这一线索的叙述意识突出了生活的琐碎与"烦恼"。作品还有另一条线索即隐附于行动线上的印家厚的心理活动，是印家厚对琐碎、"烦恼"的日常生活所做的精神反应，以回忆的形式表现出来。这两条线索表现的是两种经验，前者是当下的现实经验，后者则是记忆（提及的主要经验性事件是初恋、下乡生活），实际代表的是青春、爱情与理想。这两种经验两种视角恰恰构成了这部作品的叙述张力，但与传统文本最大的区别在于，叙事的归依不是理想与精神对世俗性生活的超越、改造与征服，张扬理想主义与人的主体精神；恰恰相反，而是表现为生活逻辑对人的改造，现实原则来修正理想、使之纳入世俗生活的轨道。"少年的梦总是具有浓厚的理想色彩，一进入成年便无形中被瓦解了……他只是十分明智地知道自己是个普通的男人,靠劳动拿工资而生活,哪有工夫想入非非呢?”“雅丽怎么能够懂得他和他老婆是分不开的呢?普通人的老婆就得粗粗糙糙,泼泼辣辣,没有半点身份架子,尽管做丈夫的不无遗憾,可那又怎样呢?”这种对普通身份的认同,成为放弃做梦、放弃理想的理由。如果把上边这段话与张洁(《爱,是不能忘记的》)中钟雨的女儿说的一段话相比,我们就清楚地知道印家厚这一形象身上究竟失去了的是什么。她说:“别管人家的闲事吧,让我们耐心地等待着,等着那呼唤我们的人,即使等不到也不要糊里糊涂地结婚!”这里虽然仅指的是一种爱情观,但它表明了对理想和信念一种毫不妥协的坚守。这一对比表明,《烦恼人生》的写作已经从浪漫主义和理想的精神立场抽身,而皈依于物质化、实在性的生活逻辑与现实原则;文学不是指导人们以精神的高尚、理想的丰满、充盈与灰暗、“烦恼”的生活抗争,而是说服人们接受、认同它,向它妥协。在《单位》与《一地鸡毛》中,小林这一逐渐“平庸化”的人物形象包含了非常丰富的社会生活内涵和文化信息:社会转型中世俗化的社会生活使人走向务实和实用,加上不正常的社会现象、权力的异化、家庭生活的琐碎、平庸的一面都对理想主义和浪漫主义构成了强有力的消解;从文化上来说,也反映出知识分子从人文化、精神至上的写作立场退却的文化现实。但若从“大文本”这一角度解读小林这一形象的话,他的思想性格特征与林道静、梁生宝、陆文婷、解净、何婵等形象类型崇高或优美的美感特征形成了鲜明的对比,构成了“互文”,映衬出小林和小林生活其中的这一时代在文化上的苍白与平庸,从这种意义上来说,小林的出现未必不是对生活的批判与反讽。但这种大文本式的阅读与批评同样需要批评者的眼光与勇气,特别是需要批评者站定人文主义和精神至上的价值立场,否则小林的批判与反讽意义是很难发现、发掘,是无法被接受的,只能助长精神失败主义的文化颓风。

其二,文学中的理想主义和英雄主义还有一种价值向度,即表现在对人生价值与意义的追问,表现在对平庸生活与平庸人生的永无止境的超越以及对生命极限的挑战,这种理想主义与英雄主义主要不是以其道德伦理内涵表现为“善”的特征,而是表现为求“真”、求永恒的执着与坚定,是对精神与哲学命题的形而上的思索,其极致状态的美感特征是悲凉与悲怆。这一价值向度表现出更加纯粹的精神至上的乌托邦情结,物质性、世俗性的生活常常表现为难以容忍的庸俗性,是生命价值的否定力量。以“真”为内核的理想主义与英雄主义主题在“十七年”文学中较少见,而在“新时期”小说中,特别是在一些年轻小说家诸如张承志、史铁生、阿城等人的作品中表现得较为突出。

在张承志小说的经验世界中存在两种经验、两种价值的尖锐对立。我们在他作品中感受到一种巨大的张力就来自两种经验语码及其相关的情感与价值内容的冲突。物质化、世俗性的经验语码通常是:拥挤嘈杂的都市、琐碎扰人的日常生活,诸如8平方米的小屋、蜂窝煤,等等。总之,日常性的经验世界在张承志笔下总是表现为窘迫、逼仄、烦恼的非人性、非理想的特征。作为一种精神上的对抗与超越,他的作品中出现了大量作为理想人生与精神家园的象征而出现的另一套语码:大草原、北方大河、冰川中的大阪、黄泥小屋、金牧场,等等。这些作为精神家园和理想人生的寄足地而出现的“新大陆”与世俗性的现实生活构成了张承志作品的两极;而超越世俗、追求理想、实现诗性的、有意义的壮阔人生永远都是张承志小说所倚重、所关怀的。因此,精神、信仰、彼岸性是构成张承志小说世界的话语中心词。

在史铁生笔下,主人公大都是为各种各样肉体的残疾所困扰,如《我遥远的清平湾》中的下乡知青“我”,《命若琴弦》中的老瞎子和小瞎子,《阿勒克足球》中坐轮椅的主人公,等等。对于这些人来说现实世界是竖立在他们面前的一道又一道的屏障,是人生道路上横亘着的沟沟坎坎,是他们现实生活经验中难以克服难以逾越的困窘、难堪而又屈辱的记忆。但是,尽管身体的残疾阻碍了他们享受世俗生活的幸福,但他们都有自己独立的精神天地,以自己特有的方式体验着生命的忧伤与欢乐。史铁生笔下的人物常常呈现为生命的极致状态:生命的沉重、艰难造成的缺憾与在精神上对这缺憾顽强的超越,使“灵”“肉”达到了一种既尖锐对立、严重分离又高度统一的状态,这是一种生命敞开的状态,在这种状态中让人触摸、感受到生命如琴弦般(《命若琴弦》)震颤、张弛,它是那样脆弱、易折,瞬间就会喑哑、寂灭;但即使断裂了,那也是在震颤之后的断裂;即使喑哑了,但冥冥之中,在空旷而寂静的生命状态中仍留下了挥之不去的袅袅余音。正像很多人所感受到的,史铁生的小说中充满一种宗教般的情绪体验;但这种宗教感不是来自神性崇拜的中世纪宗教:一种自我渺小、甚至是无我的迷狂战栗与噤语的状态;而是来自自然与生命崇拜的现代宗教,既感到了生命的渺小,脆弱、悲剧性的一面,又感到了生命坚硬、灵性、不屈不灭的神圣的一面。

面对世俗性的经验和人生困境,阿城找到了一条不同于张承志和史铁生的生命超越的道路,即从中国传统文化人格中引入了老庄式的"逍遥"之途。在《棋王》中,人生经验被抽象为"吃饭"和"下棋"即"生道"和"棋道"两类。在二者的关系中,强调"为棋不为生","为棋是养性,生会坏性,所以生不可太胜";在"棋"中,人通过"坐忘"的方式进入纯粹精神化、艺术化的人生经验当中。

尽管张承志、史铁生、阿城等人在选择人生超越的方式上各有不同,其精神资源、文化价值背景也相互有别,但他们表现出的共同点则是对精神价值的倚重,对物质世界与世俗性生活超越的意向,在人生意义的探究、求"真"的价值范畴内表现出精神至上的浪漫主义与理想主义的精神倾向。但到了20世纪80年代后期,这种浪漫主义与理想主义受到怀疑和拒绝,而世俗主义的价值观却被普遍认同。在《冷也好热也好活着就好》中,在业余诗人四和小市民猫子所代表的价值观的交锋中,代表"启蒙"和人文立场的四成为一个不合时宜、备受嘲笑和冷落的人,而猫子所代表的小市民生活却充满了乐陶陶的诱人光泽。《一地鸡毛》中,诗人"小李白"由一个诗的信徒变成了一个卖烤鸭的小小暴发户,反而是"小李白"的这一转变真正给小林以"启蒙":

"你还写诗吗?"

"小李白"朝地上啐了一口浓痰:"狗屁!那是年轻时不懂事!诗是什么,诗是搔首弄姿混扯淡!如果现在还在写诗,不得饿死!你结婚了吗?"

小林说:"孩子都三岁了!"

"小李白"拍了一下巴掌:"看,还说写诗,写姥姥! 我可算看透了,不要异想天开,不要总想着出人头地,就在人堆里混,什么都不想,最舒服,你说呢?"

小林深有同感,于是点点头。

……

这也许是当代文学中又一经典性的场景,它表明两种生存观、价值观,两种文化价值心理的新倾斜。"写诗"与"卖烤鸭"作为精神生存、诗性生存和物质生存、世俗性生存的象征与隐喻,"卖烤鸭"的胜利标志着形而下的务实性、世俗性的生存观与价值观的胜利。

三

无论是以悲壮为特征的古典的崇高,还是以悲凉为特征的现代的崇高,这种崇高体已经不是很纯粹的了,它吸纳了荒诞、滑稽、幽默等异质的美感因素,但其主导的美感形态仍然是崇高感,如加缪笔下的西绪弗斯比之普罗米修斯这一"高尚的圣者与殉道者"显然不具有悲壮、神圣这种古典主义的崇高感,但他参透了世界及生存的荒诞本质之后仍然"选择"了拼搏、抗争这种生命形式说明,他仍然不失为一个富有崇高感的英雄。中国当代小说中的有些形象如史铁生笔下寻求生命超越的"残疾者",阿城笔下的王一生、肖疙瘩等也同样具有这种现代的崇高美感特征,其构成的基本的精神因素是理想主义和英雄主义,美学上的表现形态就是坚定、柔韧的意志品质和宁折不弯的抗争与超越意识。而"新写实小说"中的美学形象印家厚、小林、迟钦亭、七哥、猫子、庄建非等反理想主义和非英雄化的平庸者从根本上与崇高、悲壮等美感形态相悖离,也与陆文婷、解净、何婵等柔韧、优美的美感形象存在着明显的分野。与悲剧英雄和"极平常的悲剧者"均不同的是,他们在异己的力量和环境面前,不是采取对立、抗争、拒绝等积极、主动的主体化的姿态,而是采取认同、"混"、随俗俯仰甚至是以恶抗恶

(比如《风景》中的七哥)的非主体化、非对象化,"躲避崇高"的消极、被动的姿态,他们因此而与悲剧这一重要的生命形态无缘,也与崇高这一重要的美感形态分道扬镳。

"新写实小说"是一种"还原性"的经验写作,这一方面是指对生活的反映变成了一种机械性的"模仿",文学经验和生活经验呈现为同样的"生活流"的随意、松散、似乎是未经组织加工的状态(实际上这也只是表象,"新写实小说"实则在有意躲避生活中重大、本质和有组织的一面),但更重要的指作家写作态度上从主体性位置上抽离,未对生活经验进行"精神性的装饰",或者说是一种知识分子化的哲学性、意识形态性的表述被有意拆除了,文学文本完全变成了近距离的生活经验的描述,而通过象征、隐喻等手段进行的种种表意性的努力,在文本中建立精神高峰的企图都被取消了,所以"新写实小说"在阅读经验上来说,因为没有任何精神的"障碍"而变得非常朴素和平易近人,而从审美心理上来说,因为人物的生活化、世俗化、非英雄化,已经不存在精神上的挑战和哲学化的形而上思考,也难以出现悲剧式的怜悯或恐惧等高峰式的审美体验。从文本到精神,"新写实小说"可以说变成了一部消解精神生存的通俗性的大文本,与"十七年文学"和 1987 年以前的"新时期文学"在文化精神上已经呈现明显而尖锐的裂痕,缘于此,有人将 1987 年以后的文学创作指称为"后新时期"也是不无道理的。

理性精神与“乡村情感”

新时期的小说创作在经历了大红大紫、喧哗与骚动的不平凡局面以后，进入了一个相对沉寂与冷静的时期。此时，人们开始惊异于“豫军”的突起。张宇、田中禾、李佩甫的名字变得掷地有声。《乡村情感》《晒太阳》(张宇)，《枸桃树》《明天的太阳》(田中禾)，《无边无际的早晨》《田园》(李佩甫)等作品在近两年的小说创作中更是令人刮目相看。事实上，“豫军”的崛起并不是时起今日，从李准、张一弓、段荃法、乔典运到张宇、田中禾，再到李佩甫，这些不同年龄层次、不同个人文化背景而又大致相似的创作特色表明，在中原这块古老的土地上，有一个不绝如缕、一以贯之的文学传统。那就是，在精神上，感时忧民的忧患意识和匡时济世的时代感和历史责任感；而在审美选择上，则是擅长农村题材，以现实主义创作手法取胜。

无论就取材，还是就立意来说，把河南小说创作放到“乡土小说”这一文学范畴中，大致是不会错的。现代意义上的“乡土小说”这一由鲁迅奠基、绵延至今的文学潮流，无论是最初的发生或者以后的发展，就其主导的精神线索来说，它是现代文化与中国乡土文化冲突的结果，是两种文明比较与参照的直接产物。但是不同的历史时期，不同的地域文化背景，甚至是个人不同的文化个性与文化心态都会导致“乡土小说”品格上的差异，即在“乡土小说”这一基本相同的表意体系中，作家的文化价值取向却是不尽一致的，有时则是明显的相背。

鲁迅和沈从文这两位"乡土小说"的宗师在文化价值取向上就存在明显的差异。这种差异既根源于二者文化个性与心态的不同,也和不同的地域文化背景相联系。"十七年"中,"乡土小说"对农民本位文化强烈的无条件的认同感和新时期"乡土小说"对乡土文明中愚昧、落后、残酷、封建性的猛烈地批判这一主导倾向,就赋予"乡土小说"不同的时代内容。近年的河南小说是新时期"乡土小说"的一个组成部分,但具体地分析就会发现,在传统与现代激烈冲突的历史转型期,以中原文化为背景的河南作家对农民、对乡土的表现,又体现出一些相当独特的东西:强烈的忧患感与平民意识,以及文化选择的矛盾与困惑心态。总之,现代理性精神与"乡村情感"的矛盾、交叉与渗透构成了近两年河南小说创作的总体特征。

一

也许谁都不会否认,20 世纪 70 年代末在中国大地上开始进行的轰轰烈烈的改革改变了中国的历史进程,它标志着中国走向现代化的一个崭新的开端。中国农民是这场历史变革的最大受益者。他们摆脱了僵化的严重地束缚他们的生产关系,释放了蕴蓄已久的创造力,赢得温饱的同时也为自己赢得了做人的尊严。有关这场历史变革的社会心理学及其人文主义价值的记载,文学做了它应该做的一切。从冯么爸、李秋兰(《内当家》)、黑娃这些形象身上,我们可以看到,改革并不仅仅是一场多打粮食的运动,它还表现为人性的解放、尊严的失而复得等人文主义的终极价值与意义。

但是改革意味着矛盾和冲突,意味着打破与再造,意味着"凤凰涅槃";现代化意味着向一切阻碍和不适应现代化进程的传统宣战。因此,随着改革的进一步深化,随着商品经济的沛然而作,改革进入一个本质性攻坚阶段。商品经济进一步激活了农民身上生存与发展的欲望。但是进入商品经济领域的是祖祖辈辈生于乡土长于乡土、日出而作日没而息的农民,是秉承了几千年小农经济与文化心理的小生产者。改革解放他们的同时,也打破了以前与生俱来的那种稳定感与相属感。改革显示出“摇荡性情”“触及灵魂”的深度。这就是现阶段中国农民的现实。如何体认和把握这一现实,不仅是对一个作家的严峻考验,而且也关涉文学的未来发展。

在河南作家中,田中禾执著于思考农民的现实处境和未来出路,是最为切近现实的一位作家。从《五月》开始,经《枸桃树》《南风》到《坟地》,田中禾倾注着一个“人子”的深情,密切地注视着被改革的契机推到历史前台的农民,表现着他们的希冀与焦灼、痛苦与挣扎、失败与奋斗,使我们看到了在前所未有的历史震荡中农民的精神与心灵所经受的剧烈摇撼,呈现出历史前进过程中的全部复杂性和丰富性。

纵观田中禾这一阶段的创作,他对现阶段农民的审视与表现,其主导的审美态度是悲剧性的。但和“寻根小说”站在纯文化立场上对农民的表现不同,田中禾的创作是在现实的运作当中,在农民的实践过程中,在历史与现实的交叉点上显示出一种错位,一种落差:农民精神上的空茫,经济、文化心理的不合时宜,历史对农民的必然要求与这要求的不能实现等。这种悲剧性的审美态度显示了他对当前农村现实的高度的理性认知:产品经济向商品经济的转折,极大地激发了农民身上长期被禁锢着的生存与发展的欲望,但是长期形成的小农经济心理与文化心理,使他们的行动带有很大的盲目性,存时则是私欲和恶念的无限膨胀,从而造成了心理的倾斜与失衡和难以避免的失败。

乍看起来,这似乎是“乡土小说”中传统的探讨“国民性”主题的继续,但田中禾最大的不同则在于他对农民实践性的关注。就是说,田中禾不是从静态的文化角度,而是从农民如火如荼的现实实践中观察、透视农民的存在。真切地写出了农民想要抛却乡土,却又深深地为其所羁绊;渴望富裕,希图发展,而又很难走出汪洋大海一样的小农经济文化心理的拘囿。写出了欲求的合理性与自身素质的局限性,理想的现实性与理想的不能实现之间的矛盾与冲突。田中禾的小说世界里震响着的是羼合着古老的悲剧因素的中国农民的现代悲剧声音。受到现代文明点拨与启发的农民的左冲右突与碰壁已经不完全是鲁迅先生所说的“无事的悲剧”,却满含着西绪弗斯式的现代的悲壮。因此,这种悲剧在没有削弱传统“乡土小说”“国民性”主题的批判锋芒的同时,又融进了希望和建设性的因子。就是说,它以潜在的方式呼唤着新型农民和现代农民文化的出现。

当然田中禾没有给出现成的答案,这不可能,也没必要。但是他以一个文学家的方式给出了一个带有讽喻性的警示。在《枸桃树》中,刀头的女人把一家人的悲剧,把那种凄凄惶惶的失重心理归因于刀头毁坏了古庙,她的结论就是让刀头花钱重建一座庙。这一结论使人产生的审美感受相当复杂,由此产生的理性思考更是意味深长。刀头女人以她在历史沧桑中的复杂经历,已经意会到,在政治经济背景给予他们相当的自由以后,羁绊着、制约着他们的主要因素是观念,是超越于现实关系之外的更潜在更深层的东西。但是她的思维方式是导因为果的,得出的结论是颠倒错置的。那么它的指导现实的意义只能是历史的倒退:在古庙颓塌的地方,再重建一座庙,再恢复到那样一种封闭、禁锢的状态中去。循环式的思维方式,必然导致可怕的历史循环。《枸桃树》结尾这凝重的一笔,这讽喻性的警示,又的确融汇了作者的理性思考和否定性的价值取向。而且爱弟(《坟地》)的出现,她的失落与奋起,她的顺应时代自强自立的勇气,不在追钱逐利的浪潮中随波逐流的坚定,的确使我们看到了新型农民与农民文化的曙色。

从文化学的角度来说,我认为田中禾的小说创作比之于"寻根小说"更具醒世意义和建设性。无论"寻根小说"这一思潮在理论表述与创作实际有多少歧异,也不论其寻到的是"优根"还是"劣根",但在对现在时态的文化事实的失望这一点上,寻根作家却大都是一致的。因此,缺乏对剧烈变革中的农民变动不居的心理的观照和精确表现,就是他们的创作无法回避的弱点。而且,从莫言等人的"我爷爷""我奶奶"的那些悲壮惨烈的故事中,从祖先的刀耕火种、家族火并的瞎话和传说中,看到的是铺张扬励的人生与人性,相比之下,我们这些祖先们的不肖子孙却显得委顿而且苍白。与"寻根小说"这种文化选择上的"返祖现象"不同,田中禾把他思考农民文化的重心放在青年农民身上。从改娃的出走、青莲的沉沦,到爱弟的自强自立这一循序渐进的思考线索来看,他的文化选择是指向未来的。侧重于从实践中的青年农民身上发现希望显然比仰赖、渴慕祖先的人性光辉,更具文化上的建设性和现实可行性。

更可喜的是，现代文明所启迪的这种理性自觉并不为田中禾所独有，它是河南作家近年创作所贯穿的一条精神线索。如李佩甫在《无边无际的早晨》中对农民落后的文化心理的批判是那样的义无反顾，尽管作者面对李治国对农民的“伤害”不无情感上的痛苦。当农民在选择祖坟还是选择公路，选择传统道德还是选择富裕生活（这正是两种文明的象征）更倾向于前者时，作者对李治国给农民“开刀”是赞许的，没有彷徨，没有困惑，也没有历史与道德的两难处境，在作者看来这是别无选择的。李治国这一形象身上充满了情与理、传统与现代的冲突，他的悖情趋理的选择、被传统所养育又向传统挑战的行为同样闪现出悲壮的色彩。

二

在富有理性精神这一点上，河南作家和处于同一大的文化背景中的作家相比，也表现出相当独异的色彩。面对商品经济大潮的冲击和历史的嬗变，王润滋、矫健、张炜等山东作家显露出他们所浸润其中的正统儒家文化、道德本体的深刻影响。面对历史进步所难免的泥沙俱下、曲折和作为历史发展杠杆的“恶”的出现，他们充满了道德的困惑与道德的痛苦，而且执著地思考着人性、道德的完善与历史进步相协调与一致的步骤。与之相比，河南作家缺乏那种高蹈行云般俯瞰历史的博大和普度众生的宗教式的热情，因之也避免了过多的道德纠缠。也许是中原这块古老的土地过多的历史苦难和自然环境造成的生活的滞重与艰难，它没有给作家一对自由飞翔的翅膀，却给他们一双勤快而坚实的双腿；没有使他们产生大家闺秀式的非非之想，却产生了小家碧玉般持家过日子的那种清醒的理性。因之，当很多作家追求“形而上”的超越和“文化感”时，河南作家始终如一地、执拗地表现出一种“形而下”的热情，即对“吾土吾民”艰难生息的积极关注和本色质朴的平民意识，这可以说是河南作家所独有的一种“乡村情感”。

在田中禾和张宇的近作中出现了一个有意味的趋向，即农民向城市的自觉迁徙，或者换句话说，就是抛却乡土的意愿。而且，如果把青莲、杨润生、马伟平（《晒太阳》）和高加林、金狗、朱老大（《苦寒行》）贯穿起来看时，其中所蕴含的意味就更是昭然若揭。在这里乡村和城市被作为两个对立的范畴赋予了文化含义，被涂上了文明色彩。高加林们心中沉睡的欲望被一种新的文明激活唤醒了，他们渴望冲出父辈们矻矻以求其中的那种乡土氛围，摆脱他们生于斯长于斯的古老乡土，过一种更加文明的合乎人性的生活。或许高加林、金狗、朱老大、青莲、马伟平等人的现实处境、心理动机、生活道路及其归宿不尽一致，但在对城市文明的或朦胧或清醒的渴念这一点上又都是相同的。如果我们把这种欲望的蠢动、文化上的迁徙欲望放到变革的历史时代，并且以整个20世纪的世界图景作为参照时，就会感到这种迁徙具有一种无可置疑的合理性和必然性。

但是合理性并不等于现实性。在高加林、金狗、青莲等人的城市梦和他们作为农民的现实处境之间横亘着一条并不宽阔遥远，但却无情的天河。城乡二元社会结构及复杂现实关系的制约使他们很难摆脱乡土而享受城市文明的沐浴。于是，在“乡土小说”中经常看到城市文明与乡土文明的冲突就像肥肉与饥饿的狗之间的那种馋涎欲滴而又不可得的尴尬的悲剧。这种新的悲剧形态根源于乡土作家对两种合理性的认同：既认同农民摆脱乡土向往城市文明的合理性，又认同城乡二元社会结构并不是人为地强加于中国的社会文明进程，它是汪洋大海一样的农业文明和相对薄弱的工业文明的综合产物，而且现在看来仍有其现实合理性。如果说新时期的“乡土小说”作家对于落后的小农经济的文化心理造成的悲剧富有清醒和理智、持一种自信的批判姿态的话，而对弥合城乡矛盾却无法具有同样的自信，对它所造成的悲剧的把握上却显得相当犹疑、惶惑。这种审美把握上的困惑，很大程度上因为道德这一中介的存在而得到缓冲。路遥对高加林个人道德品质的谴责，贾平凹对金狗浮躁心态的界定与苛责，都在一定程度上冲淡了两种文明剑拔弩张的矛盾情势，在社会心理机制上起到了一种缓冲的作用，使这一主题范畴的“乡土小说”仍然呈现出“温柔敦厚”“哀而不伤”的整体美感特征。中国作家所特有的现实主义的清醒理性与道德感使乡土与城市、传统与现代这一重要矛盾主题在文学中没有达到在现实中所具有的那种张力。

固然，河南作家从总体上没有超出这一制约，但他们与土地所特有的深层联系以及审美上的世俗化倾向使他们近期的创作有某种独特的东西可以提出来。首先，强烈的平民感情和平民意识。城乡二元社会结构在一个时期内所执行的重工轻农、以农补工的社会协调机制和倾斜政策，保证了中国的工业化在短时期有了迅速发展和在世界格局中的竞争地位。但是在社会心理上却造成了农民实际社会地位和文化地位的低下，加上一些不正常社会现象对农民利益的损害，常常使农民在人格上也处于一种屈辱的地位。这不能不使以“人子”自居的河南作家感到痛苦与不平。《枸桃树》中，农村姑娘青莲进城后见识了豪华酒宴和高级宾馆，当她知道享受这些所需的花费都由国家报销后，“她觉得一下子明白了，原来她们辛辛苦苦终年累月地干活，给国家交农业税、补副业税、屠宰税，买浮动价的化肥、农药，就是让干部们去住这样的宾馆，吃这样的酒饭——而且吃着扔着”。当她决心与乡村告别时，甚至这样感喟道：“……农民永远不能成为一个真正的人，阎王把谁托生到农家，就是让他用自己的肉体做全社会的踏脚，用他的灵魂做全社会的污水池。”作为一个厌倦了乡村生活，急切地奔向城市的乡村姑娘，她的这些感受肯定不是农民生存的全部现实，其中的偏颇与愤激之辞也非常明显。但实事求是地说，现实当中难道不存在使农民产生这种情绪的原因吗？在《乡村情感》中，两个在解放战争和剿匪反霸斗争中立过功，解放后自愿辞官返乡的老共产党员，对自己的生死都抱一种非常达观的态度，唯一困扰他们的问题是：“咱们老说咱是人民的服务员，人民是咱们的主人，可是服务员老是比主人吃得香穿得光，闹得人人都想当服务员，不想当主人。这问题苦没有办法弄。”困扰着这两位老人的问题，又何尝不是关涉中国国计民生的大问题呢？这些问题的提出，在河南作家的创作中，并不是他们审美的主体部分，但是，在他们的作品中随处可见的这些对农民现实处境的细心体察与抚慰及对他们外部生存环境的感受与描摹，使他们的创作充满了人间的温热情味和浑厚感。河南作家这一创作现象的产生，在客观上有它特定的时代内容，当然也有其具体的审美针对性；从主观上说，“人道主义”的解释是大而无当，不切实际的。所以我更愿意把它看作是河南作家质朴的平民感情、平民意识的自然散发与流露，是他们“乡村情感”的一部分。

其次，小农经济土壤上产生的空想。河南作家与农民那种感同身受的深层联结，即使他们产生了对农民处境的敏感和平民意识，同时也很容易感染上小农经济土壤上最易产生的那种空想成分。最典型的例证就是张宇在《晒太阳》中写到的“马伟平事件”。凭着从厕所里捡到的一张省委组织部的介绍信，马伟平自作主张把自己作为省委组织部的干事“下放”到河洛县做了一名调查员。走马上任后，不吃请、拒受贿，一切吃穿用住自己付钱；找干部谈心，帮助县委、县政府决策，建议提拔调动干部，轰轰烈烈大干了一场；半年之后，又主动向县长揭穿了自己的骗局。从审美上来说，“马伟平事件”的真实性是经不起考验的，而且在整部作品的结构框架中显得很突兀。但是这一在新时期“乡土小说”中非常少见的形象身上所寄托的作者的感情却是真实的：对城乡二元社会结构对农民的限制，使他们的政治愿望和人生理想得不到充分实现的一种隐约的抗议与不平。特别值得注意的是这一形象强烈的平民化色彩：不吃请、拒受贿，为民请命，更是体现出一种朴素的农民式的政治愿望。但是马伟平靠一次奇遇来改变自己命运与生活道路的达成方式，又不能不说是张宇“乌托邦”式的幻想，是河南作家“乡村情感”的另一种体现方式。总之，马伟平这一形象无论是针对现实还是针对作者都具有一种反讽的审美旨趣。

河南作家以其渗透着“乡村情感”的现代理性精神审视现阶段的农民生存，既显出了他们的优势，也暴露出了局限。但河南作家将对农民文化心理的审视这一内视角和限制约束他们的外部因素的揭示这一外视角相结合的审美把握方式是值得充分肯定的。农民问题仍然是中国未来发展的主要问题。但一般观点认为，农民问题就是一个“教育”问题，换言之，是对农民文化心理的改造问题。现在看来这是不完全的，它一定程度上忽视了现实的政治、经济以及社会结构对农民走向现代化的障碍，而过分夸大了文化的作用。十一届八中全会从根本上确立了农业问题的重要地位,如果不是仅仅把它看作临时的政策上的指导,而是赋予它宏观的、文化学上的战略意义,并在此指导下解决农民的现实及未来地位、文化教育等一系列问题,历史将会证明,这是和十一届三中全会一样具有深远意义的历史性决策。

三

无疑的,“乡村—城市”视角是河南作家把握中国当前现实的一个基本的、共同的切点,是他们文学思维的基本构架,是传统与现代、城市文明与乡土文明这一主题得以展开的依托。乡村是他们表现的主体,而城市更多的是以隐在的视角与之对应。但是传统与现代这一主题的冲突在河南作家的作品中表现是复杂、多层次的,并不全部诉诸历史与道德的层面,有时还诉诸情感与心理的层面。如果说,面对传统与现代在历史层面上的冲突河南作家大都保持了清醒的理性精神,体现出趋同和一致性的话,一旦这种冲突转移到情感的层面上,他们的表现则相对复杂得多,而且每个作家的个体文化色彩也得到了更充分的体现。

张宇的小说创作很大程度上得益于哺育他成长的那种乡村文化氛围的濡染,这一方面表现在他取材上的民间传统、乡村风俗的规定性,更重要的方面是,这种乡村文化的价值观也潜移默化地给他人创作以重要影响,使他的小说创作常常表现了难以割舍的“恋土情结”。这一“情结”形成了他的作品特有的一种混合气息:一方面是充满了体恤民情的人间况味与乡村生活的温馨感;另一方面,在现代文化的冲击下,他的创作经常表现出城市文明氛围中的隔膜感、孤立感与无助感。

张宇作品中经常出现的那个“我”,一个出生、成长于乡村,工作和生活在城市中的“知识者”,作为一个独立的“性格”,也许并不具备审美上的典型性,但是作为一个叙述角度,作为一种文化现象却具有高度的典型性。“我是乡下放进城里来的一只风筝,飘来飘去已经二十年,线绳儿还系在老家的房梁上。在城里由于夹着尾巴做人,二十年前的红薯屁还没放干净”(《乡村情感》)。这样一个具有双重文化身份的人,在乡村文明与城市文明的夹缝中,淋漓尽致地体验和表达着文化上的挤压感和孤独感。乡村文明与城市文明的冲突与融汇是社会文明进程中一个无法回避的阶段,那么体现这种文化冲突的形象就具有了一种文化化石的价值与意义。

非常值得一提的是,在张宇的小说中经常出现,后来终于成为他第一个长篇小说题目的“晒太阳”,是一个具有高度的形象性又渗透了作家的主体情感的意象,是一个“有意味的形式”。乡村的宁静、纯朴,乡村的凝滞、倦慵连同作家那无法排遣的温馨与孤独的情感一同凝聚在这“晒太阳”中了。

在情感上,李佩甫对乡村表现出更深情的眷顾与留恋。研究生杨金令面对城市的诱惑不堪一击,几乎失去热力的身体被乡亲从城市拉回到乡村,是七爷的一句“狗剩儿”唤回了他的魂。李治国仕途发达,告别故乡时仍然不忘记带上一块“娘娘土”。这种情感的反刍与对乡土的频频反顾使他与乡土的告别成为一种沉重的仪式。但是,我认为,这种情感的缠绵不但和他的理性判断并不矛盾,也并不构成对城市文明的否弃,而且从某种意义上来说还是不可缺少的。用一个社会学的概括来说,我们的现代化是“后发外生”型,由传统到现代的转变不是自然的过渡,而是在外力的作用下骤然发生的。就像突然断乳的婴儿对新的世界的茫然也会对母体产生新的陌生一样,这种对乡土的反顾是为了更深刻地认识乡土,从而更坚定、更理智地与乡土告别。“就在这一瞬间,他(研究生杨金令)明白了,他终究是要走的。他该走了。这一走也许就不再回来了……”(《田园》),因之,《田园》写杨金令向乡土的回归,实际是为了让他更无牵挂地告别。从这种意义上说《田园》似乎就成了李佩甫对田园在情感上、心理上最后的回眸一顾。

张宇、李佩甫对乡村生活难以割舍的情怀与其说是他们对乡土生活的认同,还不如说是他们对城市生活的隔膜与恐惧使他们在心理上寻找安慰。张宇作品中“我”在城市中的彷徨无定,难以融入其中的处境,李佩甫《田园》中虚写的作为城市象征出现的黑衣女人,李治国与自己城市妻子的隔膜和对梅姑的怀念都表现出对城市生活在事情和心理上的恐惧与拒斥。田中禾的近期作品在历史和人性的切点上表现着中原农村由产品经济向商品经济转折过渡时所经历的历史阵痛以及宗法的田园诗般的自然关系遭到破坏后农民欲望的膨胀和心理的倾斜,对乡土生活表现出现实主义的清醒和严格的理性,很少有心理上的留恋和情感上的美饰,但当他面对城市生活,却表现出难以捉摸的困惑与感伤,流露出类似的惶恐与不安。《枸桃树》中城市生活对农村姑娘青莲来说充满了物质的蛊惑,是黑色的陷阱,她不由自主地在其中迷失、毁灭。《明天的太阳》所描绘的小城同样是被金钱搅动着的旋涡,被煽动起的物欲、情欲毁灭艺术、温情、和谐和美,引起了作家更深的感伤。

那么,如何解释田中禾等河南作家对城市的恐惧感呢?这恐怕又要归结到他们的"乡村情感"。归根结底,他们都是农民的儿子,乡村对他们来说,不仅是衣食之乡,而且是精神的故园;而城市现在是他们的寄食之地,将来又是个未知数。对城市的陌生,文化的双重身份,使他们难以在情感上产生对乡村那样的亲切感与认同感。而且,对自己所稔熟的事物的怀恋,对未知的恐惧也是人类情感中一个不变的常数。

最后需要强调一点的是,"乡村情感"是河南作家与生俱来的一种乡土根性,是中原文化与中原文学的泥土气息和忧患传统所培育的精神酵素。这种"乡村情感"是随时都能牵动河南作家思维的艺术神经。从近两年的创作实践看,这种"乡村情感"与作家的现代理性精神错综交融,使他们的创作呈现出多色彩的精神基调:与乡土的告别和对乡土的留恋,向城市迁徙的自觉倾向和对城市的恐惧感,对农民落后的文化心理的批判和对农民现实处境的同情的平民意识,以及对古老的乡风乡俗中集体向善品质的歌颂,等等。从客观上来说,这种精神的多色调又是中国社会由传统向现代转折这样一个历史的转型期所特有的一种精神现象。总之,时代精神与地域文化的双重投射,造就了河南近年创作斑驳绮丽的色彩,引起了人们的共同关注。

第四编
批评范式研究

巴赫金的“语言形象”概念与小说阐释的新范式

一

随着小说理论的丰富与增殖,小说批评实践中的批评方法日益地多样化。传统的社会历史批评之外,精神分析、叙述学、结构主义、解构主义等新方法的运用拓宽了小说批评的视阀和疆界,极大地丰富了小说批评的批评语言。但是,由于这些方法大都从哲学、人类学、语言学等相关学科中“拿来”,而不是建基于对小说这一问题的本体论思考,因此使用的过程中难免牵强附会、捉襟见肘。相比之下,巴赫金所提出的“语言形象”及其所衍生的相关批评概念或许具有更重要的“诗学”价值和更强大的阐释力。

巴赫金把现代小说在本质上看作是一个“杂语”的事实,是不同的语言之间进行的“对话”,他认为“真正的小说作品所要求的前提条件,是语言的内在分野,是语言中社会性的杂语现象,还有其中独特的多声现象”。[①] 基于此，他为现代的小说修辞研究确定的基本任务与特点是研究“主题的对话化”，而主题“可分解为社会杂语的涓涓细流”“通过不同语言和话语得以展开”，[②]基于同样的原因，他既反对将小说看作非艺术性题材，比如将小说与雄辩术等同起来；同时也坚决反对将其与诗歌等量齐观，因为在他看来，诗歌因“满足于一种语言和一个语言意识”而缺乏对话性。[③] 从这种本质性的语言观出发，巴赫金将小说这种体裁的核心课题概括为：“如何对语言进行艺术描绘的问题，语言的形象问题”，“其特征不是人自身的形象，而是语言的形象。可是，语言要成为艺术形象，必须要与说话人的形象结合，成为说话人嘴里的话语。”[④]

正是由于巴赫金在本体论的意义上将现代小说看作是不同语言之间的对话，而不是仅仅看作表达作者观念的一种载体、一种采用了艺术形式的“独白”，因此，他的批评语汇中的最基本单位不是主人公——作品所描绘的人物形象，而是“说话人”。二者的区别在于，说话人既可以是作品的主人公，也可以不是主人公或其他人物形象，而是作者，或者说是“隐含作者”；并不是所有的主人公都是“说话人”，关键看他是否说出了自己的话语，并与其他话语构成了对话关系。对这种“说话人”和他的话语，巴赫金作出了三点明确的规定：

> （一）说话人及其话语在小说中，也是语言的及艺术的表现对象。说话人的语言在小说中，不是简单地传达出来和复制出来，而恰是艺术地描绘出来；并且和剧本不同，又是靠语言（作者的语言）描绘的。不过，说话人及其话语作为语言的表现对象，应算是一种特殊的对象，因为用语言来表现话语，不同于表现其他的对象（如不能说话的事物、现象、事件等），为此讲话和语言描绘要采用完全特殊的形式手法。

① ［俄］巴赫金：《巴赫金全集》第三卷，河北教育出版社 1998 年版，第 43 页。
② ［俄］巴赫金：《巴赫金全集》第三卷，河北教育出版社 1998 年版，第 41 页。
③ ［俄］巴赫金：《巴赫金全集》第三卷，河北教育出版社 1998 年版，第 66 页。
④ ［俄］巴赫金：《巴赫金全集》第三卷，河北教育出版社 1998 年版，第 122—123 页。

> (二)小说中的说话人,是具有重要的社会性的人,是历史的具体而确定的人,他的话语也是社会性的语言(即使在萌芽状态),不是"个人独特"的语言。对小说来说,个人独特的性格、个人独特的命运,以及完全取决于他们的个人话语,本身是无足轻重的。主人公话语的特点,总是希图具有一定的社会意义,具有社会的广泛性;这是些潜在的语言。正是由于这个缘故,主人公话语才能成为分化语言、带进杂语的一个因素。
>
> (三)小说中的说话人,或多或少总是个思想家;他的话语总是思想的载体。一种特别的小说语言,总意味着一种特别的观察世界的视角,希冀获得社会意义的视角。正因为是思想的载体,话语在小说中才能成为描绘的对象;也正因为此,小说毫不担心会沦为空洞无物的文字游戏①。

巴赫金对"说话人"及其话语的论述或许并不是完全成熟的,会引起各种各样的争论,其论点也有待进一步论证、深化,使其更严密、更完整、更体系化。但是,从已有论述的基本面貌来看,其理论的独特性和原创性已经初步显露出来。若做简略的归理,我以为以下三点是全新的和富有启示性的:一是以说话人及其话语作为小说叙事的基本结构单位和意义单位,改变了仅仅将主人公作为叙事的结构与意义核心、而主人公仅是作者的"第二个自我"、在全面的意义上代替作者、是作者传声筒的美学观和阐释理念。说话人可以是主人公,也可以不是;可以是作者,也可以是更为隐蔽的"隐含作者";主人公与作者完全可以、可能在不同的思想层面上进行"对话"(思想、观念、意识不同甚至对立)。"说话人"的关键标示是,作为"语言"主体,拥有自己独特的发言立场和话语方式,并在平等的立场上与其他语言主体进行对话。二是小说中的说话人是具有重要社会性的人,"或多或少总是个思想家"。巴赫金特别强调了说话人的"社会性"与"思想性",并说"个人独特的性格、个人独特的命运,以及完全取决于他们的个人话

① [俄]巴赫金:《巴赫金全集》第三卷,河北教育出版社1998年版,第119页。

语，本身是无足轻重的”。这种表述似乎给人一种轻艺术、重思想与理念的极端倾向。事实上，巴赫金真正想强调的是，说话人作为一种语言主体，一定要体现这一主体具体的历史性，他的社会性的“成长”以及这种“成长”所具有的社会意义，而不应该使说话人成为“为个性而个性的”“恶劣的个性化”的个人。① 三是说话人及其话语应该被“艺术地描绘出来”而不是“简单地传达出来和复制出来”，使其成为独特的“语言形象”，它是思想的载体，而不是思想本身。

综合观之，巴赫金尤其突出了“语言形象”作为思想史踪迹的重要意义，但是，如果认为巴赫金轻视了对小说人物的性格分析、文体分析和美学分析，或者认为他干脆置“艺术”于不顾，那将是一个巨大的误解，巴赫金小说理论的革命性与创新性恰恰在于，“语言形象”——说话人及其话语，是构成小说这一重要文体修辞特色的基本对象和基本单位，是小说的结构性因素，而其功能和意义因素就是“思想”，思想与艺术在巴赫金的小说话语中是二而一的存在物，无法分割，无法析离。或者说，对小说修辞特色的分析，就是对说话人及其话语的话语分析，是艺术分析，同时就是思想分析，反过来，对小说的思想分析，又不能不是对小说的修辞分析，对主人公及其话语的话语分析，也即对小说的艺术分析。

二

以“语言形象”作为核心分析范畴——以“说话人”而不是以人物性格作为批评对象与分析单位、以“说话人”的话语而不是以“艺术形式”作为阐释目标，其意义不仅仅是遣词造句或命名的区别，更重要的是，这种命名背后所隐含的批评范式的转换，以及由此所延伸出来的批评范畴、阐释思路和阐释目标的巨大分野。

说话人作为“具有重要的社会性的人”和“思想家”，对她的分析

① 《恩格斯致斐·拉萨尔》，载《马克思恩格斯选集》第4卷，人民出版社2012年版，第440页。

和阐释主要不是围绕“性格”展开的，像在“典型性”批评话语中所做的那样，取而代之的是对“说话人”——作者或“隐含作者”、主人公或其他人物形象、叙述人或视点人物，总之，所有在文本中具有言说主体地位的角色——语言意识的形成过程的分析，即对说话人作为一个语言主体其“主体性”的“成长”过程的分析，而个人独特的性格、个人独特的命运反而变成次等重要的事实，或者像巴赫金所说“是无足轻重的”。在这里，主体及其“成长”取代性格、典型成为对小说进行阐释和分析的核心范畴。

主体及其“成长”与性格和典型显然是隶属于不同批评范式中的概念，它们得以提出的语境、所关涉的论域、突出的问题意识是不同的。或者说，两个美学范畴均建基于思想史背景中的主体论，但主体性的内涵却存在着鲜明的分野。

性格论或者说典型观念形成的思想史背景是理性主义，是现代的主体观（它在哲学、法理、美学诸层面上和后现代“主体”成长所仰赖的语境是不同的）。在哲学上，尽管存在着英国经验理性主义和法国先验理性主义的不同，但理性主义共同认为人是“我思”的主体，是意识的主体，具有可靠的思维能力，可以获得可靠的关于世界的知识，当然也包括关于人的知识，就是说人同时可以将自己作为认识对象进行把握和认知。在法理上，尽管存在像洛克和伏尔泰等人强调个人具有不可让渡的权利和霍布斯、卢梭等人强调社会契约、强调国家和社会的重要性之间的不同，但在一个基本点上他们是相同的，即认为个人与社会、个体与整体是不可通约的，个人与社会、国家的关系，个人与整体的关系成为法律和政治学说思考的核心。正是基于这种人是可靠的、意识是可靠的，人可以把握世界，也可以被把握被分析；个人具有意志的自由，但自由意志是在与社会的“交换”关系中实现的理性主义的哲学观，成就了以认识论和辩证法为基础的现实主义的美学观。黑格尔的“这一个”和马克思主义的“典型化”观念是这种现实主义美学观的核心范畴。

性格论和典型化批评范式所涉及的论域主要在社会学、伦理学、政治学、历史哲学等“外部的”属于社会“科学”的领域，其突出的问题意识是社会批判意识,即在个人/社会、个体/整体的结构性框架中,通过叙述个人的受损或者毁灭,展开对社会的批判。革命(社会主义)现实主义将这一结构进行翻转,通过宣判个人主义与个性主义的不合法与失败,预言、宣告社会与政治"乌托邦"的光明前景,社会批判意识被改造为个人批判意识。无论是批判现实主义的个人本位的社会批判意识,还是革命现实主义的社会与集体本位的个人批判意识,两者均表现出强烈的政治意识。这种强烈的政治意识既表现在鲜明的非此即彼的思想倾向性上,也表现在其修辞风格上的强烈对比与叙事上的巨大张力,诸如人物阵营的二元对立、非黑即白、非善即恶,伦理意识与政治意识高度的一致性,修辞符码政治化、道德化,等等。

20 世纪后现代主义的哲学与文化思潮对以笛卡尔为代表的理性主义的主体观进行了强劲的反思与改造,"主体"获得了新的阐释、新的内涵。

一位研究福柯主体论哲学的学者说:笛卡尔的"我思故我在"简单地把存在当作一个事实("我思"),把存在于个别主体("我")和意识("我思")等同起来,这种理性主义认识论忽视了无意识现象(梦和癫狂)、共同体现象(语言)、和变动不居的存在状况(历史经验)。因此,反笛卡尔主义是福柯的理性批判精神的理论基础和反人类学主体的生长点。① 另一位研究精神分析批评的学者在评述拉康的"主体"概念时说:

> 在拉康的精神分析理论中,"自我"不再是一核心概念,取而代之的是他所称的"主体",即意识和无意识活动的整个机制,它由意识的、可知的心理与无意识、不可知的"它者"构成。……由此看来,主体不再是种自我而是种符号建构,一种"语法化的"结构。这样,主体以符号建构为媒介,不仅打通主体与文化的通道,而且与其他主体相联结,从而使主体成为一种"文化符号"人。②

---

① 莫伟民:《主体的命运》,上海三联书店 1996 年版,第 68 页。

② 方成:《精神分析与后现代批评话语》,中国社会科学出版社 2001 年版,第 50—51 页。

阿尔都塞则提出了“想象主体”的概念，从意识形态的角度揭示主体的生成过程。在他看来，人处于各种关系的制约当中，并没有统一的主体性；但是这并不是每个个体想象、体验自己的方式，每个个体倾向于将自己想象为自由而自为的主体。而促使他们这样想象、这样思考的动力与影响因素就是“意识形态”。意识形态与国家机器采用暴力的方式对个体进行强制和监管不同，它至少在表面上看来是以客观的、中立的方式进行“教化”。这当然是一种假象。在这一点上，伊格尔顿表述得更加清楚：

> 意识形态通常被感受为某种自然化和普遍化的过程。……意识形态把事实上是党派的、论证的和特定历史阶段的价值，显现为任何时代和地点都是如此的东西，因而这些价值也就是自然的、不可避免的和不可改变的。①

无论是福柯从权力/主体的角度、拉康从语言/主体的角度，还是阿尔都塞从意识形态/主体的角度，后现代主义者所描绘的“主体”显然与理性主义的“我思”主体有了显著的不同。有学者认为，后现代的主体哲学是此在的形而上学，关注的是生存性，“围绕时间意识来描述人在周围世界、生活世界、文化世界中的处境，其目标是为人及其生存显现当下的依据”，这种后现代主体从身体、语言、他者三个层面解构了现代的“我思”主体。② 这一描述是准确的，后现代的主体观的确拓宽了主体的纬度，个体在自然世界、生活世界、文化世界“关系”中被定位，使人类对自我的认知网络化、立体化了。尽管如此，我们仍然不能完全认同后现代的主体观，因为，无论是福柯、拉康还是阿尔都塞，显然都将人描绘为完全受动的生存个体，被动地从语言、文化、权力、意识形态等宏观结构中接受影响，被塑造为某种类型的“主体”。这显然

① 转引自汪民安主编的《身体的文化政治学》，河南大学出版社2004年版，第132页。
② 杨大春：《主体形而上学解体的三个纬度》，《新华文摘》2003年第3期。

绝对化了，它无法解释相同语境中的个体何以千差万别这一简单的事实。在这一点上，哈贝马斯的“实践理性”概念也许更具科学性，也更有“善意”（伦理上的建设性）。哈贝马斯认为，人的理性化包含了方向完全相反的两种运动：一方面是人的“社会化”，即被社会的语言规范、道德伦理规范“一体化和同化”；另一方面，则是人“个性化”，即“自我同一性和主体意识，即个性的形成”。① 哈贝马斯的观点不仅为“人之为人”找到了“环境”的因素、制约的因素，也找到了主动的、积极的、成长的因素；不仅为语言、文化、生活等“语境”分析留下了余地，也为个性、心理分析保留了空间。

如果说“意识”或“自我”等理性主义哲学、心理学范畴是构成“性格”和“典型”等美学范畴的基础的话，那么，“无意识”“原型”“神话思维”等精神分析学、人类学、文化人类学等的范畴是建构“主体及其成长”这一美学分析范畴的哲学与文化背景。换句话说，从人类学和精神分析学的角度，将“人”主要理解（描述）为集体无意识、语言和神话原型所建构的产物，是一种新的人文话语，是阐释、回答人“是什么”的一种新的范式。“主体及其成长”正是在这一新的范式、新的人文话语背景上“生长”出来的美学分析范畴。对哈贝马斯“实践理性”概念的引入，显然能够避免将人过分地语境化——将人完全看作环境的产物而不具有任何主动性，同时也避免了在美学上将“主体”过分地平面化、零散化，他对“个性化”维度的强调，对“自我同一性”的关注与维护，为主体的“成长”提供了美学上的支持，为主体的分析和阐释赋予了心理的深度。性格论与典型化话语涉及的主要论域是社会学、伦理学、政治学、历史学等社会“科学”，“主体及其成长”所关涉的主要论域则是精神分析学、文化人类学、诗化哲学等纯粹的“人文”的和“想象”的领域。它的问题意识既不是社会批判，也不是个人批判；或者说以“批判”相号召的鲜明的政治意识，是理性主义、启蒙主义的现代性标志，而“主体及其成长”话语的主要问题意识是人文观察和精神分析，是对“人之为人”的历史分析、文化分析、语言分析，贯穿始终的是

① 《二十世纪欧美文论名著博览》，中国社会科学出版社 1998 年版，第 245 页。

对人“内在性”的关注，精神“成长”的意识是这一人文话语的核心意识、核心关注。

正像性格作为“典型化”话语的核心分析范畴有其相关联、相匹配的其他范畴如“典型环境”“细节真实”等一样，在“语言形象”的分析范式中，“主体及其成长”也有自己相匹配的相关性范畴。在这些范畴中，身体、语言、他者是特别重要的，正是在与它们的“关系”中，“主体”的成长才是可以描述的，或者说，“主体”并不是别的什么玄虚之物，而是语言、文化、意识形态在时间中所建构的身体。因此，从身体、语言与他者等角度展开的“主体及其成长”的分析，是“语言形象”分析的第一个重要内容。

三

“说话人”的话语作为“语言形象”分析的另一个重要范畴，也有其独特的、不同于纯粹的“形式”分析或“艺术”分析的特殊内涵与特殊思路。对“话语”最简洁也最科学的解释或许就是“某人所说的话”，但具体到文学话语，或者更具体地说到小说作为一种特殊的话语方式，对它的理解和阐释就要复杂得多。巴赫金将一部长篇小说从修辞类型上分为五个部分：

> （一）作者直接的文学叙述（包括各种各样的类别）；
>
> （二）对各种日常口语叙述的摹拟（故事体）；
>
> （三）对各种半规范（笔语）性日常叙述（书信、日记等）的摹拟；
>
> （四）各种规范的但非艺术性的作者话语（道德的和哲理的话语、科学论述、演讲申说、民俗描写、简要通知等等）；
>
> （五）主人公带有修辞个性的话语。①

---

① ［俄］巴赫金：《巴赫金全集》第三卷，河北教育出版社1998年版，第40页。

但在我看来，小说中说话人话语的真正复杂性还不在于修辞类型上的多变和混杂——具有相关性的知识并仔细分辨，对各种修辞类型进行甄别和分析毕竟还是容易做到的，真正的复杂性在于：

一是说话人作为发言的主体，他的外在身份（政治的、道德的、文化的、性别的、种族的身份，等等）和他在文本中的位置性（隐匿作者、叙述人、主人公、叙述焦点的承托人，或者是仅仅作为一个次要的人物被他人称述等）均不同程度上决定了说话人话语的性质与分量。因此，小说对说话人身份的文化想象，政治、道德定位，以及说话人在文本中的位置性就是话语分析的重要组成部分。举例来说，20 世纪 50 年代、60 年代的“革命历史小说”作为一种“宏大叙事”，它的叙述人普遍地取全知全能的外视角，以一种庄严的政治身份（我们/他们是宏大叙事称述的基本语式）讲述“重大的”的历史事件，通过你死我活的阶级斗争故事或“胜王败贼”的战争故事宣示压迫/反抗、斗争/胜利、“从胜利走向胜利”的历史动力学和历史的必然论。而 20 世纪 80 年代后期开始的“新历史小说”显然是以“小叙事”作为自己的解构策略，有意识地将妓女、小妾、土匪、奴仆等边缘政治身份和边缘文化身份的人物置于文本的显豁地位，让他（或她）讲述家庭里巷、青楼瓦肆、边寨山野中的吃喝拉撒、婚丧嫁娶、兄弟阋墙、姑嫂反目、妻妾争宠、叔嫂偷欢，在如此凡俗的生活中，历史的踪迹变得异常虚无缥缈——历史只有在改朝换代、政党更迭、战争胜败等重大的事变中才得以呈现，一旦历史变成常人百姓口耳相传的生活琐事，变成个人记忆中的“杯水风波”，它就不成其为历史，而变成了“他（她）的故事”。由此看来，说话人（他或她，我们或他们）的身份问题、他在文本中的位置性是举足轻重的，是一个需要在话语分析中细加考量的因素。

二是说话人说了“什么”固然是重要的，但说话人“如何说”也许更为重要。尤其应该注意的是说话人“说话”使用的多是带修辞性的文学语言，本质上是隐喻性的、文化性的，而不是日常性的、交流性的；对说话人话语中隐喻性、文化性符码的分析是复杂的、困难的，也是异常重要的。弗洛伊德将文学看作是一场“白日梦”；荣格在人类学的研究中，发现了“集体无意识”，并认为这“集体无意识”由多种多样的

“原型意象”所构成。昆德拉用“模糊性”来界定塞万提斯等人的文学精神，他认为是他们取得了最高的文学成就，认为最优秀的作品是“道德审判被延期的领地”，他有时用“幽默”这一特殊的美学范畴来概括欧洲近代以来的最优秀的文学精神，并认为正是这种“幽默”的精神与启蒙运动和工业革命以后日益膨胀的工具理性相对抗，欧洲才成其为一个健康的、合理的欧洲。① 表述各种各样，但共同涉及的一个问题是，文学就其最根本的“语言”特性而言，它不是透明的，不是工具性的、交流性的；而是模糊的、想象的、幻想性的语言，里面充满了梦呓的、隐喻的、神话的意象、原型和符码。显然，正是这种“模糊的”、文化的语言，而不是明晰的、科学的、工具性的语言更多地包含着特定民族、社会、集团、阶层的精神、灵魂颤动的信息与时代心理微妙的波动，因此，对文学话语中“语言意象”的分析是文学阐释活动中更本真、贴己的一部分。

三是从个体创作的微观角度来说，小说的文体、布局与结构是作者（说话人是作者）话语的一部分，是“有意味的形式”，是一种意义结构；从文艺社会学、文化学的宏观角度来说，小说的文体、布局、结构又和社会、历史的变迁相联系，是人类、国家、民族心智、灵魂、精神流变的外化形式，是一种宏观的意义结构。耿占春在他的《叙事美学》中说：“一个认真的小说写作者所渴求的可能不是叙述对象的真实，但他无疑对叙述形式的真实性和现实感有着极为敏感的意识。一个小说家可能不是一个社会学家，但他无疑知道一种别人不甚了了的‘叙述形式的社会学’。他知道一种小说的叙述形式或叙事结构与历史的或社会结构之间的微妙联系。”②安德烈—莫罗亚将普鲁斯特的《追忆逝水年华》的结构称作是“与大教堂一样简单、稳重”，并借普鲁斯特的话说：“当你对我谈到大教堂的时候，你的妙语有时使我大为感动。你直觉到我从未跟人说过的第一次形诸笔墨的事情：我曾经想为我的书

① 昆德拉对“模糊性”的提法见他的《小说是让人发现事物的模糊性》，《世界文论》（6），载《小说的艺术》，社会科学文献出版社 1995 年版，第 67 页。

② 耿占春：《叙事美学》，郑州大学出版社 2002 年版，第 3 页。

的每一部分选用如下标题:大门、后殿彩画玻璃窗,等等。我将为你证明,这些作品唯一的优点在于他们全体,包括每个细微的部分都十分结实,而批评家们偏偏责备我缺乏总体构思。"莫罗亚将小说中写到的斯万的女儿希尔贝特嫁给盖尔芒特家的圣卢这一情节,在结构上称作这座大教堂的"圆拱",并且这样描述"大教堂"竣工的意义:"圆拱从而连接起来,大教堂于是竣工。到这个时候,作者作为艺术家和作为人同时得救。从那么多的世界里涌现出一个绝对世界了。"①在这里,莫罗亚显然想表明,"大教堂"既是《追忆似水年华》的形式结构,同时又是它的意义结构,而且,这种意义对于作者、对于"人"、对于"世界"是同样重要的。

基于上述理解,小说研究对说话人话语的分析当然应当重视巴赫金所提及的诸多修辞类型,如作者直接的叙述话语、主人公带修辞性的个人话语等,尤其是文本中的书信、日记等半规范性的日常叙述,以及道德、哲理话语、民俗描写、科学论证等规范的但非艺术性的作者话语的分析,因为他们以特殊的方式参与了文本的意义建构;同时应该重视,甚至更重视从上述三点进行的修辞分析,因为它们作为文本中结构性的修辞单位,以更艺术化的、更具想象力、更具原创性的方式支撑起文本的意义世界,那是一个真正的意义的迷宫。

四

20世纪80年代以前,尽管对小说文本的解读方式存在区别,但就宏观而言,较成熟的批评范式不外乎两种:一种是思想内容/艺术特点这一传统的阐释结构;二是占主导地位的"典型性"批评话语,即性格/思想的批评范式——通过对人物形象典型性格的分析,进入社会、历史、文化分析和阐释模式。80年代以后,形形色色的新理论、新方法的"拿来",使小说批评的途径变得更宽阔。精神分析批评将作家主体与

① [法]安德烈·莫罗亚:《追忆似水年华·序》,载《追忆似水年华》,译林出版社1994年版,第6—7页。

人物主体的研究推进到“潜意识”领域，原型研究将对形象的当下分析与历史、文化、神话结合起来，揭示出文学想象与文化记忆的深层关系，结构主义将文学文本看作一个“长句子”，致力于寻求千差万别的文本之间的共同的“句法结构”，叙述学理论为文学文本的分析提供了技术与策略上的帮助，等等，这些新理论新方法无疑都对小说批评提供了新的语言因素，是对小说批评语汇的丰富。但是这些新理论、新方法从哲学、语言学、心理学等相关学科中“拿来”、借用，不是对小说的本体性思考，因此，只在某一个局部，如主题学、形象研究、文体研究等相关的层面上对小说研究有所推进，而对小说研究的整体批评范式并没有根本的更新、改变。

相比之下，巴赫金“语言形象”概念及其衍生的概念对小说批评具有更重要的意义。一是巴赫金将小说在本体论意义上看作是不同语言对话的一个场所，是为不同的（社会性的）语言意识争论、辩驳提供可能的独一无二的文体。“语言形象”的提出，在美学上为小说这一文体找出了它的核心范畴，小说文体的独特性被凸现出来。二是“语言形象”分析，是一种话语分析，既是对不同的社会语言进行的定性分析，也是对语言方式（想象及表意方式）的艺术分析，既有美学价值也具有思想史、灵魂史的价值。三是“语言形象”衍生出的批评方法与批评范畴（“说话人”与“说话人”的话语）不仅具有方法论意义上的可操作性，而且可以避免内容/形式二元论的僵硬、隔膜。总之，巴赫金的“语言形象”概念启示了我们一个对小说进行阐释的新的范式，尝试对它进行理论上的探讨、总结和批评实践是非常有意义的。

经典的"重述"

——一种文本现象和进入"十七年"文学的研究思路

一

"重述"是一种古老的文学技巧,它复述早期的某个传统典型或者是故事、主题,其中暗含着某些变化的因素,比如删削、添加、变更等,从而使新文本区别于原文本而成为独立的创作。如果我们不过分拘泥于这一定义的表面陈述,而是注重其实质的话,任何试图通过改变原文本的基本状貌,从而达成新的意义生产的话,都可以被看作"重述"这一文本现象的一部分。事实上,在现代文化语境中,对传统典型、故事、主题进行复述,进而修改原文本意图的"重述"现象,远不如版本修改、对故事进行续写以及借助其他文体进行改编等方式更为普遍、更为频繁。或许可以说,版本修改、续写、改编已经替代对传统典型、故事、主题的改写而成为"重述"这一文本现象的主要方式,甚至可以将它称之为一种新的文本现象。

新中国成立是一个重大的历史事件,它标志着巨大的、波澜壮阔的社会变革的开始,加之在新中国成立后国际国内政治形势翻云覆雨,"十七年"文学的发生语境是极其复杂的,甚至可以用波诡云谲来形容,这从一个重要的方面解释了被人称之为“无定稿现象”①,实际上即“重述”现象发生的原因。被称为“无定稿”的“重述”现象有两种类型。一是版本修改,二是续写。因为长篇小说具有巨大的生活容量,包含着丰富的社会信息,与语境有更加复杂的关联;长篇小说的创作周期长,过程艰难、复杂,定型化程度高,不像短篇小说那样迅速、及时地根据形势作出即时的变易;就形态学与美学特征而言,长篇小说具有更大的敞开性、未完结性,长篇小说具有更大的修改、续写的必要和可能。事实的确如此,“十七年”长篇小说的修改、续写比之于其他文体更普遍、具有更深厚的原因,也具有更深刻的可阐释的意义与价值。

20世纪50年代末60年代初是长篇小说创作的高峰期,“三红一创”、《保卫延安》、《青春之歌》、《三家巷》等后来被逐渐经典化的作品都出现在这一时期。但很多作家本人的叙述表明,这些作品的构思和实际创作时间大都开始于新中国成立之初,更有些作品,如《红旗谱》的基础故事、题材在作家新中国成立前的创作中已经被使用。20世纪50年代初的语境与50年代末60年代初的语境存在明显的差异,在50年代初被认为是通识或普遍接受的事实、知识、观念在50年代末60年代初已经不是如此,甚至被颠倒了。出于政治的、历史的压力,有些作品初版不久就开始修改。如《保卫延安》涉及彭德怀的描写在1959年后就是一个政治忌讳,对它的修改就不可避免。另外,有些作家的文化成分是复杂的,五四新文学、革命现实主义、欧洲与中国古典文学的不同成分成为他们创作的有效滋养,使他们的作品呈现出不同话语的杂陈与纠结。而在一个以阶级论为绳墨的时代,话语的简洁明了是其基本准则,话语的纠缠意味着作家主体在政治和文化态度上的暧昧,一些自觉自愿或被迫作出的修改也时有发生。以《青春之歌》为例。杨沫的五四新文化身份、她对武侠和武侠文学的迷恋、她的革命经历以及女性作者以自我经验为蓝本的想象与期许,共同构成了《青

① 王尧:《“文革”对“五四”及“现代文艺”的叙述与阐释》,《当代作家评论》2000年第1期。

春之歌》初版本在话语形态上的复杂与纠缠。郭开气势汹汹的批评与指责并不能使杨沫心悦诚服,但无形的压力还是使她对《青春之歌》做了大量的修改与补写。有少数作品修改是出于艺术完整性的考虑,如孙犁对《风云初记》的修改,尤其是小说结尾对李佩钟的补叙与这一人物在命运的完整性有关,尽管这一修补并没有完全改变李佩钟在性格上的残缺性。

长篇小说的续写和作家的史诗意识有关,尤其是在革命历史题材小说的创作中。作家希望完整地、有机地再现中国新民主主义历史过程,或者叙述一个阶级的觉醒与成长的雄心壮志,不仅使他们学会了以历史唯物主义的宏大眼光观察历史,而且在文体形式上采取了宏伟的规制:通过不停地续写从而构成一个恢宏的长篇系列。梁斌的《红旗谱》之后有《播火记》和《烽烟图》,欧阳山的《三家巷》之后有《苦斗》《柳暗花明》《圣地》,冯德英的《苦菜花》之后有《迎春花》《山菊花》,杨沫对《青春之歌》的故事意犹未尽,多年以后又续写了《芳菲之歌》和《英华之歌》以偿心愿。

由于"十七年"文学尤其是其中的"革命历史小说"承载着将革命意识形态合法化的历史使命,而事实上这些作品的确在世界观、价值观、历史观、道德观等方面满足了政治与历史主体对历史的想象和对现实秩序所做的辩护。为了使意识形态的宣传效应最大化,通过将这些作品进行改写、改编等二度创作的形式将之普及化就是一个行之有效的途径,也是当代文化创作中一个十分引人注目的文艺现象。长篇小说的改编十分普遍而且形式多样。粗略概括,改编的主要类型有:话剧与戏曲改编,影视改编,评书、快书、广播连载等曲艺改编,连环画改编等。这些改编几乎涉及了《红岩》《林海雪原》《苦菜花》《铁道游击队》《野火春风斗古城》《红旗谱》《红日》《青春之歌》等所有的重要的长篇小说。

二

对"十七年"经典长篇小说的研究已经取得相当可观的成果,从版本、改编的角度展开的研究也取得初步进展，但是，将修改、续写、改编归理为“重述”这一重要创作现象，将它放置到具体的历史环境和文艺生产、再生产的运动机制中，既作出文献学的整理，又对这一现象作意义解读和历史阐释就笔者阅读所及在学术界还没有展开，对“研究现状”的述评从与本课题有关三个方面进行：一是版本的研究（修改及续写），二是经典文本的改编研究，三是有关“十七年”文学的研究中涉及经典长篇小说的研究。

一是在当代文学的生产过程中，“修改”和“续写”作品是一个十分突出的现象，或者说，不停地“修改”或“续写”同一部作品，以适应意识形态的询唤，正是它们被确立为经典的过程。尽管这种被后人称为“无定稿”的现象十分突出，但在学术研究中却很少被涉及；除了作家本人对“修改”“续写”等留下了一些说明性的文字以外，对这些经典文本的版本变更作详尽研究的还凤毛麟角。金宏宇的专著《中国现代长篇小说名著版本校评》在版本变更的研究与阐释方面有首创之功，但他的研究主要针对现代文学史上的长篇小说，“十七年”的经典作品涉及的只有《青春之歌》和《创业史》。因此，从版本变更角度展开研究的空间仍十分巨大。

二是“十七年”经典文本承担着意识形态传播的巨大职责，要将这种传播普及化使之更为深入人心，将这些经典文本“改写”为舞台形象和影像语言就成为重要的途径。以庆祝新中国成立10周年为契机，在此前后，形成了对这些经典长篇小说改编的第一次高潮，当时最主要的是电影改编。基于不同的背景，这些经典文本还曾陆续被“改编”，但形成另一次规模巨大的改编热潮是在20世纪的90年代以后，而且，是以普及到千家万户的电视为载体，以电视剧为其主要的文类样式。由于90年代的现实语境发生了巨大的变化，对这些经典文本的改编普遍被加入了情欲化的因素，对原文本的场景、故事因素、氛围、情调、精神进行了解构性的戏说。影视剧的“改编”遂成为被关注的热点问题。2004年5月23日，中国文联、中国剧协、中国影协、中国视协共同召开“改编‘红色经典’创作座谈会”，专门探讨“红色经典”的改编问题。广电总局颁发《关于认真对待“红色经典”改编电视剧有关问题的通知》和《关于"红色经典"改编电视剧审查管理的通知》，对"红色经典"改编电视剧进行严格审查，防止恶搞、情欲化和戏说倾向的泛滥。学术界也对此作出了反应。《文艺研究》2005年第5期刊发了陈剑澜主持的一组《红色经典改编问题》笔谈，张法、张志忠、程光炜等人认为"红色经典"联系着一代人，甚至一个民族的心史与梦想，具有自己的历史品格，而影视剧的改编一味地通俗化、欲望化、娱乐化，显然不是一种理性的姿态。《当代电影》2005年第6期刊发苗棣主持的一组文章，以电视剧《林海雪原》等作品为主要参照文本，对"红色经典"兴起的文化背景和美学依据、它的类型特征、改编的策略与得失进行了理论上的梳理与归纳。在这几次集中的讨论之前，针对这些经典文本改编的研究只零星地见于报刊，多在影视作品放映并引起一定反响之后，研究的思路多集中于对改编得失的品评，很少有研究者将改编本与原文本做仔细的比对，探讨新文本与原文本相比做了哪些取舍，取舍背后潜藏着怎样的社会文化心理。

三是"文革"结束以后，"新时期"文学在文学思想、观念、体式等方面提供的"经验"很大程度上"改写"了"十七年"文学经典的想象与书写模式。"新启蒙"的思想语境也使当时的文学活动在价值立场上向"五四"倾斜，"红色经典"的研究在20世纪80年代中前期有过短暂的沉寂。1988年"重写文学史"的提出，使"红色经典"成为研究热点。研究者所秉持的本体论立场（人的本体与艺术本体）一方面洞见到"红色经典"政治理念先行带来的诸多缺陷，同时，对历史语境的忽略也造成新的遮蔽。20世纪90年代以来，对"红色经典"的研究出现了大量成果，思路也是多元的，其中以下几个研究思路颇见成效并且对本课题的形成与开展有重要启发。第一，对文学环境、文学制度、历史相关性的研究。代表性的成果有洪子诚的《问题与方法》《中国当代文学史》，董之林的《旧梦新知——十七年小说论稿》以及王本朝、旷新年、刘川鄂等人的论文。第二，不是将文本看作历史本身，而是看作对历史的想象，通过研究文本的修辞与编码方式，发现隐伏于文本背后的意识形态因素与权力关系，类似于阿尔都塞的"症候式阅读"。黄子平的《"灰阑"中的叙述》、唐小兵主编的《再解读：大众文艺与意识形态》、余岱宗的《被规训的激情——论1950、1960年代的红色小说》等是这方面的主要成果。第三，尽管作者守持的立场不同，都通过对文本的细读，通过新的批评理论与阐释方法，解读出这些经典文本的多质性与复杂性。陈思和主编的《中国当代文学史教程》、李杨的《50—70年代中国文学经典再解读》、蓝爱国的《解构十七年》等是这方面的力作。第四，孟悦的论文《〈白毛女〉演变的启示——兼论延安文艺的历史多质性》所论尽管不是"十七年"的经典长篇小说，但作者的研究思路——通过对歌剧《白毛女》、电影《白毛女》和"芭蕾舞剧"《白毛女》这三种不同文类形式相互转化的分析，发现了"延安文艺"的多质性，挖掘出文艺为工农兵服务的政治口号下，不同话语、不同文化之间摩擦互动的历史。

三

"十七年"的经典长篇小说大都出现于1950—1960年代的交叉之际，从内容来看主要含纳了对"新民主主义革命"和"社会主义革命"（农村的合作化与城市的工商业改造）的叙述，用黄子平评述"革命历史小说"的话说，对"革命"的叙述承担的是将刚刚过去的"革命历史"经典化的功能。而从文化和文学的角度来看，这批长篇小说以唯物主义历史观，以"讲话"确立的文学范式讲述"革命历史"的方式与过程，也是一个尝试树立当代文学经典的过程。由于作家的成长经验、所接受的文化与文学资源不同，这些长篇小说最初的版本中程度不一地存在不同话语、不同文化的并置、对话，甚至是冲突。来自官方、批评家和普通读者的批评声音给作家施加了巨大影响和压力，因此通过"修改""续写"原文本来"矫正""失误"，是作家躲避政治责难、使作品"正典化"的途径。发生在"十七年"和"文革"时期的修改、续写与改编，不同的文本存在不同的状况，但大体的取向是一致的：一是加强阶级分析的观念，二是去除与身体、欲望、爱情有关的描写。由此看出，"文革"以前，这些长篇小说的"重述"实现的是"经典化"的过程，其目标是主题的政治化、神圣化与叙事话语的纯洁化。在20世纪80年代

“新启蒙”语境中，“红色经典”相对被冷落，为数不多的改编集中在《三家巷》《上海的早晨》等以城市为背景和表现人性复杂性的几部作品上。20世纪90年代至今，是改编的高峰期，而且改写的程度很高，大量的欲望化的因素被植入被改编过的新文本中，呈现出革命话语、启蒙话语、身体欲望等错综纠缠的新景观。“重要的不是神话书写的年代，而是书写神话的年代”，对这些经典文本的每一次“重述”，都是一次新的书写，都深深地留下了“书写年代”的痕迹。寻找这些痕迹，并挖掘出这些“痕迹”背后的精神矿藏应该是文学研究中一个有趣也十分有意义的思路。将“十七年”经典文本以及它们在不同时代被“重述”的状况，看作经典被接受的旅行过程，经典被改动（选择/遗漏的机制）的痕迹，透露出的是不同思想、不通话语摩擦互动的征候，通过描绘这些经典文本一幅幅流动的生产与再生产的历史图景，实际上也描绘出思想、文化、精神在当代旅行的动态的历史，这正是勃兰兑斯要实现的“最深刻意义上的文学史”：“是一种心理学，研究人的灵魂，是灵魂的历史。”

对“重述”这一重要文学现象的研究可以从以下三个方面展开。

其一，文本的历史考据及其意义阐释。将修改本、续写本、改编本与初写本进行比对，从文献学的角度清理出这些经典文本在它们初版之后经历了哪些改写、增删、修葺，“重述”前后的文本状貌发生了哪些变化。在此基础上，作出基本的意义阐释，即“重述”前后的文本在意义上发生了怎样的变迁。

其二，作家研究。创作主体“为何”与“如何”进行“重述”，即作家在二度创作中其动机、心态、想象经历了什么样的变化过程，从创作主体的角度来看，这样而不是那样来重新处理文本的原因与意义何在。这实际上涉及的是作家心态史的研究，这在文学研究中是研究者孜孜以求又难于完全达到目的的研究内容，而从“重述”进入作家的心态史研究相对容易、有效，因为作家针对“修改”“续写”“改编”留下了相对丰富的说明性文字，而且，近些年从编辑、出版角度撰述的文献资料也为这种研究提供了更充分的依据。

其三，语境研究，或者说是广义的读者反映与接受研究——国家意识形态，一般读者、批评家的反应与接受如何“询唤”作家对文本的“重述”。从某种意义上来说，“十七年”的经典作品是集体创作的结果，因为，正是各种外部力量的介入促成了对原文本的二度，甚至是几度创作。对有关作品的“论争”留下了大量的材料，为作历史性的“语境研究”提供了保障。

“重述”这种文学技巧承担着显而易见的文化功能。根据佛克马的考察，相对于原文本而言，新文本由于改写、变更程度的不同，其文化功能也是不同的。次要的、微小程度的改写提示的是传统的连续性，而重大的改写、重述则是某种文化剧烈变迁的征兆或结果。① 在当代，围绕“十七年”经典作品发生的“重述”现象既独特又频繁，显示出文化运作的复杂性。尤其是对“十七年”经典长篇小说的影视改编借助于图像技术与电子媒介传播的巨大优势给当代文化带来巨大的冲击，因此，从历史、学理与文化等不同层面展开综合研究就是一个重要的生命。从经典长篇小说被修改、续写、改编状况的文本考据入手，整理、描述出这些经典文本被“重述”后的新的状貌，显示出新旧文本的变更过程与具体状况并在此基础上进行文本的意义阐释；以“重述”这一特殊的文本现象作为亲临当代文学现场的门径，其后对作家的创作心理作心理学分析，对制约他的环境作历史性的阐释，并从中显现出不同的话语、不同的文化、不同的思想与精神因素相互冲突与磨合的复杂脉络是一个新颖且有效的途径。总之，以“重述”这一特殊的文学现象作为进入文学历史现场的突破口，从而构筑一个将文本细读、作家的创作心理分析、文学语境的还原有机结合起来的、立体的历史阐释结构，从一个独特的视角完成对当代话语关系史、思想史、文化史、灵魂史的描述是可能的、也是必须的。

① ［荷］佛克马：《中国与欧洲传统中的重写方式》，《文学评论》1999 年第 6 期。

如何深化“十七年”的小说研究

20世纪90年代以降，由于西方文论的本土化转化和意识形态话语的开放性凸显，许多学者在人道主义、历史主义和启蒙主义话语之间重新阐释“十七年”小说，从而使研究走向新的高潮，涌现出了一大批卓有成效的学术成果。如丁帆、王世诚的《“十七年”文学：“人”与自我的失落》，唐小兵主编的《再解读：大众文艺和意识形态》，黄子平的《“灰阑”中的叙述》，董之林的《追忆燃情岁月——50年代小说艺术类型论》《旧梦新知——“十七年”小说论稿》，李杨的《50—70年代中国文学经典再解读》，陈顺馨的《中国当代文学的叙事与性别》，李遇春的《权力·主体·话语——20世纪40—70年代中国文学研究》，余岱宗的《被规训的激情——论1950、1960年代的红色小说》，蓝爱国的《解构“十七年”》等专著以及相关论文，他们从叙事形态与意义系统的话语裂隙及冲突中寻找知识分子话语、革命话语、伦理话语纠缠迎拒的多声部格局，在政治话语形态上进一步祛魅，获取一种经验之上的理解的同情态度，从而在文本内外语境中对话解读，还原历史的多元复杂性。应该说“十七年”文学研究取得了相当大的成就。但是，相对于“十七年”文学的特殊性与复杂性而言，对它的研究仍然具有拓展的空间。这里提出几点想法与学界同仁探讨。

一

目前,现有的“十七年”文学研究成果更多的是进行宏观的文艺思潮、题材类型、精神特征研究,而对文本进行重读的也是那些已经进入文学史知识型构的“名篇”,如“三红一创,保林青山”等。其实,在“十七年”期间,由于政治的审查鉴定和不断的文学批判埋没了很多优秀作品;新时期之后由于政治、文学、作家的转向和人道主义话语的彰显,学者们关注的是具有“启蒙”精神的新时期文学,也无暇顾及“十七年”时期被埋没的作品;而新时期的文学史家在撰写“十七年”文学史章节的时候也只是沿袭甚至附和了20世纪五六十年代的文学史叙述意味和路径,因此,“十七年”文学中的不少优秀作品还是没有被认真清理和价值重估,依然湮没在历史的摇篮之中。只要认真重读一下《人民文学》《收获》《延河》等“十七年”文学期刊和被批判甚至销毁的部分作品,如《腹地》《人民在战斗》等,我们可以发现许多作品值得仔细推敲,需要进行价值挖掘的微观个案研究。所以,“十七年”小说研究不仅需要作宏观研究,更需要对文学期刊、选集、出版社等出版或发表的“二三流”作品作更深入的个案研究,甚至那些进不了文学史或者整体水平还达不到二流作家的作品也需要清理和观照。

我们可以回顾一下半个世纪以来的“十七年”小说研究,从研究阶段来看,“十七年”期间对文学研究主要是意识形态化研究,美学的更丰富观照是不可能的。新时期,新启蒙和人道主义话语的恢复又造成了对“十七年”文学研究的隔膜、断裂与漠视,他们关注的都是当时非常“时髦”的新小说;20世纪90年代,随着市场经济的进一步发展,许多学者重新研究“十七年”文学,多角度挖掘文本的意义,出现了不少优秀的研究成果,尤其是洪子诚的“当代文学一体化”和陈思和的“民间隐形结构”的提法就非常具有概括力。这两种提法推动了我们对文学的认识和研究的深入,但同时又遮蔽了新的问题,即“十七年”文学并不都是“一体化的”,至少陈思和的研究就可以让洪子诚先生的提法不攻自破,同理,陈思和的提法也是如此。这是因为任何宏观的概括都有可能遮蔽个案文本的丰富性、复杂性和多样性，如《三家巷》。

《三家巷》既有革命历史小说的很多共性特征，又有革命历史小说无法通约的与作家欧阳山联系非常紧密的个案特色，以致《三家巷》成为一个异常复杂的话语场。首先，它吸收了古典文学尤其是《红楼梦》这个家族世情小说模式的营养，文本中的这种古典话语讲述方式与革命历史小说叙事模式既有吻合的地方，也有相龃龉和矛盾的地方，换句话说，《三家巷》存在着两种话语相互消解、造成裂缝的地方。这种对家族世情小说话语的继承在进入了革命历史小说之后重新进行语义编码，它的个案性质的复杂性就出现了。其次，阶级性是《三家巷》构思和叙事的主要思想脉络，但人本主义的甚至是宗教的思想潜流依然存在，这种复杂形态与作家的文化素养、生存经历有关。作为20世纪20年代开始写作、通读古今文学的作家，欧阳山所受的思想影响是非常驳杂的。这种话语资源的复杂性致使周炳这一主人公形象与"十七年"小说中众多的革命英雄谱系形象有了一定的距离，从他身上，我们能够同时看到革命英雄、多情贾宝玉、五四式知识分子、托尔斯泰笔下(如列文、彼埃尔式的)思考者的多重综合品质。这种复杂性与特殊性是很难作一言以蔽之的通论概括，必须作精细的个案分析。就是那些二三流作家，也不能用"一体化"把他们的作品一笔带过，使其面目模糊地存进历史的档案柜。每个作家、每个文本除了"一体化"共性特征之外，都有无法去除的个性，这也许是原罪的宿命，但却是历史的必然，因为意识形态国家机器也无法完全进行异质化提纯，那表层话语背后的深度转述总是那么倔强地昂起头颅。所以，"十七年"小说研究需要学界进行个案化的深入探究。

二

从20世纪50年代至今，学界对"十七年"文学文本的研究主要集中在主题、主要人物、主要情节的研究。当前，除了继续进行这些方面的研究外，对"十七年"文学文本的研究还要加强次要人物、小场面、小细节、小隐喻的研究。其实，对于作品的研究从主要人物到次要人物，往往是研究深化的一个标志。《创业史》问世之初,对作品的评论和研究主要集中在主人公梁生宝这个形象上,通过对这个形象的解读来阐释作品的思想内容,总结作品的艺术成就。严家炎先生率先把眼光投到了梁三老汉身上,并认为梁三老汉包含了更多的社会历史内容,艺术形象也更为丰满,是一个更为成功的人物形象,具有更高的典型意义,从而把《创业史》研究推进到一个新的阶段。我认为,如果要把《创业史》的研究进一步推向深入,就必须加强对一些次要人物的研究。拙作《〈白鹿原〉与〈创业史〉的"互文"关系及意义阐释》,通过对白嘉轩与姚士杰的对比,阐释了前者对后者的有意误读产生的文化和文学意义。也许拙作在学理上还存在一些问题和不足,但是,通过对文本的细读,确实能够发现像姚士杰这样的人物,还有许多我们没有注意到、没有说清楚的内容,研究他的发展历史,体会他对新中国的感恩之情,可以发现,他确确实实和白嘉轩有许多相似之处。那么,何以两个不同时代的文本,会将基于同一原型的人物处理成如此大相径庭的两个人物形象呢?这个《创业史》中唯一的反面人物,远非一个简单的政治符号,通过对这个形象的深入研究,可以发现许多问题,从而将对《创业史》的研究进一步推向深入。其实,《创业史》中还有一些值得研究的次要人物,如素芳、王二直杠、徐寡妇等形象,这些人物虽然在作品中着墨不多,但都描写生动,包含了丰富的社会、历史内容,对这些形象的研究,可以挖掘出作品更为丰富的意蕴。除了研究作品中的次要人物,对于作品中小场景的研究,也能够将对文本的研究推向深入。《山乡巨变》中"缴农"一章在作品中的地位不算突出,但显然值得咀嚼。细读文本,我们会发现这一章的叙事风格与整个文本并不协调,它充满了喜剧和反讽,不同的思想和观点在这一章都得到了集中的描写和展现,具有一种狂欢的性质。作品描写到的积极参加合作社的人物,多是一些劳力弱、缺少劳动工具和牲畜的人物,他们的言论和他们参加合作社的真实动机之间存在着明显的差距,由于这种差距造成的反讽效果,隐隐流露出作家对合作社的复杂态度。这些内容,如果不通过对细小场景的深入研究,而是满足于对作品主要情节、主要人物和主题的把握,是很难捕捉到的。充分重视小人物、小场景、小细节、小隐喻的研究,可以更充分地揭示“十七年”文学丰富的一面。因此,要想使“十七年”文学研究进一步深入,研究文本中的非主要因素,显然是行之有效的途径。

“十七年”文学研究的细节化,还应该包括对材料和史料的进一步挖掘和使用,包括材料和史料的使用范围。传统的文学研究,对于史料的使用,主要包括文艺政策、会议、制度、文学批评以及作家的生平,等等,编辑活动很少被人注意。最近,文学编辑涂光群、袁鹰、刘锡城、龙世辉等出版的一些回忆材料,从编辑的角度披露了一些作品发表、出版的过程中鲜为人知的情况,对于深化“十七年”文学研究,无疑是有启发意义的。相比于文艺政策、文艺制度对文学创作的宏观影响,编辑活动对文学创作的影响可以说是细节的,但是更为具体的影响。“十七年”期间,由于对王蒙《组织部新来的年轻人》的讨论,《人民日报》发表了《人民文学》编辑部整理的《〈人民文学〉编辑部对〈组织部新来的年轻人〉原稿的修改情况》。对照原稿和编辑部的修改稿,可以看出,修改稿在许多地方改变了作品原貌,林震和赵惠文之间若有若无的感情,很大程度上是编辑部修改的结果。一般说来,相对于作者,编辑部对于文艺政策和文艺动向掌握得更为准确,编辑部对作品的修改更容易损害作品的丰富性而使作品向时代的共鸣靠近。如果将这些材料都纳入我们的研究范围,区分开哪些内容是作家最初创作的面貌,哪些是作品在发表、出版过程中出版社、编辑部或者某级组织对作品修改的结果,也许更能够通过对具体文本的研究触摸到时代的脉搏。因此,“十七年”文学研究的细节化,应该包括材料发掘和使用的细节化,应该将长期不为人重视的编辑过程中的材料纳入研究视野。

三

“十七年”文学作为一个禁忌时代里主流意识形态话语占主导地位的特殊产物,政治话语和革命话语是其基本模式。但随着文学语言进入想象层面后,作家的思想情感会和历史、文化、个体等多种文学资源结合共同进入文本,并往往溢出主流意识形态话语的规训。因此,文学创作的复杂特点决定另外一些非主流的受压抑的隐蔽因素可能以其他方式潜入到文本中。这些“异端”的思想、意念、欲望以改头换面的方式隐蔽地、零星地、碎片化地镶嵌在文本内部，构成了文本特有的思想深度。而对这一深度的挖掘仅仅靠社会历史批评的方法是很难完成的，这就要求学者在研究策略和方法上应倡导多样化，进一步挖掘小说在某种想象层面隐含的、理性层面上“不敢说”或者“不能说”的内部精神话语。例如，拙作《王蒙〈组织部新来的年轻人〉的精神现象学阐释》并没有停留在把小说看成现实生活参照物的观点上，而是在问题意识和文本细读的基础上发现了一直被遮蔽的主体精神成长的问题，即作为成长主体的林震一直游走于“童年世界”与“成人世界”之间，与“父”“兄”，与“子之子”的互审与对话，加重了主体的心理焦虑，因此，借用了精神现象学的研究方法挖掘小说文本隐藏的心灵意义，发现刘世吾构成了林震精神想象上“自我”的一个“镜像”，刘世吾与林震的兄/弟组合意象实际上是两个历史主体之间对话关系的象征性、隐喻性的表达，而且“成长”主题赖以展开的心灵对话关系（结构）不是二元的青春世界/成人世界，而是围绕主体性成长的童年世界/青春世界/成人世界这一崭新的三元结构组合意象，从而在某种程度上拓展了新的阐释空间。

同时，版本修改研究也是值得关注的方法，金宏宇的专著《中国现代长篇小说名著版本校评》和《新文学的版本批评》对现代文学的版本修改进行观照，推动了现代文学研究的深入。而“十七年”小说文本诞生至今，一直处于流动的被接受、被修改、被调整的异化状态。因此，将“十七年”小说的版本修改、续写作为“重述”现象放到具体的历史环境里进行文艺生产和再生产的运动机制方面的考察，从而挖掘被压抑、弱化的潜文本的话语意义显得尤为必要，这在研究思路和范式上也具有创新空间。

我甚至有这样一种想法：正是因为“十七年”存在着思想上的禁忌，存在着诸多题材上的“禁区”，才形成了对作家思想、情感、道德、意志的压抑；而从精神分析学的角度来说，被压抑被禁忌的欲望并未消失，它会以变形的方式、隐蔽的方式表达出来。从这种意义来说，“十七年”文本中蕴含着更值得细读的内容,只不过你必须有足够多的策略和方法,才能解读出那些曲里拐弯的表述形式中的所隐藏的特有情蕴。例如1956年前后出现的《在悬崖上》《爱情》《美丽》等一批爱情小说,大量使用三角恋爱故事,大量使用“超叙事”,造成文本层层缠绕,十分复杂,但你若正确使用解构这把批评的刀子,你会发现作家有意地曲里拐弯,犹抱琵琶半遮面,背后隐含的却是道德上的自我整肃和一种自虐的文化心理。

总之,作为客体对应物的历史,是现实存在的事实和史学家如何叙述的结合体,当我们的文学成为历史客体的复制品时,我们不仅要从文学审美形态进行考察,也需要通过权力话语语境考察文学的历史化编码过程,这就要求研究者既要从人文主义价值立场和审美现代性角度估价“十七年”文学,更要以一种历史的同情态度去体察那一代作家以及文本镜像的复杂纠葛和民族国家共同体的努力建构,而不是简单肯定或者片面否定。否则,我们又将陷入一种新的二元对立模式中而难以自拔。所以,为了进一步敞开意义的开放空间,我们需要在细节化、个案化和方法多样性视点上切入“十七年”文学研究,从而在宏观研究与微观观照视阈中推动文学研究的持续深入。

考量“民间”

一

作为一种对极左政治进行系统清算的人文知识话语，“新启蒙”在20世纪80年代中期失去了其一帆风顺、畅行无阻的全盛势头。对它的扼制力量既来自对“本质主义”进行颠覆和消解的后现代主义文化思潮，也来自一种以“生活”和消费为旨归的通俗文化写作。前者以先锋和前卫的姿态面世，它的尖锐既引人讶异、羡慕，又招致足够的戒心；后者对“本质主义”亦颇多微词，但它以温和的姿态擎起“过日子”的旗帜，这种平民化、世俗化的表述策略得到更广泛的亲和与认同。作为对这种多元文化态势的反映，尤其是作为对后者的积极响应与肯定，在理论形态上一种非常自觉的表述开始出现并被广泛使用和接受，那就是有关“民间”的理念。在显层，“民间”“民间性”“民间立场”等概念被广泛地提及和使用，以“民间”立论的文学和文化批评是广泛增殖的趋向；在潜层，“民间”作为一种文化意识和文化视角也广泛地渗透在各种文学与文化的批评实践当中，甚至被作为一种价值立场成为审度文化产品的标准与尺度。

二

民间概念的提出和民间意识的加强无疑是一个积极的文化现象。

到目前为止,至少在三个层面上它已经产生了建设性的文化成果。其一,在理论层面上,民间概念的提出和民间意识的加强,打破了一元化、封闭性的文化理念,关于文化运作的多元和层级观念开始深入人心。这一积极的态势既拓宽了人们的文化视野,又增强了文化上的宽厚与包容的心态。面对文化生活中出现的纷繁复杂的价值倾向,权威意识形态并未像以前那样采取强制的文化政策去改造甚至是消灭异己,这种文化上的宽容姿态当和对文化多元性的理论认同有关。其二,民间意识作为一种文化视角切入到对文学史的研究与写作之中,拓宽、加深了对文学历史的认知,还原和丰富了文学历史的本然面貌。当我们以一元化的权威政治意识形态进入文学史时,历史视野中得以呈现的只是被权威政治意识所认可的作家与作品。以现代文学史的研究为例,当我们以无产阶级的文化意识作为唯一的视点时,"左翼"文学与鲁迅、巴金、老舍、曹禺等"同路人"就构成了文学史的全部内容,一切不能纳入"主流"的作家作品均被无情地遮蔽了。是民间意识的加强和民间视角的引入,使文学研究重新发现了沈从文、钱锺书、张爱玲、徐訏、无名氏、张恨水等人的价值与意义,甚至被历史指认为"反动"的"鸳鸯蝴蝶派"也能够进行"再认识",发现其积极的一面,久已被遮蔽的历史内容得以彰显,一部单调、残缺的文学史变得丰满和完整了。其三,民间意识内化为文化创作者的一种文化意识,参与到当代文化的创作中来,由此带来了文化产品的丰富多彩、文化精神的弹性空间和对话机制,这在很大程度上缓解了政治、经济生活带给人们的紧张与压力,疏导了权力中心与边缘社会阶层间的怨怼与矛盾。

三

但是,在理论形态上对"民间"不加节制和不加限定的使用也会带来观念上的混乱,引发很多问题。事实上,在当前的文化活动中,"民间"有一种使用不适当甚至被滥用的危险,有可能引致消极的文化后果。

在我看来,第一个对"民间"界定和使用的不适当就是简单化,最突出的表现就是,不对“民间”进行学理上的定位,简单通约地将一切不同于权力意识形态的思想意识与文化活动均视为“民间的”。这一倾向在目前的文化批评中非常普遍。用这种权力中心/民间社会的二元对立式的层级分析概念做粗略的社会学、政治学的描述,而且是一种“口语化”的描述,可能有其现实意义,但作为一个文化概念进入严肃的书面化的文化批评,尤其用以描述思想意识状况就既不科学,缺乏学理上的严密,也不符合中国当前文化和思想意识的实际状况。总之,一言以蔽之的“民间”概念把本来复杂的文化态势和思想意识状况简单化了,它带来的可能不是清晰,而是混乱。

第二,对“民间”不适当和强化的使用会导致一种“民间情结”,即不加区分,不加甄别地认同民间、美化民间,甚至是民间崇拜,造成一种只要是民间的、可以归入民间的,就是好的、积极的价值心理,从而把“民间”极端化为一个政治化、情绪性的类概念,变成一种标签或一个霸权性质的口号,以致失去它作为一个文化概念的层次性、包容性与自由灵活性。对这种情绪化与政治性“民间”的认同与实践可能导致不良的文化后果。其一,文化甚至政治对抗。若将“民间”意识情绪化、政治化,并且夸大与官方或主流意识的对立色彩,有可能将文化的“民间”推向一种文化或政治反对派的尴尬位置,从而导致文化与政治对抗。这样说,并不是从根本上害怕“反对派”或“对抗”,而是说,政治上的反对派或对抗角色,不应该是由“民间”这一文化角色来担当和实践的。事实上,“民间”作为一个弹性文化空间存在的根本理由和价值就在于它在权力与公共空间之间所承担的缓解紧张与冲突的非对抗的责任与义务。如果将这种“非对抗的”文化角色推向政治对抗的前沿,其结果只能是两败俱伤。其二,文化逃避。即把民间当作一个可以脱离政治,与政治和现实无涉的安全空间,视“民间”为幌子,逃避社会责任,逃避自己作为文化批判者应承担的义务,逃避尖锐复杂的社会矛盾,将民间涂上安全的保护色,使之成为一个新的避风港。似乎“民间”就意味着迂回曲折,意味着避重就轻,意味着一种着意的、处心积虑的隐讳策略,甚至将此强化、美化为一种价值心理:非如此便是非艺术的、非审美的,是“传声筒”式的,是功利的和机械的。如在当前的文化创作中所出现的历史题材泛滥而现实题材被有意躲避,“戏说”历史蜂拥而至而庄严深邃的历史叙事匮乏,“躲避崇高”被公然推崇而大大小小的悲剧均被淡然处之等反常的现象,就因为有了“民间”这个保护伞而变得正常和理直气壮,也因此没有得到应有的批评与清理。

四

文化对抗与文化逃避这种看似对立矛盾的文化现象,实际上是由于不恰当地将“民间”夸大、曲解,将一种文化层级概念情绪化、政治化造成的同质不同构的文化结果。因此,在理论上还“民间”一个恰如其分的地位是相当重要的。

首先,民间之为民间就在于它的深厚的传统性和自发、自为的性质;它具有一种植根生活土壤,发芽、成长于文化传统的始源性;它是积淀于文化有机体中的一种“天然”的品质,在文化生活中起着重要的调节作用;我们可以“发现”它,但很难“合成”“析离”或“提取”它,因此,将“民间”变成一个人为性的口号,一种理论倡导,一项实践性的文化策略,很可能导致或激进或保守的行为,造成不良的文化后果。

其次,“民间”具有混沌性。可以作两种解释。其一,民间作为一种文化形态与其他文化形态之间的边际界线是难以截然划分的,而且在多元的文化网络中经常作为一个变数而存在。如果说在近代启蒙运动以前的传统语境中,民间作为二元文化形态之一元与统治阶级的政治意识形态之间的边界还相对清晰的话,近代以来,随着知识分子作为一个独立的话语主体逐渐觉悟,其作为一种文化力量与统治集团的分离,使文化形态“三分天下”。即使这种“三分天下”或“三足鼎立”也还只是一种静态的描述,在实际的运作过程中三者的关系则相当复杂。而经常发生的情况是,官方意识形态借助它的政治权威同时抑制民间文化和知识分子的人文话语。或者,官方意识形态与民间结缘成为共同抑制知识分子人文话语的文化力量。汪晖所说“市民社会与专制国家共存,前者通过自己的‘反精英的’精英阻碍对‘世俗专制的'批判,后者通过假借理想主义的世俗现代化扼杀所有的社会抗议"①,忧虑与担心的正是上述第二种文化状况。"民间"具有混沌性的第二层涵义是指,它既包含着民主性的精华,又具有"藏污纳垢"(陈思和语)的性质,包含着封建性、享乐主义、俗利主义、性欲主义等糟粕。对"民间"不加检识的认同显然是错误的。"民间"的混沌性提示我们,它不是一个可以随便擎起的旗帜,不是一个自命正确的文化范畴与价值标准,不能不加检视地用来庇护我们的一切文化行为,对之应该审慎地省察和仔细地考量。

① 汪晖:《中国社会思想的世纪末分化》,《天涯》1999 年第 1 期。

文学不足虑

当商品经济这一中国历史的新嫁娘以其动人的姿态向广大的中国人展示其魅力的时候,敏感的文学界人士似乎已透过她的金肤玉颜看到了历历白骨,恐惧之态清晰可辨。大小文学聚会,“文学的痛苦”是人们谈论最多的话题,似乎商品经济就是文学的“克星”,是西天路途上的“白骨精”,因了她的花容月貌的诱惑,也因了她的“妖气”,文学圣殿才变得不干不净、不伦不类。果真如此吗?我们究竟如何看待商品经济对文学的“冲击”——一个令人不安的字眼,所带来的后果呢?我的基本观点是:文学不足虑。

从两个方面来谈。

首先,从文学自身的属性来看,商品经济的施行,使文学创作这种精神生产也置于经济这一杠杆的操纵之下,使它和其他商品一样具有了某种交换价值。这无疑是一次具有革命性的转变,因为这从根本上改变了原有的那种文学的生态平衡,使作家、作品、读者之间的关系得到了新的调整,从而建立起一种新的平衡机制,我们可以把它叫作自调节机制或者选择机制。在以前很长一个时期内,我们的文学创作也带有某种程度的“指令性”,文学作品精神层次、主题、风格的单一与表面化就说明了这个问题。而作品的出版与发行也带有强制的性质,是一种盲目的行为;而本来作为文学上帝的读者则变成了文学的奴隶与信徒,要么没有书读,要么几亿人同读一本书,同看几台戏。就是说,旧的文学系统遵循着一套僵化的模式,艰难地维持着其摇摇欲坠的局面。商品经济浪潮的奔涌与撞击,使这一僵化的文学系统更加难以为继。文学商品属性,要求作家的创作不得不顾及作品的阅读效应和经济效益。这样,读者的需求就成为调节文学发展的一个有力的杠杆。读者的审美层次是不同的,他们对文学作品的需求层次也是不同的,而且,以一种宏观的眼光来看,读者的欣赏水平是逐步提高的。这样看来,商品经济带动下的、以新的供求关系和价值规律为其运行机制的文学系统,是一个包含了不同的文学层面而且孕育着发展的可能性的具有自我调节功能的新的文学系统。1985 年以后,文学发展中出现的多元态势,文学的"俗""雅"之分,正是这一文学系统进行自我调节的结果。从这种意义上来说,商品经济对文学的"冲击"不是一件坏事情。

其次,应从宏观上看到,商品经济的实行是一个大的生态环境和人文环境改观的开始,在这种新的环境中,人在社会生活中的地位,人作为社会关系总和的丰富性,人与他人的关系以及人的精神结构、文化心态、价值观念都发生着新的变化。所有这些,才是使文学发生变化的更隐蔽也更直接的因素。

大家可以明显地感觉到的一个事实是,在这一新的背景下,人的个性意识、主体意识已普遍地开始觉醒。这其中当然不能否定诸如西方文化的传播等因素所起的作用,但是,我认为,这是商品经济时代一个必然的结果。在商品经济时代,交换关系是人与人之间最一般的关系,交换的产生使自己的价值得到了更直接、更充分的体现,因为在这一时代,每个人的劳动与创造既是为自己的,也是为他人的,"我"被别人和社会所需要成为一个更为直观的事实。如果说,产品经济时代产生了"螺丝钉"的观念,那么商品经济时代就必然导致个性意识和主体意识的觉醒。

个性意识、主体意识的获得是选择的开始。在过往的年代里,文学是政治的左膀右臂,它的作用被夸大到极致——既可以兴邦也可以覆邦。在这种文学面前,作家被当作工具使用,他没有选择的自由,只能表示恭敬和"从命",但在作家的个性意识觉醒以前,这种"从命"是自觉自愿的。而对读者来说,文学甚至是作为一种教义按照别人的意志被"灌输"的,即他们的接受是被动的。只有当文学作为文学,既不是政治的代用品,也不是社会的传声筒时,只有作家按照自己的个性自由选择时,它才能成为作家自己的东西,才是作家心灵的自由创造。同样,只有在这种情况下,读者才可以根据自己的爱好、能力、欣赏水平选择自己的文学,文学也才真正进入了自由的状态。"纯文学"与"俗文学"之分正是作家和读者进行双向选择的结果。

"纯文学"与"俗文学"的并存有其必然性也有其合理性。"纯文学"与"俗文学"代表了两种不同的文化背景,是不同的社会阶层对文化的不同创造。"纯文学"凝聚着社会精英分子对社会、对人生、对人类命运的最新思考,是社会的精英文化,具有某种探索性和超前性;而通俗文学则是大众文化的一种传播媒介,它往往为更多的社会成员所接受。

精英文化向社会提供最新的精神成果,大众文化则使人传播、普及、推广进而为全社会甚至全人类所接受,这恐怕是文化发展的一个基本模式,就此可以推断精英文化和大众文化在任何社会都是存在的。也正是在这个意义上,我们肯定"纯文学"和"俗文学"并存的合理性。这种合理性告诉我们,文学失去"轰动效应","通俗文学"读者的增加和"纯文学"读者的减少未必就是坏事,很可能,这正是一种正常的文学局面的开端。

从两个层面入手,我们基本达到了一个相同的结论,就是商品经济带给文学的不是危机和消亡,而是促成了一个新的文学系统的诞生,对一个新的、正常的文学进程的开始起到了催生的作用。因此,那种认定商品经济会伤害文学的看法是没有道理的,文学不足虑。

历史研究、文本细读、理论品格

——评“明伦学术书系”

2005年12月和2006年6月,河南大学出版社分两批出版了一套现当代文学研究的学术丛书:明伦学术书系。“书系”一套8本,由河南大学现当代文学学科的8位年轻博士在他们各自的博士学位论文的基础上修改、增补完成,因此可以说,“明伦学术书系”是一套博士学术丛书。

在不少学人的心目中,可能会有一种标准,或者是期待:博士学位论文因其“规格”之高及“规范”之严,在选题的规模、角度、原创性,材料的收集、运用、阐释,研究模式的严谨性、科学性等方面应该有更高的要求、更高的水平。事实确乎应该如此:作为获取最高学位的标志性研究成果,博士学位论文在某一学科的知识积累、研究范式的创新、学术领域与学术思想的开拓等方面应该有自己的贡献。要求每一部博士学位论文在所有方面都有所创新是不切实际的,但上述标准,至少从某一个,或某些方面来考量、评价一部学术著作不失为一个有效的和较高的论述基点。“明伦学术书系”的8部著述风格各异,水平也不十分均齐,但就笔者的阅读感受而言,其中的每一部都有明确的问题意识和切实可行的解决问题的方法与途径,选题、立论据史、据实(史料与文本)而出,显示出较强的历史感;对材料的梳理、阐释,对文本的解读,阐释模式、方法的选择表现出较强的理论意识;因此,整体而言,这是一套学风踏实、言之有物、言之成理,结论信实可靠的学术丛书。

一

《晚清狭邪小说新论》(侯运华著)与《传统与现代之间的探寻——吴趼人小说研究》(胡全章著)的研究对象属于传统专业分期中的"近代文学"这一范畴,而"近代文学"尤其是对晚清文学的研究是近年学术研究的热点之一。这一研究取向和海外"汉学"的"现代性"论述有关,特别是和王德威先生"没有晚清,何来五四"的质疑和陈述有关。"现代性"论述是一种新的观念、新的视野,当然对拓展现代文学的研究是有益的。但是,像很多学者已经意识到的那样,"现代性"作为一个包容性极强、内涵和外延都难于确定的分析范畴,以它为核心展开的分析研究是另一种形式的"宏大叙事",在揭示某些真相的同时,又造成新的遮蔽——"现代性"论述以其"宏观"视野(政治、经济、科技、文化等无不纳入其论述范围)成就了所谓的"文化研究",而具体的文学问题可能被轻忽和遮蔽。不能说《晚清狭邪小说新论》与《传统与现代之间的探寻——吴趼人小说研究》没有受到"现代性"论述的影响,但从选题到论证应该说更多地显示了河南大学近现代文学研究的学术传统的传承与发扬,即以精细的个案研究来打通近现代文学史的脉络。

"狭邪小说"是特殊时代的特殊产物,其流派的特征非常突出,比如人物形象以名士、妓女为主;生活场景则主要聚焦于妓院、烟馆、戏场等烟粉场所。正因为如此,对"狭邪小说"的评价就极容易取社会政治视角或道德视角而做出简单的判断。《晚清狭邪小说新论》对此显然有清醒的认识并做出了认真的应对。在广泛阅读"狭邪小说"主要文本的基础上,作者做出了这样的定位与分析策略:"由于研究对象是以描写个人精神追求和休闲生活为主,而非以表现社会思潮为主的小说流派,因此本书采用以人为本的策略,即把握住作为文本行为主体的名士名妓,分析其存在状态、主体意识、情感特征、分化组合等,由此展开对文本的阐释。在澄清这些问题以后,再总括其休闲特色、现代意蕴、原型沿革与叙事特征。”[1]由于作者对研究对象有新的认知并以新的方法与策略进行分析，使作者能够有不少新的发现，如通过文本分析发现了晚清名士在特定的政治经济氛围中的“休闲”特征，名士们的这一生存状态很大程度上又决定了“狭邪小说”与士大夫道德传统不同的“现代意蕴”。这一论述是新颖的，也切合近代上海城市化进程中名士的生存状况与精神状态。论文对“狭邪小说”进行的原型剖析和叙事学阐释，既凸显了此派小说的文化内蕴，也概括出了其叙事特征的过渡色彩。《晚清狭邪小说新论》并没有孤立、封闭地论述“狭邪小说”，而是将它放置到历史文化的格局内和文学史的链条中，从而凸显出它的文化个性与文学史地位。

《传统与现代之间的探寻——吴趼人小说研究》选择了一个更细小的个案——吴趼人的小说作为研究对象。个案研究作为一种研究模式常常出现的问题是狭隘性和孤立性，见山言山、见树说树，一叶障目、不见森林。究其原因，盖出于选题不具有代表性和典型性、作者视野的狭窄和学术准备不足等。由于吴趼人小说创作在晚清文学当中的特殊地位和典型性，以它为个案是一个合适的选题。著者在研究方法上将宏观考察和微观分析，历史文化研究与叙事学、文体学结合起来，既注意对晚清社会文化与新小说这一“面”的横向考察，又着意突出对吴趼人小说这一“点”的深挖，始终将吴趼人小说置于中国小说由传统向现代艰难嬗变的过程中来考察，这种学术眼光、问题意识以及解决问题的方法是值得肯定的。

孟庆澍的《无政府主义与五四新文化——围绕〈新青年〉同人所作的考察》选择了另外一种个案——作为政治思潮的无政府主义，来考察它与“五四”新文化的内在关系。本书通过探讨无政府主义这一激进政治思潮对“五四”新文化的潜在影响，揭示了近现代以来文化激进主义产生的部分历史根源与理论实质。全书以理论阐发和文本细读相结合的方式，对无政府主义与钱玄同、陈独秀、周作人、鲁迅等《新青年》的主要成员之间的关系进行了细致的考察和阐释。作者指出，

---

① 侯运华:《晚清狭邪小说新论》，河南大学出版社 2005 年版，第 4 页。

无政府主义的兴起是“五四”前后的一系列思想文化事件如汉字改革、工读互助团、新村运动的意识形态动因。《新青年》作者群对这些事件的积极参与,正表明了启蒙主义与激进主义政治思潮之间存在深刻而本质的联系。同时,“五四”后期知识分子的思想转向也与无政府主义的退潮不无关系。

从论题的性质来说,作者选择的是一个思想史的命题,而不是一个纯粹的文学命题;其运思的路径显然突破了一切以“五四”为起点、高潮,同时也是终点的、单质化、“纪元”式的“五四”新文化观;不是以“五四”为逻辑起点,而是返身对“五四”的思想脉流和精神源头进行发生学的追根溯源。鉴于“五四”作为一个单质的文化现象、一种时间的起源、问题论证的逻辑起点仍然是一个强大的事实,以无政府主义为切入点所作的思想史的考察,其意义是不言而喻的:“五四”新文化有着复杂的思想源头,其思想和文化内涵不可能是纯粹的、单质化的。该书史料丰富翔实,概念界定准确,论述框架合理、层次清晰,具有较纯正的学术色彩和较强的说服力。

二

就研究对象的时间规定性而言,“明伦学术书系”中有4部是针对传统的“现代文学”展开的论述,这就是《中国现代小说范畴论》(刘涛著)、《京派小说诗学研究》(刘进才著)、《再生与流变——中国现代文学中的古典主义》(白春超著)与《现代性与古典传统——论中国现代文学中的“古典倾向”》(武新军著)。

如果对题目作望文生义的理解,《中国现代小说范畴论》更有可能被看作一部纯粹理论演绎或理论阐释的著作,而事实上,它处理的主要是一个历史性的命题,即以人物、心理、结构、环境、视角一人称、短篇小说等小说的基本范畴为对象,论述这些概念范畴为什么会出现?它们的出现意味着什么?作为西方文化输入的产物,它们是怎样进入中国的?进入中国后,它们对现代小说创作和现代小说理论会有怎样的影响?作为一个个概念范畴,它们是如何被现代作家、理论家所引用、传播、阐释和发展的？显而易见，这部著作是对小说理论的概念生成史、发展史所作的研究，是从历史还原的角度对中国现代小说理论发展的过程和脉络所作的追踪、摄迹，是一种谱系学、学术史的研究思路。概念、范畴是对感性经验的概括与总结，是由感性思维上升为理性思维，由感性经验上升为理性经验，凝练成理论成果的重要环节，对概念和范畴作学术史的研究，实际上是在发生学的意义上作观念史与理论史的研究，既具有历史研究的经验性质，也具有理论研究的思辨性、概括性，其学术价值是无须争辩的。鉴于诸多小说概念在其初创时期和使用过程中的混乱、芜杂，要对其作出梳理、甄辨，将其放置到历史的线条和理论的格局中来论述，其难度是可想而知的。或许是这个原因，尽管其理论价值和学术意义非常大，从这一角度展开的研究还非常鲜见，《中国现代小说范畴论》的出现是特别值得推荐的。

对“现代文学”的研究有多种角度、多种思路、多种层面，但无论从哪种角度与思路展开，都有一个潜在的动机和落脚点，即“现代文学”之成为“现代”文学的特质是什么，它是如何发生的。从文学运动、思潮、社团、流派，乃至作家作品展开的论述，都脱离不开这一现代性论述的框架。《中国现代小说范畴论》的基本叙述体例即分别以人物、环境、视角、短篇小说作为小说的结构性范畴，历史性地考察这些范畴是如何从西方被中国作家和理论家介绍、借鉴，并建构起中国现代的小说观念与小说理论的。这一论述角度如果处理不好，就会得出一个简单的结论——事实上也是不少人所坚持和信奉的结论——中国现代小说观念、理论形态的建立就是一个“西化”的过程。《中国现代小说范畴论》显然注意到了这一点，从而避免了现代性论述中最常见，也最习焉不察的偏颇——中国现代性的建立只是一个接受和被影响的过程。《中国现代小说范畴论》在考察每一个小说范畴在中国“落户”的历史过程中，都注意到相应范畴在中国的历史资源，以及这些资源如何在与西方传入的范畴的交汇融合中建构起中国现代的小说理论。如心理性人物观是现代小说观念建立的核心内容，这种人物观的资源主要来自西方，但是中国人对“心”的不同理解、对小说描写心理的不同方式的理解制约了西方心理小说观念的传播与影响，因此，中国现代小说的人物观就不完全与西方现代小说的人物观相同。又如，中国传统文章理论中的“义法”批评也同样参与了中国现代小说结构范畴的建构过程。作者自己确定的研究任务是：“从历史还原的角度对中国现代小说理论发展的过程和脉络进行梳理，在这种梳理过程中认识中国现代小说理论的自身形态。”①在我看来，这种“历史还原”除了从丰富、芜杂的原始材料中梳理出小说范畴的建构过程以外，更重要的是这种面对强大的西方话语时客观、历史化的姿态。

在纯粹以政治标准书写文学史的僵滞格局被打破以后，京派小说是学术界一个持续增温的研究热点，京派小说的代表人物沈从文、废名等更是受到了特殊的关注，研究成果可谓层出不穷。京派小说研究在被极大推进的同时，也存在着明显的问题：要么在肯定“京派小说”艺术价值与审美意味的同时批评其社会功利价值的缺失；要么肯定它是有社会价值的，同时又批评其对艺术形式技巧的单纯化追求；总之，在京派小说的研究中，艺术、审美价值与思想和社会意义被分裂为无法统一的二元存在。正是基于这样的问题意识，《京派小说诗学研究》选择了“诗学研究”这一研究范式。而且，作者所认识、定位的“诗学研究”并不仅仅是以形式与技巧分析为全部内容的“形式诗学”，而是包含了“形式诗学”与“文化诗学”内在的、有机的结合。也就是作者所说的：“力图超越已有的研究范式，在京派小说形式诗学研究的基础上走向文化诗学的考察，也把小说文本的叙述与文化研究结合起来。”②

形式诗学与文化诗学的会通显然为作者的研究开拓出崭新的空间，对京派小说的认知有了更贴近对象的新的发现。表现在几个方面。首先，不是从“形式诗学”一般的常识与理念出发，而是在深刻理解京派小说的基础上提出了一系列切实可行的分析范畴。“意象叙事”“还乡模式”“残缺家庭模式”“回忆的诗学”等新的阐释范畴取代了小说文本分析中常用的“视角”“节奏”“功能”“预叙”等常见范畴，

① 刘涛：《中国现代小说范畴论》，河南大学出版社2005年版，第276页。
② 刘进才：《京派小说诗学研究》，河南大学出版社2005年版，第7页。

这些新的范畴既具有进入文本、解析、阐释文本的有效性，同时又能够自然、顺利地导入对文本的文化意义的解读与阐释。比如作者以“归乡—离乡”概括京派小说的情节模式，更从这种文本的形式层面读出了它的文化意义，即“京派作家面对城市与乡村的矛盾与彷徨的文化心态”。① 其次，即使是一些具有较纯粹形式意味的范畴，如时间、空间、视角等，作者通过精细的文本解读，也能见微知著地发掘、体会其中的文化意味，丰富了对京派小说的研究。再次，一系列兼具形式分析与文化分析功能的范畴的建立与有序的组合，实际上走通了一条恰切的对京派小说进行有效阐释的解释模式，经由这样的阐释，京派小说作为一个有独特个性的小说流派，其特殊的审美风貌与文化蕴涵能够被作为一个有机的整体被认知，从而弥合了京派小说研究中形式、审美与社会文化评价分裂的尴尬局面。黄修己在为本书作的序言中，描述自己原来对“京派”能否作为一个文学流派是持怀疑态度的，读了这部书稿之后才打消了怀疑，促成这种转变的主要原因是这部书稿“从审美的角度，重点总结沈从文等作家的小说在美学上的共同追求和倾向，为他们构筑其诗学的体系”②。黄修己对京派小说认知的转变过程，特别有力地说明了这部著作的“诗学研究”的有效性和价值所在。

在“明伦学术书系”中，有两部著作不约而同地选择了中国现代文学中的古典主义作为研究对象。《现代性与古典传统——论中国现代文学中的“古典倾向”》一书使用的是“古典倾向”这一命名，并在书中专门就为什么不是用古典主义这一概念作了说明。他的主要用意在于和历史上的古典主义作出区分，并强调中国现代文学中的古典倾向者的现代特质以及与同时代其他思潮的复杂纠缠。《再生与流变——中国现代文学中的古典主义》直接使用了“古典主义”这一命名，但它同样说明此古典主义不是欧洲文学历史中“古典主义”思潮的搬演，而是在具体、复杂的中国语境中的“再生与流变”。事实上，两者研究的

---

① 刘进才：《京派小说诗学研究》，河南大学出版社 2005 年版，第 117 页。

② 黄修己：《京派小说诗学研究 · 序》，河南大学出版社 2005 年版，第 3 页。

对象基本一致,即以学衡派、新月派、梁实秋、京派为研究主体,而在“主义”与“倾向”的看法上也大致趋同,即承认在现代文学的发生与发展的过程中存在一个在政治、文化上具有守成倾向,突出强调文学的道德性与审美性的思潮,并对其进行历史的和理论上的分析与评价。因此,两部著作尽管使用了不同的概念,但研究对象和整体思路是大体一致的。在下文中,笔者将首先对二者作为一个共同课题的学术价值与意义作些分析;但是,二者的学术个性也是明显的,因此随后我也对二者的主要不同做些比较说明。

中国现代文学生成的语境是政治、经济、军事、外交等全面的危机,内忧外患是时代的代表性体征。在这种背景下,趋新求变是社会的普遍的、主导性的心理特征,在文化和文学的创造方面带有激进主义思想特征与形式上不拘格套的文学思潮和文学流派成为主流。但是,同样是基于这种背景,政治及文化上的守成主义、美学上的古典主义的生成也带有必然性,只是它的存在方式、运作方式及其特征与占主流的思潮与流派相比更具边缘性、保守性。但正是它的存在、它与激进主义的文学思潮的矛盾、龃龉、对话才构成了现代文学立体的、运动的历史生成过程。从现代文学学术史的角度来看,与激进主义的文学思潮普遍受到重视相比,对政治与文化上具有守成倾向,在人性观上强调人性的优美,完整的价值意识,美学上钟情于中和、节制的文化、文学思潮的研究则相对冷落得多。20 世纪 90 年代后,学衡派、新月派、京派等文学流派受到了学界的重视,研究成果陆续出现。但是,将这些流派看作具有相同或相近的价值意识、思维特征、社会文化心理和美学倾向的整体性的思潮进行研究仍然是鲜见的。因此,白春超和武新军共同选择古典主义对上述几个流派进行研究,梳理其历史踪迹、描述其历史面貌和基本特征,进而对这一文学思潮进行文化和美学上的定位,其学术意义,一是填补了此领域研究的空白,将单个的流派研究整合为一条思潮史的线索,从而还原了现代文学一度被遮蔽、割裂的历史整体感;二是对古典主义进行学理上、文化上、美学上的辨析在学术思想乃至文化思想上对偏执于激进主义思想一端的积弊是一种有益的救治。

两部著作并不是在同一层面上的相互重复，二者在学术个性上的区别也是明显的。比如，在研究思路和方法上，二者虽然都重视对古典主义作历史性的描述，既注意西方古典主义的强大影响，又充分考虑到本土古典传统的知识渊源，同时也没有遗忘现实语境对古典主义的内在呼唤，但是，在如何处理这些不同线索的时候，二者是各有侧重的。《再生与流变》特别注重梳理中国文学经验所生发出的古典主义精神，以及这种古典主义在现代文学中演进的历史线索；而《现代性与古典传统——论中国现代文学中的“古典倾向”》则在西方古典主义对中国现代文学的影响方面用工尤勤、用力甚巨，德国古典美学、新人文主义思潮、英美早期新批评派的古典主义精神，作为一种资源如何被中国现代的文学理论家所接受，在武新军的笔下被作了详实、细致的传达。由于思路有所差别，相应地，二者论述的结构与学术风格上也有所不同。《再生与流变——中国现代文学中的古典主义》对作为美学范畴的古典主义略作辨析，随后将重点转向对中国现代文学中古典主义现象及特征的叙述，作者的叙述以时间为经，以详尽的史料分析和文本解读为纬，系统地描述了中国现代文学中的古典主义生成及发展的脉络，历史品格是它的主要特征。《现代性与古典传统——论中国现代文学中的“古典倾向”》主要以“古典倾向”为思考的核心，论述古典倾向者在文学与政治、道德、科学，与诗、文、乐、画之间所进行的思考、论辩及所凝结成的成果。这是一个学理性的结构。学理性与思辨性是本书的突出特色。

三

“明伦学术书系”是一套由8部博士论文组成的学术丛书，并没有统一的指导思想、选题策划、书写体例，而事实上，8部著作也风格各异。但是，8部著作从选题范围来看，涉及了传统的专业划分的“近代”“现代”“当代”等不同的时期，构成了针对现代文学发生、发展全过程的相对完整的研究系列；从研究内容上来看，包括了思潮研究、流派研究、理论范畴的研究、作家个案研究等多种研究范型，因此，将它看作一个“无心插柳”而成的有机系列并不为过。此外，在通读了 8 部著作以后，感觉这套书系在研究理路和学术特色上也有一些共同的东西值得提出来。

首先，是历史研究。现代文学既是一门历史学科，同时又具有很强的当代性与意识形态的性质。20 世纪 80 年代以前，现代文学研究很大程度上被纳入意识形态斗争的框架中，其历史品格受到忽略。20 世纪 90 年代以来，现代文学研究中，历史品格的强化是一个趋势，尤其在博士论文的选题中表现更为明显。“明伦学术书系”中的 8 部著作选题不同，但将研究对象作为一个客观存在的历史对象进行研究，努力还原其历史本相却是共同的。表现为：一是材料的发掘、梳理与阐释。任何一种历史学科研究的推进都离不开史料的支撑，史料的新发现是推动历史研究往前发展的主要动力之一。“明伦学术书系”中的大部分著作都是在丰富、新鲜的史料基础上立论的，尤其像《无政府主义与五四新文化》《中国现代小说范畴论》等著作是在浩繁的、原始的史料基础上才梳理出历史线索的，这些著作的原生性与历史感正是源自于材料的原始性与丰富性。二是实证方法。由于研究对象的多样化，由于近些年在方法论上的积累，“明伦学术书系”中的著作在研究方法上也是丰富多彩的。但是，这些著作使用的最基本的研究方法还是实证，即以大量、凿实的材料推导出观点。这种朴学的实证方法在面对历史课题时，其有效性和魅力依然是超乎寻常的。三是历史主义态度。学术研究中常常犯的一个错误是：由于熟悉自己的研究对象而拔高研究对象，对它们的历史评价失去分寸。“明伦学术书系”中的好几个选题，如“狭邪小说”“京派小说”及两部“古典主义”的选题某种程度上都带有辩诬的意味，对它们的评价掌握不好就会走向另一个极端。值得欣慰的是，几位作者并不因为熟悉自己的对象而偏爱、拔高它们的历史地位。

其次，是文本细读。文学史的丰富来自两个方面，一是史料的新发现，二是对作品意义的新发现，而作品意义的新发现则靠研究者对文本的阅读与阐释。“明伦学术书系”给笔者的另一个强烈感受是对文本细读的强化，对文学创作如此，对理论性、学术性的文本同样如此。由于上文对其他著作都有所涉猎，这里专以沈红芳的《女性叙事的共性与个性——王安忆、铁凝小说创作比较谈》作些说明。沈红芳是8位作者当中唯一的一位女性，她的选题也与其他7位略略有别，她选择的是一个当下性与理论性都较强的论题：通过对当代两位女作家王安忆与铁凝小说创作的比较达到对女性叙事在理论上的认知。谈论个性是容易的，但是仅仅借助两位女性作家的创作谈论女性叙事的共性，并且要上升到性别叙事理论的高度是存在困难的，至少是一个令不少人望而却步的研究课题。但是，读完沈红芳的这部著作基本消除了这种担心和畏惧，读者真切地感受到了女性叙事的"共性"与"个性"——女性叙事的确与男性叙事存在差异，而女性作家之间也并不是千人一面。她是如何实现这种研究目标的呢？秘密就在于文本的细读，大量的、细致的文本的阅读、比较、阐释，不仅将两位女性作家的文本进行解剖，而且将男性作家的创作纳入视野和比较的框架中。同样的题材、相似的故事与人物关系，在男性作家笔下是一种展开方式、是一种评价方式与结论，而在女性作家笔下却发生了变化和逆转。男性叙事与女性叙事到底有无区别？在大量的文本分析得出的事实面前你不得不承认，女性叙事有自己的共性与个性，与男性叙事存在差异。文本细读完成了多少理论思辨与逻辑推论都无法替代的作用，它的说服力是让人心悦诚服的。刘思谦将这种研究方法及其"说服力"命名为"细读的魅力"。[①] 这种细读的实践表明，借助于对作品细读而获得的理论命名，应该是大部分理论成果获得的主要途径，这种理论才是有生命力的，那些凌空蹈虚的所谓理论是站不住脚的。

文本细读是理论建构的基本前提，而历史叙述同样和学术研究的理论品格不仅不相矛盾，而且能够相辅相成。对历史还原的程度越高，对历史细节的叙述越全面、越细致，对历史的概括就越准确，规律性的东西就越显豁，对规律性的认识正是理论的品格。"明伦学术书系"大都描述的是现代文学史上的历史对象，属于历史研究的范畴，但

---

① 刘思谦：《细读的魅力（代序）》，载《女性叙事的共性与个性——王安忆、铁凝小说创作比较论》，河南大学出版社2005年版，第2页。

是，作者们并不是冷冰冰的局外人，不是掉进故纸堆里拾历史牙慧的书虫，他们通过对自己研究对象的描述，通过对历史文本的解读与阐释，以期还原现代文学历史的本相，同时达到对现代文学发生与演进，文学与经济、政治、文化、性别的关系，外来影响与内部传统等问题的重新审视与规律性的再认识，因此这套书系又具有很强的历史参与意识和理论品格。

◆学术年谱

一、批评时期

1988 年发表第一篇学术论文《惠英“病态人格论”——读储福金的小说〈生命圆舞曲〉》(《当代作家评论》1988 年第 2 期)。责编许振强老师写信鼓励,也对论文写作提出了建议,很受鼓舞。

1989 年 7 月毕业留校任教。毕业论文是针对 1985 年之后小说创作出现的新思潮进行文学观念上的描述与概括,论文题目是《典型观的拓展与艺术的多样化》,论文的主要内容以同名题目发表于《小说评论》1990 年第 4 期。同年和次年又先后发表了《文学不足虑》(《文学自由谈》1989 年第 5 期)与《小说的叙述技巧》(《新闻爱好者》1990 年第 2 期)。

1992 年曾一度产生转行年头,求职失败后开始考虑考博士继续深造。这一年发表《理性精神与“乡村情感”——河南近期小说创作透视》(《当代作家评论》1992 年第 3 期,人大复印报刊资料 1992 年第 7 期转载)。

1993 年 9 月考取华东师范大学现当代文学博士研究生,师从张德林先生。读博 3 年间共发表 6 篇论文:《论新时期小说的审美化进程》(与李徉合作,《许昌师专学报》1994 年第 1 期)、《话语转换与话语渗透——近期小说创作形势分析》(《文艺理论研究》1994 年第 3 期,人大复印报刊资料 1994 年第 9 期转载)、《新时期小说的三种主要叙事模式及其相互关系》[与岳耀钦合作,《河南大学学报(社会科学版)》1994 年第 4 期]、《当代文学历史话语的意识形态特征》(《文学理论研究》1995 年第 5 期)、《“新历史小说”的意识形态特征》(《当代文坛》1995 年第 6 期,人大复印报刊资料 1996 年第 2 期转载)、《作者的在场与退场——新时期小说非全知叙事思潮的文化背景及其意识形态》(《文艺理论研究》1996 年第 6 期,人大复印报刊资料 1997 年第 1 期转载)。

1996年7月博士毕业后返回河南大学文学院任教，12月晋升副教授。当年河南大学现当代文学学科点举办全国性的会议“中国文学研究的世纪回眸”学术研讨会，会后完成《百年文学研究的学术性反思——“中国文学研究的世纪回眸”学术研讨会综述》，发表于《中州学刊》1997年第6期。

1997年，在博士论文基础上修改完成《颂祷与自诉——新时期小说的叙述特征及其文化意识》一书，作为“百年文潮丛书”之一由上海文艺出版社出版。该著作竭力避免经验主义批评和形式主义批评的“短处”，将叙述分析与意识批评结合起来，客观地分析了新时期小说所“特有”的叙述特征及其文化意识。内容分三部分：“‘谁’说——新时期小说创作中叙述人的主体定位及文化功能”，“说‘谁’——新时期小说人物形象的社会学与美学的描述”和“‘如何说’——新时期小说的结构及其‘语义’特征”。

此专著获得了“1996—1997年度河南省社会科学优秀成果奖”一等奖。

以此为基础申报的国家社科基金项目“对新时期小说思潮精神文化特征的批判研究”获准立项。

1998—2000年间发表的主要论文有：《“元叙事”观念与新时期小说》（《河南社会科学》1998年第2期）、《英雄主义主题与“新写实小说”》（《文学评论》1998年第4期，人大复印报刊资料1998年第9期转载）、《象征化与符指化：拓展典型化叙事规范》（《文学理论研究》1998年第5期）、《“新历史小说”的叙事特征及其意识倾向》（《文艺争鸣》1999年第1期）、《反因果：迷宫与圈套——“先锋小说”的结构特征及意识倾向》（与魏石当合作，《中州学刊》1999年第5期）、《考量“民间”》（《文艺理论研究》2000年第1期）。

2000年7月《叙述的意味》一书作为“金芒果新批评文丛系列丛书”之一由经济日报出版社出版。

2000年12月破格晋升教授。

2001年被遴选为河南大学现当代文学专业博士生导师，同年招收录取第一名博士生。

同年参加由浙江大学主办的"中国现当代历史题材创作国际学术研讨会",提交的论文《〈白鹿原〉与〈创业史〉的"互文"关系及其意义阐释》,收录于《中国历史文学的世纪之旅——中国现当代历史题材创作国际研讨会论文集》。

二、历史化转向

2002 年 10 月—2003 年 9 月在荷兰莱顿大学汉学院访学,其间与佛克玛相遇并专程到他任教的乌特勒支大学进行访谈。

在莱顿大学的访学经历某种程度上促成了我的学术转向,即由对"新时期小说"的追踪批评转向了"十七年"文学研究,2002—2008 年间的主要成果有所体现:《故事的传奇性与精神上的反传奇——对池莉 20 世纪 90 年代小说创作的透视及反思》(《文艺理论研究》2002 年第 3 期)、《"极平常的,或者简直近于没有事情的悲剧者"——"新时期"小说人物形象的美感形态研究》(与黄勇合作,《新乡师范高等专科学校学报》2002 年第 3 期,人大复印报刊资料 2002 年第 11 期转载)、《作家的"主体间性"与小说创作中的"间性形象"——以赵树理、孙犁的小说创作为例》[《河南大学学报(社会科学版)》2003 年第 1 期]、《爱情、道德、政治——对"百花"文学中爱情婚姻题材小说"深度模式"的话语分析》(《文学理论研究》2004 年第 1 期)、《"个人无意识"及其"碎片化"的存在方式——论"前十七年"革命历史题材小说知识分子形象叙事的话语"裂缝"》(《中州学刊》2004 年第 2 期)、《王蒙〈组织部来了个年轻人〉的精神现象学阐释》(《中国现代文学研究丛刊》2004 年第 3 期)、《〈白鹿原〉与〈创业史〉的"互文"关系及其意义阐释》[《杭州师范学院学报(社会科学版)》2004 年第 4 期]、《〈青春之歌〉的版本、续集与江华形象的再评价》[《河南大学学报(社会科学版)》2005 年第 2 期]、《"鸡毛与蚂蚁"的隐喻:个人的磨损与丧失——对〈一地鸡毛〉中"鸡毛与蚂蚁"意象的精神分析与文化释义》(《名作欣赏》2005 年第 10 期)、《巴赫金的"语言形象"概念与小说阐释的新范式》(《文学理论研究》2005 年第 4 期)、《知识分子的"围城"

与“花园”——评静心的长篇小说〈迷旎花园〉》(《文学理论与批评》2006年第2期)、《复调性主题与对话性文体——王蒙小说创作从〈青春万岁〉到“季节系列”的一条主脉》[《福建师范大学学报(哲学社会科学版)》2006年第2期]、《话语“夹缝”中造就的叙事——论宗璞“十七年”的小说创作》(《理论与创作》2006年第4期)、《历史研究、文本细读、理论品格——评“明伦学术书系”》(《中国现代文学研究丛刊》2007年第4期)、《象征中的秩序:知识分子形象及其“成长”——对“十七年”“革命历史题材小说”的再解读》[《河南大学学报(社会科学版)》2008年第4期]、《如何深化“十七年”的小说研究》(《湛江师范学院学报》2008年第4期,人大复印报刊资料2009年第6期转载)、《〈三家巷〉:一个复杂的话语场》[《信阳师范学院学报(哲学社会科学版)》2008年第4期,人大复印报刊资料2008年第12期转载]。这一时期的大部分成果涉及的对象为“十七年”文学中的作家、作品和文学现象,在研究的思路上也更多地突出了“历史化”的倾向。

2007年获准立项的国家社科基金项目:“经典的‘重述’——‘十七年’经典长篇小说的修改、续写、改编及其历史阐释”,是这种“历史化”转向的集中体现。

2008年11月由河南大学文学院调入河南师范大学任副校长,2017年2月又由河南师范大学调入郑州师范学院任院长,行政管理的任务越来越重,投入学术研究的时间和精力越来越少,在行政身份和学术身份之间的摇摆和挣扎日益严重,学术成果也相对减少了。2008—2018年10年间完成的论文有:《〈秦腔〉:在乡土叙事范式之外》[《河南师范大学学报(哲学社会科学版)》2009年第3期,人大复印报刊资料2009年第9期转载]、《经典的“重述”——一种文本现象和进入“十七年”文学的研究思路》(《理论与创作》2010年第2期)、《父子之情与国家公义——王蒙小说中“大义灭亲”的故事原型及其意义阐释》[《河南大学学报(社会科学版)》2010年第6期]、《美学的分身术与隐蔽的身份对位——宗璞小说〈弦上的梦〉再解读》(《汉语言文学研究》2011年第1期)、《从“玻璃瓶”到“野葫芦”——宗璞的第一篇小说和她爱情书写的诗学特征》(《文学评论》2012年第4期,人大复印报刊资料2013年第2期转载)、《计文君论》(《中国现代文学研究丛刊》2013年第12期)、《以"高贵"为特征的"古典主义"——对21世纪小说创作一条精神线索的粗略描述与概括》[《河南师范大学学报(哲学社会科学版)》2018年第1期]、《一个历史"跨界者"的形象"代言"——王蒙"自传性小说"中的自传形象与"代际"书写》(《文学评论》2018年第2期)。

2008年9月,与刘增杰共同主编的《中国近现代文学转捩点研究》由上海文艺出版社出版。该书分文学转捩点研究和文献研究。包括:关于文学转捩点涵义的辨析、梁启超与文学界革命、近代文学观念理论基础的变动、论中国现代文学史起点的"向前移"问题、现代文学西方影响探源性研究的方法论思考等。

三、贯通"内部研究"与"外部研究"的新尝试

2009年8月,专著《说话人及其话语》由上海文艺出版社出版,此书获得"河南省社会科学优秀成果奖"一等奖。

该著作运用巴赫金的"语言形象"理论体系以及衍生的相关批评概念,对中国现当代具有代表性的诸多小说作品进行内部阐释与艺术探究。涉及"革命历史"中的知识分子及其"成长"、作家的"主体间性"与小说创作中的"间性形象"、文本的相互指涉及其意义关联、文学历史话语的叙事策略与叙事伦理、复调性主题与对话性文体等诸多专题。

2011年4月主编的普通高等教育"十二五"规划教材《大学语文》由科学出版社出版。该教材将"语文"理解为:"最出色地使用汉语言所创造的,承载中国人思想、情感、观念、文化的书面文本的集合。"教材从指导思想上贯穿两条线:一是汉语作为表情达意的工具被使用的历史呈现出的脉络;二是语文文本中表现的中国人的思想、文化要呈现出连贯的发展线索。本书体现出了知识性和文化性并重的特色。

2017年,主持的第三项国家社科基金获准立项:"文学的'再生产'——1949—1966《人民日报》《文艺报》和《人民文学》的文学'转

载'研究"。思考、申报这个基金是有点野心的,是有意识地调整自己的研究思路,即从文学创作的阐释转向文学生产的阐释(文学创作的研究往往只重视作家研究)。这个项目尚在研究过程中,期待它的成果能早日完成并实现文学研究"语境化"的目标。